NJ叢書

労働法 II 個別的労働関係法

〔第3版〕

吉田美喜夫・名古道功・根本 到 編

法律文化社

第3版はしがき

　第2版刊行（2013年4月）以降に注目を集めたのは，いわゆるアベノミクスと呼ばれる経済政策である。ここで提案された「日本再興戦略」における雇用・労働に関する箇所では，①働きすぎの防止，②新たな労働時間制度，③予見可能性の高い紛争解決システムの構築，④多様な正社員の普及・拡大，⑤女性等の活躍などが掲げられ，「世界トップレベルの雇用環境」の実現を目標とする。さらに，アベノミクス第2ステージの一環として提唱された「働き方改革」（2018年3月「働き方改革実行計画」決定）では，克服が求められる課題として，①正規・非正規の不合理な処遇の差，②長時間労働，③単線型の日本のキャリアパスが挙げられている。

　こうした提案は，労働法規改正に直結する。具体的には，高度プロフェッショナル制度などの労働時間改正，解雇の金銭解決の導入，女性活躍推進，非正規労働者の待遇改善，三六協定の上限規制等である。そして，労働時間規定改正，同一労働同一賃金原則などが提案され，これらが成立すれば，個別的労働関係法に少なからぬ影響を及ぼすと予想される。

　また，この間，過労死防止対策推進法や女性活躍推進法が成立するとともに，労働者派遣法，パートタイム労働法，障害者雇用促進法などの改正もなされ，さらに注目すべき判決（例，山梨県民信用組合事件最高裁判決）も下されている。他方，非正規労働者の劣悪な労働条件の改善は遅々として進まず，正規労働者も，電通の女性社員の過労自殺やNHK女性記者の過労死など深刻な事態が発生している。

　第3版では，上記の点を踏まえて，法改正を反映するとともに，今後予想される改正（労働時間，非正規労働者の処遇改善等）も追記し，さらに第2版刊行以降の学説・判例を新たに加えた。

　第3版出版に当たっても，法律文化社編集部の小西英央氏には懇切丁寧な編

i

集作業をしていただき，大変お世話になった。心から謝意を申し上げたい。

2018年2月1日

編者を代表して
名古　道功

第2版はしがき

　本書の初版が発行されたのは，2010年6月のことである。それから2年半余りが経過した。その間に，わが国は東日本大震災とそれに伴う原発事故という未曽有の災害に見舞われた。またヨーロッパでは，ギリシャの財政危機に端を発した経済危機が深刻さを増しており，その影響は広く全世界に及んでいる。

　このような直近の時期に限定せず，1980年代の半ば以降における労働現場のさまざまな変化に目を向ければ，その背景には経済のグローバル化があると言えよう。国境を越えた企業間競争を勝ち抜くために，際限がないほどにコスト引き下げ競争が熾烈を極めている。そして，それは，さまざまな形で働く人々に困難をもたらしている。なかでも，非正規雇用の拡大は，多くの国で共通の問題になっている。わが国でも，非正規雇用の占める割合が3割を超えるなど，不安定な雇用に対する適切な法規制が要請されてきた。

　このような状況の下で，2012年，重要な法改正が行われた。1つは，労働者派遣法の改正である。改正に当たっては，緩和一辺倒で進んできた法規制からの転換が期待されたが，実現した内容は2009年当時の案からは大きく後退した。もう1つは，労働契約法の改正である。ここでは，有期契約の雇止めに関する判例法理の成文化と無期契約への転換制度，有期契約の差別禁止が定められた。一歩前進であるが，なお残された課題も多い。さらに，高年齢者雇用安定法も改正された。従来，労使協定で「継続雇用制度」の対象者を限定できたため，再雇用の対象者の選別が可能であった。今回の改正では，この仕組みが廃止された。

　第2版は，以上の法改正を反映させるとともに，初版発行後の判例・学説の進展および初版に対する使用経験にもとづく意見を取り入れるようにした。なお，2012年10月，本書の姉妹書である『労働法Ⅰ—集団的労働関係法・雇用保障法』が新しい態勢の下に内容を充実させて発行された。併せて参照されるこ

とを期待したい。

　第2版の出版に当たっても，法律文化社編集部の小西英央，瀧本佳代両氏には大変お世話になった。心からお礼を申し上げたい。

　　　2013年1月10日

　　　　　　　　　　　　　　　　　　　　編者を代表して
　　　　　　　　　　　　　　　　　　　　　吉田　美喜夫

は　し　が　き

　近年，都道府県労働局への労働相談件数が増加している。その数は100万件余りに及んでいるが，これは相談に訪れた数であるから，実際には，この何倍もの相談対象が埋もれているであろう。相談の内容は，解雇や労働条件の引下げ，退職勧奨，雇止めなどが多い。これらはいずれも，働いて生活する労働者にとって，重大な問題ばかりである。

　今日の職場で様々な問題が噴出している背景には，国際的な経済競争が激化し経営環境が悪化していること，年功的な処遇が後退し個人ごとの人事管理が普及してきたこと，有期雇用や派遣労働などの不安定な雇用が拡大していること，などの事情がある。もちろん，労働組合が強力であれば，労使間の問題は団体交渉によって解決できる。しかし，近年，所属する企業と関係なく加入できるユニオン型の労働組合が活発になっているとはいえ，組織率の低下に見られるように，全体として労働組合に一時期の活力は見られない。それだけに，労使間の紛争を解決するうえで，労働法の役割が大きくなっているのである。

　第二次大戦後，本格的に成立した日本の労働法は，労働組合法と労働基準法を中心にしつつ，判例法理が補充するという在り方を特徴としていた。しかし，80年代の半ば以降，相次いで新しい労働法の制定や改正が行われ，労働法に含まれる法令が増大してきた。それらの中には，男女の平等化の改善，年齢による採用差別の禁止，濫用にわたる解雇の無効化，パートタイマーの均等待遇化など，労働者保護を強化する規制も含まれている。しかし，この時期に採用された立法政策の基調は，規制を緩め，自由に競争させるという政策であって，労働法にとっては向かい風を意味した。なぜなら，労働法は，労働組合を通じた労働力の取引を保障することや法定の労働基準を強制する点で，もともと自由競争を抑制する「規制の体系」というべき法分野だからである。実際，このような政策の下で，不安定な雇用や長時間労働などが職場に蔓延すること

になった。それだけでなく，処遇が安定していた長期的な雇用も急速に崩壊しつつある。

このような状況を前にしたとき，労働法の基本的な性格を確認したうえで，新たな労働法と法理を形成していく必要があろう。では，労働法の基本的性格とは何か。それは，つぎのような内容である。すなわち，労働者は，その人格が尊重されねばならない。しかし，実際には，就職する段階から，職場で働く場面，さらには退職に至るまで，労働者は使用者と決して対等とはいえない。労働法は，もともと，このような労使の立場の優劣を認め，不利な立場の労働者を保護する法分野として成立し発展してきたのである。しかし，このような理解は，決して労使を不公平に扱うことを意味しない。むしろ逆である。労働法の保護が労働者に及ぶことで，はじめて労使は対等な関係に立てるからである。このような前提の確立が，今日，要請されているといえよう。

労働法は，通常，個別の労働者と使用者との間の労働条件保護を中心として扱う個別的労働関係法の分野と，労働組合と使用者との関係を主たる対象とする集団的労働関係法の分野からなる。近年，これ以外に，雇用保障や労働紛争の解決手続に関する分野の制定法が充実し，かつその役割が重要になっている。しかし，本書では，これらのうち，個別的労働関係法および労働紛争の解決手続に関する分野を主たる対象としている。したがって，労働法の学習に当たっては，本書の姉妹書である『ＮＪ労働法１──集団的労働関係法』を併せて参照されることを期待したい。

本書の旧版である『ＮＪ労働法２──個別的労働関係法』は，1993年の出版以来，改訂を重ね，2005年には第5版を数えるに至った。しかし，新たな労働法の制定や改正が相次ぐとともに，学説の展開と判例の蓄積に目覚しいものがある。そこで，旧版の特徴を活かしつつ，現代的な要請に応えるため，編者・構成・執筆者を大幅に入れ替え，「新版」として刊行されたのが本書である。

本書は，主として法学部生および法科大学院生を読者対象にしているが，同時に，広く一般社会人，実務家，労働組合関係者などにとっても役立つことを意図している。そのため，個別的労働関係に関する基本的事項はできるだけ網

羅的に解説するとともに，重要な法理論的な対立点については，踏み込んだ解説に心がけることを執筆方針とした。また，判例については，労働立法が増加しても，その意義は失われていないことから，重視して検討している。しかし，その場合，判例に必要な解説を加えるだけでなく，批判的に吟味する態度を取っている。

執筆者には，このような方針の下での執筆をお願いしつつも，同時に，執筆者の個性が生かせるように，その主張を打ち出していただくこととした。なお，教科書としての体系性を維持するため，全体の調整のために編者において必要な加筆や修正を行うとともに，適宜，クロスレファランスを指示している。また，トピカルなテーマや重要判例をコラムとして取り上げ，学習の便宜を図るようにしている。

本書は，本来，もっと早く出版されるべく計画された。しかし，執筆者のなかに学内行政などで困難な事情にあるものが多く，作業が大幅に遅れてしまった。このことで出版社には大変な迷惑をおかけした。このような我々を辛抱づよく支え，的確な編集作業をしていただいた法律文化社の秋山泰社長，編集部の瀧本佳代さんにお礼を申し上げたい。

　　2010年4月5日

　　　　　　　　　　　　　　　　　　　編者を代表して

　　　　　　　　　　　　　　　　　　　吉田　美喜夫

目　　次

第 3 版はしがき
第 2 版はしがき
はしがき
凡　　例

第 1 章　総　　論────────────────────────[根　本　　到]　ɪ

Ⅰ　個別的労働関係法の理念と目的　ɪ

1　労働者保護を必要とする現実的契機(ɪ)　　**2**　市民法の問題点と社会法(4)　　**3**　憲法の理念と人権条項(5)　　**4**　国際条約の発展(9)　　**5**　理念実現のための他律的規制と自律的規制(ɪo)

Ⅱ　個別的労働関係法の体系　ɪɪ

1　個別的労働関係法の種類と規制方法(ɪɪ)　　**2**　個別的労働関係法の歴史(ɪ2)　　**3**　労働基準法(ɪ3)　　**4**　労働契約法(ɪ6)　　**5**　一般条項に基づく判例法理の役割(ɪ9)　　**6**　民法の意義(ɪ9)

Ⅲ　労働法の適用対象基準　20

1　労働法の適用対象基準としての労働者(20)　　**2**　個別的労働関係法の適用範囲(26)

Ⅳ　使用者の概念　30

1　使用者概念の意義(30)　　**2**　労働基準法における使用者(30)

Ⅴ　労働事件の紛争処理制度　32

1　労働紛争の類型と実態(32)　　**2**　個別労働紛争解決制度(32)

第 2 章　労働者の人権保障────────────────[緒方　桂子]　36

Ⅰ　労働者の自由・平等・人格的利益保障の意義　36

Ⅱ　労働者の自由　36

1　労働基準法による自由の保障(36)　　**2**　市民としての労働者の自由(4ɪ)

ix

Ⅲ　職場における平等　42

　　1 総　論(42)　　**2** 法的規制の現状(43)　　**3** 労働基準法3条に基づく均等待遇(44)

Ⅳ　性差別の禁止　47

　　1 性による賃金差別の禁止(47)　　**2** 賃金以外の性差別(49)

Ⅴ　人格的利益の保障　53

　　1 労働関係における人格権保障(53)　　**2** セクシュアル・ハラスメント(53)　　**3** いじめ(55)　　**4** プライバシー保護(55)

第3章　労働関係の成立────[佐藤敬二（補訂・名古道功）]　58

Ⅰ　序　　説　58

Ⅱ　募集および採用　59

　　1 募集・職業紹介(59)　　**2** 採用の自由(60)　　**3** 採用時の労働条件の明示(62)

Ⅲ　採用内定　63

　　1 内定の法的性質(63)　　**2** 内定取消の正当事由(64)　　**3** 内定中の労働関係(66)　　**4** 内々定(67)　　**5** 内定辞退(68)　　**6** 中途採用(68)

Ⅳ　試　　用　69

　　1 試用の法的性質(69)　　**2** 本採用拒否の正当事由(69)　　**3** 長期の試用期間と試用期間の延長(70)　　**4** 試用期間と有期契約(70)

第4章　労働条件の決定と変更────[根　本　到]　72

Ⅰ　労働条件規制システムの全体像　72

　　1 規制規範の種類(72)　　**2** 規制規範の相互関係に関するルール(72)　　**3** 労働条件の明示(74)

Ⅱ　法令，労使協定および労使委員会決議　77

　　1 強行規定と任意規定(77)　　**2** 効力規定と取締規定(77)　　**3** 命

令と条例(78) **4** 労使協定と労使委員会決議(78)

Ⅲ　就業規則　　80

1　就業規則法制の目的と論点(80)　　**2**　就業規則の作成，変更手続
(81)　　**3**　就業規則の強行的直律的効力(83)　　**4**　就業規則の法的性
質(83)　　**5**　契約成立時の労働契約規律効(85)　　**6**　就業規則の変更
効(88)　　**7**　手続違反の効力(95)　　**8**　法令，労働協約との関係(97)

Ⅳ　労働契約に基づく労働条件の決定と変更　　97

1　労働契約の意義(97)　　**2**　個別合意の成立基準と有効要件(98)
3　労使慣行(100)　　**4**　労働条件変更法理の課題(100)

第 **5** 章　労働者と使用者の権利・義務———[根 本　到] 103

Ⅰ　権利・義務の根拠　　103

1　労働関係と労働契約(103)　　**2**　労働契約上の義務(103)　　**3**　就
業規則の義務づけ条項(104)

Ⅱ　労働者の義務と責任　　105

1　労働者の義務と使用者の業務命令権(105)　　**2**　労働義務(108)
3　労働者の付随義務(109)　　**4**　労働者の損害賠償責任と身元保証
(116)

Ⅲ　使用者の義務　　118

1　賃金支払い義務(118)　　**2**　付随義務(118)　　**3**　使用者の付随義
務違反の法的効果(120)

第 **6** 章　職場規律と懲戒———————————[矢野　昌浩] 122

Ⅰ　懲戒権の根拠と性質　　122

1　懲戒処分の意義・法的性質(122)　　**2**　懲戒権の法的根拠(124)
3　企業秩序論と労働者の義務(125)

Ⅱ　懲戒事由　　127

1　概　説(127)　　**2**　経歴詐称(129)　　**3**　企業外非行(130)

目　次　xi

Ⅲ　懲戒権の行使と有効要件　131

1 懲戒の手段・種類(131)　**2** 懲戒の手続(132)　**3** 懲戒処分の有効要件(133)

第 7 章　人　　　事────────────[矢野　昌浩]　135

Ⅰ　総　　論　135

Ⅱ　配　　転　137

1 意　義(137)　**2** 法的性質・法的規制(137)　**3** 裁判例の判断傾向(144)

Ⅲ　出向と転籍　147

1 意　義(147)　**2** 出　向(148)　**3** 転　籍(153)

Ⅳ　昇進・昇格　154

1 意　義(154)　**2** 法的規制(155)

Ⅴ　休　　職　157

1 休職の意義と種類(157)　**2** 法的規制(157)

第 8 章　賃　　　金────────[吉田美喜夫（補訂・名古道功）]　159

Ⅰ　労働者と賃金　159

1 賃金の実態(159)　**2** 賃金保護の必要性と保護の概要(160)　**3** 賃金の法的意義(162)　**4** 賃金の決定と変更(164)

Ⅱ　賞与・退職金・退職年金（企業年金）　169

1 賞　与(169)　**2** 退職金(171)　**3** 退職年金（企業年金）(174)

Ⅲ　賃金の支払い方法　176

1 通貨払いの原則(176)　**2** 直接払いの原則(177)　**3** 全額払いの原則(178)　**4** 定期払いの原則(181)　**5** 非常時払い(181)

Ⅳ　休業手当　181

1 意　義(181)　**2** 民法の原則と休業手当の関係(182)　**3** 中間収入の控除(184)

V　賃金額の最低保障　185

　　1　賃金額に関する一般原則(185)　　**2**　出来高払い賃金と保障給(186)
　　3　最低賃金法(186)

VI　賃金債権の確保　189

　　1　企業の倒産と賃金保護(189)　　**2**　賃金確保法による保護(191)

VII　職務発明と対価　192

　　1　職務発明とその対価(192)　　**2**　「相当の利益」の意味(192)

第 9 章　労働時間・休憩・休日

　　　　　　　　　　　　　　　──────────［吉田美喜夫（補訂・名古道功）］　193

I　労働時間の歴史と現状　193

　　1　法規制の必要性(193)　　**2**　法規制の歴史(194)　　**3**　労働時間の
　　現状(198)

II　労働時間規制の原則　199

　　1　法定労働時間の内容(199)　　**2**　法定労働時間の意義(200)
　　3　労働契約上の労働時間と賃金(203)

III　弾力的な労働時間規制　204

　　1　弾力的な規制の意味(204)　　**2**　変形労働時間制(205)　　**3**　フレ
　　ックスタイム制(208)

IV　特殊な労働時間の算定方法　211

　　1　労働時間の通算(211)　　**2**　坑内労働(211)　　**3**　みなし労働時間
　　制(212)

V　休　　憩　216

　　1　休憩の意義と規制内容(216)　　**2**　休憩の原則(217)

VI　休　　日　218

　　1　休日の意義と法規制(218)　　**2**　休日の振替と代休(220)

VII　時間外・休日労働の制限　221

　　1　時間外・休日労働の意味と実態(221)　　**2**　時間外・休日労働に対

する法規制(222) **3** 労使協定による時間外・休日労働の規制(223)

Ⅷ 割増賃金　228
　　1 意　義(228)　**2** 時間外労働・休日労働と割増賃金(228)
　　3 深夜労働と割増賃金(232)

Ⅸ 規制の適用除外・特例　233
　　1 適用除外(233)　**2** 特　例(235)

第 **10** 章　仕事と私生活の調和────────[緒方　桂子]　236

Ⅰ 総　　論　236

Ⅱ 年次有給休暇　238
　　1 年次有給休暇の意義と労働基準法39条の展開(238)　**2** 年休権の
　　構造(239)　**3** 年休の取得(243)　**4** 年休の使途(247)

Ⅲ 育児・介護休業　247
　　1 育児・介護休業法の展開(247)　**2** 育児を支援する制度(248)
　　3 介護を支援する制度(253)　**4** 実効性の確保(255)

Ⅳ 休暇・休業取得等を理由とする不利益取扱いの禁止　255

Ⅴ 寄　宿　舎　258

第 **11** 章　年少者・女性の保護と障がい者雇用
────────────[Ⅰ・Ⅱ：佐藤敬二／Ⅲ：中島正雄]　259

Ⅰ 年少労働者の保護　259
　　1 序　論(259)　**2** 年少労働者の就労禁止・制限(259)　**3** 年少
　　労働者に対する保護規定(260)　**4** 年少者の労働時間規制(260)

Ⅱ 女性労働者の保護　261
　　1 序　論(261)　**2** 時間外・休日労働と深夜業(261)　**3** 坑内労
　　働の禁止(262)　**4** 母性保護(262)

Ⅲ 障がい者雇用　264

xiv

1 障がいのある人と雇用保障(264)　**2** 障害者権利条約の批准(265)
3 障害者雇用促進法の概要(265)　**4** 障がい者雇用の法的課題(268)

第 **12** 章　安全衛生・労災補償─────────[根 本　到]　269

Ⅰ　労働災害に関する法規制の必要性　269

Ⅱ　労働安全衛生　269

1 労働安全衛生法制の全体像(269)　**2** 労働安全衛生法の立法目的
(270)　**3** 労働安全衛生法の責任主体(270)　**4** 安全衛生管理体制
(271)　**5** 安全衛生に関する基準と健康診断の実施(271)　**6** 過重
労働対策(272)　**7** メンタルヘルス(273)　**8** 受動喫煙防止(273)
9 実効性確保の仕組み(274)

Ⅲ　労災補償　274

1 労災保険法の概要(274)　**2** 業務上・外の認定(276)　**3** 通勤
途上の災害(282)　**4** 補償給付の内容(285)

Ⅳ　労災民事訴訟　287

1 安全配慮義務の法律構成(287)　**2** 安全配慮義務の責任主体(291)
3 安全配慮義務の内容(292)　**4** 損害の範囲(294)　**5** 労災補償
と損害賠償との調整(295)

第 **13** 章　労働関係の終了─────────────[根 本　到]　297

Ⅰ　序　　説　297

Ⅱ　解雇および雇止め　297

1 解雇に対する法規制の概要(297)　**2** 労働基準法や就業規則等に
よる解雇制限(298)　**3** 整理解雇(304)　**4** 有期契約の雇止め
(309)　**5** 変更解約告知(314)　**6** 解雇訴訟に関する論点(318)

Ⅲ　退　　職　320

1 労働者の退職権と予告期間(320)　**2** 労働者の撤回(321)　**3** 意
思表示の無効, 取消し(322)　**4** 損害賠償責任(324)　**5** 早期退職
優遇制度(325)

Ⅳ　定　　年　325

 1　定年制の意義と課題（325）　 **2**　定年制の適法性（326）　 **3**　高年
齢者雇用安定法の規制（327）　 **4**　継続雇用制度（328）

Ⅴ　労働関係終了後の労働者の保護　330

 1　使用証明（330）　 **2**　金品の返還（330）

第**14**章　企業組織の変動と労働関係

―――――――――――――――[吉田美喜夫（補訂・名古道功）]　331

Ⅰ　企業再編の背景と立法動向　331

 1　背　　景（331）　 **2**　立　　法（331）

Ⅱ　企業再編の方法　332

 1　合　　併（332）　 **2**　事業譲渡（333）　 **3**　会社分割（334）

Ⅲ　企業の倒産と解散　334

 1　企業の倒産（334）　 **2**　真実解散（335）　 **3**　偽装解散（336）

Ⅳ　企業再編と労働契約の承継　337

 1　事業譲渡（337）　 **2**　会社分割と労働契約承継法（341）

第**15**章　多様な雇用・就労形態―――――[中島　正雄]　344

Ⅰ　多様化の意義・背景と労働問題　344

Ⅱ　有期雇用　346

 1　有期雇用の特質と問題性（346）　 **2**　有期雇用に対する法規制（347）

Ⅲ　パートタイム労働　352

 1　パートタイム労働の意義と実態（352）　 **2**　労働法規の適用（353）
 3　パートタイム労働法の内容（353）　 **4**　社会保障法規の適用（357）
 5　均等待遇に関する判例（358）

Ⅳ　派遣労働　359

 1　労働者派遣法の制定および改定の経緯（359）　 **2**　労働者派遣の概

念(361)　　**3**　派遣対象業務(364)　　**4**　労働者派遣事業の許可等(365)　　**5**　労働者派遣契約(365)　　**6**　派遣元と派遣先の義務(367)　　**7**　日雇労働者および離職した労働者についての労働者派遣の禁止(370)　　**8**　労働者派遣の期間(371)　　**9**　派遣労働者に対する派遣先の雇用責任(373)　　**10**　2015年改正の問題点と今後の課題(375)

判例索引

事項索引

● コラム目次 ●

1　雇用契約と労働契約(22)　　2　外国人の研修・技能実習制度(31)
3　就業規則の合理性判断に関する裁判例(93)　　4　公益通報者保護法(115)　　5　国鉄札幌運転区事件(125)　　6　東亜ペイント事件(141)
7　新日本製鐵（日鐵運輸第2）事件(149)　　8　労働時間規制改正の動き(229)　　9　過労死をめぐる裁判の動向(279)　　10　電通事件(293)
11　丸子警報器事件(357)　　12　松下 PDP 事件(374)　　13　「働き方改革」における同一労働同一賃金　(377)

凡　例

1. 法　令

主要な法令の表記は，以下の略語によった。また，大方の表記例に従っている。

一般法人……………一般社団法人及び一般財団法人に関する法律
育介…………………育児休業，介護休業等育児又は家族介護を行う労働者の福祉に関する法律
育介則………………同上施行規則
会社…………………会社法
会更…………………会社更生法
均等…………………雇用の分野における男女の均等な機会及び待遇の確保等に関する法律
均等則………………同上施行規則
行訴…………………行政訴訟法
刑……………………刑法
憲……………………日本国憲法
健保…………………健康保険法
高年…………………高年齢者等の雇用の安定等に関する法律
国公…………………国家公務員法
個別労働紛争解決…個別労働関係紛争の解決の促進に関する法律
雇保…………………雇用保険法
雇用対策……………雇用対策法
最賃…………………最低賃金法
商……………………商法
障害者雇用…………障害者の雇用の促進等に関する法律
障害者差別解消……障害を理由とする差別の解消の推進に関する法律
職安…………………職業安定法
女性則………………女性労働基準規則
船員…………………船員法
地公…………………地方公務員法
地公企………………地方公営企業法
地公労………………地方公営企業等の労働関係に関する法律
地独…………………地方独立行政法人法
賃確…………………賃金の支払の確保等に関する法律
賃確令………………同上施行令
賃確則………………同上施行規則
特許…………………特許法
特労…………………特定独立行政法人等の労働関係に関する法律
年少則………………年少者労働基準規則
派遣…………………労働者派遣事業の適正な運営の確保及び派遣労働者の保護等に関する法律
派遣令………………同上施行令
派遣則………………同上施行規則
破産…………………破産法
パート………………短時間労働者の雇用管理の改善等に関する法律
パート則……………同上施行規則
民……………………民法

xviii

民再………………民事再生法
民執………………民事執行法
民訴………………民事訴訟法
労安………………労働安全衛生法
労安令……………同上施行令
労安則……………同上施行規則
労基………………労働基準法
労基則……………同上施行規則
労組………………労働組合法
労契………………労働契約法
労契承……………会社分割に伴う労働契約の承継等に関する法律
労契承則…………同上施行規則
労災………………労働者災害補償保険法
労災則……………同上施行規則
労審………………労働審判法
労調………………労働関係調整法
労徴………………労働保険の保険料の徴収等に関する法律
労働時間設定………労働時間等の設定の改善に関する特別措置法

厚労告……………厚生労働大臣告示
労告………………労働大臣告示

２．解釈例規

主なものは以下のとおり。
発基……労働基準局関係の次官通達
基発……労働基準局長名で発する通達
基収……労働基準局長が疑義に答えて発する通達
婦発……婦人局長名の通達（旧部局名）

３．判　例

判例集の引用は，最判昭31・11・2民集10巻11号1413頁は最高裁判所判決，最高裁判所民事判例集所収の意味である。

その他，「決」は決定，「大阪高判」は大阪高等裁判所判決，「京都地判」は京都地方裁判所判決，主な判例集の略記は以下のとおり。

民集………最高裁判所民事判例集
労民集……労働関係民事裁判例集
判時………判例時報
判タ………判例タイムズ
労判………労働判例
労旬………労働法律旬報
労経速……労働経済判例速報
中央時……中央労働時報
集民………最高裁判所民事裁判集

４．文　献

本文中で多く引用した文献は，下記のとおり略記した。
〈単行書〉
荒木　　　　　　荒木尚志『労働法〔第3版〕』（有斐閣，2016年）

荒木・菅野・山川	荒木尚志・菅野和夫・山川隆一『詳説労働契約法〔第2版〕』（弘文堂，2014年）
有泉	有泉亨『労働基準法』（法律学全集47）（有斐閣，1963年）
片岡ほか	片岡曻ほか『新労働基準法論』（法律文化社，1982年）
片岡・萬井	片岡曻・萬井隆令編『労働時間法論』（法律文化社，1990年）
片岡(2)	片岡曻『労働法(2)〔第5版〕』（有斐閣，2009年）
下井	下井隆史『労働基準法〔第4版〕』（有斐閣，2007年）
菅野	菅野和夫『労働法〔第11版補正版〕』（弘文堂，2017年）
土田・有	土田道夫『労働契約法〔第2版〕』（有斐閣，2016年）
土田・弘	土田道夫『労働法概説〔第3版〕』（弘文堂，2014年）
中窪・野田・和田	中窪裕也・野田進・和田肇『労働法の世界〔第12版〕』（有斐閣，2017年）
西谷	西谷敏『労働法〔第2版〕』（日本評論社，2013年）
西谷・規制	西谷敏『規制が支える自己決定——労働法的規制システムの再構築』（法律文化社，2004年）
本多還暦	本多淳亮教授還暦記念『労働契約の研究』（法律文化社，1986年）
水町	水町勇一郎『労働法〔第6版〕』（有斐閣，2016年）
山川	山川隆一『雇用関係法〔第4版〕』（新世社，2008年）
NJ I	名古道功・吉田美喜夫・根本到『労働法 I ——集団的労働関係法・雇用保障法』（法律文化社，2012年）
渡辺・上	渡辺章『労働法講義(上)』（信山社，2009年）
渡辺・下	渡辺章『労働法講義(下)』（信山社，2011年）
現代講座1～15	日本労働法学会編『現代労働法講座』全15巻（総合労働研究所，1980～85年）
百選(5)	ジュリスト別冊『労働判例百選〔第5版〕』（有斐閣，1989年）
百選(6)	ジュリスト別冊『労働判例百選〔第6版〕』（有斐閣，1995年）
百選(7)	ジュリスト別冊『労働判例百選〔第7版〕』（有斐閣，2002年）
百選(8)	ジュリスト別冊『労働判例百選〔第8版〕』（有斐閣，2009年）
百選(9)	ジュリスト別冊『労働判例百選〔第9版〕』（有斐閣，2016年）
争点(3)	ジュリスト増刊『労働法の争点〔第3版〕』（有斐閣，2004年）
争点(新)	ジュリスト増刊『労働法の争点』（有斐閣，2014年）
新基本コメ	西谷敏・野田進・和田肇編『新基本コンメンタール　労働基準法・労働契約法』（日本評論社，2012年）
労働省(上)(下)	厚生労働省労働基準局編『平成22年版　労働基準法(上)(下)』（労務行政研究所，2011年）
21世紀講座1～8	『講座　21世紀の労働法』全8巻（有斐閣，2000年）
労働法の再生講座1～6	日本労働法学会編『講座　労働法の再生』全6巻（日本評論社，2017年）
東大労研(上)(下)	東京大学労働法研究会編『注釈労働基準法(上)(下)』（有斐閣，2003年）

〈雑　誌〉

学会誌	日本労働法学会編『日本労働法学会誌』（総合労働研究所，年2回，99号より法律文化社）
ジュリ	ジュリスト（有斐閣，月2回）
季労	季刊労働法（労働開発研究会，季刊）
季労権	季刊労働者の権利（日本労働弁護団，季刊）
法時	法律時報（日本評論社，月刊）
民商	民商法雑誌（有斐閣，月刊）
労協	日本労働協会雑誌（日本労働協会，月刊）
労研	日本労働研究雑誌（労働政策研究・研修機構，月刊）
労旬	労働法律旬報（旬報社，月2回）
労判	労働判例（産労総合研究所，月2回）

第1章

総　　論

I　個別的労働関係法の理念と目的

1　労働者保護を必要とする現実的契機

(1)　従属労働の存在　　この社会で生活している者の多くが，労働者として他人に自らの労働力を売り，その対価として賃金を得ている。このように労働力を提供したうえで，他人の指揮命令を受けて働くということは，自営業者と異なり，使用者に従属した立場に置かれるため，「従属労働」などと呼ばれる。労働法は，この従属労働を規制し，労働者に権利を保障することを主たる目的とした法分野である。

従属労働の概念については，さまざまな議論が展開されているが，労働者と使用者との間に構造的な不平等状態が存在することは否定しがたい事実である。そして，従属労働が存在する理由は，この社会から失業がなくならないという事情が大きく関係している。対等な当事者として取引を交わすことができる法制度が用意されたとしても，失業の脅威が存在する限り，多くの者は使用者と対等な交渉をすることはできないからである。日本では　雇用保険制度が存在するにもかかわらず，失業しても手当を受け取れない労働者の比率が77％にのぼると報告されているように（2009年の国際労働機関報告書〔The financial and economic crisis : a decent work response, p. 17〕），失業の脅威は現在も確実に存在する（雇用保険制度については，NJ I・第8章）。

従属労働は，対等な当事者間で締結された契約を基礎とするという点から見れば奴隷労働と同じではない。しかし，従属労働が，奴隷労働と同様，多くの

災厄を労働者にもたらしてきたことは古くから知られたところであり，現在においてもそれはなくなってはいない。以下では，その歴史をふり返ることで，個別的労働関係法を誕生させた現実的契機を確認しておくことにしよう。

（**2**）産業革命後の労働環境　18世紀に産業革命をいち早く実現し，賃労働者が大量に発生したイギリスでは，厳しい労働環境の中で労働者が働いていた。たとえば，エンゲルス『イギリスにおける労働者階級の状態』（1845年）は，19世紀前半のイギリスの労働実態を客観的資料に基づいて告発した本であるが，同書によれば，当時，児童労働や長時間労働は当然のように行われ，労働者の健康状態は極端に悪かったとされる。たとえば，1838年のイギリスの工場労働者41万9590人のほぼ半数が18歳以下で，その中には5〜9歳の子どもさえ多く含まれていた。また，1日の労働時間が12時間以上，週70時間以上になることも多く，30〜40時間も続けて労働者を働かせ，2，3時間の睡眠しか許さない工場主が存在した。その結果，勤務中の直立時間が長いことが原因と推測される身体障害が多発し，労働者の平均寿命が40〜50歳に達しない産業さえあったのである。当時のイギリスは，「徒弟の健康および風紀に関する法律」（1802年）や工場法（1833年）を成立させていたが，繊維工場の児童の労働時間を12時間にするといった規制しか存在せず，その実効性も乏しかった。年少者を酷使することだけは，次代の労働力の確保という観点から問題視されたものの，当初は貧弱な保護法しか存在しなかった。しかし，労働時間の短縮を求める労働者の運動が大きくなるに従い，女性と年少者の10時間労働制が実現し，その後は8時間労働制を労働者の権利として確立することも重要な課題として意識されるようになるのである。

こうした過酷な労働実態は，イギリスだけに存在したのではない。19世紀のフランス，ドイツなど産業化が進展した各国で，イギリスと同様，低賃金に加え1日12時間を超える労働が常態化し，多くの労働者に健康被害が起きていた。このため，労働時間の規制を目的とした労働者保護法の成立が求められるようになり，フランスやドイツでも，当初は児童の労働時間規制から始まり，成人も含めた労働時間規制が実現されていったのである。

日本においても，明治期以降の労働関係は，労働時間や賃金が劣悪であった
だけでなく，その虐待使用や搾取の実態は凄まじいものがあった。たとえば，
農商務省商工局『職工事情』(1903〔明治36〕年）によれば，「紡績工場において
は昼夜交替の就業方法により，その労働時間は11時間または11時間半（休憩時
間を除く）」あるいは「始業および終業の時刻については，昼業部は午前6時に
始めて午後6時に終り，夜業部は午後6時に始めて翌日午前6時に終る」こと
が通例であり（犬丸義一校訂『職工事情（上）』〔岩波書店，1998年〕35頁），12〜13
時間を下回ることのない産業も存在した。こうした長時間労働等の結果，紡績
労働者の多くが，呼吸器疾患，消化器疾患に罹患し，帰郷してから死亡する例
も少なくなかった。また，同書には，生糸業の職工（労働者）の六半は女性で，
全体の62%が20歳未満の労働者であったと書かれている（同224頁以下）。この
点に関しては，細井和喜蔵『女工哀史』(1925〔大正14〕年）にも，紡績工女の
労働実態とともに，農村子女の人身売買的な年季奉公がどのような形で行われ
たかが具体的に記されているが，当時の労働関係の封建的性格を物語る事実で
ある。横山源之助『日本の下層社会』(1899〔明治32〕年），山本茂実『あゝ野麦
峠──ある製糸工女哀史』（朝日新聞社，1968〔昭和43〕年）などにも明治以降の
労働関係の劣悪さが描かれている。

（3）　現代の労働実態　　産業革命以降の労働実態は，国が労働関係に介入す
ることや労働者団結を保護する契機となり，日本でも多くの労働法を誕生させ
ることになった。しかし，労働法が制定された今日においても，依然として多
くの労働問題が存在し，労働法の必要性がなくなることはない。1990年代以
降，日本では，特に「新自由主義」の思想が大きな影響力を持ち，労働法の規
制を従来よりも緩和する立法が数多く実施されたが，こうした立法政策は現実
の労働問題を解決するどころか，労働者の生活・労働環境を悪化させ，個別的
労働関係法の意義をいっそう大きなものとしたのである。

まず，健康や生命に影響するほどの長時間労働は依然として存在する。たと
えば，所定内労働時間は，法律の改正とともに削減されてきたが，2000年代に
入ってからは，大不況を除き，所定外労働時間は増加する傾向さえあり，総実

労働時間は1,800時間（パートタイム労働者を含む）を下回ったことはない（『平成22年労働経済白書』54頁および『平成24年労働経済白書』78頁。ただし，2008年のリーマンショック前後と東日本大震災の影響があった2011年4～6月期は，所定外労働時間数が減少した）。週60時間以上の労働者の割合が全労働者の10％を超えるなど，韓国についで世界で2番目に多い（『平成20年版労働経済白書』108頁）。年齢別にみれば最も長時間働いているのは30代であるが，この世代の労働者の労働時間は，月204時間（年間で2,450時間），残業は月38時間に達し，この世代に過労死，過労自殺が多いこととの関係性も指摘されている（森岡孝二『働きすぎの時代』〔岩波新書，2005年〕131頁）。

　また，パートタイム労働者や派遣労働者など非正規労働者の割合が全労働者の3分の1にまで増加したが，1995年以降，非正規労働者は600万人近く増え，正規労働者は450万近く減った（竹信三恵子『ルポ雇用劣化不況』〔岩波新書，2009年〕2頁）。非正規労働者は，雇用形態を理由に劣悪な労働条件を強いられ，解雇等の問題に直面していることも少なくない。たとえば，2017年の調査（総務省「労働力調査（詳細集計）」）によれば，全産業の労働者（役員を除く雇用者）5,513万人のうち，正社員は3,452万人で，非正規労働者は2,061万人とされている。非正規労働者の内訳をみると，①契約社員・嘱託419万人，②パート・アルバイト1,429万人，③派遣社員133万人，④その他80万人となっている。

　さらに，1990年代以降，日本の雇用社会は大きな変貌をとげているが，経営・就労環境の変化は従来議論されてこなかった新たな労働法上の課題を生み出している。たとえば，事業譲渡や会社分割などの企業再編，年功制度から成果主義的制度への移行あるいは企業内の情報化の進展である。現代の労働法は，こうした実態の変化に適切に対処し，労働者保護を実現することが期待されている。

2　市民法の問題点と社会法

　産業革命期の労働実態は，契約自由の原則，過失責任の原則，所有権の絶対性などの市民法の原則によって正当化された。市民法の原則は，労働関係にお

いては，労使間の合意を理由に劣悪な労働条件や年少者・女性の酷使をもたらし，民法における「解約の自由」は使用者の「解雇の自由」と化したのである。当時の市民的な自由は，労働者に対する使用者の支配の自由を与え，労働者の自由や権利となることはなかった。

　ところが，前記の労働実態は，こうした市民法の原則を労働関係に適用することについて反省を迫り，労働者団結（労働組合）の法認に加え，個別的労働関係法の成立を促す契機となった。すなわち，労働者を保護するために，契約自由，解雇の自由を制限することや労働条件（労働時間の長さなど）の最低基準などを法定することが正当化され，必要があれば国家が行政監督や罰則を加えることも認められるようになったのである。労働災害についても，無過失責任原則に基づく労災補償制度や労災保険制度などが制定された。これらが今日の個別的労働関係法の前身となったのである。こうした規制は，歴史的には，国家が労働力を保全し，産業社会を維持することを目的として始まったが，労働者の権利獲得に向けた運動が広く展開される中で，労働者の権利あるいは人権として確立された。

　市民法の原則を修正し，経済的弱者の保護を目的として国家介入を認める法は社会法と呼ばれている。労働法はこの社会法に属する。市民法が自由，平等な抽象的人間像を前提としているのに対し，社会法は，労働者など保護を要する具体的な人間像を描き，積極的な国家介入を認めることに特徴がある。

3　憲法の理念と人権条項

　社会法の理念は，日本の憲法条項にも数多く反映されている。個別的労働関係法の理念を示し，時には具体的な権利の根拠規定ともなる人権規定を紹介しておくことにする。

　(1)　生存権　　憲法25条1項は，すべての国民に「健康で文化的な最低限度の生活を営む権利」，すなわち生存権を保障している。生存権は，労働法全体を貫く基本理念と位置づけられているが，憲法27条，28条といった社会権の基本的な目的を示している。第二次世界大戦後，労働者の物質的生活の保障を第

１次的課題として出発せざるを得なかった日本では，この規定は，労働法を含め社会法の正当化根拠を与えた。現代においても，非正規雇用の拡大によって，「働く貧困層（ワーキングプア）」が増大する一方，正規労働者も長時間労働を強いられているなど，生存権の重要性はリアリティを持って感じることができる。絶対的あるいは相対的貧困の根絶のためにも労働法の発展は欠かせないのである。

(2) 人間の尊厳と自己決定権　　人間にとって，単に物質的な面が保障されるだけでなく，個人の自律や人格が尊重されることはきわめて重要である。こうした理念や権利に根拠を与えるのが憲法13条であるが，労働関係においても大きな意義を有している。

まず，憲法13条は，個人の尊重と生命・自由・幸福追求の権利を保障することを宣言しているが，「人間の尊厳」の理念を示したと解されている（西谷・規制・164頁）。この規定は，自己決定権だけでなく，憲法の中に示された自由権や社会権の最大限の尊重を求めているという意味において，基本的人権の中核となる人権条項である。

また，同条は，私的生活の自由など，自らに関わることは自ら決定することを保障する自己決定権や，人格的自律を保障する人格権を根拠づけるなど，労働法上の具体的権利としても重要である。労使が対等な立場で決定すべきであるとの労使対等決定原則（労基２条１項），合意原則（労契１条・３条・８条・９条）あるいは労働者の真意の尊重（本書第 4 章Ⅳ）といった要請などを，憲法上根拠づける人権規定である。

生存権と自己決定権との関係をどう理解するかについては議論があるが，労働者が，この社会において従属労働を強いられ，保護を必要とする一方，一個の人格としてその自己決定の権利を持つとの二面性から，両者の関係は整理できると考えられている。労働法の目的は，物質的な意味での生存の保障を超えて，自己決定や人格を保障することにあるが，従属的立場にある労働者の自己決定を支えるのが労働法的規制であると位置づけるのである（西谷・規制・176頁以下）。

(3) 労働基準の法定化　　憲法27条は個別的労働関係法の基本原則を定めた人権規定である。同条 2 項は，国家に「賃金，就業時間，休息その他の勤労条件に関する基準は，法律でこれを定める」ことを求めている。この規定に基づき制定されたのが，労基法などの労働者保護法である。

同条の意義は，国が労働関係に介入しても経済的自由の侵害とならないことを明らかにしたものであるが，それに加え，基本的な労働条件について私法的強行性を持つ法律を制定することを国に義務づけた点にある（「憲法第25条等労働関係条文の解釈に関する法制局意見（21．7．10）」渡辺章ほか編『労働基準法〔昭和22年〕（一）（日本立法資料全集51）』〔信山社，1996年〕28頁以下）。勤労条件に関する基準を「法律」で定めることが要請されているということは，労働基準に関する規制は，地域や職種の違いを超えて，原則として統一的なものでなければならないということも要請されていると解することができる。

(4) 労働権　　憲法27条 1 項は，「すべて国民は，勤労の権利を有し，義務を負ふ」と定めている。労働者に雇用機会を保障するための措置をとることを国に義務づけた規定である。同項は，労働市場を整備し，雇用機会を増やすことに加え，労働の機会が得られない場合に失業者・求職者の生活を保障する義務が含意されている（労働権の意義については，NJ I ・第 8 章 I 2 参照）。後者の義務に基づいて制定された法律が雇用保険法である。また，前者の観点から，国が雇用機会を保障するだけでなく，労働権や適職選択権の保障も導かれるとする見解（片岡曻「労働権の理念と課題」季労100号27頁，松林和夫『労働権と雇用保障法』〔日本評論社，1991年〕）も主張されている。

憲法27条 1 項を，「労働市場の法規整に関する基本原則」を定めたものと位置づけ，国に対し積極的政策義務を課すとともに，立法府にそれらの義務の実施のための授権がなされていると解する見解がある（菅野・25頁）。また，こうした見解に依拠して，学説の中には労働市場の規律のみを目的とした立法の私法的効果（本書第 4 章 II 2 参照）を否定する見解も唱えられている（高年法〔本書第 13 章 IV 参照〕に違反した場合の私法的効果を否定する見解）。しかし，こうした見解の問題点は，同条 1 項と 2 項の要請を受けた法律をできる限り峻別し，雇

用政策分野の法律は同条1項に属するものとして私法的強行性を否定することにある。労働市場を規制対象とする立法でも，憲法27条1項だけでなく同条2項の要請も受けており，労働条件の規制を目的としていることも軽視すべきではないからである。また，同条1項は，雇用政策に関する国の責務だけでなく，就労請求権（本書第5章Ⅲ2(4)）や解雇の抑制（本書第13章Ⅱ）など，私法上の権利や規制を根拠づける理念ともなる。

(5) 児童労働の禁止　　憲法27条3項は「児童は，これを酷使してはならない」と定めている。こうした規定に基づいて定められたのが，年少者の就労最低年齢等の規定（労基56条以下。本書第11章Ⅰ参照）である。児童労働の廃絶は，国際的にも，労働法の第1次的課題とされてきたが（本章Ⅰ4参照），日本の憲法にもそれは反映されている。

(6) 苦役からの自由と職業選択の自由　　苦役からの自由（憲18条）は，強制労働の禁止（労基5条），契約期間の制限（同14条・137条），賠償予定の禁止（同16条），前借金相殺の禁止（同17条）などの規定の根拠となる重要な人権である。これらの規定は，戦前の日本の労働者が，事前に多額の借金をし，それを働いて返すことを約束し，過酷な労働を強制されたこと，あるいは契約期間を理由に不当な拘束を受けたことへの反省が込められている。

また，退職の自由（民627条）および労働契約の一身専属性（民625条）といった雇用に関する民法上の権利は，苦役からの自由と職業選択の自由（憲22条1項）の2つの人権の要請を具現化したものである。退職の自由は，労働条件・雇用条件の最低基準の保障とならび，労働者から奪われてはならないきわめて重要な権利である。民法625条から導かれる使用者選択の自由も，憲法に定められた職業選択の自由に根拠がある。なお，職業選択の自由は，退職後の競業避止義務（本書第5章Ⅱ3(3)参照）の及ぶ範囲を決定する際に考慮される人権規定とも位置づけられている。

(7) 平等権　　憲法14条は，人種，信条，性別，社会的身分または門地による差別を禁じ，平等権を保障している。平等権は，労働法においては，性別以外の事由による差別の禁止（労基3条）や性による差別の禁止（同4条，均等5

〜 7 条）といった形で規定されている（本書第 2 章Ⅲ・Ⅳ参照）。また，平等権は，公序（民90条）などの一般条項を通じて，労働関係を規律することもある（本書第 2 章Ⅳ**2**(5)参照）。

4 国際条約の発展

　グローバル化が進み，国境を越えた競争が展開されるようになると，労働条件の切下げ競争（ソーシャル・ダンピング）が発生するが，労働者の権利や公正労働基準を遵守しない国が経済的に有利になるのは適切ではない。国際機関は，こうした事態を防ぐため，早くから労働者保護や公正労働基準の保障を目的とする条約を採択し，規制を加えてきた。

　その 1 つが国際労働機関（ILO）である。ILO は，1919年のベルサイユ条約に基づいて設立された機関であり，現在は国連の付属機関（加盟国は2016年 3 月に187）となっている。ILO は，189の条約と205の勧告（2018年 1 月時点）を採択し，さまざまな国際労働基準を定め，各国の労働法の発展を促してきた（ILO については中山和久『ILO 条約と日本』〔岩波新書，1983年〕参照）。日本の戦前の労働基準は国際基準に比べ低劣であったため，第二次世界大戦後に制定された労基法には当時の ILO 条約の内容が反映している。近年も，日本が批准した ILO「家族的責任を有する労働者条約（156号）」が育児介護休業法（育介法）の改正に影響を及ぼしたように，日本の労働法の発展に大きな貢献をしている。

　また，条約，勧告の採択だけでなく，ILO が労働法の指導理念を示してきた点にも注目しなければならない。たとえば，「労働は，商品ではない」，「表現及び結社の自由は，不断の進歩のために欠くことができない」（1944年フィラデルフィア宣言）といった原則や「ディーセント・ワーク（働きがいのある人間らしい仕事）」を保障するとの理念である。「ディーセント・ワーク」は，ILO 事務総長・ソマビアが唱えて以来，世界の労働法の指導理念として大きな影響を与えているが，労働者の権利の実現，十分な収入と雇用の確保，社会的保護の供与，社会的対話の実現が，その具体的な戦略目標になると理解されている。

　さらに，ILO は，1998年に，「労働における基本的原則及び基本的権利に関

する ILO 宣言」とその付属文書「宣言のフォローアップ」を採択したが，180
を超える条約のうち，①団結権（87号・98号条約），②強制労働の禁止（29号・
105号条約），③児童労働の廃絶（138号・182号条約），④雇用差別の撤廃（100号・
111号条約）を基本条約と位置づけ，批准の有無にかかわらず，加盟国は，条約
の内容を実現する義務があるとしている。日本は経済的先進国であるにもかか
わらず，欧州諸国に比べ批准数が少なく（2012年時点で，廃棄条約を除いた条約の
批准数は，フランス104，ドイツ73，イギリス69に対し，日本41〔廃棄条約を含め48〕
である），8つの基本条約のうち2条約（105号・111号）を批准できていない。
こうした事情は，労働法上，依然として多くの課題が日本に残されていること
を浮き彫りにしている。

　なお，国連も，労働法に関する国際条約を採択している。日本が批准した国
連の条約としては，「経済的，社会的及び文化的権利に関する国際規約（社会
権規約）」，「市民的及び政治的権利に関する国際規約（自由権規約）」，「女子に対
するあらゆる形態の差別の撤廃に関する条約（女子差別撤廃条約）」などがあり，
「障害のある人の権利に関する条約」も批准した（本書第 11 章Ⅲ参照）。これら
の条約は，批准を契機に国内法の制定や改正を促してきたが，男女雇用機会均
等法（以下「均等法」とする。本書第 2 章Ⅳ2参照）は，女子差別撤廃条約の批准
が契機となって制定されたものである。

5　理念実現のための他律的規制と自律的規制

　個別的労働関係法は，上記のような多彩な理念の実現を目的として，外的な
規制（国家法など）を通じ，労働関係における使用者の決定権限（単独決定）を
抑制する点に特徴がある。個別労使間の利害の対立といった事情に加え，市場
においては資本間あるいは労働者間の競争があり，公正競争を実現させるため
にも，強制的な要素を伴う他律的規制が欠かせなかったのである。他律的規制
の目的・対象は，労働者の生存など物質的な面だけでなく，人格の尊重（人格
権侵害の除去）といった面も含まれていた。

　ところが，近年，労働者像が多様化し，個人の意思の尊重や労働者の人格に

大きな価値が置かれるようになったことで，労働法的規制のあり方は大きな課題に直面している。特に，自由な自己決定や個人の人格の保障といった理念が定立されただけでなく，規制方法としても労働者による自律的規制（決定権）を採り入れる必要性が高まった。その結果，他律的規制と自律的規制の関係をどう整備するかが1つの焦点になっている（個別合意を規制の一要素と位置づける見解として，西谷・17頁）。

　後述する労契法上の合意原則（1条・3条1項・8条。本章Ⅱ**4**参照）のように，自律的規制は労働者に拒否する自由を与える反面，労働者が自由に意思決定できなければ，労働者に大きな責任を負わせる「諸刃の剣」的な性格を持つ。したがって，労働法における自律的規制は，他律的規制と組み合わせることが不可欠である（西谷・規制・247頁）。

　近年は，労働者の多様化に加え，経済情勢への適応も目的として，他律的規制と自律的規制の組み合わせについてさまざまな構想が提起されている。他律的規制を労働者個人あるいは労働者集団（労働組合，従業員代表）の自律的規制に置き換える見解や，他律的規制を任意法規化あるいは適用除外したうえで，労働者の意思決定に委ねる見解などが主張されている。しかし，他律的規制を自律的規制に代置した場合，市場や労働現場などの状況によっては，労働者が交渉力を持てず，規制の実効性は従前よりも損なわれるおそれがある。自律的規制と他律的規制の組み合わせ方は，理念を考慮しつつ，現実的諸条件もリアルに見つめながら，構想しなければならないのである。

Ⅱ　個別的労働関係法の体系

1　個別的労働関係法の種類と規制方法

　個別的労働関係法は，最低労働基準を定めた広義の意味での労働者保護法の総称である。個別的労働関係法に属する法律は，私法的強行性を持つ法律が多いが，行政による監督や罰則によって法違反の是正を予定したものもあり，規制方法は法律によって異なる。

第1に，労基法を中心とする狭義の労働者保護法は，憲法27条2項の要請を受けて制定された法律であり，私法的強行性（労基13条）を持つ。また，使用者に最低労働基準を遵守させるため，行政による監督や罰則など，公法的な措置を予定している。

第2に，労働契約法（労契法）は，労基法と異なり，罰則を予定せず，裁判を通じて権利が実現される民事規範である。労働契約承継法もこれに分類される。

第3に，均等法など差別禁止や均等待遇に関する法律である。これらは裁判規範として私法的強行性を持つ一方，行政による監督も予定している（ただし労基法3条・4条は罰則付）。

第4に，雇用保障法あるいは労働市場法と呼ばれる法領域がある（NJ I・第8章参照）。求職システムや失業の防止など労働者の雇用保障や労働市場の整備を目的とする法領域で，代表的なものとして雇用対策法や職業安定法などがある。近年，この領域に属する法律は増加傾向にあるが，違反に対し，罰則や行政による指導のみを明記しているため，違反した場合の私法的効果の内容（本書第4章II2参照）が争点となることがある（本書第13章IV〔高年法〕，本書第15章IV〔派遣法〕など）。

2 個別的労働関係法の歴史

日本の戦前の個別的労働関係法は，封建的で前近代的な労働関係の弊害を除去することを目的として形成された。たとえば，その代表的な法律が工場法である。1911（明治44）年に制定され（1916〔大正5〕年施行），1923（大正12）年（1926〔大正15〕年施行）等に改正された工場法は，女子・年少者に対しては最低雇用年齢，労働時間規制，深夜業の禁止などを保障し，職工に対しては，安全・衛生のための行政官庁の臨検・命令権や雇入れ・解雇等の取締りを予定していた。常時50人以上の職工を使用する工場においては，就業規則の作成，届出，周知を使用者に命じる規定も置かれていた（就業規則については，本書第4章III参照）。

しかし，本格的な労働者保護法の制定は，日本国憲法の制定と相まってよう

やく始められた。占領軍は，憲法25条に規定された生存権や同27条の労働条件法定化の要請も意識しながら，労働者保護の具体的内容について指示を与えたが，それはILOの国際労働基準を範としていたのである。1947（昭和22）年4月7日には労基法が公布，施行された。また，同年に，労働者災害補償保険法（労災保険法），職業安定法，船員法なども制定され，日本の個別的労働関係法の骨格が形成されたのである。

　その後，1959年に最低賃金法，1972年に労働安全衛生法（労安法）などが，労基法から切り離される形で制定されたが，多くの労働法が制定，改正されたのは1980年代以降である。たとえば，労基法は，労働時間の短縮と規制緩和を目的として1987年に大改正され，その後，数度改正されている。また，均等法（1985年），派遣法（1985年），高年法（1986年），育児休業法（1991年。1995年から育児介護休業法），パート労働法（1993年），会社分割に伴う労働契約承継法（2000年），個別労働関係紛争解決促進法（2001年），労働審判法（2004年），労契法（2008年）が制定されている。

　近年，個別的労働関係法の制定，改正の目的となってきたのは，平等規制の強化（均等法およびパート労働法の改正）や労契法の制定を除けば，規制緩和であった。労働時間規制の緩和（労基32条以下。本書第 9 章）や有期雇用の期間制限規制（労基14条。本書第 15 章Ⅱ）あるいは派遣法の改正（本書第 15 章Ⅳ）がその代表例である。しかし，リーマンショック後の2008年末に「年越し派遣村」などの取り組みが行われ，非正規労働者に対する保護の必要性が重要な政策課題であると認識されるに従い，2012年には，派遣法，労契法および高年法の改正が実現するなど，非正規労働者に対する保護も強化された。また，2013年以降は，パート労働法の改正や障がい者差別の禁止立法の策定等も行われている。ただし，非正規労働者の保護はこうした法改正で十分達成できたとは言い難く，労働法的規制をどう再構築するかが今後の重要な課題となっている。

3　労働基準法

⑴　基本理念　　個別的労働関係法の基本法といえる労基法は，「労働者が

人たるに値する生活を営むための必要を充たすべき」労働条件の保障を基本理念としている（1条1項）。これは，憲法25条の生存権を労働関係において具体化したものである。

　また，労基法には労使対等決定原則も定められている（2条1項）。この原則は，使用者が賃金その他の労働条件を一方的に決定するといった前近代的な状態を排除し，労働条件を労使が対等に決定すべきことを宣言したものである。この原則は，現実には貫徹されない場合も多いが，労契法（1条・3条）にも影響を与えたように，労働法全体に妥当する重要な法理念となっている。

　(2)　労働基準の私法的強行性と適用除外制度　労基法で定められた基準は，最低労働基準である（1条2項・13条）。すなわち，これを上回る労働条件の設定は，労使自治に委ねる一方，これを下回る合意は，労働者が同意した場合でも効力を否定される。こうした規制方法を採用した理由は，従属的立場にある労働者は，合意を交わしても，その真意が反映されていないことが多いからである。特定の労働条件に限り，合意を通じて使用者の専制が行われることを防ごうとしたのである。

　ただし，労基法は，このように強行的な基準を定める一方で，過半数組合あるいは過半数代表者（本書第**4**章Ⅱ参照）と使用者との間で労使協定を締結した場合（24条・32条の2以下）や特定の職種に該当する場合（41条など）には適用除外を認めている。また，同法は，労働者の「同意」（38条の4〔企画業務型裁量労働制の適用〕）や「請求」（65条2項〔産後休業の解除〕）を要件として，禁止規定の解除を認める規定も置いており，労働者の自己決定が強行的な保護規定に編入されていることもある（西谷敏「労働者保護法における自己決定とその限界」『現代社会と自己決定権』〔信山社，1997年〕233頁）。

　(3)　労働基準監督制度　労基法の監督制度を担うのは，厚生労働省労働基準局，都道府県労働局，労働基準監督署（労基署），労働基準監督官（以下「監督官」とする）であり，その中心となるのは監督官である。監督官は，労基法に加え，最賃法や労安法などに関する権限を持つが，事業場におもむき，臨検，尋問等を行い（従わない事業主に対しては罰則あり。労基120条4号），監督・調査・

行政指導（是正勧告）するだけでなく（労基99条3項・4項・101条，労安90条・91条・92条），逮捕・差押・捜索・検証など刑事訴訟法に規定された「司法警察官の職務」（労基102条，労安92条）や，労働者に急迫した危険があるときは労働局長等に代わり，その場で作業・建設物等の使用停止等を命ずることもできる（労安98条）。監督官は，行政官と特別司法警察員の2つの顔を持つ公務員なのである。

こうした臨検は，労働者からの申告がなくとも行われるが，労働者は，行政官庁または監督官に申告することもできる（労基104条1項，労安97条1項）。使用者は，この申告をした労働者に対し不利益な取扱いをしてはならない（労基104条2項，労安97条2項）。

(4)　罰　則　　労基法は，違反者に対し罰則の適用を予定している。刑罰の種類としては，罰金刑だけでなく懲役刑も規定されているが，刑罰が科されるためには，通常の刑罰法規と同様，故意の要件を充足し，検察官の起訴を受けてそれが裁判で確定される必要がある。処罰の対象となるのは，労基法違反を現実に行った実行行為者であるが，事業主も違反の防止に必要な措置をとらない場合や違反の計画を知りながら必要な防止策をとらなかった場合には処罰される（くわしくは，本章IV2参照）。

(5)　付加金制度　　使用者が解雇予告手当，休業手当，割増手当など労基法で創設された手当を支払わない場合，裁判所は，未払金のほか，労働者の請求があれば，それと同一額を限度とする付加金の支払いを使用者に命じることができる（労基114条。違反のあった時から2年以内〔除斥期間〕に労働者が請求し，裁判所が支払命令を下すことが必要となる）。裁判所は，違反の程度・態様や労働者の不利益の性質・内容等を考慮して，付加金の支払いの有無や額を決定する。なお，違法状態が提訴前に解消した場合，労働者は付加金を請求できない（**細谷服装事件**・最判昭35・3・11民集14巻3号403頁）が，それに加え，判例（**江東ダイハツ自動車事件**・最判昭50・7・17労判234号17頁，**新井工務店事件**・最判昭51・7・9判時819号91頁）および通説（菅野・183頁）は，要件となる未払いの時点を裁判所の支払命令があった時としている。これによれば，判決時（口頭弁論終結時）までに未払金の支払いがあれば，付加金の支払いを命じえないことになる。これ

に対し，未払いの時点を労働者の訴訟提起時と解し，訴訟提起後に未払金が弁済された場合は付加金の支払いを命じうるとする説も唱えられている（有泉・61頁，**エビス文字盤製作所事件**・横浜地判昭43・6・12労民集19巻3号796頁など）。口頭弁論終結時までに弁済すれば足りることになれば，本条の制裁機能が否定されるからである。後者の説が妥当である。

(**6**)　時　効　労基法115条の規定による賃金（退職金を除く），災害補償その他の請求権（年次有給休暇についても適用がある〔本書第**10**章**II 2**〕）は2年間の消滅時効にかかり，退職金は5年間の消滅時効にかかる。ただし，本条は，安全配慮義務等に基づく損害賠償請求権（本書第**12**章**IV**）や解雇等の無効を求める請求（本書第**13**章**II**など）には適用されない。また，時間外労働手当の未払分については，不法行為による損害として請求した場合に消滅時効3年分の請求が認容されたことがある（**杉本商事事件**・広島高判平19・9・4労判952号33頁）。

(**7**)　私法的規制と公法的規制　労基法は，以上のように，強行性を有した私法的規制と罰則等の公法的規制を併せ持つ点に特徴がある。こうした法律は，実効性が，民事裁判と罰則・行政監督制度の双方で担保される反面，罪刑法定主義の要請から類推解釈が禁じられるため，本来は柔軟な解決が必要とされる私法的な次元でも厳格な文言解釈が要請されるという難点を抱える。しかし，同一の条項でも刑罰規定の側面と私法的規定の側面を分け，二元的な解釈を認めるべきとする見解も有力に主張されている（西谷・規制・281頁以下）。

4　労働契約法

(**1**)　制定の経緯　90年代以降，労働組合の組織率が下がる一方，労働条件の個別化が進行し，個別労働紛争が増加した。個別労働紛争を規律する労働契約法理は罰則になじまないものが多く，労基法の中で規定するには適さなかった。このため，90年代からさまざまな草案が示されるなか，厚生労働省の下に組織された「今後の労働契約法制の在り方に関する研究会」は，2005年9月に労働契約に関する包括的な規制の整備を企図した報告書を提示した。しかし，この報告書は，労働政策審議会の段階で労使双方から多くの反対を受けたこと

により，その内容は大きく変更され，2006年12月27日にようやく答申が出された。答申直前には，労働法研究者35名が「禍根を残す就業規則変更法理の成文化——契約原理に反する労働条件変更法理の固定化は避けるべきである」と題する声明（2006年12月21日。労旬1639号 5 頁）が公表されたように，労使対等決定原則に反する就業規則法制を立法化することについては学説から強い反対もあった。その後，政府が法案を上程した後，2007年11月に法案の修正に与野党が合意し，法案が可決された。同法は2008年 3 月から施行され，2012年にも，有期労働契約に関する条項（18条以下）を追加する改正が行われている（雇止めに関する条文は2012年 8 月10日の公布日に施行されたが，それ以外は2013年 4 月施行。本書第 13 章Ⅱ**4**・第 15 章Ⅱ参照）。

(2) 法律の内容　　労契法は，「労働者の保護」（1 条）を目的とすると定められていることから，原則として強行的な効力を持つ。ただし，労基法と異なり，行政監督と罰則を予定しない民事規範である。したがって，有期契約の更新拒絶（雇止め）に際し，解雇権濫用法理（16条）が類推適用される余地があると認められてきたように（くわしくは，本書第 13 章Ⅱ**4**），同法の内容は，直接適用が認められない事案でも類推適用される余地がある。

同法の内容は，適用範囲（2 条・18条・19条），労働契約の原則（3 条），労働契約法理（4 ～ 6 条・8 条・14～17条。2012年改正によって18条から20条も付加された），就業規則法理（7 条・9 ～13条）に大別することができる。労働契約法理の内容は，安全配慮義務（本書第 12 章Ⅳ），出向（本書第 7 章Ⅲ**2**），懲戒（本書第 6 章），解雇（本書第 13 章Ⅱ）の権利濫用法理など，従前の判例法理の一部しか明記されていないが，就業規則に関する判例法理は全面的に立法化されている。

(3) 労働契約の原則　　労契法 3 条は，労働契約に関する 5 つの原則を定めている。規定内容はいずれも抽象的で，違反した場合の法的効果が明記されていない。しかし，これらは，労働契約や就業規則の解釈，あるいは権利濫用を判断する際に考慮しなければならない原則となる（本書第 5 章Ⅲ**3**も参照）。

同条 1 項は，労働契約は，労働者および使用者が対等の立場における合意に

基づいて締結し，または変更すべきだとしている。合意原則は，労契法の多くの箇所（1条・3条1項・6条・8条・9条）で定められているように，労契法の中核的な基本原則である。しかし，同法の中には，就業規則法制（特に9条但書・10条）のように，合意原則の重要な例外も定められている。また，同法は合意原則を定めたが，「クーリング・オフ」制度など，労働者の自由な意思決定を保障するための制度を設けていないことに1つの問題がある。

同条2項は，労働契約は，労働者および使用者が，就業の実態に応じて，均衡を考慮しつつ締結し，または変更すべきと定めている。本条は，立法過程で追加された規定である。「均衡」概念は，「均等待遇」と比べ，厳格に平等を問うことまで含意されていない。

同条3項は，労働者および使用者が仕事と生活の調和にも配慮し労働契約を締結し，または変更すべきであると定めている。同条2項と同様，立法過程で追加された規定である。「仕事と生活の調和」とは，仕事と家庭生活の調和のみならず，仕事と個人的生活の調和も意味する（本書第10章I参照）。

同条4項は，労働者および使用者は，労働契約を遵守するとともに，信義に従い誠実に，権利を行使し，義務を履行しなければならないと規定する。民法1条2項においても，信義誠実の原則が定められているが，本項は，労働関係における信義則の要請を特に確認的に規定したものである。

同条5項は，労働者および使用者は，労働契約に基づく権利の行使に当たり，それを濫用することがあってはならないと規定している（権利濫用の禁止）。権利濫用の禁止も，民法1条3項に定めがあるが，本項は労働関係に焦点を当てた規定である。

（4）労働基準法との関係　労契法と労基法はいずれも民法の特別法であるが，両法の間には法体系上の優先関係はない。したがって，具体的な適用場面では，それぞれの法目的に即して重畳的に適用される。労契法が制定されて以降，同法を労働法における基本法と見る見解が強まっているが，労基法の役割を軽視するのであれば，適切とはいえない。労働憲章（第1章総則〔本書第2章I～IV〕）など，労基法の中には個別的労働関係法全体の基本原則が多数定めら

れているからである。

5　一般条項に基づく判例法理の役割

　労働関係においては，法で規律されていない論点をめぐり紛争が生じることも多く，労働紛争に適用できる労働実定法は限られている。このため，民法の一般条項に基づいて形成された判例法理は，個別労働紛争において大きな役割を演じてきた。たとえば，①採用内定，試用期間（本書第 3 章），配転・出向等の人事異動（本書第 7 章），懲戒権の濫用（本書第 6 章）などの権利濫用法理（民 1 条 3 項），②信義則（同条 2 項）を根拠とする付随義務法理（本書第 5 章）あるいは③公序良俗論（同90条）である。労契法に規定された就業規則法理（7 条以下。本書第 4 章Ⅲ）や解雇権濫用法理（16条。本書第 13 章Ⅱ）も，かつては判例法理として形成された労働契約法理であった。

　労契法が制定されたとはいえ，立法化された法理はわずかである。したがって，民法の一般条項や労働契約の原則（3 条。本章Ⅱ**4(3)**）を根拠とする判例法理は，依然として重要な意義を有している。ただし，判例は，事実上の先例拘束性があるとはいえ，厳密にいえば「法源」ではない。裁判宮は「憲法及び法律」（憲76条 3 項）にのみ拘束されるのが原則であるからである。こうした意味において，判例法理をあまり固定的に捉えることは適切でない（労働判例については，和田肇「労働判例をどう読むか」唐津博・和田肇編『労働法重要判例を読む』〔日本評論社，2008年〕11頁以下参照）。

6　民法の意義

　労働者保護を目的とする個別的労働関係法は，民法の特別法である。民法のみを労働関係に適用することを問題視した社会法の考え方は現代においても看過されてはならない。民法は，労働者の要保護状態を考慮していないことも多いため，労働法においては，特別法が存在しなくとも，規定の趣旨を考慮し，民法の適用が否定されることもある。

　しかし，労働法において民法の諸規定をあまり軽視するのも問題がある。特

第 1 章　総　　論　19

別法が存在しなければ民法が適用されるのが原則だからである。また，民法の中には，労働者の一身専属的な権利（625条）や退職の自由の保障（627条）など，人権規定に淵源のある重要な権利も存在する。

さらに，債権法の大幅な改訂を目的とする改正民法が成立し，2017年6月2日に公布されたが，施行日は，一部の規定を除き，2020年4月1日となった。

III 労働法の適用対象基準

1 労働法の適用対象基準としての労働者

(1) 労働者概念の意義　労働法は，権利の主体を「労働者」としている。労働者の概念は，自営業者と労働者とを識別し，労働法の適用対象を確定することを目的とする。自営業者は，労務遂行者であっても，自ら決定権を持つことでリスクとチャンスを共に引き受けていると考えられるため保護の対象とならないが，労働者は，使用者の指揮命令下で労務を遂行する中で健康被害などの危険を抱えるため，法的保護を必要とするのである。

民法上の雇用（623条以下）に基づき労務提供を行っている者は，労働者と認められる。これに加え，契約形式が民法上の請負（632条以下）や委任（643条以下）であっても，指揮命令下の労務遂行などの実態が客観的に見て存在すれば，労働者と判断され，労基法の適用が認められる。強行法規である労基法の適用の有無を，契約形式の選択（当事者の意思）に基づいて決めることは適切でないからである。たとえば，個人業務請負契約の形式で働くバイク便ライダーは，労働者に該当すると解されることがある（平19・9・27基発0927004号）。ただし，業務遂行の拘束性が高かった店長の労働者性を肯定しながら，拘束性の低い就労者は労働者でないと判断した例もある（**ソクハイ事件**・東京地判平22・4・28労判1010号25頁）。

(2) 労働基準法上の労働者　労基法9条において，労働者は，職業の種類を問わず，事業または事務所に使用される者で，賃金を支払われる者と定義されている。このうち，最も問題となるのは，「使用される」と「賃金を支払わ

れる」という要件である。

「賃金を支払われる」という要件から，無償ボランティアなど有償性がない場合には，労務を提供していても労働者性は否定される。ただし，同法11条の賃金の概念は広く定義されているため，労務提供に対価がある限り，この要件は充足できる。

「使用される」という要件（指揮命令下の労務の提供）は，最も重要な要件であるが，それは解釈に委ねられている。「賃金を支払われる」という要件と併せ，判例や行政解釈においては「使用従属関係（使用従属性，労働の他人決定性）」の有無が問題とされてきたが，その判断要素として，判例を整理した1985（昭和60）年の労働基準法研究会の報告書「労働基準法の『労働者』の判断基準について」（労働省労働基準局監督課編『今後の労働契約法制のあり方について』〔1993年〕50頁以下）によれば，①仕事の依頼，業務従事の指示等に対する諾否の自由の有無，②業務遂行上の指揮監督の有無，③通常予定されている業務以外の業務従事の有無，④勤務場所，勤務時間に関する拘束性の有無，⑤労務提供の代替性の有無（本人に代わって他の者が労務を提供することが認められれば，指揮監督関係を否定する1つの要素となる），⑥報酬の労務対償性を総合勘案し，「使用従属性」を判断するとしたうえで，これらの基準に加え，⑦機械・器具の負担関係，⑧報酬の額，⑨専属性の程度，⑩その他（公租公課の負担関係など）が補強的要素として位置づけられている。⑦〜⑨は人的従属性というよりは，経済的従属性を示したものであるが，この基準の充足状況によっては自営業者性が肯定されると理解されている。これに対し，学説の中には，労基法，労契法および労組法上の労働者を，「自ら他人に有償で労務を提供する自然人」という基準で判断すべきだとする見解（川口美貴『労働者概念の再構成』〔関西大学出版部，2012年〕。独立事業者等でない限りすべて労働法上の労働者になるとする説）も唱えられている。

（3）労働者性の具体例　労働者であるか否かは，以上のような判断要素を総合勘案して決定される。最高裁は，トラック持ち込み傭車運転手について，業務遂行上の具体的な指揮監督関係がないこと，出来高払いなど労務対償性が

❶雇用契約と労働契約

労基法は，労働者と使用者が締結した契約を特段の定義も置かずに「労働契約」（13条以下）として扱っているが，民法では「雇用契約」（2004〔平成16〕年改正前は「雇傭契約」）という概念が使用されている。労契法も，雇用契約ではなく労働契約を規制対象としている。

民法は，対等な人格である当事者が契約を締結することを前提としている。このため，雇用についても当事者の合意に多くを委ね，法律には最小限のルールしか定めていない。これに対し，労基法は，従属労働に対する規制を目的とするため，民法の契約概念をあえて用いず，労働契約という概念を創設し，それが使用されている。

労働法と民法のこうした原理的相違を背景に，両者の概念の異同は長い間議論の対象とされてきた。学説の一方は，両者は異なると主張している（峻別説。萬井隆令『労働契約締結の法理』〔有斐閣，1997年〕15頁など）。労基法上の労働契約か否かは，民法上の契約類型（雇用，請負，委任）にかかわらず，実質的に判断されるため，雇用契約は当然のこととして，請負契約や委任契約もその労務供給者の実態が労働者に該当すれば，その契約は労働契約になると解されるからである。その一方で，民法の雇用契約（「労働に従事」）に該当するか否かの判断も，労働者性と同様，実質的に判断されるべきで，両者を異別に解する必要はないとの見解（同一説。菅野・144頁，下井・77頁，西谷・13頁）もある。この見解によれば，法的に性質決定すれば，原則として雇用契約と労働契約は同じになるとみている。さらに，最近は，民法の雇用を被従属的な労務を含むものと解し，労働契約よりも雇用契約を広く捉える峻別説も唱えられている（鎌田耕一「雇傭・請負・委任と労働契約」『市民社会の変容と労働法』〔信山社，2005年〕159頁など）。

ただし，峻別説においても同一説においても，同居の親族のみを使用する事業や家事使用人の雇用契約は，労基法が適用除外（116条2項）されるため労働契約ではない。また，労基法（9条）には「事業に使用される」との文言があり，個人が臨時に人を雇った場合など事業性がない場合は，雇用契約（あるいは労契法上の労働契約）であるものの，労基法上の労働契約ではないことになる。

薄いといった事情も考慮し，労働者性を否定したことがある（**横浜南労基署長〔旭紙業〕事件**・最判平8・11・28労判714号14頁）。これに対し，大学病院で臨床研修していた研修医は，指揮命令や時間的，場所的拘束などが存在すれば労働者性を肯定されている（**関西医科大学事件**・最判平17・6・3労判893号14頁）。

これ以外には，**表1-1**にあるように，塗装の技術指導を行う嘱託，予備校非常勤講師，映画撮影技師，電力委託検針員・ガス集金員，トラック運転手，

表1-1 労働者性をめぐる裁判例

職　種	事件名	肯定／否定
傭車運転手	横浜南労基署長〔旭紙業〕事件・最判平8・11・28労判714号14頁	否定
傭車運転手	新発田労基署長事件・新潟地判平4・12・22労判629号117頁	肯定
証券会社外務員	山崎証券事件・最判昭36・5・25民集15巻5号1322頁	否定
マンション建設現場の大工	藤沢労基署長〔大工負傷〕事件・最判平19・6・28労判940号11頁	否定
大学病院の臨床研修医	関西医科大学事件・最判平17・6・3労判893号14頁	肯定
予備校非常勤講師	河合塾事件・福岡高判平21・5・19労判989号39頁	肯定
塗装の技術指導を行う嘱託	大平製紙事件・最判昭37・5・18民集16巻5号1108頁	肯定
映画撮影技師	新宿労基署長事件・東京高判平14・7・11労判832号13頁	肯定
フリーランスの記者	朝日新聞社〔国際編集部記者〕事件・東京高判平19・11・29労判951号31頁	否定
電力委託検針員・ガス集金員	九州電力委託検針員事件・福岡地小倉支判昭50・2・25労民集26巻1号1頁，日本瓦斯事件・鹿児島地判昭43・8・8労時721号96頁	肯定
トラック運転手	アサヒ急配事件・大阪地判平18・10・12労判928号24頁	肯定
ホステス	クラブ「イシカワ」〔入店契約〕事件・大阪地判平17・8・26労判903号83頁	肯定
僧　侶	観智院事件・京都地決平5・11・15労判647号69頁	肯定
受信料集金人	NHK西東京営業センター事件・東京高判平15・8・27労判868号75頁	否定
フランチャイズ店の店長	ブレックス・ブレッディ事件・大阪地判平18・8・31労判925号66頁	否定
歌劇場合唱団メンバー	新国立劇場運営財団事件・東京高判平19・5・16労判944号52頁	否定

ホステス，僧侶などは労働者性が肯定されたことがある（労基法上の労働者と同じであることを前提として，労災法，最賃法，労契法の労働者性を判断した例を含む）。これに対し，大工，受信料集金人，フランチャイズ店の店長，歌劇場合唱団メンバーなどは，労働者性を否定する判断が示されたことがある。

なお，会社役員は，業務執行権を持つ限り，原則として労働者でないと解さ

れる（昭23・1・9基発14号，昭34・1・26基発48号）が，労働実態によっては労働者性（従業員〔使用人〕兼務取締役〔監査役〕）が認められる。たとえば，役員に退職金規定（就業規則）や労災保険法などの適用を認めたものがある（**前田製菓事件**・最判昭56・5・11判時1009号124頁〔退職金〕，**大阪中央労基署長〔おかざき〕事件**・大阪地判平15・10・29労判866号58頁〔労災保険〕）。役員の中でも，会社法に特に定めのない執行役員は，指揮監督を受けていれば労働者と認定されることが多くなる（**船橋労基署長〔マルカキカイ〕事件**・東京地判平23・5・19労判1034号62頁）。

(4)　**労働基準法以外の法律**　　同じ概念が使用されていても，法の目的に照らし意味内容が異なることがあるが，それは労働者概念にも妥当する。たとえば，労基法と同じく労働者概念を用いる労組法は，労働者について，「賃金，給料その他これに準ずる収入によって生活する者」と異なる定義規定を置いている。この概念には，労基法上の労働者には該当しない失業者や労務供給者なども含まれる（**国・中労委〔新国立劇場運営財団〕事件**・東京高判平21・3・25労判981号13頁など。労使関係研究会報告書「労働組合法上の労働者性の判断基準」労判1027号98頁。NJ I・第3章 I 4参照）。

これに対し，労安法（2条2号），じん肺法（2条4号），最低賃金法（2条1号），賃金支払確保法（2条2項）は，労基法上の労働者に適用があることを明示している。労契法あるいは労災法上の労働者については議論があるが，判例および行政解釈は，労基法上の労働者と同一だと解している（前掲・**横浜南労基署長〔旭紙業〕事件**・最判，平24・8・10基発0810第2号「労働契約法の施行について」〔平20・1・23基発0123004号を廃止して通達された施行通達〕）。

しかし，労契法や労働契約に関する判例法理は，類推適用することも可能である。また，解雇権制限法理（労契16条）など，使用者の指揮命令下で労働することから生じるリスク（健康被害等）の規制を目的とするのではない法理は，人的従属性よりも経済的従属性を重視するのが適切である。こうした点を考慮するならば，労基法上の労働者でなくとも，労契法の適用を認めるべき場合もあるだろう（労契法の「労働者」を労基法の「労働者」よりも広く捉える見解として，野川忍『わかりやすい労働契約法〔第2版〕』〔商事法務，2012年〕81頁，西谷・46頁，

新基本コメ・325頁［毛塚勝利］」がある）。

(5) 理論課題　雇用・就労形態は，近年著しく多様化し，個人事業主，在宅勤務者，有償ボランティアなど，労働者と事業者の識別が困難な就労者が増えている。こうした状況が，労働者性の判断をますます困難にし，使用者が労働者でないと偽装する例も増加させているが，こうした事態に対応するためにも，労働者概念をめぐる理論的課題を整理しておく必要がある。

第1の課題は，労働者性の判断要素の整理である。前述のとおり，裁判例の示す判断要素は，多くの事案に対応可能な柔軟な枠組を提供しているが，その反面，予測可能性を欠くことは否めない。また，こうした判断要素は人的従属性を中心に構成されているが，解雇など使用者の指揮命令とは直接関係しないリスクからの保護は，経済的従属性を重視すべきである。

第2の課題は，労働者概念の相対化である。判例は，労組法を除く他の労働法の労働者を労基法上の労働者と同一のものと解している。しかし，解雇制限や労災補償など，目的の異なる法規制の権利主体を同一と解する必要はなく，労働者概念の相対化（法律ごとの労働者概念など）が求められる場合もあるだろう。ただし，統一的な労働者概念には，基本的な労働基準を労働者全体に統一的に保障するという積極的な意義もあり，制度あるいは条文ごとに労働者を確定するという方法（下井隆史『労働契約法の理論』〔有斐閣，1985年〕9頁）は，こうした意義を損なうため賛成できない。

第3の課題は，労働者に該当しない就労者の法的保護のあり方である。現在，家内労働法や労災法の特別加入制度（本書第 **12** 章Ⅲ）などは就労者に適用できるが，法的保護の内容は十分とは言い難い。このような事態に対応するため，「準労働者」や「契約労働者」といった第3のカテゴリーを設け，労働法の一部を適用することも提唱されている（西谷敏「労基法上の労働者と使用者」沼田・本多・片岡編『シンポジューム労働者保護法』〔青林書院，1984年〕3頁，鎌田耕一編著『契約労働の研究』〔多賀出版，2001年〕125頁）。

2 個別的労働関係法の適用範囲

(1) 「事業」の意義　労契法のように事業概念が使用されていない法律もあるが，事業 (あるいは事業場) ごとの監督や取締りを予定する法律においては，事業概念は一定の役割を演じている。その代表的な法律は労基法である。労基法において事業概念は，①特例・適用除外される事業を特定し，②労基署の管轄や労基法の場所的適用単位を示すために使用されている。

労基法は，長い間，適用される「事業」を列挙するという方式を採用していた (旧 8 条)。しかし，適用範囲を業種別・規模別に限定していた工場法 (1911 〔明治44〕年) や商店法 (1938〔昭和13〕年) と異なり，労基法は，適用対象事業を限定列挙していたのではなく，ほとんどの事業を適用対象としていた。このため，1998年に同条は削除された。ただし，同法33条，40条，41条，56条，61条等の適用範囲を明らかにするため，旧 8 条に記載されていた事業のほとんどは別表第 1 で示されることになった。

また，事業場は労基法の場所的適用単位となっている。このため，就業規則の制定や労使協定の締結等は，原則として事業場ごとに求められる。事業場とは，企業よりも小さい単位で，「一定の場所」で「継続的に行われる作業の一体」をいう (昭22・9・13発基17号，昭23・3・31基発511号，昭33・2・13基発90号)。具体的には，①事業場は「主として場所的観念」によって決定されるが，②同一工場内の診療所でも，労働態様を異にすれば別の事業場と解される一方，③場所的に分散されていても，独立性を欠けば，直近上位の機構と一括し，同一の事業 (独立性のない営業所を支社と一括するなど) と扱われる。

(2) 国際労働事件　使用者が外国法人である場合など，国際労働事件においては，どの国の法規を適用するかは公法と私法とで分けて考えなければならない。まず，公法については，属地主義の原則が妥当し，日本国内の労働者と使用者に適用される (刑 1 条・8 条)。労基法のように，私法上の規制を併せ持つ法律も，罰則や行政監督に関しては公法の原則に従う。入管法上の在留資格の有無にかかわらず，外国人も国内で就労する限り，労働法の公法的規制は適用がある (手塚和彰『外国人と法〔第 3 版〕』〔有斐閣，2005年〕243頁以下参照)。

これに対し，労働者保護法の私法的規制など私法規範の適用は，従来，法例に基づいて判断されてきた。すなわち，法例7条は，契約当事者の意思が優先されることを明らかにしたうえで（当事者自治の原則），当事者の意思が明らかでない場合には行為地（契約締結地）法によるとしていた。

しかし，労働契約の契約締結地は偶然に決まることもあるため，多くの批判があったところ（米津孝司『国際労働契約法の研究』〔尚学社，1997年〕，山川隆一『国際労働関係の法理』〔信山社，1999年〕参照），法例を全面改正する形で2007年1月に施行されたのが「法の適用に関する通則法」である。同法は，当事者自治の原則を維持する一方（7条），当事者の選択がない場合，当該法律行為に最も密接な関係のある地の法（最密接関係地法）によるという一般原則（8条）を定め，労働契約について特例（12条）を設けた。それによれば，労働契約において準拠法選択がない場合に適用される最密接関係地法は，常居所地法（8条2項）ではなく，労務提供地法と推定される（12条3項）。また，当事者が明示的に準拠法（たとえばアメリカ）を選択していた場合でも，労働者が最密接関係地法（たとえば日本）の強行規定の適用を主張したときは，その強行規定が適用される（同条1項）。この場合の最密接関係地法も労務提供地法と推定される（同条2項）。ただし，不法行為については，加害行為の結果発生地法が原則として準拠法となる（17条）。

以上のように，労働契約に関しては，労働者が労務提供地の強行規定の適用を望めば，それが適用されるが，この強行規定には，労基法や労契法等の強行法規だけでなく，強行法的な判例法理も含まれる（法制審議会「中間試案補足説明」〔2005年〕）。これに対し，当事者が特に主張しない場合でも適用のある絶対的強行法規については特段の規定が設けられていないが，これを排除する趣旨ではなく，解釈論に委ねられている（荒木・560頁以下，土田道夫・豊川義明・和田肇『ウォッチング労働法〔第3版〕』〔有斐閣，2009年〕303頁〔土田〕，西谷祐子「契約の準拠法決定における弱者保護」法律のひろば59巻9号29頁）。

なお，日本の裁判所が国際的民事紛争について管轄権を有する場合の基準を定めた規定が従前は存在せず，判例（ファミリー事件・最判平9・11・11民集51巻

第1章　総　論　　**27**

10号4055頁，リーダーズダイジェスト事件・東京地判平元・3・27労判536号7頁〔土地管轄により裁判籍が認められれば，条理に反する特段の事情が認められない限り，日本の裁判所の管轄権を肯定〕）に委ねられてきたが，2012年4月から施行された民訴法には，国際裁判管轄に関する規定が定められ，労働関係に関する規定も設けられた（村上愛「国際労働関係法の展開と課題——国際私法学の観点から」学会誌120号74頁以下参照）。これによれば，第1に，労働者から事業主に対する訴えは，労務提供地が日本国内であれば，日本の裁判所に提起することができる（3条の4第2項）。第2に，事業主から労働者に対する訴えは，原則として，労働者の住所地国の裁判所にのみ提起することができる（3条の2）。第3に，国際裁判管轄の事前合意を一般的に認めながら，労働関係については，次の場合に合意の有効性を限定している（3条の7第6項）。すなわち，①労働契約終了時の合意で，労務提供地国の裁判所に訴えを提起することができる旨定めたものがあるとき，②労働者が当該合意に基づき合意された国の裁判所に訴えを提起したとき，または事業主が訴えを提起した場合において，労働者が当該合意を援用したときである（外国国家の私法的行為も，主権の侵害など特段の事情がない限り日本の裁判権は免除されないと解されている。**米国ジョージア州〔解雇〕事件**・最判平21・10・16労判992号5頁。外国等に対する我が国の民事裁判権に関する法律〔2010年4月1日施行〕）。

(3) **公務員**　労働法の多く（均等32条，育介61条，高年7条2項など）は公務員を適用除外しているが，労基法は，「労働者」から公務員を除外していない。ただし，以下のように，公務員法によってその適用が制約されている。

　非現業の一般職の国家公務員（国公2条2項）については，労基法制定当初，労基法が適用されたが，国公法の制定によってその適用が否定された（国公附則16条）。別の法律が制定されるまでの間，国公法の精神に抵触せず，かつ，同法に基づく法律または人事院規則に矛盾しない範囲（昭23第1次改正法律附則3条1項）で定められた事項について，労基法等が「準用され」るにすぎない。これに対し，特定独立行政法人の職員（特労37条1項1号は，労基法の適用除外を定めた国公附則16条を適用除外している。国有林野の職員は，従前は特労法の対象であ

ったが，一般会計化されたため，2013年4月から非現業一般職の国家公務員となった）および労働者性のある特別職の国家公務員（ただし，裁判所職員，国会職員，防衛省の職員を除いた者）には，労基法が全面的に適用される。

　非現業の一般職の地方公務員（地公3条2項）は，原則として労基法が適用されるが，労使協定や就業規則に関する制度など労使自治に関わる制度は適用除外されている（同58条）。これに対し，地方公営企業および特定地方独立行政法人の職員（地公企39条1項，地独53条1項1号）や単純労務職員（地公57条）は，労基法が原則として適用される。また，特別職の地方公務員も労働者性がある限り労基法の適用がある。

　労契法は，国家公務員および地方公務員には適用がない（22条1項）。公務員の勤務関係は，私法上の労働契約関係ではなく，公法上の任用関係であるというのがその理由である。しかし，民間の解雇権濫用法理とほぼ同様の判断を公務員の分限免職に認める例（**日本郵政公社〔大曲郵便局〕事件**・最判平16・3・25労判870号5頁）や，就業規則の不利益変更に関する判例法理とほぼ同様の基準を公務員にも適用する例（**堺市職員〔退職金〕事件**・大阪高判平15・5・8労判881号72頁）があるように，同法の内容は，公務員にも実質的には適用されることがある。

　(4)　船員，同居の親族のみを使用する事業および家事使用人　　船員については，船員法が存在する（同法については『概説海事法規〈再版〉』〔成山堂書店，2011年〕62頁以下〔根本到〕）。こうした事情から，労基法（116条）は，同法1条から11条まで，116条2項，117条ないし119条および121条の規定を除き，船員への適用を除外している。また，労契法（21条1項）は，同法12条を船員法100条に読み替え，労契法17条を適用除外している。

　同居の親族のみを使用する事業と家事使用人は，雇用契約を締結していれば民法は適用されるが，労基法（116条2項），最低賃金法（2条1号），賃確法（2条2項），労安法（2条2号），派遣法（44条1項）は適用されない。これに対し，労契法（22条2項）は，同居の親族のみを使用する事業を適用除外し，家事使用人には適用があるとしている（ただし，同居の親族のみを使用する事業でも，労

契法の類推適用や判例法理としての労働契約法理の適用の余地はある）。

Ⅳ　使用者の概念

1　使用者概念の意義

　使用者概念は，労働法上の作為義務あるいは不作為義務の主体を明らかにするものである。労組法（7条）の不当労働行為の責任主体も使用者であるが，個別的労働関係法上の使用者でない者も，この使用者概念に含まれることがある（NJⅠ・第7章Ⅱ1⑴）。

　労基法や労契法の主たる責任主体は，使用者である。ただし，労基法の中には，中間搾取の禁止の主体（6条における「何人も」）や親権者，後見人の責任（58条1項・59条後段）など，使用者以外の者を責任主体とする規定もある。また，労働法の中には，責任主体として使用者ではなく事業主概念（労基10条，均等法など。労安法は「事業者」）を用いる立法もある。事業主とは，事業の経営主体（個人経営では個人事業主，法人経営の場合には法人）を意味するが，そのほとんどは労働契約の当事者である（後述の労基121条1項但書・2項は例外）。

　企業再編（本書第14章）や業務請負・労働者派遣（本書第15章）の場合，雇用責任や賃金支払義務，安全衛生，安全配慮義務（本書第12章）などに関する使用者の責任は，労働契約の当事者以外にも拡張されることがある。

2　労働基準法における使用者

　労基法は，企業内で経営管理を担当する者も使用者概念に含めている。すなわち，労基法10条によれば，使用者は，「事業主又は事業の経営担当者その他その事業の労働者に関する事項について，事業主のために行為をするすべての者をいう」と定義され，こうした者が同法117条以下の刑罰の対象となるとしている。この規定に基づき，法人の代表や役員に加え，法律上の義務に関する実質的な決定権を持つ者（管理職）も使用者となる（昭22・9・13発基17号）。管理職は，労働者である一方，問題によっては労基法上の使用者になり得るので

30

❷外国人の研修・技能実習制度

日本政府は，外国人労働者の受入れに当たり，いわゆる単純労働については慎重に対応するとの基本方針を保持する一方，90年代から就労を目的とする在留資格の範囲を拡大してきた。その1つが，90年代初頭に確立された外国人研修制度と技能実習制度である。外国人研修制度は，開発途上国の青年等を日本の中小企業等に受け入れ，技能等を学ばせるもので，技能実習制度は，その研修で学んだ技能のいっそうの習熟を図るため，技能実習生と研修受入れ企業との間に雇用関係を成立させ，技能実習を行うものである。両者をあわせた期間は最長3年で，研修期間1年以内，技能実習期間2年以内となっていた。

技能実習生には労働法の適用が認められるが（平5・4・5法務省告示平114号），研修生には労働法が適用されず，出入国管理および難民認定法令（入管法令）が適用されると解されてきた。このため，悪質なブローカーが暗躍し，労基法の規制を受けない低賃金労働力として研修生が利用される例が後を絶たなかった。近年は，こうした状況の改善に向け，厚労省が研修制度を技能実習制度に統合し，研修の当初から労働者性を認める案を提示していたが，2009年に入管法が改正された（2010〔平22〕年7月1日施行〔政令274号〕）。この改正により，「技能実習」（最長3年）という新たな在留資格が認められ，この場合には1年目から労働法の適用が認められることになった（関連政省令の改正と「技能実習生の入国・在留資格に関する指針」の制定が行われている）。

また，2016年に外国人の技能実習の適正な実施および技能実習生の保護に関する法律（技能実習法）が成立し，2017年11月1日から施行された。ただし，技能実習を受けている外国人労働者がいる事業所では，最低賃金以下で働かせるなど労基署から是正指導を受けるケースも多くなっており，技能実習制度は廃止すべきだという見解も唱えられている。

ある。

労基法は，現実に労務管理を担当する者に使用者としての責任を負わせた結果，事業主が不当に責任を免れることのないよう，法人の代表者等が違反の防止に必要な措置を怠れば事業主も罰金刑を受けると定めている（労基121条1項〔両罰規定〕）。また，事業主（法人の代表者等）が違反の計画を知り，その是正に必要な措置を講じなかった場合，または違反を教唆した場合は，事業主自らも行為者として処罰される（同条2項）。

なお，労基法は，労働契約に対し強行的直律的効力（労基13条）を有するが，

私法規範（たとえば時間外割増手当〔同37条〕や休業手当の支払い〔同26条〕など）に関しては，労働契約の当事者である事業主が責任主体となる。

V　労働事件の紛争処理制度

1　労働紛争の類型と実態

　労働者と使用者が，互いの権利，義務および利益をめぐって対立することを労働紛争という。労働紛争は個別紛争と集団紛争とに分類されるが，集団紛争については，通常の裁判手続以外に，労働関係調整法および労組法に基づき，労働委員会が労働争議の調整あるいは不当労働行為の判定を行う制度が予定されている。1974（昭和49）年に労働争議の件数は1万件を超えたように，従来は集団紛争が労働紛争の主役を演じていた。しかし，会社と協調的な労働組合が増加し，組合組織率の低下が一段と進んだため，集団紛争は極端に減少し，2016年の労働争議件数は391件（「争議行為を伴う争議」は66件）まで落ち込んだ（厚生労働省「平成28年労働争議統計調査」〔2017年8月公表〕）。

　集団紛争の減少とともに，解雇や賃金不払いなどに代表される個別紛争の件数は1990年代以降，飛躍的に増加している。個別紛争を対象とする紛争処理制度は，当初，裁判以外に存在しないといって過言ではなかったが，件数の増加とともに，その必要性が認識され始め，各種の紛争処理制度が用意された。年間何十万件もの事件が労働裁判所に持ち込まれるドイツと比較すれば，労働関係民事事件の受件数は4,000件を超えたことがないように，日本で裁判所に持ち込まれる件数は依然として少ない。しかし，都道府県労働局に持ち込まれる総合労働相談件数は，2008（平成20）年以降，毎年100万件を超えているように，潜在的な事件数はけっして少ないわけではなく，裁判以外の紛争処理制度の役割は大きなものとなっている。

2　個別労働紛争解決制度

（1）　民事訴訟　　労働法上の権利をめぐる紛争を終局的に解決する制度が裁

32

判である。日本では，諸外国と異なり，労働事件を専門的に扱う特別裁判所（労働裁判所）や労働事件に特化した手続法は存在せず，通常の裁判所で，通常の民事訴訟手続に従って裁判は行われる。ただし，大都市圏では，地裁の中に労働事件を扱う専門部や集中部が設けられているところがある。

　労働者あるいは使用者の権利義務紛争の解決を行う通常の裁判手続は本案訴訟であるが，これ以外にも，司法機関を活用した制度としてはつぎのようなものが存在する。

　まず，解雇された場合の従業員たる地位の保全や賃金の仮払いを求める場合等に利用される保全処分（仮処分）である。保全処分においては，被保全権利を認定するうえで，保全の必要性が前提となるが，労働紛争は迅速な解決が必要となることから，本案訴訟に代わり仮処分手続は大きな役割を果たしてきた。しかし，最近は，本案訴訟の迅速化が図られる一方，後述する労働審判制度が施行されたため，保全処分の件数は減少傾向にある（仮処分事件数は1993年から2005年までは600件を超えていたが，労働審判制度がスタートしてからは2006年466件，2007年388件となっている）。

　また，訴訟価額が少額の場合に利用可能な手続として，簡易裁判所で行われる少額訴訟手続（民訴368条以下），支払督促手続（同382条以下）などがある。これらの制度は，少額の未払賃金の支払いを求める場合に使用されることがある。

(2)　労働審判手続　　2006（平成18）年4月1日から，労働審判法に基づいて労働審判制度が始まり，個別労働紛争を迅速に解決する制度として期待を集めている（国際管轄等の規定を付加した改正法が2013年1月から施行されている）。

　労働審判制度とは，原則として3回以内の期日で，労働審判委員会が，個別労働紛争について調停を試み，それによって解決できない場合に審判を行うものである。労働審判委員会には，裁判官（労働審判官）1名に，労働関係における専門的な知識経験を有する者2名（多くの場合，労働組合と使用者団体の構成員）が労働審判員として加わる。

　労働審判制度の対象となるのは，「労働契約の存否その他の労働関係に関する事項について個々の労働者と事業主との間に生じた民事に関する紛争」（労

審1条）である。したがって，労働組合と事業主との間の紛争や行政事件は対象にできない（ただし，個々の労働者が争うのであれば，不当労働行為〔労組7条〕を理由とする解雇の違法，無効や損害賠償あるいは労働協約に基づく請求も対象となる。菅野・881頁）。また，労働者の募集あるいは採用に関する紛争は，労働契約締結以前の紛争であるので，労働審判の対象にならない（最高裁判所事務総局行政局監修『労働審判手続に関する執務資料』〔法曹会，2007年〕24頁）。

　調停による解決に至らない場合，労働審判委員会は，当事者間の権利義務等を確認するだけでなく，紛争解決のために相当と認める内容を定めた審判を行うことができる。権利義務関係を踏まえた判断が基礎になるが，非訟手続であるため，通常の民事訴訟では見られないような柔軟な判断が示されることもある。労働審判委員会によってなされた審判は，当事者の異議がなければ，裁判上の和解と同一の効力を持つ（労審21条4項）。これに対し，労働審判委員会は，迅速な解決に適さない事件は，審判を行うことなく，その手続を終了させることもできる（同24条1項）。この場合，当事者から審判に異議が申し立てられた場合と同様，通常訴訟に移行する（同条2項）。

　労働審判の受件数は，1年目の2006年に877件，2007年に1,494件，2008年に2,052件，2009年に3,468件と増加傾向にあるうえ（ただし，その後は多少の増減を経たうえで，2015年は3,679件であった），80日を超えない平均処理期間で解決率約8割を達成しているため，この制度を肯定的に評価する見解は多い（統計結果や審判結果については，『ジュリスト増刊・労働審判——事例と運用実務』〔2008年〕15頁参照）。しかし，審判後の判決の中には，「調停の成立による解決を優先する労働審判と，本件訴訟における判断とは事情を異にする」ことを当然視する裁判例もあるように（ヤマト運輸事件・東京地判平19・8・27労経速1985号3頁），審判の公平性を犠牲にして，紛争解決の迅速性を優先してしまう危険性をつねに抱えている。審判を通じた紛争解決を今後どのように位置づけるかについては多くの課題を残している（野田進「労働審判2年を経て——労働審判における『調停的審判』の問題」月刊労委労協625号3頁，古川景一「労働審判制度の現状と課題」月刊労委労協637号35頁，学会誌120号15頁に掲載された「労働審判制度の実態と課題」）。

(3) 個別労働紛争処理制度　　2001（平成13）年に個別労働関係紛争解決促進法が制定され，行政による個別労働紛争処理制度が創設された。それには，道府県労働委員会の行う個別労働紛争処理制度（相談・あっせん）と，都道府県労働局が行うものとがある。ここでは後者の制度を紹介する。

　同法は，①総合労働相談による包括的な情報提供および相談の実施，②都道府県労働局長による助言，指導（紛争解決援助），③学識経験者により構成された紛争調整委員会による「あっせん」という3つのシステムを設けている。

　個別労働関係紛争とは，個々の労働者と事業主の間で生じた個別労働紛争を意味し（1条），募集，採用をめぐる紛争は，③の対象にならないとされている。均等法（ただし募集，採用をめぐる紛争を除く），パート労働法（努力義務規定に関するものを除く）あるいは育介法（本書第10章Ⅲ参照）をめぐる紛争は，個別労働関係紛争解決促進法の対象ではないが，それぞれの法に基づき，都道府県労働局長による紛争解決援助制度や調停委員による調停制度の対象となる。

　労働局内や管轄地域内の労働基準監督署などには，総合労働相談コーナーが設けられている。労働局は，国の出先機関として，労基署を統括し，助言，指導あるいはあっせんを実施するため，総合労働相談コーナーを通じて広く相談等を受け付けているのである。

　都道府県労働局長は，個別労働紛争に関し，当事者の一方あるいは双方から援助を求められた場合には，必要な助言または指導をすることができる（個別労働紛争解決4条1項）。また，都道府県労働局長は，助言，指導の対象となる個別紛争（ただし，募集，採用を除く）につき，当事者の双方または一方から申請があった場合に，あっせんの必要があると認めたときは，紛争調整委員会にあっせんを行わせることができる（同5条1項）。あっせんは，あっせん委員が当事者の間に立って話し合いを促進することを目的とする非公開の調整手続であるが，当事者間で合意が成立すれば，民法上の和解契約として扱われる。

第 **2** 章

労働者の人権保障

I 労働者の自由・平等・人格的利益保障の意義

　憲法は，すべての国民が個人として尊重されること（13条），法の下に平等であること（14条），いかなる奴隷的拘束も受けないこと，その意に反する苦役に服させられないこと（18条）を保障し，また思想及び良心の自由（19条），信教の自由（20条），表現の自由（21条），および職業選択の自由（22条）を保障する。第一義的には国家が国民に対し保障すべきこれらの基本的人権は，国民が「労働者」として使用者と労働関係を結んだ場合であっても，基本的に確保されなければならない。このことは労働者による労務給付が，労働者の人格と不可分の関係にあることにかんがみれば，当然の理でもある。しかし，実際には，労働者のこれらの権利や利益の保障がそう容易ではないというのも事実であり，この事実の認識が，労働法を発展させてきたともいえる。

　本章では，労働者の人権保障という観点から労働関係における自由，平等，人格的利益の保障のあり方を見ていく。

II 労働者の自由

1 労働基準法による自由の保障

　(1)　強制労働の禁止　　労基法5条は，労働者の意思に反して労働を強制することを禁止している。これは，憲法18条が保障する奴隷的拘束および苦役からの自由を労働関係に即して具体化したものである。強制労働の禁止は，国際

的にも要請される基本的な事柄の1つである（1930年 ILO29号「強制労働条約」，1957年 ILO105号「強制労働の廃止に関する条約」）。

労基法5条が例示する，暴行，脅迫，監禁その他精神または身体の自由を不当に拘束する手段は，刑法上の犯罪構成要件にも当たるが，労基法上も最も重い刑罰の対象とされる（1年以上10年以下の懲役または20万円以上300万円以下の罰金〔労基117条〕）。拘束の方法は，暴行等の行為に限られない。たとえば労働者の退職について経済制裁を予定することにより，労働者の意思に反した労働を強制する場合にも本条違反が成立する。また，そのような経済制裁に対する当事者の合意は公序良俗（民90条）に反し無効とされる（**東箱根開発事件**・東京高判昭52・3・31判タ355号337頁，**日本ポラロイド〔サイニングボーナス等〕事件**・東京地判平15・3・31労判849号75頁）。

(2)　中間搾取の禁止　　労基法6条は，業として他人の就業に介入して利益を得ることを禁止する。「業として」とは，営利の目的で同じ行為を反復継続することをいい，たとえ1回の行為であっても反復継続して利益を得る意思があれば同条違反が成立する（昭23・3・2基発381号）。また「他人の就業に介入」とは，「労働関係の当事者間に第三者が介在して，その労働関係の開始，存続等について媒介または周旋をなす等その労働関係について，何らかの因果関係を有する関与をなす」（最決昭31・3・29刑集10巻3号415頁）ことを指し，「利益」とは，「手数料，報奨金，金銭以外の財物等如何なる名称たるとを問わず，又有形無形なるとを問わない」（昭23・3・2基発381号）と解される。

同条は，労働ブローカーなどの存在を念頭に置き，それを排除する目的で規定された。労働関係において，利潤を得ることを目的とする第三者が介在すると，労働者に本来支払われるべき賃金額が減額するのみなうず，労働者の労働条件の保障や退職自由の保障の観点から問題が生じやすいからである。それとともに，同条は，労働者供給事業を禁止する職安法44条とならんで，他人を使用する者は自らその者を雇用すべしとする直接雇用の原則を宣言したものと解される。

同条違反の対象とならない「法律に基づいて許される場合」に当たるのは，

現行法においては，厚生労働大臣の許可を得て行う有料職業紹介業（職安30条），委託募集（同36条），労働組合等による労働者供給事業（同45条）および労働者派遣法に基づく労働者派遣事業である。これらの事業は法定の要件ないし手続を遵守する限り適法である。しかし，それらの要件・手続を逸脱して行われる場合には，職安法違反や派遣法違反が成立するとともに，労基法6条違反が成立する（量刑は刑法54条に従って判断される。最判昭33・6・19刑集12巻10号2236頁）。労働者派遣事業については，派遣元と労働者との間に労働契約関係が存在することから，派遣元が第三者として労働関係に介入したとはいえないとして労基法6条違反は成立しないとの見解（菅野238頁，昭61・6・6基発333号）もあるが，労働者派遣事業が直接雇用の原則（労基6条，職安44条）の重大な例外であることにかんがみれば，事業開始・遂行の要件・手続違反の場合には，原則に立ち返った法的規制を課すべきである（くわしくは，本書第**15**章**Ⅳ2**参照）。

(3) 公民権行使の保障 　使用者は，労働者が労働時間中に，選挙権その他公民としての権利を行使し，または公の職務を執行するために必要な時間を請求した場合においては，それを拒んではならない。使用者は労働者の権利の行使または公の職務の執行を妨げない限りで，請求された時刻を変更することができるにとどまる（労基7条）。また，使用者の承認を得ずに公職に就任した場合に懲戒解雇に処する旨の就業規則の規定は同条の趣旨に反し無効と解される（**十和田観光電鉄事件**・最判昭38・6・21民集17巻5号754頁）。同条は，労働者の公民としての権利保障のため，使用者に労働契約上の労働義務免除を義務づけたものである。

　「公民としての権利」とは，具体的に，選挙権，被選挙権，最高裁裁判官の国民審査，各種住民投票への参加，地方自治法による住民の直接請求権の行使，選挙人名簿の登録申出を意味する。また，訴訟の提起や労働審判の申立て，個別労働紛争解決の申立てなどは公民権に含まれないが，民衆訴訟（行訴5条）は含まれると解されている。他方，「公の職務」には，議員，労働委員会委員，労働審判員，検察審査員，各種審議会委員，裁判員などとしての職務，裁判所や労働委員会などにおける証人としての出廷・出席，公職選挙法の選挙立会人

の職務がある。もっとも，同条はこの間の賃金を保障していない。賃金請求権の有無は，当事者間の労働契約上の定めによる。

（4）賠償予定の禁止　　**（a）趣　旨**　　労基法16条は，使用者が，労働者の労働契約の不履行について違約金を定めたり，損害賠償額を予定する契約を行うことを禁止している。実際に労働者が債務不履行あるいは不法行為により損害を生ぜしめた場合には，使用者は損害賠償請求を行うことができる（なお，労働者が負うべき損害賠償の範囲については，本書第 **5** 章 **Ⅱ 4**参照）。しかし，違約金や賠償額についてあらかじめ契約が締結されるならば，労働者がそれらの支払いをおそれ，自由に退職できなくなる事態が生じ得る。同条はそのような事態を防止することを目的としており（**サロン・ド・リリー事件**・浦和地判昭61・5・30労民集37巻2・3号298頁），債務不履行の際の賠償額の予定を認める民法の規定（民420条1項・3項）を労働関係の特性に即して修正したものである。

　　（b）留学・研修費用返還条項　　近年，労働者の留学や修学費用等を使用者が負担し，一定期間よりも前に退職する場合には当該費用の返還を求める約定（返還条項）が労基法16条に抵触するか否かが問題となっている。裁判例（**長谷エコーポレーション事件**・東京地判平9・5・26労判717号14頁，**富士重工業事件**・東京地判平10・3・17労判734号15頁など）は返還条項が労基法16条に抵触するか否かについて，当該留学や研修の「業務性」に着目して判断する傾向にある。

　留学や研修が会社の業務そのものである場合あるいはそれとほぼ同視し得る場合，留学や研修に関わる費用はそもそも会社が負担すべきものであるから，そういった費用について使用者が労働者に貸与する形式をとったうえで一定期間勤務を要件として返還を免除する条項を設けることが労基法16条に違反するのは当然である。他方，留学や研修が労働者のキャリア形成支援を目的とする場合には，そのような留学等費用貸借契約は有効と解される。しかし，労働者の留学等はキャリア形成としての性格を持つ場合であっても，会社にとって人材育成のための投資という側面があることは否定し得ない。そのため「業務性」の有無という指標のみでは，当該返還条項が労基法16条に抵触するか否かを測ることは難しい場合もある。

この点について，学説では，問題となる返還条項が労働者の退職の自由を実質的にどの程度制約するかという観点から判断すべきとの見解が示されている（西谷・76頁，土田・有・88頁）。裁判例においても，タクシー運転手が普通第2種免許取得のための研修を受講し免許取得直後に退社したという事案において，免許の取得は会社の業務に従事するうえで不可欠な資格であり業務と具体的関連性があることを認めつつも，免許は退職しても利用できる個人的利益があること，返還すべき費用が20万円に満たないこと，費用支払いを免責されるための就労期間が2年であったことから，本件返還条項は労働者の自由意思を不当に拘束し労働関係の継続を強要するものとはいい難く，労基法16条に違反しないと判断した事案がある（**コンドル馬込交通事件**・東京地判平20・6・4労判973号67頁）。

　　（c）　退職金不支給・減額条項　　労基法16条に関しては，退職後同業他社に転職する場合に，退職金の全額あるいは一部を減額する旨の取り決めがなされる場合があり，それが同条の禁止する賠償予定に該当しないかが問題となる。同業他社への転職者に対する退職金の2分の1を減額する旨の規程が問題となった事案において，最高裁は，会社が労働者の退職後の同業他社への就職をある程度の期間制限することをもって直ちに社員の職業の自由等を不当に拘束するものとは認められないとし，したがって，会社が退職金規則において，同業他社に就職した退職社員に支給すべき退職金につき支給額を一般の自己都合による退職の場合の半額と定めることも合理性のない措置であるとすることはできないと判断した（**三晃社事件**・最判昭52・8・9労経速958号25頁。くわしくは，本書第**8**章Ⅱ**2**参照）。

　　（5）　前借金相殺の禁止　　使用者は，前借金その他労働することを条件とする前貸の債権と賃金を相殺してはならない（労基17条）。労働者本人や親族が使用者から借金をした場合に，その返済がその後の賃金からの控除（相殺）によって行われるとすれば，当該労働者の生活に必要な収入が確保されず，また労働者は意に沿わない不当な拘束を受けることになる。このような事態は，戦前の紡績工場や風俗産業に見られた。本条はそれを禁止することを目的とする。

もっとも，使用者からの前借金そのものが禁止されているわけではない。禁止されているのは賃金との相殺であり，労働者が前借金をした場合には，使用者は賃金との相殺以外の方法で返済を受けることができる。また，たとえば将来の給料やボーナスで分割弁済していくことを約した住宅資金の貸付など，労働協約や労働者の申出に基づく生活資金の貸付などについては，貸付の範囲，期間，金額，金利の有無等を総合的に判断して，身分的拘束を伴わないことが明白なものは，これに含まれないとする（昭22・9・13発基17号，昭33・2・13基発90号）。

(6) **強制貯金の禁止**　労基法は，使用者に対して，労働契約に付随して貯蓄の契約をさせ，または貯蓄金を管理する契約をすることを禁止している（労基18条1項）。ここでいう「労働契約に付随して」という意味は，それら貯蓄に関わる契約等が，雇用の開始または存続の条件として労働者に強制されることを意味する。このように強制貯金等を禁止する趣旨は，それらの契約が労働者の足止め策となるばかりか，事業資金への不当な流用や企業が経営危機に陥った場合の返還などの点で問題が生じることを防止することにある。他方，任意的貯蓄金管理（同18条2項以下）については，一定の要件の下で認められている。

2　市民としての労働者の自由

市民生活において個人の自由とされていることが，職場において規制されることは少なくない。労働者の私的自由に関わる言動が，企業秩序違反や業務命令違反として，懲戒処分の対象とされることも多い。

労働者の自由と企業秩序が問題となる事柄として，服装の自由がある。トラック運転手が髪の毛を黄色に染めて勤務したところ，上司が再三改善を求め指導したにもかかわらず，それに従わず始末書の提出にも応じなかったことを理由に諭旨解雇の懲戒処分が行われた事案において，裁判所は，労働者の髪の毛の色，形，容姿，服装などといった人の人格や自由に関する事柄については，企業が企業秩序の維持を目的に労働者の自由を制限しようとする場合であっても，その制限行為は無制限に許されるものではなく，企業の円滑な運営上必要

第2章　労働者の人権保障　41

かつ合理的な範囲内にとどまるべきであって，制限の必要性，合理性，方法の観点から相当性を欠くことのないよう特段の配慮が要請されると判断した（**東谷山家事件**・福岡地小倉支決平9・12・25労判732号53頁）。

しかしながら，裁判所の傾向としては，労働者の自由との関係でこのように企業秩序を限定的に捉えるよりもむしろ，広範に捉える見解のほうが強い（企業秩序論の問題性については，本書第**6**章Ⅰ**3**参照）。「ベトナム侵略反対」と書いたプレートを着用して就業し，それを注意されたことに対して休憩時間に抗議のビラを配布した事案では，プレート着用は身体活動の面から見れば作業の遂行に特段の支障は生じなかったとしても，精神的活動の面からは注意力のすべてが職務の遂行に向けられていないとして職場規律を乱すものであるとされ，またビラ配布も配布の態様については問題はないが，その内容において職場規律を乱すと判断されている（**目黒電報電話局事件**・最判昭52・12・13民集31巻7号974頁）。

Ⅲ　職場における平等

1　総　　論

企業という大きな社会的権力を有する主体が，その雇用する労働者に対して行う差別は，労働者の尊厳を傷つけ，当該労働者の一生に関わる深刻な事態を引き起こす。憲法14条1項は，すべての国民について，法の下の平等を保障し，人種，信条，性別，社会的身分または門地により差別されないことを宣言しているが，差別禁止の要請は使用者と労働者の関係においても当てはまる。またそれとともに，差別が生じるのは，人種，性別等限られたカテゴリにとどまらない。差別は，正規労働者と非正規労働者との間，健常な労働者と障がいを有する労働者との間，高年齢労働者とそうでない者との間，特定の性的指向を持つ労働者とそうでない者との間など，さまざまな場面で生じている。

これらさまざまな場面で生じる差別に対して，法は，労働市場政策の観点から，あるいは，福祉政策や個人の選択の問題，または契約自由の領域の問題で

あるとして，いまだその是正に積極的であるとは言い難い。しかし，EUでは1997年のパートタイム指令，1999年の有期労働指令，2008年の労働者派遣指令により正規労働者と非正規労働者との間の均等待遇が要請されており，2000年の就業に関する枠組指令において，宗教，世界観，障がい，年齢，性的指向による差別の禁止が謳われている。また，2008年5月に発効した国連の障がい者権利条約は，障がい者が他の者と平等に労働についての権利を有することを確認し（27条），条約締結国に対し，障がい者の権利が実現されるための適切な措置（立法措置を含む）を採ることを求めている（日本は未批准）。こうした雇用におけるあらゆる平等を実現しようとする世界の潮流を視野に入れながら，日本でも法制度の整備や法解釈を展開していく必要性はいっそう高まっている。

2 法的規制の現状

　現行法における均等待遇を規制する法制度として，労基法3条が国籍，信条，社会的身分を理由とする差別を禁じ，労基法4条が女性であることを理由に賃金について差別することを禁止している。賃金以外の労働条件に関する性差別を禁止するのは，男女雇用機会均等法である。また，年齢に関して，募集および採用の際に原則としてその年齢にかかわりなく労働者に均等な機会を与えることは事業主の義務である（雇用対策10条）。さらに，2007年に全面的に改正されたパート労働法は，通常の労働者と職務内容，人材活用の仕組み・運用が同じで，期間の定めのない労働契約によって雇用されている短時間労働者について差別的取扱いを禁止している（くわしくは，本書第**15**章Ⅲ**3**(3)参照）。このほか，労働組合の組合員であることやその正当な活動等を理由とした不利益取扱いについては，不当労働行為として労働委員会や司法による救済の対象となる（労組7条）。

　また，これらの制定法により具体的に禁止されていないその他の差別的取扱いについても，一般的に，公序良俗違反あるいは不法行為に当たるとして無効（民90条）ないし損害賠償（同709条等）の対象となり得る。

3 労働基準法3条に基づく均等待遇

(1) 労働基準法3条の意義　　労基法3条は，使用者に対して，労働者の国籍，信条または社会的身分を理由として，賃金，労働時間その他の労働条件について，差別的取扱いすることを禁止する。同条では，差別禁止理由から「性別」が除外されているが，これは同法が女性の労働条件について労働時間等に関する特別な保護規定を置いていることによる。

　本条は，賃金や労働時間だけでなく，解雇，配転や出向，昇進，昇格などの人事異動，懲戒，安全衛生，災害補償などあらゆる労働条件に関する差別を禁止している。ここでいう「労働条件」に採用が含まれるかという問題について，最高裁は，本条は雇入れ時における差別を禁止する規定ではないとの見解を示している（**三菱樹脂事件**・最大判昭48・12・12民集27巻11号1536頁）。

(2) 禁止される差別理由　　(a) 国籍による差別　　禁止される差別理由の第1は「国籍」である。本条にいう「国籍」には「人種」（憲14条参照）も含まれる。

　内定通知後，在日朝鮮人である労働者が採用に際して本籍および本名を秘匿したことを理由に内定が取り消された事案では，留保解約権が合理的に行使されたといえないとして内定取消は無効と判断された（**日立製作所事件**・横浜地判昭49・6・19判時744号29頁）。他方，語学専門学校の外国人教員について，日本人教員よりも高賃金で待遇するために，日本人教員とは異なり労働契約に期間の定めを付したことについては，国籍または人種による差別とは認められないとされている（**東京国際学園事件**・東京地判平13・3・15労判818号55頁。同種の事件として**ジャパンタイムズ事件**・東京地判平17・3・29労判897号81頁）。また，公務員について，管理職任用に日本国籍保有を資格要件とし在留外国人（特別永住者）たる労働者を任用試験から排除した事案では，企画や専門分野の研究のみに従事する管理職も含め，管理職の任用制度を適正に運営するために必要がある場合には日本国籍を有する者とそうでない者を区別することは同条に反しないとされた（**東京都事件**・最大判平17・1・26民集59巻1号128頁）。きわめて形式的な判断と言わざるを得ない。

(b) 信条による差別　禁止される差別理由の第2は「信条」である。「信条」には宗教的信条および政治的信条も含まれる。

まず，特定政党の党員等であることを理由に上位職級ないし上級資格への昇格を抑制することは同条に違反する（**東京電力〔山梨〕事件・甲府地判平5・12・22労判651号33頁**など）。しかし，同条あるいは憲法21条によって保障される信条の自由も，労働者本人が自発的な意思に基づき職場内において政治活動を行わないことを雇用の条件として合意して特約を結んでいる場合には，当該特約は有効であり，それに反した行為について行われた解雇は有効とした判例もある（**十勝女子商業事件・最判昭27・2・22民集6巻2号258頁**）。これに対し，学説においては，私企業でそのような特約が結ばれた場合，思想・表現の自由（憲19条・21条）および同条の趣旨に照らして公序良俗に反するがゆえに，原則として無効（民90条）であり，そのような特約を締結することにつき合理的な理由が必要とされるとの見解が有力に主張されている（たとえば，色川幸太郎＝石川吉右衛門編・最高裁判例批評(2)365頁［田中二郎］）。

また，就業規則上の事業所内政治活動禁止条項について，判例は，従業員が職場内において当然には政治活動をする権利を有していないこと，職場内政治活動は従業員相互間の政治的対立ないし抗争を生じさせるおそれがあること，企業施設の管理を妨げるおそれがあること，就業時間中であれば当人及び他の従業員の業務遂行を妨げ，また休憩時間中に行われる場合であっても，他の従業員の休憩時間の自由利用を妨げ，その後における作業能率を低下させるおそれがあることなどを理由に，企業秩序維持の観点からその合理性を肯定している（前掲・**目黒電報電話局事件・最判**）。この見解に従えば，労働者は，就業規則に事業所内政治活動禁止条項が規定される限り，当該活動を差し控える労働契約上の義務を負う（労契7条）。もっとも，同義務に違反した労働者に対する懲戒処分が正当化されるか否かは，懲戒制度の目的に照らし，客観的に企業秩序を乱したといえるか否かに即して判断されることになる（同15条）。

さらに，特定のイデオロギーや思想を基盤として設立する会社（傾向企業）においては，その事業が特定のイデオロギーと本質的に不可分であり，その承

認，支持を存立の条件とし，しかも労働者に対してそのイデオロギーの承認，支持を求めることが事業の本質からみて客観的に妥当である場合に限って，そのイデオロギーと相反した具体的行動をとる労働者について，事業に明白かつ現在の危害を及ぼすべき具体的危険を発生させた場合に，それを理由に解雇が可能となる場合もあると判断されている（**日中旅行社事件**・大阪地判昭44・12・26労民集20巻6号1806頁）。

(c)　社会的身分による差別　　差別禁止の第3の理由である「社会的身分」は，自己の意思をもって離れることのできない生来の身分あるいはそれに準ずる身分を指し，門地や被差別部落，非嫡出子，帰化人，孤児等がこれに当たると解される。

パートタイマーや臨時工については，裁判例および通説は，同条にいう「社会的身分」には該当せず，同条を根拠としてそのような契約形態の違いに基づく正社員との労働条件格差を規制することはできないと判断している（菅野・231頁等。裁判例として，**日本郵便逓送事件**・大阪地判平14・5・22労判830号22頁等）。もっとも，同条および労基法4条の根底には「およそ人はその労働に対し等しく報われなければならないという均等待遇の理念」というべき市民法の普遍的な原理が存在しているとして，その理念に反する著しい賃金格差は公序良俗違反を構成すると判断した裁判例もある（**丸子警報器事件**・長野地上田支判平8・3・15労判690号32頁〔本書第15章Ⅲ**5**のコラム**⓫**〕）。なお，パートタイム労働者と通常の労働者との間の労働条件格差等は，現在，パート労働法によって一定程度規制されている（くわしくは，本書第15章Ⅲ**3**(3)参照）。

(d)　違反の効果　　同条に違反する場合，使用者には罰則が科される（労基119条1号）。また，使用者が事実行為として同条に違反する言動を行う場合，たとえば特定の思想を有する者について職場内外で監視したり職場で孤立するような行為をする場合，不法行為を構成し，損害賠償の対象となる（民709条）。同条に違反する使用者の行為が法律行為である場合，たとえば解雇や賃金について差別した場合，それらの行為は無効となる（なお，賃金差別の立証をめぐる問題については，本書第8章参照）。もっともその場合，いかなる内容の救済を行

うかは困難な問題である。とりわけ人事考課を介して差別が行われた場合には差別によって生じた損害額を正確に算定することは相当の困難を伴う。裁判例においては，慰謝料請求を認容するにとどまるものも少なくないが（**東京電力〔群馬〕事件**・前橋地判平5・8・24労判635号22頁，**東京電力〔長野〕事件**・長野地判平6・3・31労判660号73頁など），裁判官の裁量的判断により一定割合の損害額を認定するほうが，より適切な救済となる可能性が高い（民訴248条。**東京電力〔千葉〕事件**・千葉地判平6・5・23労判661号22頁）。

Ⅳ　性差別の禁止

1　性による賃金差別の禁止

（1）　**労働基準法4条の意義**　　労基法4条は，使用者に対して，①女性であることを理由として，②賃金について，男性と差別的取扱いをしてはならない旨，規定する。これらの要件に照らせば，男性と女性との間の賃金格差が，年齢，勤続年数，扶養家族の有無，数，職種，職務内容，能率，責任，作業内容の違いから生じる場合には，同条の適用対象とならない。また，採用，配置，昇進，教育訓練等における性差別も同条の対象とはならない。この場合については均等法が差別的取扱いを禁止している。差別的取扱いとは，両面的な意味を持ち，賃金について女性を優遇することもまた禁止行為に当たる。

（2）　**差別立証の問題**　　賃金についての性差別的取扱いには，たとえば男女で異なる賃金表が適用されている場合（**秋田相互銀行事件**・秋田地判昭50・4・10労民集26巻2号388頁，**内山工業事件**・広島高岡山支判平16・10・28労判884号13頁），一時金の支給率に男女差を設ける場合（**日本鉄鋼連盟事件**・東京地判昭61・12・4労判486号28頁），家族手当の支給につき女性にのみ男性と異なる条件をつける場合（**岩手銀行事件**・仙台高判平4・1・10労判605号98頁。しかし「住民票上の世帯主」に家族手当を支給することは違法な男女差別に当たらないとされた〔**住友化学工業事件**・大阪地判平13・3・28労判807号10頁，**日産自動車事件**・東京地判平元・1・26労判533号45頁〕）など賃金制度やその運用において行われるものがある。これらの

場合，男女間の賃金格差の存在は比較的明らかであり，問題の焦点は当該格差に合理的理由があるか否かにある。

しかし，賃金差別が争われる事案においてはその存在そのものの立証が難しい場合も多い。たとえば，人事考課・査定を通じて賃金額の格付が行われる職能資格制度において，男性については年功的運用によりほとんど自動的に昇格がなされ，女性についてはそのような措置がとられなかった事情があれば別段（**芝信用金庫事件**・東京高判平12・12・22労判796号5頁），そうでない場合には，男女間に賃金格差があったとしても，人事考課・査定における評価行為に使用者の裁量が許される以上，それを性差別によるものと立証することは難しい。このような場合には，賃金差別を主張する労働者の側で，全体として男女間に顕著な賃金格差が存在することを立証し得たならば，賃金差別があったと一応の推定を行い，その推定を覆す合理的な理由を使用者の側が主張立証できない限り，差別が行われたと認定するのが妥当である（今野久子「差別の立証方法」21世紀講座6参照）。

また，そもそも男女間で担当する職務が異なっている場合にも，男女間の賃金格差を性差別によるものということは難しい。しかし，比較対象の男女が就いているそれぞれの職務について，職務分析という手法をとり，必要とされる知識，技能，責任，精神的な負担，疲労度を比較して，職務遂行の困難性や職務の価値に格別の差がないと立証できる場合には，賃金格差が性差別に当たると認められるべきである（**京ガス事件**・京都地判平13・9・20労判813号87頁）。

(3) 労働基準法4条違反の法的効果　　まず，労基法4条違反が生じた場合，使用者には，6ヶ月以下の懲役または30万円以下の制裁（労基119条）が科される。

次に，労基法4条違反の賃金差別は不法行為を構成するから，使用者には差額賃金相当額の損害の賠償あるいは慰謝料の支払いが義務づけられる（民709条・710条）。

問題となるのは，差別がなかったならば支払われたと解される賃金額と実際に受領した賃金額との差額賃金を差額賃金請求権として請求し得るかである。

裁判例においては，労働契約上の男女差別賃金を無効としたうえ，無効部分については，労基法4条の基準を男性と同等の賃金を保障したものと解釈して，労基法13条を類推適用することにより，男性の労働契約上の賃金請求権によって補充し，差額賃金請求権が導かれている（前掲・**秋田相互銀行事件**・秋田地判）。学説においても，差別がなかったならば得られた賃金額が労働協約や就業規則などの基準により明確である場合には，労基法13条を類推適用することにより差額賃金請求権を認める見解が多数である。しかし，そういった明確な基準がない場合には，不法行為に基づく損害賠償のみ認める見解（菅野・251頁）と，信義則に基づき差別がなかったならば締結されたと解される内容で労働契約を補充的に解釈することによって差額賃金請求権を導く見解がある（西谷・111頁）。不法行為は，労働者が過去に受けた損害を補償するにすぎないが，被差別労働者に賃金請求権が認められれば，将来に向けての差別状態の解消につながる。賃金差別が当該労働者の生涯に関わる重大な問題（賃金はたとえば退職金の算定や老齢厚生年金支給額の算定基礎となる）であることに照らせば，賃金請求権の法的構成を追求すべき必要性は高い。

2　賃金以外の性差別──男女雇用機会均等法と公序法理

（1）　**男女雇用機会均等法の発展およびその概要**　　賃金以外の性差別について規制するのは均等法である。均等法制定以前には，公序法理（民90条）を手がかりとして，被差別労働者の法的救済が図られていた（たとえば，定年年齢を男性60歳，女性55歳とする就業規則が公序良俗に反し無効と判断された事案として**日産自動車男女別定年制事件**・最判昭56・3・24労判360号23頁）。しかし，1979年の第34回国連総会で採択された「女子に対するあらゆる形態の差別の撤廃に関する条約」批准へ向けた国内の動きもあり，1985年，勤労婦人福祉法の改正法として，均等法が制定されることになった（1985年に同条約批准）。均等法は女性労働者のために片面的に差別を規制し，もって女性労働者の就労を援助することを目的としていた。均等法制定当時には男女労働者を均等に扱うという社会的基盤が整っていないとして，募集，採用，配置，昇進に関する男女の均等取扱いは

使用者の努力義務とされた。

　しかし，1997年（施行は1999年），均等法はそれまで努力義務にとどまっていた各処遇における差別を禁止した。そして，2006年（施行は2007年）には，それまでの女性労働者保護のための片面的規制が男女労働者にいずれに対しても差別を禁止する両面的規制を行う法律へと改正されることによって，均等法は日本で初めての性差別禁止法となった。2006年改正法は，差別的取扱いに当たる人事措置をより詳細に規定するとともに，間接差別禁止規定を新しく創設した。また，それまで明文の禁止規定がなかった女性労働者の妊娠，出産，産前産後休業を理由とする不利益取扱いの禁止が新たに規定された。

　均等法は，憲法14条の理念に則り，雇用の分野における男女の均等な機会および待遇の確保を図るとともに，女性労働者の就業に関して妊娠中および出産後の健康の確保を図る等の措置を推進することを目的とする（均等1条）。この目的のもとに，性別を理由とする差別の禁止（同5条・6条），性別以外の事由を要件とする措置のうち実質的に性別を理由とする差別となるおそれのある措置の禁止（同7条），ポジティブ・アクション（同8条），婚姻，妊娠，出産等を理由とする解雇および不利益取扱いの禁止（同9条），セクシュアル・ハラスメントに対応するために必要な措置（同11条），妊娠，出産等に関する言動に起因する問題（いわゆるマタニティ・ハラスメント）に対応するために必要な措置（同11条の2），妊娠中および出産後の健康管理に関する措置（同12条）および紛争解決援助の措置を定めている（同15条以下。紛争解決援助の措置については，本書第1章V2を参照）。

　(2)　直接差別の禁止　　均等法5条および6条は，募集・採用，配置（業務の配分および権限の付与を含む）・昇進・降格・教育訓練，福利厚生，職種および雇用形態の変更，定年・退職・解雇・労働契約の更新の措置について，労働者の性別を理由として差別的に取り扱うことを禁止している。「労働者に対する性別を理由とする差別の禁止等に関する規定に定める事項に関し，事業主が適切に対処するための指針」（平18・10・11厚労告614号）は，法違反として禁止される各措置についての詳細な具体例を挙げているが，もちろんそこに挙げられ

ている措置のみが禁止対象となるわけではない。しかし，問題となる人事処遇が指針に示されている措置に該当する場合には，司法的に均等法違反と判断される可能性は高い。均等法違反に該当する場合には，当該措置の無効あるいは不法行為に基づく損害賠償の対象となる。

（3）　間接差別の禁止　　間接差別の禁止は，2006年改正によって新たに導入された（均等7条）。間接差別とは，一見，性に中立な要件であったとしても，実際に当該要件を満たし得る男女の比率等から見て一方の性に不利に作用する場合において，使用者が当該要件が経営上の必要性に基づくものであることを立証し得ない限り違法な性差別に当たるとみなすという法理である。特に，日本において広く普及しているコース別雇用管理（採用の段階で「一般職」と「総合職」に分け，それぞれ異なる処遇を予定する人事管理の手法）が，実際上，女性を相対的に労働条件の低い一般職に押し込めてしまっているという現実に照らし，それを規制する法理としてその導入が望まれていた。

均等法が禁止する間接差別は，上記指針（平18・10・10厚労告614号）が，①性別以外の事由を要件とする措置であって，②他の性の構成員と比較して，一方の性の構成員に相当程度の不利益を与えるものを，③合理的な理由がないときに講ずることをいうと定義するとともに，禁止される具体的措置を定めている。すなわち，(イ)労働者の募集または採用に当たって，労働者の身長，体重または体力を要件とすること，(ロ)労働者の募集・採用，昇進または職種の変更に当たって，転居を伴う転勤に応じることができることを要件とすること，(ハ)労働者の昇進に当たり，転勤の経験があることを要件とすることである。これらの措置が行われている場合，使用者は，当該措置の実施が当該業務の遂行上あるいは事業の運営の状況に照らして特に必要であることその他合理的な理由があることを立証し得なければ，性差別に当たると評価される。

間接差別の法理は，アメリカで「差別的効果」の理論として確立され，欧州諸国に広まった。EUでは，パートタイム労働者と通常の労働者との間で諸手当の支給等で違いを設ける場合も女性に対する間接差別ととらえる。間接差別法理は，男女間の実質的な差別を是正する広い可能性を持つ。同法理を，現実

に相応させつつ，今後も発展させていく必要がある。

（4）　婚姻，妊娠，出産等を理由とする差別的取扱いの禁止　　婚姻や妊娠，出産を理由とする差別的取扱いは，かなり早い時期から問題視され，それらの措置は合理的理由が認められない限り公序に反するとの法理が確立された（その最初の事案は，結婚退職制の適法性が問題となった**住友セメント事件**・東京地判昭41・12・20労民集17巻6号1407頁）。それを受けて，均等法も1985年の制定時から結婚等を理由とする解雇禁止を規定した（均等9条1項・2項）。また，労基法は，産前産後休業中の女性労働者に対して当該期間中およびその後の30日について解雇を制限している（労基19条）。

しかしながら，産前産後休業を取得したこと，あるいは，妊娠に関わって特別の配慮（たとえば軽易業務への転換（労基65条3項））を求めたことを理由に不利益な取扱いを受けたり，産前産後休業期間に当たらない時期（たとえば妊娠が判明しそれを上司に報告した直後など）において解雇その他の不利益取扱いを受けるといった経験をする女性労働者は少なくない。また，妊娠や出産したことで，上司や同僚から嫌がらせ（「マタニティ・ハラスメント」）を受け，働きづらい状況に追い込まれる女性労働者も多い。

そこで，均等法は，まず，2006年改正の際に，婚姻，妊娠，出産等を理由とする不利益取扱いの禁止等を定めた規定を設けた（均等9条）。次いで，2016年改正において，妊娠・出産・育児・介護休業等の制度を利用したことや，妊娠・出産等の状態に対して上司・同僚が当該女性労働者の就業環境を害するような言動について防止措置を講じることを，事業主に義務づけた（同11条の2）。要請される具体的な措置に関しては，「事業主が職場における妊娠，出産等に関する言動に起因する問題に関して雇用管理上講ずべき措置についての指針」（平29・1・1適用厚労告321号）も出されている。

均等9条は強行法規であり，同項に違反する処遇は，原則として，違法・無効である。判例においてもこの原則は確認されている。そのうえで，妊娠や出産等を契機とした処遇が適法と認められるのは，それが一般的に不利益な処遇であったとしても，労働者が自由な意思に基づいて当該処遇を承諾したことが

客観的かつ合理的に認められる場合，あるいは，当該処遇を行うことに業務上の必要性があり，その業務上の必要性の内容や程度および当該処遇を受けることによって受ける有利または不利な影響の内容や程度に照らして，当該処遇を行うことが同項の趣旨および目的に実質的に反しないと認められる場合に限られると判断されている（**広島中央保健生活協同組合事件**・最判平26・10・23民集68巻8号1270頁）。

(5)　**公序法理**　　1985年に均等法が制定される以前においては，賃金以外の差別について公序法理を用いることにより，被差別労働者の法的救済が行われてきた（前掲・**住友セメント事件**・東京地判など）。漸次の改正によって，均等法はその内容を充実させてきたが，その規制の範囲内にない性差別的な人事管理上の処遇が問題となる場合には，再び公序法理を介することによって法的救済を図る途が探られることになろう。

V　人格的利益の保障

1　労働関係における人格権保障

労働者が就業場所で過ごす時間は長く，また労働の遂行は労働者の人格と不可分であるがゆえに，使用者や同僚によってその人格を侵害するような行為が行われることも稀ではない。ここで取り上げるセクシュアル・ハラスメント，いじめおよび労働者のプライバシー侵害の問題はその典型である。

2　セクシュアル・ハラスメント

(1)　**定義および防止等のための法的措置**　　一般に，性的嫌がらせを，セクシュアル・ハラスメント（以下「セクハラ」とする）という。

現行法において，セクハラを防止したり，セクハラが生じた場合の対応措置を規定しているのは均等法である。従来，同法は女性労働者に対するセクハラのみに関して規定していたが，2006年改正によって，性別を問わず行われる性的嫌がらせを措置の対象とした。

第2章　労働者の人権保障　　53

セクハラは，大きく，「対価型（代償型）」と「環境型」に分けられるが，均等法11条のうち，前者に当たるのが，①職場において行われる性的な言動に対する対応により当該労働者が労働条件について不利益を受ける場合であり，後者に当たるのが，②性的な言動により当該労働者の就業環境が害されることである。均等法は，事業主に対して，労働者からの相談に応じ，適切に対応するために必要な体制の整備その他雇用管理上必要な措置を講じることを義務づけている（均等11条。講じるべき措置について，「事業主が職場における性的な言動に起因する問題に関して雇用管理上講ずべき措置についての指針」平18・10・11厚労告615号）。事業主がこれらの義務に違反する場合には，厚生労働大臣（都道府県労働局長）による助言，指導，勧告等（均等29条），勧告に従わない場合の企業名公表が予定されており（同30条），またセクハラをめぐって労使間に法的紛争が生じた場合には，都道府県労働局長による助言，指導または勧告のほか，紛争調整委員会（個別労働紛争解決6条1項）による調停によって解決を図る手続が用意されている（均等16条以下。なお，紛争解決手段については，本書第1章Ⅴ参照）。

　(2)　私法上の救済　　前述した均等法上の措置は，事業主にその実施を求めるものにすぎず，同条を根拠に不作為請求や損害賠償請求を行い得るわけではない。セクハラの被害を被った労働者は，民法の法規定に則り直接の加害者（同僚，上司等）と会社の責任を追及する。

　まず，被害労働者は，直接の加害者に対して，不法行為に基づく損害賠償請求を行い得るが（民709条。加害者が法人理事である場合には，一般法人78条），場合によっては，過失相殺の法理（民722条）が類推適用され，損害額が減じられることもある（**広島セクハラ〔生命保険会社〕事件**・広島地判平19・3・13労判943号52頁）。

　つぎに，被害労働者は，加害者を雇用し使用する会社に対しても法的責任を追及することができる。この場合，会社の使用者責任（民715条）に基づくほか（**福岡セクシュアル・ハラスメント事件**・福岡地判平4・4・16労判607号6頁），使用者には労働契約上の付随義務として職場環境保持義務があるとしてその不履行に基づく損害賠償（同415条。たとえば，**三重セクハラ〔厚生農協連合会〕事件**・津地判平9・11・5労判729号54頁），あるいは，同義務違反が不法行為上の注意義務違

反に当たるとして不法行為に基づく損害賠償を求め得る（同709条。たとえば，**下関セクハラ〔食品会社営業所〕事件**・広島高判平16・9・2労判881号29頁）。この職場環境保持義務は，「労務遂行に関連して被用者の人格的尊厳を侵しその労務提供に重大な支障を来す事由が発生することを防ぎ，またはこれに適切に対処して，職場が被用者にとって働きやすい環境を保つよう配慮する義務」と定義することができる（前掲・**福岡セクシュアル・ハラスメント事件**・福岡地判）。

さらに，セクハラは被害労働者に対して深刻な精神的被害を与え，それが原因となって精神疾患を引き起こす場合も少なくない。その場合には，当該疾病が労災と判断される可能性もある（本書第 **12** 章参照）。

3　い じ め

職場におけるパワー・ハラスメントやいじめも，セクハラと同様に，労働者の人格を著しく傷つける行為である。職場におけるいじめ行為は，単なる好き嫌いから生じるというよりもむしろ，自主退職に追い込むためのリストラ策の一環として行われたり，組合所属や思想信条を理由として，それらの者を排除するために行われたりする場合が多いがゆえに，いっそう深刻である。

いじめ行為が，法律行為（たとえば，他の労働者から隔離した部屋への配転命令。**セガ・エンタープライゼス事件**・東京地決平11・10・15労判770号34頁）であれば無効と解される。また事実行為として行われる場合には，直接の加害者には不法行為に基づく損害賠償責任が生じ，またそのような加害者を使用する会社に対しては，セクハラの場合と同様に，職場環境保持義務違反を理由に，債務不履行責任（民415条），使用者責任（同715条）あるいは不法行為責任（同709条）に基づく損害賠償請求を行い得る。

4　プライバシー保護

労働者も，ひとりの独立した市民である以上，職場においてもそのプライバシーは守られなければならない。

裁判例においては，会社にとって好ましくない思想を持つとして，使用者が

当該労働者に対して行った監視，尾行，更衣室のロッカーを無断で開けそこに
あった手帳を写真撮影するといった行為について，労働者の職場における自由
な人間関係を形成する自由を不当に侵害し，その名誉を毀損するとともに，プ
ライバシーを侵害するものであって当該労働者の人格的利益を侵害するとして
不法行為に基づく損害賠償請求が認められている（**関西電力事件**・最判平7・9・
5労判680号28頁）。また，労働者の同意なく HIV 抗体検査を行い，その検査結
果を受け取った使用者の行為が問題となった事案では，HIV 感染に関する個
人情報を取得しようとしたことが当該労働者のプライバシーを不当に侵害する
として慰謝料の支払いが命じられている（**T工業〔HIV 解雇〕事件**・千葉地判平12・
6・12労判785号10頁）。

　最近では，職場における電子メールの私的利用を監視する行為（モニタリン
グ）がプライバシー侵害に当たるかも問題となり得る。具体的な監視行為がプ
ライバシー侵害に当たるか否かは，監視の目的に照らした使用者の利益と労働
者の側に生じる不利益とを，監視の手段およびその態様を含めて比較衡量する
ことによって判断される。たとえば，職務上従業員の電子メールの私的利用を
監視する立場にない者が監視した場合や，そのような立場に立つ者であったと
しても，監視することに合理的な必要性がまったくなく，もっぱら個人的な好
奇心から監視した場合等には，プライバシー侵害が認められる（**E-mail 閲覧訴
訟**・東京地判平13・12・3労判826号76頁）。プライバシー侵害と認められる場合，
労働者は不法行為に基づく損害賠償請求を行い得る（民709条）。

　いずれにしても，電子メールやインターネット利用の場合，送受信記録がシ
ステム管理者のもとに残るなど，封書や電話通話のような水準でプライバシー
の保護を図ることは難しい。労働者のプライバシーを侵害することのないよ
う，使用者はメールやインターネット利用の監視について明確な基準を定め，
監視の方法等についても事前に明らかにしておく必要がある。

　個人情報保護法は，一定の要件（過去6ヶ月のいずれかの日において5,000件以上
の個人情報を取り扱った場合）が満たされる場合，使用者がその雇用する労働者
に関して収集した個人情報にも適用される。同法にいう個人情報取扱事業者と

しての使用者は，労働者の個人情報の収集に当たっても，情報の利用目的をできるだけ特定し，そのことを本人に通知または公表すること，労働者の同意を得ずに目的外の利用をしないことおよび第三者に提供しないことを義務づけられる。また使用者は労働者本人による開示（25条），訂正・追加・削除（26条），利用停止・消去（27条）の要求に応じなければならない。同法は，法違反に対する制裁規定を設けていないことから，労働者の個人情報に関して漏洩，改ざん等が行われた場合には，当該労働者は使用者に対して不法行為に基づく損害賠償請求を提起することになる。

第**3**章

労働関係の成立

I　序　　説

　日本では，正規労働者の採用に当たり，高校もしくは大学卒業予定者に採用内定を出し，卒業後入社させるという独特の慣行が存在する。長期雇用慣行（終身雇用制）を実施してきた日本の企業は，新卒者を定期採用し，定年まで雇用し続けることを想定しているため，できる限り優秀な人材を早期に確保しようとし，こうした慣行が広まったのである。近年は，転職も幅広く行われ，中途採用という形も増えているが，新卒者に採用内定を出すという慣行は依然として広く実施されている。

　新卒者の採用は，次のような順序で実施されるのが現在の実態である。学生は，まず，3年（回）生末から，会社説明会への参加や会社訪問など，企業側への接触を始め，エントリーシートの提出を行う。これに対し，企業側は，応募してきた学生を選抜し，面接等を通じて採用する学生を決め，学生に対し内定を出す。ただし，この内定は，日本経団連の「採用内定に関する指針」（旧「大学卒業予定者・大学院修士課程修了予定者等の採用選考に関する企業の倫理憲章」）と大学側の「大学，短期大学および高等専門学校卒業・修了予定者に係る就職について（申合せ）」により，正式内定日を10月1日以降とすることにしているため，厳密にいえば，内定の前段階の「内々定」（仮内定）である。学生は，この「内々定」を複数の会社から得ることもあり，その場合には学生から「内々定」を辞退することになるが，この段階で内定先が1社に特定されることもある。正式内定日とされる10月1日以降に，学生は文書で内定通知を受け取る。この

日に内定者は当該会社に終日拘束されることが多く，複数の内々定を受けた学生も遅くともこの時点では内定先を1社にしぼっているのが通常である。その後，内定者は誓約書や身元保証書等を提出し，身体検査を受けるなどの手続に入る。それ以降に，工場見学や内定者研修が行われることが多く，大企業の約6割が研修を実施している。そして4月1日前後に入社式を迎えるが，入社後の3〜6ヶ月程度は「試用期間」とされ，その期間満了後に本採用する会社が多い。この「試用期間」中，新任者は，見習研修を受ける以外は，正社員とほぼ同じ仕事に就いている。

Ⅱ　募集および採用

1　募集・職業紹介

　採用過程は，会社からの求人に労働者が応募することから始まるが，主要な求人手段として，企業からの募集と職業紹介機関を介した募集とがある。企業からの募集とは，新聞や雑誌等に広告や文書を出して行うもの，直接労働者に働きかけて行うもの，企業の従業員以外に委託して募集するもの等であり，最近ではインターネットを通じた募集も盛んになっている。「職業紹介」とは，求人者と求職者間の雇用関係の成立を斡旋するもので，全国に約550ヶ所ある公共職業安定所（ハローワーク）と，民間職業紹介事業（2015年現在で，有料職業紹介事業は18,457事業所，無料職業紹介事業は996事業所存する）によって行われる。「職業紹介」にはヘッドハンティング（**東京エグゼクティブ・サーチ事件**・最判平6・4・22労判654号6頁。当時の職安法32条6項〔現職安32条の3〕の手数料規制の適用肯定）や再就職斡旋のためのいわゆるアウトプレースメント業も含まれる。求人方法についての厚生労働省の雇用動向調査（2015年）によれば，広告によるものが30.9％，縁故・出向等が25.5％。職安等が22.0％，学校が6.7％，民営職業紹介が3.8％，その他が11.1％となっており，企業からの募集が7割近くを占め，職業紹介によるものは3割未満となっている。

　これらの求人方法に共通した法規制には，次のようなものがある（職業安定

法や雇用対策法については，NJⅠ・第8章参照）。第1に，職業選択の自由が保障されている（憲22条，職安2条）。第2に，人種，国籍，信条，性別，社会的身分，門地，従前の職業，労働組合の組合員であること等を理由とした差別取扱いを受けない，という均等待遇の原則が定められている（憲14条，職安3条，均等5条）。第3に，労働条件等を明示しなければならない（職安5条の3）。対象となる労働条件は，業務内容，労働契約期間，就業場所，労働時間，賃金，社会保険等であり，書面ないしオンラインによる明示が求められる（職安則4条の2）。また，虚偽の広告・条件呈示には罰則が設けられている（職安65条8号）。第4に，個人情報の収集は必要な範囲内で行い，目的の範囲内で保管して使用し，適正な管理のための措置を講じなければならない（同5条の4。個人情報の取扱いについては，本書第2章V4参照）。第5に，労働争議に介入してはならない（同20条・42条の2）。第6に，年齢制限が禁止されている（雇用対策10条）。2001年に努力義務規定が設けられたものの，特定年齢層を除外した募集がなくならないため，2007年より禁止規定となったものである。第7に，青少年に対して，募集企業は，募集・採用に関する情報などを提供する義務がある（青少年の雇用の促進等に関する法律13条）。

2　採用の自由

最高裁は，**三菱樹脂事件**において，憲法「22条，29条等において，財産権の行使，営業その他広く経済活動の自由をも基本的人権として保障している」として，「法律その他による特別の制限がない限り」，使用者は，契約締結の自由（採用の自由）を有し，原則として自由に採用を決定することができると判示している（最大判昭48・12・12民集27巻11号1536頁）。ただし，採用の自由を制約する法律として以下のものが存在する。①均等法では，募集・採用の際の性差別（均等5条）に加え，身長，体重，体力あるいはコース別雇用の区分に際して転居を伴う転勤を採用条件とすることを禁じている（同7条，均等則2条）。後者は，間接差別といわれるもので，2006年改正法によって導入されたものである（くわしくは，本書第2章Ⅳ2(3)参照）。②原則として，年齢による差別が禁止さ

れる（雇用対策10条）。③組合所属等を理由とする採用拒否は労組法7条1号・3号の不当労働行為として禁じられている（NJⅠ・第7章Ⅲ1(2)。雇入れ拒否〔採用差別〕は特段の事情がない限り不利益取扱い〔労組7条1号〕に該当しないとする判例がある〔JR北海道・JR貨物事件・最判平15・12・22民集57巻11号2335頁〕)。④労基法上，15歳未満の児童との労働契約の締結は許されていない（労基56条）。⑤障害者雇用促進法34条は，募集・採用について均等な機会を与えることを定める。また従業員50人以上の民間企業に対して，労働者数の2％以上は身体障がい者または知的障がい者を雇用すべきことを義務づけ，同雇用率が未達成の場合は，制裁として一定額の「納付金」を徴収すること等を定めている。なお，同雇用率の算定基礎に，新たに精神障害者も加えられた（2018年4月1日施行。猶予措置あり）（本書第**11章Ⅲ2**，NJⅠ・第8章Ⅲ4(2)参照）。

　採用の自由を制約する法律が存在しない場合，使用者は採用者を自由に決定できるのか。この点が問題となったのが，前掲・**三菱樹脂事件**である。最高裁は，同事件において，労基法3条は，雇い入れ後の労働条件について適用のある規定で，「雇入れそのものを制約する規定ではない」と判断し，思想信条を理由とする採用拒否も当然に違法となる（公序違反や不法行為）とはいえないと判断した。しかし，この判断に対しては学説からの強い批判が存在する。労働者の思想，信条の自由は，経済活動の自由に劣後せず，私法の次元においても，思想，信条に基づく採用拒否は公序違反や不法行為の対象となり得るからである（三菱樹脂事件判決に対する最近の批判として，萬井隆令「『判例』についての一試論」龍谷法学40巻1号72頁以下，荒木・327頁，西谷・139頁などがある。また，三菱樹脂事件の裁判闘争については，『石流れ木の葉沈む日々に──三菱樹脂・高野事件の記録』〔労働旬報社，1977年〕という名著がある）。裁判例の中にも，国籍・信条・性別が採用拒否の決定的理由であれば不法行為となり得ることを判示したものがある（**慶應大学附属病院事件**・東京高判昭50・12・22労民集26巻6号1116頁）。

　最近，採用強制を認める法律が制定されている。更新された5年を超える有期契約の無期契約への転換（労契18条）と雇止め法理の法定化による労働契約の再締結（同19条），また希望者全員の65歳までの継続雇用の原則（高年9条）は，

従前の使用者との雇用継続に関わる。さらに，派遣先による労働契約の申込みのみなし規定が設けられ（派遣40条の４），一定の場合，雇用関係になかった派遣先と派遣労働者間の労働契約締結が認められた。

　また，最高裁は，**三菱樹脂事件**において，採用の自由を根拠に，使用者が採用過程において思想，信条を調査し，関連事項の申告を労働者に求めることができると解した。採用の自由は，①雇入れ人数決定の自由，②募集方法の自由，③選択の自由，④契約締結の自由を内容とするが（このように分類して考えることについては菅野・215頁），これに加え，最高裁は⑤調査の自由を認めている。しかし，この判断は，労働者のプライバシーの権利への配慮を欠いているため，学説から強く批判されている（山口浩一郎「三菱樹脂事件評釈」色川幸太郎・石川吉右衛門編『最高裁労働判例批評(2)民事篇』〔有斐閣，1976年〕358頁など）。近年は，個人情報保護法の成立もあり，思想信条などセンシティブな個人情報の保護が強く要請されつつあるが，労働省（当時）が，思想信条は収集してはならない情報であるとのガイドラインを示したことがあるように（平12・12・25労告120号），採用の自由を根拠に調査の自由を認めるのは適切ではない。また，使用者が，採用に至る過程で，応募者のプライバシーに関する質問をすることがあるが，業務に関係しない事項について質問をすることは許されるべきではない（使用者に不法行為〔民709条〕責任が生じる余地がある）。なお，改正個人情報保護法２条３項において導入された「要配慮個人情報」は，「本人の人種，信条，社会的身分，病歴，犯罪の経歴，犯罪により害を被った事実その他本人に対する不当な差別，偏見その他の不利益が生じないようにその取扱いに特に配慮を要するものとして政令で定める記述等が含まれる個人情報」と定義され，「あらかじめ本人の同意を得ない取得」が禁止される（17条２項）。

3　採用時の労働条件の明示

　使用者は，労働契約の締結に際し，労働者に対し賃金，労働時間その他の労働条件を明示しなければならない（労基15条１項）。明示されるべき時期は，労働契約締結時であるから，使用者は，採用内定を行う場合，労働条件を内定時

に明示しなければならない。

使用者が明示義務を怠った場合，労基法は罰則の適用を予定している（労基120条）が，その私法的効果は明示されていない。したがって，明示された労働条件が労働契約の内容となるか否かは，契約解釈の問題となる（くわしくは，本書第 **4** 章 **I 3** 参照）。

なお，明示された労働条件と実際の労働条件がくい違った場合，労働者は当該企業で就労する意志を失うことがあり得る。そこで，労基法は，この場合に，労働者が即時に労働契約を解除し得る権利を認め（労基15条 2 項），解除の日から14日以内に帰郷する場合，使用者が必要な旅費を負担すべきこと（同条 3 項）を定めている。

Ⅲ 採用内定

1 内定の法的性質

採用内定の性質をどう解するかについては，これまでいくつかの見解が主張されてきた。まず，採用内定から本採用までの一連の手続全体が労働契約締結の過程であると考え，使用者がこの手続を取り消した場合，内定者は損害賠償請求できるが，手続の完了すなわち労働契約の締結を訴求することはできないと解する見解（労働契約締結過程説）がある（有泉・94頁）。また，内定に対していまだ労働契約上の拘束力を認めることは難しいが，なんらかの合意の成立は認められるとの理由から，内定を労働契約の予約と捉える見解（予約説）も主張されている（恒藤武二『労働基準法』〔ミネルヴァ書房，1979年〕51頁）。この見解によれば，内定取消は予約の解約に当たるので，不当な取消しについて，使用者は損害賠償責任を負うが，内定者は地位の確認を求めることはできない。

これに対し，現在の通説，判例は，内定関係に入ることで労働契約が締結されると見る見解（労働契約締結説）を採用している。最高裁は，**大日本印刷事件**（最判昭54・7・20民集33巻 5 号582頁）において，内定の実態が多様であるため，本件の事実関係の下においてはとしつつ，基本的にこの立場を採用した。この

見解は，使用者の募集を申込みの誘引，学生らの応募を申込み，使用者の採用
内定通知を承諾と解し，学生らの誓約書の提出とあいまって，内定により解約
権留保付きの労働契約が締結されたと見るのである（当事者間で労働条件等につ
いて交渉が行われる中途採用については，両当事者の意思の合致の観点から労働契約の
成立の有無が問題となる。本章Ⅲ**6**参照）。このため，留保された解約権の行使で
ある内定取消は解雇に類似するものとして，内定者は，使用者からの不当な内
定取消に対し，損害賠償とともに従業員としての地位の確認を請求することも
できる（前掲・**大日本印刷事件**・最判は地位確認と慰謝料〔100万円〕の請求を認容）。
ただし，他社に就職している場合などは，不法行為または債務不履行に基づく
損害賠償請求のみが問題となる（請求認容の例として，**プロトコーポレーション事
件**・東京地判平15・6・30労経速1842号13頁〔前職の7.5ヶ月分の賃金相当額〕，**オプト
エレクトロニクス事件**・東京地判平16・6・23労判877号13頁〔2.5ヶ分賃金相当額＋慰
謝料100万円〕など）。

2 内定取消の正当事由

　内定により労働契約が成立したとしても，内定取消を通常の解雇と同様に取
り扱ってよいかが問題となる。これまで，内定取消をめぐっては，内定によっ
て締結された労働契約には，卒業すること等が停止条件となっており，条件成
就によって効力が発生するとする説，卒業できないこと等が解除条件となって
おり，条件に該当することによって効力が失われるとする説も主張されてき
た。しかし現実には，卒業できないこと等が自動的に労働契約の解消につなが
るものではないから，これらの条件付き労働契約説は必ずしも適切ではなく，
現在では，卒業できない等を理由とする特別の解約権が使用者に留保されてい
ると解する見解が支配的となり，最高裁も同様の見解を採用している（前掲・
大日本印刷事件・最判）。

　しかし，この見解による場合，どのような事由による解約権が留保されてい
たと見るのかが問題となる。この点については，解約事由を約定によって設定
することも可能であるが，誓約書に記載された事項がそのまま正当な解約事由

として承認されるものではなく，内定当時知ることが期待できない事実であって，これを理由として採用内定を取り消すことが「解約権留保の趣旨，目的に照らして客観的に合理的と認められ社会通念上相当として是認することができるもの」に限られる（前掲・**大日本印刷事件**・最判）。具体的に正当な解約事由と考えられるものは，①決められた期日に卒業できなくなった場合，②長期療養や逮捕・拘留によって期日に労働力の提供ができなかった場合，③健康状態の悪化などによって，職務遂行に必要な能力を欠くことになった場合，④重要な採用手続を正当な理由なく履行しなかった場合（履歴書の重大な虚偽記載等）などである。不況などの経済変動を理由とする内定取消については，それを全面的に否定することはできないにしても，すでに就労中の正社員に対する整理解雇の必要性（整理解雇法理の4つの基準による審査。本書第**13**章**Ⅱ3**参照）に準じた必要性が認められなければ許されない（西谷・143頁，菅野・225頁。**インフォミックス事件**・東京地決平9・10・31労判726号37頁〔この事件は中途採用者の事案であるが，新卒採用者にも妥当すると考えるべきである〕）。

　内定取消を解雇もしくは解雇類似のものと解する場合，労基法上の解雇制限規定が適用されるかが問題となるが，内定取消にも労基法20条の解雇予告規定の適用はあると解されている（解雇予告については，本書第**13**章**Ⅱ2(2)**参照）。また，使用者が，新規学卒者について採用内定を取り消すなどした場合，公共職業安定所または学校長に通知することが求められ，職業安定組織（厚生労働省，職業安定局，都道府県労働局，公共職業安定所など）から指導を受ける（職安54条，職安則35条）。さらに，2008年の金融危機後，採用取消事件が増加したことを受けて，①2年以上連続して内定を取り消した企業，②同一年度に10名以上内定を取り消した企業（取消対象者の安定した雇用を確保した場合を除く），③生産活動の縮小を余儀なくされていないにもかかわらず内定取消をした企業，④内定取消事由の説明をしない企業，および⑤新たな就職先の確保を支援しない企業の名前を（平21・1・19厚労告5号），厚生労働大臣が公表できる制度が導入されている（職安則17条の4。ただし，翌年に募集，採用を行わない企業は除外）。

3 内定中の労働関係

内定により労働契約が締結されたと解するとしても，内定者は現実には就労していないため，その労働関係を入社後の従業員の場合と同様に扱うことはできない。しかし他方で，内定者は，入社までの間に集合研修や工場見学，通信教育受講，レポート提出などを会社から求められる。この会社からの要求と内定者がそれに応じることは単なる事実上の関係，あるいはその都度の合意に基づくものであるのか，それとも労働契約上の権利義務関係と考えられるのであろうか。さらに，内定期間中に懲戒事由に該当する行為が行われた場合に，内定者に対して就業規則が適用されるのであろうか。これらの点についても見解が分かれている。

A説＝就労始期付説は，内定期間中の労働契約は就労始期付であり，現実に就労することにより生じる権利義務は発生しないが，それ以外の効力はすでに生じていると解する。したがって，現実の就労に関する部分を除いて就業規則も適用され，内定者は従業員としての地位が発生したことに伴う義務を負い，義務違反は懲戒の対象となると解することとなる。負うべき義務として具体的には，秘密保持義務（本書第 5 章 II 3(2)参照），会社の求めに応じてレポートを提出する義務などがあげられる。このように解する理由としては，内定中の関係になんら法的な効力を承認しないことが不自然であることなどがあげられる。前掲・**大日本印刷事件**・最判は，この立場を採用した。

これに対し，B説＝効力始期付説は，内定契約は効力始期付の労働契約であるから，内定期間中に通常の労働契約上の効力は発生せず，採用内定者は従業員たる地位を取得するのみであると解する。したがって，就業規則上の諸義務を負うこともないと解することとなる。その理由としては，内定制度が優秀な労働力の早期確保という主として企業側の要請により生み出されたものであることから，内定期間中の関係に労働契約上の拘束関係を肯定することは疑問であることなどがあげられる。最高裁は，**電電公社近畿電通局事件**（最判昭55・5・30民集34巻 3 号464頁）において，この立場を採用したことがある。

現在，内定期間中における会社からの内定者への拘束が拡大しているが，内

定者の負う義務は，現実の就労により生じる義務を含めるべきではなく，学業に支障のない範囲に限定されるべきであろう。B説を採用したうえで，内定者の合意がない限り，研修義務は発生しないと解する裁判例もある（**宣伝会議事件**・東京地判平17・1・28労判890号5頁。ただし，就労始期付説でも就労義務がないため同様の結論になると判示している）。

4 内 々 定

　内定の法的性質を労働契約の締結と解する議論は，「倫理綱領」等により10月1日に発せられる内定については確実に当てはまるであろう。しかし，現実には，10月1日以前の段階に（事実上の）内定を得るという慣行が常態化している。これは，内定と区別するため，「内々定」と呼ばれている。学生は，複数の企業から内々定を得ることがある一方，1社を特定している場合もある。そして，内々定先が複数か1社かを会社も知っている，少なくとも知ろうとしているのが通例である。この内々定の法的性質については，労働契約締結の予約であると解することすら合理的でないとの見解，労働契約締結過程の一段階と解するほかないとの見解，予約ないし予約に準じるとの見解が存する。しかし，この内々定こそ実態は多様であって，実態に応じてその法的性質を確定しなければならない。前述の判断基準からすると，複数の内々定を得ている可能性があるとしても，基本的には労働契約が締結されたと解することによって内々定者の保護を図るべきである（この問題については，萬井隆令『労働契約締結の法理』〔有斐閣，1997年〕が参考になる）。しかし，事案によって異なり得るが，裁判例の中には，内々定は，正式な内定とは性質が違い，正式な内定までの間，企業が新卒者をできるだけ囲い込んで，他の企業に流れることを防ごうとする事実上の活動の域を出るものではないと判断し，内々定を労働契約の成立として認めないと判示したものがある（**コーセーアールイー〔第2〕事件**・福岡高判平23・3・10労判1020号82頁）。ただし，内々定の取消しにいたった経緯の説明不足や内定予定日直前（2日前）の取消しなどを信義則違反として，慰謝料の支払いが命じられている。

5 内定辞退

労働者は，労働契約に期間の定めがない限り，2週間の予告期間をおけばい
つでも自由に労働契約を解約できるため（民627条），内定者は内定辞退を自由
にできる。これは内々定の段階はもちろん，内定段階に入っても認められる。
ただし，著しく信義に欠けた形で内定辞退をした場合，内定辞退の効果は発生
しても，損害賠償責任が成立することもある。

6 中途採用

近年，採用に至る態様は多様化し，中途採用も幅広く行われている。こうし
た事情が背景にあると考えられるが，中途採用者の採用内定をめぐる裁判が増
加している。たとえば，前掲・**インフォミックス事件**・東京地決は，中途採用
者に関する事案であるが，内定者は，新卒者と同様，使用者との間で，解約権
留保付き労働契約を締結していたと解し，採用内定に関する判例法理を適用し
ている。しかし，ヘッドハンティングで中途採用され，採用内定に至った場合，
採用過程で十分調査をしたと考えられるため，通常の解雇の有効性に関する判
断基準（本書 **13** 章Ⅱ**2**・**3**参照）を適用すべきであると，この裁判例を批判する
見解もある（土田・有・215頁）。

なお，中途採用の場合，当事者間で労働条件に関する交渉が行われることも
多いため，両当事者の意思の合致の観点から労働契約が成立したといえるかが
問題となることもある。具体的業務の内容，勤務開始時期の取決めおよび給与
について具体性のある額が決められていなかったといった事情などが存した場
合（**オリエントサービス事件**・大阪地判平9・1・31労経速1639号22頁）や採用を確信
させる言動がなかった場合（**富士電機冷機事件**・東京地判平8・10・22労経速1626号
24頁）に採用内定（労働契約）の成立を否定した例がある。

Ⅳ 試 用

1 試用の法的性質

　期間の定めのない契約で雇用される正規労働者の場合，職業能力や適応性を見るために，入社後数ヶ月は試用として雇用されることが多い。これを試用期間という。

　試用期間の法的性質については，労働力または職場・職務についての価値判断を目的とする試用期間と本採用たる労働契約の予約が並存しているとか，労働者の能力評価のための実験を目的とする特別契約であるとする見解が主張されたこともあるが，試用期間中はすでに労働契約が成立していると解されている。最高裁は，前掲・**三菱樹脂事件**（最大判昭48・12・12民集27巻11号1536頁）において，当時，採用内定段階で労働契約が成立するとの見解には達していなかったものの，試用によって解約権留保付きの労働契約が成立すると判示した。

2 本採用拒否の正当事由

　試用期間中の労働者も，通常の労働者が解雇されるような事由があれば，本採用拒否を免れないのは当然であるが，試用の目的からすれば，使用者が，労働契約締結後の調査や観察に基づいて，試用期間中の労働者が期待されたような適格性を持たない場合に本採用拒否できるかが問題となる。この点について最高裁は，留保された解約権の行使を無制限に認めるとの立場に立たず，客観的に合理的な理由が存在し，社会通念上相当であると認められる場合に限って行使できる，とした。本採用拒否は，通常の労働者に対する解雇に準じた基準を充足しない限り，許されないと判断したのである。その後の裁判例を見ても，試用期間中であることを理由に，解約権の行使を広く認めたものもあるが（**ブレーンベース事件**・東京地判平13・12・25労経速1789号22頁），本採用拒否を認めないとする判断も少なくない（**オープンタイドジャパン事件**・東京地判平14・8・9労判836号94頁）。試用期間経過中の解雇（留保解約権の行使）については，「一層

第3章　労働関係の成立　69

高度の合理性と相当性」が求められ，試用期間の満了を待たずに従業員としての適性が判断できるほどの「特段の事情」がない限り許されないと判示する裁判例もある（**ニュース証券事件**・東京高判平21・9・15労判991号153頁）。

　なお，試用期間中の解雇については，14日を超えて引続き雇用された場合にのみ，解雇予告に関する労基法20条が適用される（労基21条）。

3　長期の試用期間と試用期間の延長

　試用期間中の労働者は不安定な地位に置かれているので，労働者の労働能力や勤務態度等を判断するために必要な合理的範囲を超えた長期の試用期間を設定をすることは公序良俗に反し違法である（**ブラザー工業事件**・名古屋地判昭59・3・23労判439号64頁）。また，労働者の不安定な地位を考慮するならば，特段の事情がない限り，試用期間の延長は認められないと解すべきである。

4　試用期間と有期契約

　使用者が，労働者の適格性を判断する目的で有期契約を締結した場合，試用期間満了後の本採用と異なり，有期契約の期間満了後の採用については，原則として採用の自由が妥当する。しかし，最高裁は，試用目的で締結された有期契約については，特段の事情がない限り，試用期間の性質を持つと判断し，契約期間の効力を否定している（**神戸弘陵学園事件**・最判平2・6・5民集44巻4号668頁）。この判断に対しては，労働者の適性を判断するための有期契約の締結を認めるべきとの批判が加えられている（菅野・288頁以下）。しかし，判例の立場は，有期契約の締結を完全に排除するものではなく，「期間の満了により契約が当然に終了する旨の明確な合意」がない限りは，試用目的の有期契約を試用期間と解するということである。試用に関する規制を実質的に潜脱することを意図して締結された，有期契約の期間の効力を否定するのは妥当な判断である（本書第**13**章**Ⅱ4**参照）。しかし，裁判例は，契約期間1年の有期契約を1〜2回更新し，労働者の適性をみて正社員として採用することを目的とした制度の場合，試用期間と評価しない傾向にある（**報徳学園事件**・大阪高判平22・2・12労

判1062号71頁〔雇用継続の期待の合理性を認めた，**同事件**・神戸地尼崎支判平20・10・14労判974号25頁を覆した判断〕など。ただし，雇止めの適法性は問題となりうる。本書第 **13** 章Ⅱ**4**参照）。

　なお，試用期間と異なり，厚生労働省が2003年度より開始したトライアル雇用事業は，中高年齢者や若年者，障がい者等，職業経験や技能・知識から就職が困難な特定層を対象として，ハローワークの紹介によって企業が原則 3 ヶ月間試行的に雇用するというものであるが，使用者は，本採用義務を負わない。

第4章

労働条件の決定と変更

I 労働条件規制システムの全体像

1 規制規範の種類

労働契約は，労働者と使用者の地位を設定し労働関係の基礎を与えるが，労働条件の決定，変更に関しても重要な役割を演じることが期待されている。しかし，現実には，労働条件を決定，変更する主要なツールとなっているのは，労働協約や就業規則である。この場合，労働契約は，労働条件のいわば「受け皿」として機能している。

就業規則や労働契約など労働条件を決定，変更するツールを，本章では規制規範と呼ぶ。これには，具体的な労働条件を定めた法令も含まれる。規制規範は，裁判において効力を認める根拠となるので法源を意味する。本章では，労働条件規制システム全体に関するルールを確認したうえで（I），法令（II），就業規則（III），労働契約（IV）を個々に見ていくことにする（労働協約については，NJ I・第5章参照）。

2 規制規範の相互関係に関するルール

（1） 次元が異なる規範が抵触した場合 規制規範に同種の労働条件が記載され，複数の規制規範の間で抵触が生じた場合，それをどう処理するか。この点については，つぎのような明確なルールが存在する。まず，就業規則上と労働協約上に同種の労働条件が同時に存在する場合など，異なる規制規範の間で抵触が生じた場合には，つぎの2つの原則が妥当する。

72

第1に，規制規範には階層性があり，後述の有利原則が妥当しない限り，上位の規範が優先する。これを階層性原則という。法令，労働協約，就業規則，労働契約，任意法規の順に，上位の規制規範が下位のものに優先する。階層性原則は，さまざまな立法（労基13条，労組16条，労契13条，労基92条）に明記されている。

第2に，下位の規制規範でも労働者にとって有利な内容であれば，上位の規制規範に優先することがある。これを有利原則という。有利原則という概念は，労働協約と労働契約の関係に関して，労働協約よりも有利な労働契約内容を認める考え方を表現する際に使用されるが，法令や就業規則の最低基準効（労基13条，労契12条）は有利原則と同義である。ただし，労働協約の規範的効力（労組16条）については，有利原則の適用が否定されるとの学説が有力である（NJⅠ・第5章Ⅴ3㈜参照）。裁判例は，就業規則に労働協約よりも労働者に有利な労働条件が定められた場合も，有利原則を否定し，労働協約が優先されると解している（**明石運輸事件**・神戸地判平14・10・25労判843号39頁）。

(2)　同一次元の規範が抵触する場合　　就業規則を別の就業規則で変更するなど，ある規制規範を同一次元に属する規制規範で変更する場合には，つぎの2つの原則が妥当する。こうした原則は，法律上明記されていないが，法の一般原則に基づき妥当している。

第1に，代替原則である。代替原則は，「後法は前法を廃す」という法の一般原則に基づいたものである。同一次元の規制規範であれば（たとえば，どちらも就業規則であれば），時間的に新しい規制規範が妥当することを意味する。

第2に，特別性原則である。一般法よりも特別法が優先されるように，同一次元の複数の同一規範が存在すれば，一般的なものよりも特別の規制規範が原則として優先される。たとえば，従業員全員に適用される就業規則とパート労働者のみに適用される就業規則とが存在すれば，後者はパート労働者にとって特別的規制であるので，パート労働者には後者が適用されるのである。

第4章　労働条件の決定と変更　　73

3 労働条件の明示

(1) 労働基準法上の明示義務　　労働条件の明示をめぐる問題は，採用過程に関する論点だと考えられてきた（本書第3章Ⅱ3）。たしかに，労基法15条は，労働契約の締結時，すなわち採用時に限って適用がある。しかし，労働条件の明示は，労働条件の決定，変更の基礎となる重要な原則である。労働条件が事前に明示されていなければ，使用者は自らに都合のよい労働条件をつねに主張できるからである。こうした事態を避けるため，使用者には労働条件明示義務が課されている。

まず，労基法は，労働契約の締結に際し，賃金，労働時間その他の労働条件を労働者に明示する義務を使用者に課している（労基15条）。明示の対象は，労働契約の期間（労基則5条1項1号），期間の定めのある労働契約を更新する場合の基準（同項1号の2），就業の場所と従事すべき業務（同項1号の3），労働時間・休日・休暇（同項2号），賃金（同項3号），解雇事由を含む退職事項（同項4号），退職金（同項4号の2），賞与等（同項5号），労働者に負担させる食費等（同項6号），安全衛生（同項7号），職業訓練（同項8号），災害補償（同項9号），表彰・制裁（同項10号），休職（同項11号）など，ほとんどすべての労働条件に及ぶが，このうち，労基則5条1項1～4号（昇給に関する事項を除く）は，書面による明示が義務づけられている（労基則5条2項・3項）。労基則5条1項1号の2および同条2・3項によって書面明示の対象となった有期労働契約の更新の基準（更新の有無や判断基準）は，従前，「有期労働契約の締結，更新及び雇止めに関する基準」（平15・10・22厚労告357号〔平24・10・26厚労告551号により改訂〕）1条に定められていたが，労基則に移行された（2013年4月施行。それに伴い告示1条廃止）。ただし，使用者が明示すべき事項の中で，労働契約の期間，有期労働契約の更新の基準，就業の場所と従事すべき業務以外は就業規則の必要記載事項である（本章Ⅲ2）。このため，使用者は，この3つの事項以外は就業規則を交付すれば，労基法上の明示義務を果たしたことになると解されている。

使用者が明示した労働条件と実際の労働条件が異なる場合，労働者は即時に

労働契約を解除することができる（労基15条2項）。使用者が明示義務を怠った場合，罰則の適用もある（同120条）。しかし，労基法には，明示義務違反の私法的効果を明記した規定がない。このため，明示義務違反の私法的効果については，つぎのような議論が展開されている。

第1に，使用者が当初明示した労働条件と実際の労働条件が異なる場合，労働者は当初明示された労働条件を権利として求めることができるであろうか。これは契約解釈の問題となる。

まず，具体的に確定した労働条件が明示された場合は，労働契約の内容となる。たとえば，求人票に「退職金有り」と記載したうえ，採用に際し，これと異なる説明をしていなかった事案では，退職金の支給が労働契約の内容となっていると判断されている（**丸一商店事件**・大阪地判平10・10・30労判750号29頁）。これに対し，来年度賃金の「見込み額」を提示した場合（**八洲測量事件**・東京高判昭58・12・19労判421号33頁）や会社面接などに際し抽象的な説明がされたにすぎない場合（**日新火災海上保険事件**・東京高判平12・4・19労判787号35頁）は，契約内容とならないと判断されている。ただし，後者の場合，使用者が明示義務を怠ったことは，労基法上の義務や契約締結過程における信義誠実の原則に反するため，労働者は精神的損害を求めることができると解されている（前掲・**日新火災海上保険事件**・東京高判）。

第2に，年俸制を導入した場合，年俸額の合意が成立しないことも想定し，就業規則に評価決定権を規定することが多いが，その制度を公正にし，かつ，明示していない場合である（年俸制については，本書第**8**章**I 4(3)**）。裁判例は，こうした場合に，労基法15条や89条に照らし，「特別の事情が認められない限り，使用者に一方的な評価決定権はない」と判断すべきだとしている（**日本システム開発研究所事件**・東京高判平20・4・9労判959号6頁）。こうした判断は，明示義務規定の趣旨を考慮すれば，明示の範囲や程度が十分でない場合，就業規則条項に基づく使用者の権限が否定されることを示したといえるが，このような考え方は年俸制以外のケースでも適用可能である。使用者が個別労働契約の内容について明示義務を怠った場合，自らに有利な契約解釈によって利益を享

受することは制約されなければならない（同旨：西谷・228頁〔就業の場所等が明示義務の対象となっていることを理由として配転命令権の制約を説く見解〕）。たとえば，使用者が「労働契約の期間」の明示を怠った場合，原則として無期労働契約を締結したと解すべきである（民629条の無期化説は同様の効果を認めたものと考えることができる。本書第13章Ⅱ**4(7)**）。

(2) 労働契約法における規制　　労契法4条1項は，「使用者は，労働者に提示する労働条件及び労働契約の内容について，労働者の理解を深めるようにするものとする」とし，同条2項で，労働者および使用者は，労働契約の内容について，「できる限り書面により確認するものとする」と規定している。本条の特徴は，労基法15条1項よりもつぎの点で広い内容を持つ点にある。

第1に，労基法15条と異なり，採用時だけでなく，労働条件の変更時にも適用がある。第2に，労契法4条2項の書面確認事項に有期労働契約に関する事項が含まれることが明示されたこと以外は，労働条件の範囲が特に限定されていないことである。第3に，同条1項は，労働者が理解することができるようにすることを使用者に求めていることである。これは明示義務に加え，説明義務や情報提供義務などを求めていると解することができる。

ただし，同条1項は「深めるようにするものとする」，2項は「できる限り」という文言が用いられているため，努力義務ないし訓示規定にとどまるという見解が有力である（山川隆一『労働契約法入門』〔日本経済新聞出版社，2008年〕87頁）。使用者が同条に違反した場合でも，労働契約上の権利義務が変動するなどの効果は発生しないと解されているのである。ただし，信義則など一般条項の適用に当たり，本条に違反したという事情を考慮する可能性まで否定されているのではない。労働契約法制定後の事案ではないが，使用者が十分な説明なしに変更申込みの提案をした場合に合意の成立を否定した裁判例もある（**東武スポーツ事件**・東京高判平20・3・25労判959号61頁〔最高裁で維持〕）。

II 法令，労使協定および労使委員会決議

1 強行規定と任意規定

法律には強行規定と任意規定とがあり，両者は規制規範の階層が異なる（本章 I 2(1)参照）。労働協約や労働契約など，自治的な規制規範に優先する効力が認められるのは，強行規定に限られる。たとえば，労基法37条は，使用者が時間外労働させた場合，労働者に割増賃金を支払うことを求めているが（本書第9章Ⅷ参照），労基法は強行的な効力を持つため，これに反する合意を労使の間で交わしてもその合意の効力は否定される。

強行規定は，その性質が法に明示されていること（労基13条，最賃4条2項など）もあるが，そうでないこともある。後者の場合，その規定の目的が労働者保護であるときは，後述の効力規定である限り，原則として強行規定と解される（我妻栄『新訂民法総則（民法講義 I）』〔岩波書店，1965年〕255頁は，「両当事者の経済的な力が均衡を失うようになるに従って，任意法規が強行法規化する傾向がある」とする）。これに対し，労働契約の当事者は，任意規定の適用を合意を通じて排除することができる。民法の債権法の中には多くの任意規定が存在し，雇用（民623条以下）についても任意規定が存在する（民628条については本書第13章Ⅲ1(2)）。任意規定は，当事者の意思を補足する規範となることが期待されている。

2 効力規定と取締規定——私法的効果の有無

単なる取締規定と区別され，私法上の効力が認められるのが効力規定である。使用者が当該規定に違反した場合，法律行為の無効など，私法的効果を生じさせる。

労働法分野では，違反があった場合に，行政指導等を予定するだけで私法的効果が明記されていない法律が近年増加している（均等法〔本書第2章Ⅲ2〕，高年法〔本書第13章Ⅳ〕など）。これが，単なる取締規定であれば，公序違反（民90条）と判断されない限り，私法的効果は否定される。したがって，先に規制

規範として挙げた法令には該当しないことになる。しかし，違反に対し行政指導等を予定するだけで，その私的効果が明記されていない法規定も，それ自体が私法的強行性を持つと認められるか，あるいは公序の内容となると判断されることもある。

3 命令と条例

　法令に該当するのは，法律，命令，条例である。命令は政令と省令とがあるが，法律の委任を受けたものは労働関係を規律する。たとえば，時間外割増賃金の最低基準を定めた政令（平12・6・7政令309号）や厚生労働省令である労基法施行規則がこれに該当する。

　また，厚生労働省等の行政官庁は，告示の公示や行政解釈の通達などをすることがある。行政解釈とは，労働基準局長名通達（基発）や労働基準局長が疑義に応えて発する通達（基収）であり，行政内部の準則である。告示等は原則として，行政が使用者を指導する際の根拠規定にすぎない。

4 労使協定と労使委員会決議

　(1)　法的効果の内容——強行的基準の適用除外　労基法は原則として強行的性質（本章Ⅱ**1**）を持つが，労使協定（法文上は「書面による協定」と表現）があれば，法律上の最低基準を下回ることを認めている規定もある（18条2項〔本書第**2**章Ⅱ**1**〕，24条〔本書第**8**章Ⅲ〕，32条の2・3・4・5，34条2項，36条1項，37条1項但書，38条の2・3〔以上，本書第**9**章Ⅱ・Ⅲ・Ⅳ〕，39条6項・7項〔本書第**10**章Ⅱ〕）。労使協定の当事者は，使用者と，事業場の過半数の労働者を組織する労働組合があればその組合（過半数組合），過半数組合がなければ過半数を代表する者（過半数代表者）である。労使協定によって適用除外を認める規定は，従来，時間外休日労働（労基36条）などに限られてきたが，1987年以降増加し，現在は，労基法だけでなく，育介法（6条1項・12条2項・16条の8第1項・23条〔本書第**10**章Ⅲ〕），高年法（2013年4月までの9条2項。それ以降は附則3項〔本書第**13**章Ⅳ〕），賃確法施行規則（賃確5条〔本書第**9**章Ⅵ**2**〕に基づく同法施行規則4条1項

78

5号）にも存在する。

労使協定は，労働協約と異なり，原則として労働関係を規律する効力はなく，労基法の法定基準を下回ることを認める免罰的効果や違法性阻却効果（たとえば，労基法32条に反する就業規則や合意の効力を認める効果）を発生させるにすぎないので，規制規範の階層性の中には登場しない。したがって，労使協定や労使委員会決議がある場合でも，労働者に新たな義務を課す場合には，労働者の同意を得るなど別の法的根拠を必要とする。もっとも，労使協定や後述する労使委員会決議は，協定当事者等を拘束するため，使用者を規制する規範として機能することがある。最近は，労使協定当事者が制度の詳細を決定し，それを労使協定で定めることが期待されている場合もある（たとえば，割増賃金に代わる代替休暇制度の具体的内容〔労基37条1項但書，労基則19条の2。本書第 **9** 章Ⅷ**2**〕）。

(2) 労使委員会決議　　労使委員会とは，委員の半数は労働者側で構成された組織である（労基38条の4第1項）。労働者側の委員は，過半数組合・過半数代表が，任期を付して指名した者（2003年労基法改正によって「当該事業場の労働者の過半数の信任を得」るという要請は削除された）で構成され，管理監督者は労働者側委員になることができない（労基則24条の2の4第1項）。

労使委員会決議の成立には，全委員の5分の4以上の賛成を必要とする。労使委員会決議は，企画業務型裁量労働制（労基38条の4。本書第 **9** 章Ⅳ**3**(3)参照）の導入手続となっているが，労基法の労働時間制度に関する労使協定を代替することが認められている（労基38条の4第5項）。なお，労働時間等設定改善法で予定された労働時間等設定改善委員会も，全委員の5分の4以上に支持され，決議を可決すれば，当該決議は，労基法における労働時間制度で規定された労使協定を代替することが許されている（労働時間設定7条1項）。

(3) 労使協定および労使委員会決議の有効要件　　過半数代表者の選出に当たり，管理監督者（労基41条2号）はその資格がなく，選出方法も，投票，挙手等の民主的方法をとらなければならないとされている（労基則6条の2第1項）。たとえば，会社役員も含まれた親睦団体の代表者が自動的に過半数代表者となり，労使協定を締結していた場合，労使協定の効力は否定される（トー

コロ事件・東京高判平9・11・17労判729号44頁，**同事件**・最判平13・6・22労判808号11頁）。また，使用者は，過半数代表者に選出された者だけでなく，なろうとした者に対し不利益取扱いをすることを禁じられている（労基則6条の2第2項）。

労使協定の締結単位は，企業ではなく事業場である。このため，本社において労使協定が存在したとしても，当該事業場で締結されていない場合，当該事業場に労使協定は存在しないことになる（**ドワンゴ事件**・京都地判平18・5・29労判920号57頁）。

労使協定や労使委員会決議は，書面で作成することや周知することが求められているが，それに加え，行政官庁（労基署長）への届出も必要となることがある（労基18条2項，32条の2・4・5，36条，38条の2・3）。使用者が周知義務や届出義務を怠れば，罰則の対象となるが，労使協定や労使委員会決議の効力まで否定されるとは限らない。ただし，使用者が，時間外休日労働や企画業務型裁量労働制に関する労使協定あるいは労使委員会決議の届出を怠った場合，その効力は否定される（労基36条1項や38条の4第1項は「行政官庁に届け出た場合」と定めている）。

Ⅲ　就業規則

1　就業規則法制の目的と論点

多数の労働者が組織的，集団的に働くには，共同作業を規律する労働条件が必要となる。使用者は，このため，集団的労働条件を記載した規則を定めるようになるが，それが就業規則の前身である。就業規則を定めるという現象は，自然発生的にどの国でも行われてきたものであり，日本でも明治初期から多くの工場で就業規則が制定されていた。

就業規則は，このように法による強制がなくとも制定されるものであるが，法的に問題となってきたのは，就業規則をどのように規制し，それにどのような効力を付与するかである。国際的には，使用者が単独で制定した就業規則に効力を認めず，従業員の代表が使用者と共同決定する制度に移行した国（ドイ

ツなど。藤内和公『ドイツの従業員代表制と法』〔法律文化社，2009年〕24頁以下参照）
もあるが，日本では使用者が単独で制定，改廃することを許している。では，
日本の就業規則法制はどのような目的を有していたのであろうか。

　1926（大正15）年改正工場法は，常時50人以上の職工を使用する使用者に，
就業規則の作成義務，地方長官への届出義務（改正工場法施行令27条ノ4）およ
び周知・掲示義務（工場法施行規則12条）を課し，地方長官が就業規則を変更で
きるとしていた。戦後制定された労基法は，こうした制度に加え，過半数組
合・代表への意見聴取義務や就業規則の基準を下回る個別合意を無効とする強
行的直律的効力を付与した。労基法における就業規則法制は，ドイツなどの共
同決定制度に劣る面があるが，その法目的は，労働条件の明確化や行政監督に
よる不当な規定の排除に加え，就業規則の強行的直律的効力を通じ，職場に最
低労働基準を定立することにあったのである。

　しかし，日本で就業規則をめぐり最も問題となってきたのは，労働者に対す
る拘束力の有無と基準である。労基法にこの点の定めはなく，長い間この問題
は判例に委ねられることになった。その後，就業規則内容の合理性と周知の要
件（くわしくは，本章Ⅲ**5・6**）を充足すれば，労働契約の内容を規律するとの判
例（本章Ⅲ**4**）が定着し，2008年の労契法の制定によって，判例の内容が立法
化されている（本書第**1**章Ⅱ**4**）。

2　就業規則の作成，変更手続

（1）　作成義務と必要記載事項　　1つの事業場において常時10人以上の労働
者を使用する使用者は，就業規則を作成する義務を負う（労基89条。ただし，文
言に事業場とは定められていないため，企業単位で考えるべきだとする見解もある〔西
谷・57頁〕）。就業規則の記載事項には，①必ず記載しなければならない絶対的
必要記載事項（始業終業の時刻，休憩時間，休日，休暇，賃金の計算と決定方法，賃
金の締切や支払いの時期と方法，昇給，退職〔解雇事由も含む〕に関する事項など）の
ほかに，②実施する場合には記載の必要がある相対的必要記載事項（交替制の
場合の就業時転換，退職手当，臨時の賃金等および最低賃金額，食費や作業用品などの

第4章　労働条件の決定と変更　　81

労働者負担，安全・衛生，職業訓練，災害補償，表彰・制裁，その他当該事業場の全労働者に適用される定め）と③記載する義務のない任意的記載事項（会社の理念など）がある。これらは別規則として作成することもでき，パート労働者などに対する別の就業規則を作成することもできる（2つの就業規則がある場合の優先関係については，本章I **2(2)**参照）。

(2)　意見聴取義務と届出義務　　使用者は，就業規則の作成・変更に当たり，事業場の過半数組合・代表者（労基則6条の2）の意見を聴かなければならない（労基90条1項）。これを意見聴取義務という。パート労働法（7条）は，パート労働者を対象とする就業規則の作成，変更に際しては，当該事業場で雇用されるパート労働者の過半数を代表すると認められる者の意見を聴くよう努める義務を事業主に課している。意見聴取とは，文字どおり，使用者は過半数組合・代表者の意見を聴けば足り，同意や協議までは求められていない。

　また，使用者は，行政官庁（労基署長）に就業規則を届け出る義務を負うが（労基89条，労基則49条1項），その際，過半数組合・代表者の意見を記した書面の添付を要する（労基90条2項）。

(3)　労働基準法における周知義務　　労基法は，使用者に，就業規則を作業場（昭23・4・5基発535号）の見やすい場所に常時掲示し，または備え付け，あるいは書面の交付や電子機器での公開などの方法により，労働者に周知させることを義務づけている（労基106条1項，労基則52条の2。本条は常時10人未満の使用者〔就業規則の作成・届出義務を課されていない使用者〕にも適用がある）。金庫や上司の机の中に就業規則を保管し，労働者がこれを見るには会社の許可を必要としている場合などは，周知義務を怠っていることを意味する。

(4)　義務違反の労働基準法上の効果　　労基法上の作成義務，届出義務および意見聴取義務，周知義務に違反した場合，罰則の適用が予定されている（労基120条1号）。ただし，こうした義務の違反が就業規則の効力に影響を与えるか否かについて，労基法は何も定めていない。これに対し，労契法（7条・10条）は，使用者が就業規則の内容を周知することを就業規則の効力要件としているが，意見聴取義務や届出義務に関しては就業規則を変更する場合に限りその遵

守を求める規定を置いている（11条）。これらの義務違反と就業規則の効力の関係については後述する（本章Ⅲ**7**）。

3　就業規則の強行的直律的効力

　就業規則で定める基準に達しない労働契約内容は，その部分については無効となり，無効となった部分は，就業規則で定めた基準で補充される（労契12条，労基93条）。同条の効力は，最低基準効と呼ばれることもあるが，労働契約が無効となった場合の直律的効力（補充的効力）も定められていることから，本書では強行的直律的効力と呼ぶ。

　労契法12条は，同法の制定に伴い労基法93条の規定を移したものである。本条の目的は，労基法93条と同様，就業規則の定める労働条件に最低基準としての効力を与え，労働者保護を図ることにある。したがって，就業規則を下回る個別合意が無効となるのは当然であるが，労働者が集団で合意した場合でも，労働協約の成立や就業規則の適法な変更でない限り，就業規則は変更されていないため，就業規則を下回る合意は認められない。就業規則を下回る労働者集団の合意を労働者の黙示同意と解し，その効力を認める例（有限会社野本商店事件・東京地判平9・3・25労判718号44頁）があるが，これは就業規則の強行的直律的効力を無視したもので妥当な解釈ではない（菅野・197頁）。ただし，労働者が就業規則の変更に同意した場合は，労契法9条を根拠に変更の効力を認める見解もある（本章Ⅲ**6**(**2**)）。

　労契法が適用される就業規則は，労基法と異なり，常時10人以上の労働者を使用する使用者が定めたものに限定されない。したがって，就業規則作成義務が課されていない小規模事業場で定められた就業規則にも，強行的直律的効力など労契法上の効力は付与される（「労働契約法の施行について」平24・8・10基発0810第2号）。

4　就業規則の法的性質

　就業規則をめぐり盛んに議論されてきた論点が，就業規則の法的性質論であ

第4章　労働条件の決定と変更　　83

る。就業規則は使用者が一方的に定めたものであるにもかかわらず，なぜ，個々の労働者を法的に拘束するのか。ある時期，「4派13流」（諏訪康雄「就業規則」『文献研究労働法学』〔総合労働研究所，1978年〕82頁）と称される多彩な学説が主張されたほどの理論問題であった。

　就業規則の法的性質についてはさまざまな見解が唱えられてきたが，議論の基軸となったのは，就業規則を契約のひな型と見て，労働者がそれに合意することで契約内容になると解する契約説と，就業規則それ自体に法規範たる性質が内在する，もしくは，労働者保護の立場から就業規則に法的効力を付与すると理解する法規範説（保護法授権説や法的効力付与説）である。これ以外にも，根拠二分説（労働条件は合意を通じて労働者を拘束するが，服務規律は周知するだけで労働者を拘束すると解する説），集団的合意説（就業規則が効力を持つには労働者集団の同意が必要と解する説）なども主張された。

　しかし，学説上の定説が形成されない中で，最高裁は，**秋北バス事件**（最大判昭43・12・25民集22巻13号3459頁）において，次のような独特の見解を判示した。すなわち，「労働条件を定型的に定めた就業規則は……合理的な労働条件を定めているものである限り，経営主体と労働者との間の労働条件は，その就業規則によるという事実たる慣習が成立しているものとして，その法的規範性が認められるに至っている（民法92条参照）」とし，「当該事業場における労働者は，就業規則の存在および内容を現実に知っていると否とにかかわらず，また，これに個別的に同意を与えたかどうかを問わず，当然に，その適用を受ける」という見解である。

　最高裁は，この判決で法的規範性という用語を使用したため，当初，この見解の理解の仕方については混乱が見られた。しかし，その後，電気・ガス，保険など定型的・集団的な契約を結ぶ際に使用される普通契約約款あるいは定型契約と捉える見解（定型契約説）が主張され，判例の解釈として有力になった（下井・365頁，菅野〔初版，1985年〕・93頁）。最高裁も，**秋北バス事件**の考え方を踏襲しながら，その後，「就業規則の規定内容が合理的な内容のものであるかぎりにおいてそれが当該具体的労働契約の内容をなしている」（**電電公社帯広局**

事件・最判昭61・3・13労判470号6頁）と判示している。また，約款であれば，拘束力の要件として内容の「合理性」だけでなく，「事前の開示」が欠かせないが，判例も，「合理性」に加え，「周知」が就業規則の効力要件であるとした（フジ興産事件・最判平15・10・10労判861号5頁）。

　その後，判例が定着した結果，合理性の判断基準に焦点が移り，法的性質をめぐる議論はしだいに低調になっていった。特に労契法の制定後は，法律に効力が明記されたため，法的性質を議論する実益は失われたと指摘されることもある。しかし，労働者が反対の意思を表明した場合にも拘束力を持つことは，約款理論によっても正当化し得ない。就業規則の効力を説明する法理論の解明は，労契法の効力を考えるうえでも依然として重要である。

5　契約成立時の労働契約規律効

（1）意　義　　労契法7条本文は，前述の判例法理を立法化し，「労働者及び使用者が労働契約を締結する場合において，使用者が合理的な労働条件が定められている就業規則を労働者に周知させていた場合には，労働契約の内容は，その就業規則で定める労働条件によるものとする」と定めている。本条の要件を充足すれば，労働契約の内容を規律する効力が効果として発生するため，この効力は労働契約規律効と呼ばれている（菅野・198頁は，本書で変更効〔同法9，10条〕と称した効力を含めて，こう称している。労働契約規律効を契約内容規律効とし，締結時の効力のみを契約内容補充効と称する見解もある〔荒木・347頁〕）。本条および後述の変更効（本章Ⅲ**6**）は，労働契約を規律する効力として定められている。

（2）適用範囲　　本条の適用は，「労働契約を締結する場合」に「周知させていた」就業規則に限定される。この文言は労契法の立法過程で付加されたものであり，本条の適用範囲を明確にするために行われた重要な文言修正である。従来の判例法理は，必ずしも労働契約の締結時に限りこうした効力を認めてきたのではないが，本条の適用範囲はこのように限定されている。

　本条の適用範囲がこのようになった結果，①就業規則それ自体の変更が行わ

れた場合はもとより，②既存の就業規則に新たな条項を設けた場合や③就業規則それ自体が存在しない職場で就業規則を新たに制定した場合も，上記の要件を充足しないため，本条は適用されない。①〜③が効力を有するか否かは，労契法10条の適用あるいは類推適用の問題となる（本章Ⅲ**6**参照）。

(3) **合理性の要件**　労契法7条本文によれば，就業規則の労働契約規律効の要件として，就業規則が「合理的」な労働条件を定めていることと就業規則を労働者に「周知させていた」ことの2つが求められている。ただし，本条但書に該当すれば，労働契約規律効は及ばない（後述(**5**)）。

本条の合理性は，後述する労契法10条とは異なり，その判断要素が定められていない。従前の判例（前掲・**電電公社帯広局事件**・最判など）においては，本条に相応する合理性は否定されたことがほとんどなく，本条の合理性は，労契法10条における合理性よりも相対的にゆるやかに認められてきたことは否めない。ただし，法令に反する場合だけでなく，業務上の必要性がない場合や労働者の利益を著しく侵害する場合には合理性が否定される。具体的には，就業規則に記載された文言どおりに効力を認めるのではなく，就業規則条項を合理的に限定解釈したうえで効力を容認する裁判例が数多く存在するが，合理性審査の一内容と見ることができる（労働義務や競業避止義務等の付随義務〔本書第**5**章Ⅱ**2**・**3**〕，人事異動命令権〔本書第**7**章Ⅱ・Ⅲ〕，退職金の不支給・減額条項〔本書第**8**章Ⅱ**2**(3)〕など。土田・有・164頁）。

また，労契法の基本原則（本書第**1**章Ⅱ**4**(3)）は，就業規則に定められた権利を使用者が行使する際の濫用性判断において考慮されるのはもとより，就業規則の合理性審査の際も考慮される。すなわち，就業規則の文言やその運用実態から見て，当該規定が均衡考慮原則（労契3条2項），仕事と生活の調和への配慮の原則（同条3項）あるいは信義則（同条4項）に反する場合，就業規則の合理性を否定する要素となる。さらに，労使対等決定原則（同条1項）は，使用者の単独決定を前提とする就業規則法制と矛盾する側面を持つが，就業規則規定の適用範囲を合理的な範囲に限定する際の解釈指針と位置づけられる。

(4) **周知要件**　労契法7条本文の周知要件は，前掲・**フジ興産事件**・最判

の立場を明文化したものである（同10条〔変更効。本章Ⅲ**6**(**7**)〕にも同様の要件が定められている）。「現実に知っていると否とにかかわらず」効力が生じるとした**秋北バス事件**・最判の内容は，その限りで修正されたと考えることができる（西谷・163頁など）。

　労契法における周知とは，労働者が就業規則を知ろうと思えば知り得る状態に置くことをいい，労基法106条や同法施行規則52条の２所定の方法による周知に限定されるわけではなく，それ以外の実質的な周知でもさしつかえないと解されている（「労働契約法の施行について」平24・8・10基発0810第２号）。ただし，実質的周知は，単に労基法の要請よりもゆるやかだということを意味するのではなく，労働者に対する拘束力を正当化するほどの周知が求められると解すべきである。こうした点を考慮すれば，前掲・**フジ興産事件**・最判が判示したように，当該事業場ごとに就業規則を周知していないことは，実質的周知を否定する要素となり得る。

　また，労契法７条において使用者は，事業場の労働者全体に周知するだけでなく，労働契約を締結する労働者にも周知することが求められると解されており，本条の労働者は二重の意味で使用されている。使用者は，労働契約締結時までに，就業規則内容を知り得る方法を採用した労働者に示さなければならないのである。しかし，労基法15条や労契法４条の内容も考慮すれば，使用者は，就業規則の内容を記した書面を交付したうえで，労働者が理解できるよう説明することが望ましい。裁判例の中には，就業規則の変更に際し，概略的に説明しただけで，労働者に具体的に説明する努力を払っていなかったことを周知がないと判断した例もある（**中部カラー事件**・東京高判平19・10・30労判964号72頁）。

　使用者が，労働契約の締結時に労働者への周知を怠れば，就業規則の効力は否定される（労契７条）。しかし，労働契約の内容がないまま労働関係が展開されることはあり得ないため，契約締結後に妥当した労働条件は，労働者の黙示同意を通じて労働契約内容となると考えざるを得ない。したがって，周知要件を欠いたため効力を否定された就業規則規定が，ある段階で周知性を満たすことになれば，就業規則による労働条件変更の効力（労契９条以下）が認められ

るか否かの問題となる（本章Ⅲ**6**）。

　(5) 労働契約規律効の例外　　労契法7条但書は，「労働契約において，労働者及び使用者が就業規則の内容と異なる労働条件を合意していた部分」は，12条に該当する場合を除き，労働契約規律効が及ばないと定めている。この文言は，同法10条但書（「就業規則の変更によっては変更されない労働条件として合意していた部分」。本章Ⅲ**6(8)**）と異なるが，特約はいずれにしろこれらに該当する。たとえば，勤務地等を限定する特約があれば，就業規則に配転命令条項があっても，使用者は労働者の承諾を得ない限り配転命令できないのである（本書第7章Ⅱ）。特約以外に本条但書に該当する労働条件として何が認められるかについては，労契法10条但書（本章Ⅲ**6(3)**）と同様の議論がある。「第12条に該当する場合を除き」と定められているのは，同条が就業規則を下回る合意を無効とするとしているからである（本章Ⅲ**3**。したがって，就業規則を上回る特約等のみが7条但書の対象となり，下回るものであれば12条によって効力が否定される）。

6　就業規則の変更効

　(1) 労働契約法制定前の判例と学説　　使用者が，就業規則の変更により労働条件を不利益に変更した場合，労働者がこれに拘束されるかという問題は，就業規則の法的性質とともに，多彩な議論が展開されてきた。最高裁は，前掲・**秋北バス事件**において，就業規則による労働条件の不利益変更は原則として許されないが，変更に合理性が認められる場合には，反対の労働者も拘束されるという立場を採用した。こうした効力を認める根拠として最高裁が挙げたのは，「労働条件の集合的処理，特にその統一的かつ画一的な決定を建前とする就業規則の性質」であった。

　判例の集積とともに合理性の判断要素は整備されたが，法的根拠に言及する判断はきわめて少なくなっている。このため，契約原理や労使対等決定原則に反するにもかかわらず，こうした根拠で就業規則の変更効を認めることについては多くの学説から批判が加えられてきた（西谷・172頁など）。労契法の制定により判例の内容が立法化されたため，法的根拠の問題を正面から論じる機会は

減り，労契法の適用が中心的な論点となりつつあるが，同法制定前の判例状況や理論状況をよく押さえたうえで，労契法を解釈しなければならないのである。

(2) 労働契約法9条の射程　労契法9条には，同法3条1項や8条とともに合意原則が定められている。これは，例外的に就業規則の変更が許されるとしても，「新たな就業規則の作成または変更によって，既得の権利を奪い，労働者に不利益な労働条件を一方的に課することは，原則として，許されない」と述べた前掲・**秋北バス事件**・最判の立場が反映された規定である。

しかし，本条については，こうした原則にとどまらず，次のような効力を生じさせる根拠となるかが問題となっている。すなわち，本条を反対解釈し，労働者が就業規則の変更に個別的に同意した場合，同意した労働者に対し就業規則の変更が許されると解するのかである。こうした解釈が認められるとすれば，就業規則の変更に際し，使用者が労働者の同意を得れば，本条を根拠に就業規則変更の効力は生じるため，同法10条の効力要件を欠いても，同意した労働者を拘束することになる。この場合，その労働者にとっては就業規則自体が変更されているため，就業規則を下回る合意にも該当せず，同法12条も適用されない。労契法制定前から，就業規則変更への同意があれば合理性の要件は不要になるとの裁判例が存在していた（**イセキ開発工機〔賃金減額〕事件**・東京地判平15・12・12労判869号35頁）。

労契法制定後，同法の最も基本的な原則として合意原則が定められたことを重視して，労働者が就業規則変更に合意していれば，就業規則変更の合理性は問題とならず，当該合意によって労働者は変更された就業規則に拘束されるという見解（菅野・201，荒木・378頁，土田・有・581頁〔修正合意基準説〕など，一般に合意基準説と呼ばれている。これに対し，就業規則変更に合理性がなければ，労働者が就業規則変更に合意していても労働者を拘束しないとする合理性基準説も唱えられている。浅野高宏「就業規則の最低基準効と労働条件変更（賃金減額）の問題について」安西愈先生古稀記念論文集『経営と労働法務の理論と実務』〔中央経済社，2009年〕323頁，唐津博「労契法9条の反対解釈・再論」西谷敏古稀記念論文集『労働法と現代法の

理論（上）』〔日本評論社，2013年〕374頁，渡辺・上・205頁，西谷敏『労働法の基礎構造』（法律文化社，2016年）172頁など）が，判例上，支配的立場にある。ただし，最高裁は，賃金，退職金の不利益変更に関しては，変更を受け入れる労働者の行為の有無だけでなく，①当該変更により労働者にもたらされる不利益の内容および程度，②労働者により当該行為がされるに至った経緯およびその態様，③当該行為に先立つ労働者への情報提供または説明の内容等に照らして，労働者の自由な意思に基づいてされたものと認めるに足りる合理的な理由が客観的に存在するか否かという観点からも判断されるという判断枠組を述べた（**山梨県民信用組合事件**・最判平28・2・19民集70巻2号123頁）。その結果，この事件においては，情報提供や説明が十分でなかったと判断し，労働者の同意は署名押印したものであっても，自由な意思に基づいてされたものとはいえず，同意をしたとは認められないと判断されている（**同事件**差戻審・東京高判平28・11・24労判1153号5頁）。

　しかし，労働者の個別同意を根拠に就業規則の変更を認めることには疑問がある。実務においては，就業規則の変更に際し，使用者が労働者の承諾を誓約書等で得ようとすることがあるが，労働者の意思のみで就業規則が変更されることはないと考えるべきである。その根拠は，労契法12条および労基法93条が，職場の最低労働基準の定立を使用者に要請していることにある。労契法9条以下で認められる変更効は，個々の労働契約の内容を規律する一方，新たな就業規則が定立されれば，それは同法12条と連携して，職場の最低労働基準となる。同法12条に基づいて就業規則に強行的効力が付与されるとすれば，個々の労働者の意思を通じて最低労働基準の変更が許されるのは適切とはいえない面があるのである。また，従来の判例法理が唱えてきた統一的処理の要請とは別に，最低労働基準の保障の観点から，原則として事業場全体でその基準の設定，変更が求められると解すべきである。このような理由から，労働者の個別同意に基づいて就業規則を変更することは許されず，就業規則変更の合理性や手続的規制の遵守を使用者に求めた同法10条や11条の要件を充足することはつねに求められなければならない。

(3) 変更の不利益性の要否　就業規則の変更効を認める従来の判例は，労働条件を不利益に変更した場合に限り適用されるとしていたが，外形的な不利益があれば広く不利益変更に該当するという立場を採ってきた（**第一小型ハイヤー事件**・最判平4・7・13労判630号6頁）。たとえば，不利益が生ずる可能性にすぎない成果主義制度の導入も「不利益」であると判断されている（**ノイズ研究所事件**・東京高判平18・6・22労判920号5頁）。

　従来のこうした判例を考慮し，労契法10条は「不利益変更」を対象とするとの見解が学説上の有力説となっている（「労働契約法の施行について」平24・8・10基発0810第2号，荒木・383頁など）。同法10条は，「不利益」という用語を用いていないが，同条は，就業規則による労働条件の不利益変更は原則として許されないと定めた同法9条に対する例外として位置づけられるからである。しかし，同法10条に「就業規則の変更」という文言があることに加え，つぎの理由から，本条は不利益でない変更も対象とすべきだと考える（同旨，土田・有・568頁）。

　すなわち，本条が不利益変更のみを対象とした場合，不利益といえない場合をどう考えるかという問題が生じる。たとえば，定年延長の際に，旧定年年齢以降の労働条件を引き下げた場合，定年延長前は，旧定年年齢以降はそもそも雇用自体が存在していなかったことから，厳密にいえば不利益変更ではない。また，定年退職後嘱託制度などを予定していた場合，この嘱託の労働条件よりも，定年延長によって設けられた労働条件は有利な場合もある。こうした場合の就業規則規定の合理性について，「不利益変更の場合に準じた合理性」（**日本貨物鉄道事件**・名古屋地判平11・12・27労判780号45頁）あるいは「必要最小限の合理性」（**協和出版販売事件**・東京高判平19・10・30労判963号54頁。「私法秩序に適合している労働条件」であることを要請している）で足りるとの判断も示されている（労契法制定前の事案）。こうした事案が示唆しているのは，変更が不利益とは断定できない事案でも就業規則の変更をめぐる争いは生じており，労使の利益は適切に調整される必要があるということである。同法7条が労働条件の変更を対象としないことからいっても，就業規則を通じて労働条件を変更した場合，客

観的に見て有利とされる内容でも，本条が適用あるいは類推適用されると考えるのが妥当なのである。

(4) 新設された就業規則規定　労契法7条の適用は，「労働契約を締結する場合」に「周知させていた」就業規則に限定されるため，①就業規則の変更が行われた場合以外に，②既存の就業規則に新たな条項を設けた場合や③就業規則それ自体が存在しない職場で就業規則を新たに制定した場合に，労契法9条，10条が適用されるかが問題となる。ただし，労契法10条には「就業規則の変更」という文言があることを解釈の際に考慮しなければならない。

まず，②は新たに条項（たとえば配転命令条項）が設けられることによって，従前の労働条件（たとえば配転がないという慣行）が変更されていると考えることができる。このため，実質的に見て，「就業規則の変更」という文言に該当すると解することができる。

これに対し，③は就業規則が作成されているのであるから，同法9条，10条における「就業規則の変更」には該当しない。しかし，就業規則がある時点から作成された状況は，従前の労働条件を変更したことを意味し，同法9条，10条が適用対象とする状況と類似する。したがって，同法9条，10条が類推適用されると考えるのが妥当である（同旨：菅野・203頁，荒木・394頁など。反対：古川景一「労働契約法の解説」労働法学研究会報2433号28頁）。

(5) 対象とする労働条件　労契法10条は「就業規則の変更により労働条件を変更する場合」と規定されている。この文言は，既存の就業規則条項の内容を変更する場合だけでなく，労働契約上の労働条件を変更する場合も含まれる。同法7条但書（「就業規則の内容と異なる合意」）に該当すると判断された労働条件でも（変更留保付特約），同法10条但書（「就業規則の変更によっては変更されない労働条件」）に該当しないことも理論的にはあり得るが，通常，同法7条但書に該当すると判断された特約等は10条但書にも該当する。

また，同法10条の「労働条件」には，労働契約上の効力の認められた労使慣行も含まれる（本章Ⅳ3）。裁判例は，労使慣行として成立した労働条件も就業規則によって変更できると解している（ソニー・ソニーマグネプロダクツ事件・東

❸就業規則の合理性判断に関する裁判例

労契法10条の合理性は，労働者が被る不利益の程度と使用者側の変更の必要性を中心に，さまざまな要素を総合勘案することで判断される。しかし，総合勘案する際に，こうした判断要素のどこに重点を置くかが1つの課題となる。

まず，「労働組合等との交渉の状況」（労契10条）について，つぎのような点が議論されている。本条の「労働組合等」には，多数組合だけでなく少数組合なども含まれ，使用者がこうした組合と誠実に交渉しなければ合理性が否定される。ただし，従前の判例において問題となってきたのは，多数組合が同意した場合に少数組合員や非組合員も拘束されるかである。最高裁は，**第一小型ハイヤー事件**（平4・7・13労判630号6頁）において，就業規則変更が多数組合の団交結果に従ったもので，利益調整された内容であると推測されるとし，**第四銀行事件**（平9・2・28民集51巻2号705頁）においても，労働者の90％を組織する労働組合との合意を経て就業規則の変更が行われたことから，「変更後の就業規則の内容は労使間の利益調整がされた結果としての合理的なものであると一応推測することができ」るとの判断を示した。しかし，その後，**みちのく銀行事件**（平12・9・7民集54巻7号2075頁）は，従業員の73％を組織する多数組合の合意があったが，削減額が従前の約33ないし46％に達

するほど大きく，「不利益性の程度や内容を勘案すると，賃金面における変更の合理性を判断する際に労組の同意を大きな考慮要素と評価することは相当ではない」とした。**みちのく銀行事件**は，多数組合の同意という事情があっても，合理性は推定されないことを示したのである（西谷・174頁など）。

また，年功的人事制度から成果主義的人事制度に移行する場合，不利益を被る労働者に対し，不利益緩和を目的とする経過措置を導入すべきかが問題となる。**第四銀行事件**の多数意見は，経過措置が十分でなくとも合理性が否定されないとしたが，同事件において河合裁判官は，経過措置が十分ではない場合に相対無効を認めるべきであるとの反対意見を述べていた。その後，**みちのく銀行事件**の多数意見は，この意見を採用し，「一方的に不利益を受ける労働者について不利益性を緩和するなどの経過措置を設けることによる適切な救済」を図るべきであるとしたのである。この判例理論は，「制度定立の合理性」審査と「具体的適用の合理性」審査を分け，後者の合理性が否定されれば，訴えた労働者に限り就業規則の適用を否定するもので，相対無効を認めたものである（青野覚「判例における合理性判断法理の到達点と課題」学会誌92号136頁参照）。

京地判昭58・2・24労判405号41頁）。ただし，労使慣行の内容が特約に類似するものと認められれば，同法10条但書に該当し，就業規則を通じて破棄，変更することは許されない（**全日本検数協会事件**・大阪地判昭53・8・9労判302号13頁）。

第4章　労働条件の決定と変更　93

(6)　合理性の判断要素　　合理性を効力要件の1つとする労契法10条の原型は，判例法理にある。前掲・**秋北バス事件**・最判は，単に「就業規則条項が合理的なものであるかぎり」と判示していたにすぎなかったが，その後，多くの判例が展開され，合理性の判断要素が整序されている。

まず，合理性の判断要素を集成したと評価される**第四銀行事件**・最判平9・2・28民集51巻2号705頁は，①就業規則の変更によって労働者が被る不利益の程度，②使用者側の変更の必要性の内容・程度，③変更後の就業規則の内容自体の相当性，④代償措置その他関連する他の労働条件の改善状況，⑤労働組合等との交渉の経緯，⑥他の労働組合または他の従業員の対応，⑦同種事項に関するわが国社会における一般的状況等を総合考慮して判断する，と判示した。また，賃金，退職金などの重要な労働条件の変更について判例は，「高度の必要性」が要請されるとしている（**大曲市農協事件**・最判昭63・2・16民集42巻2号60頁）。さらに，一部の労働者に不利益を与える変更については，不利益性を緩和するなどの「経過措置」を設けない限り，当該労働者との関係では合理性が否定される（**みちのく銀行事件**・最判平12・9・7民集54巻7号2075頁）。

労契法10条は，同法7条と異なり，合理性の判断要素を列挙している。すなわち，(a)「労働者の受ける不利益の程度」，(b)「労働条件の変更の必要性」，(c)「変更後の就業規則の内容の相当性」，(d)「労働組合等との交渉の状況」および(e)「その他の就業規則の変更に係る事情」である。労契法の制定過程では，判例法理の合理性判断要素の一部しか立法化されていないことが議論の対象となったが，従前の判例法理の内容を「引きも足しもしない」と，変更を加えるものでないことが確認されている。したがって，**第四銀行事件**の挙げた7つの判断要素は前述の(a)〜(e)ですべてカバーされ（(a)に①，(b)に②が対応し，(c)に③，④，⑦が含まれ，(d)に⑤，⑥が含まれる），「高度の必要性」が要請されるとの判断要素も(b)，「経過措置」の基準も(e)でそれぞれ考慮される。

(7)　周知要件　　労契法10条は，就業規則の変更に際し周知を求めているが，同法7条について述べたことがここでも妥当する（本章Ⅲ**5(4)**）。

(8)　変更効の例外　　労契法10条但書は，「労働者及び使用者が就業規則の

変更によっては変更されない労働条件として合意していた部分」は，同法12条を除き，就業規則によって不利益変更できないとしている。このような規定が設けられた趣旨は，就業規則の変更効を及ぼせない，個別契約自治に委ねられるべき領域を確認・確保しようとしたことにある。これに該当する労働条件は，労働者の個別同意を得ない限り変更できないことになる（労契8条）。「第12条に該当する場合を除き」と定められているのは，同条が就業規則を下回る合意を無効とするとしているからである（本章Ⅲ**3**。したがって，就業規則を上回る特約等のみが10条但書の対象となり，下回るものであれば12条によって効力が否定される）。

　同法10条但書に何が該当するかについては，個別特約に限定されるという考え方（荒木・392頁）と個別に合意すべき労働条件が広く対象となるという考え方（野川忍『わかりやすい労働契約法〔第2版〕』〔商事法務，2012年〕140頁，根本到「労働契約法逐条解説」労旬1669号44頁）が示されている。後者は，特約ではなくとも，個別契約自治に委ねるのが客観的に見て適切な労働条件は，同法10条但書に該当すると解する立場である。

　前者の立場から後者に対しては，こうした労働条件の区別が困難であることと，文言上，合意の成立が必要であるとの批判が加えられている（荒木・393頁）。しかし，同条但書の目的が，個別契約自治に委ねるべき労働条件の確保にあるとすれば，契約当事者，契約の有効期間，基本的義務など労働契約の要素に当たる労働条件はこれに含まれると解すべきである（本書第5章Ⅰ**3**）。労働契約の要素を変更することは，労働契約自体の更改を意味するため，契約当事者の個別同意がない限り変更を許すべきではないからである。また，契約の要素に当たる事項は，労働契約の成立とともに当事者が合意していると解することもできよう。

7　手続違反の効力

　就業規則の作成，変更に当たり求められる届出義務や意見聴取義務（労基89条・90条）の履践は，就業規則の効力要件と位置づけられるのか，行政上の取

締規定にとどまるのか。これは従来から議論されてきた論点であるが，労契法制定後も問題となっている。すなわち，使用者が以上の手続的義務を履践しない場合，労働契約規律効（労契7条），変更効（同9条・10条），強行的直律的効力（同12条）が生ずるのかである。労契法には就業規則の変更手続に関する11条が定められているが，これが10条とは別に定められていることをどう解するかが1つのポイントとなる。

　学説の中には，まず，①手続の履践は労契法7条・9条・10条の効力要件ではないが，合理性審査において考慮されるとする見解（菅野・208頁，荒木・386頁。手続を履践した場合には合理性を肯定する要素となるとしている）がある。これに対し，②同法11条を根拠に変更効（労契9条・10条）の効力については効力要件と見る見解（西谷・171頁）と③同法7条・9条・10条のすべてにおいて効力要件と見る見解（土田・有・569頁）が主張されている。

　労契法11条は，たしかに同法10条とは別に定められた規定であるが，労契法の中に就業規則の変更を対象とする条文が置かれた意義は過小評価すべきではないだろう。また，労働契約締結時に労働契約内容が空白になることは労働者にとっても大きな負担となるため，できる限り避けなければならないが，変更時にはこうした問題はない。したがって，②の見解が妥当である。なお，使用者が意見聴取義務や届出義務を怠ることは，周知義務の不履行や就業規則不存在を推定する事情となることもあるだろう。

　これに対し，強行的直律的効力については，意見聴取義務や届出義務の履行を効力要件とは解せない。使用者がこうした義務を果たさないことを理由に，労働者保護を目的とするこの効力を否定するのは妥当とはいえないからである。ただし，そもそも就業規則とはいえない文書には強行的直律的効力も付与されない。したがって，ある文書が就業規則であることを証明するため，なんらかの実質的周知あるいは行政官庁への届出は最低限求められる（荒木・349頁。**インフォーマテック事件**・東京地判平19・11・29労判957号41頁，**同事件**・東京高判平20・6・26労判978号93頁は，従業員に実質的に周知された段階で就業規則が客観的な準則になったとしている）。

8 法令，労働協約との関係

就業規則が法令や労働協約に反する場合，その労働条件に限り，労契法7条・9条・10条・12条の効力は，当該法令や労働協約の適用を受ける労働者の労働契約には及ばない（労契13条。「適用しない」と定められている）。法令とは強行規定を指し，労働協約は協約の規範的部分に限られる。

本条は，就業規則と法令，労働協約の間の階層性原則（本章 I **2**(1)）を確認した規定であるが，「就業規則は，法令又は……労働協約に反してはならない」と定められた労基法の規定（92条）を労契法上の効力として確認したものである。したがって，法令や労働協約に反する就業規則に対し，労基署長（労基則50条）に変更命令権を付与した労基法92条2項との連携も期待されている。

IV　労働契約に基づく労働条件の決定と変更

1　労働契約の意義

実務上は，就業規則が労働条件の決定，変更の主たるツールとなっていることが多いが，本来，主たる労働条件の変更は，労使の個別合意に基づいて行うべきである。それは労契法8条でも確認されている。本条の「労働契約の内容である労働条件」とは，労働契約上の労働条件以外に，同法7条・10条および12条によって効力が付与された労働条件も含まれる。すなわち，労使は，就業規則の水準を下回らない限りは，それと異なる合意を成立させることによって，就業規則上の労働条件も変更の対象にできるのである（この問題については西谷敏ほか編『労働契約と法』〔旬報社，2011年〕113頁以下〔根本到〕参照）。

労働条件の決定，変更の手段として労働契約を利用することは，現実にも数多く行われている。たとえば，零細企業の中には，就業規則や労働協約がない職場がたくさん存在するが，こうした職場で労働条件の規制規範として機能しているのは，法令を除けば，労働契約以外にない。大企業においても，成果主義型賃金制度の下で賃金を個別に決定し，労働時間を各人の裁量に委ねるといった制度を導入する会社が増えており，「労働条件の個別化」は確実に進行し

第4章　労働条件の決定と変更　　97

ている。こうした場合，労働者の承諾を得ることは不可欠である。また，現在，就業規則の変更や使用者の命令権を根拠にして行われることの多い問題（人事異動，時間外休日労働など）も，労契法に定められた合意原則や仕事と生活の調和の理念から見て，労働者個人の意思（自己決定）を尊重することが本来は望ましいのである。

2 個別合意の成立基準と有効要件

(1) 成立基準　　労働契約を変更するには，労働者と使用者の意思が合致し，変更に係る合意が成立しなければならない。ただし，労働関係においては，労働の従属性が構造的に存在し（本書第 1 章 I 参照），労働者は使用者との間で対等に交渉するだけの地位にない場合が多い。消費者と同様，契約の相手方である使用者が説明義務や情報提供義務を果たすことも大切であるが，継続的契約関係であり，かつ，それが従属的な性質を持つ労働関係においては，十分な情報が提供されても，労働者は真意に基づいた意思表示ができない場合もある。したがって，外観上合意が成立したように見える場合でも，労使間に合意が成立し，かつ適法であるか否かは慎重に判断しなければならないのである。

まず，使用者の賃金変更の提案に対し，労働者が異議を述べなかった場合，あるいは削減された賃金を一定期間異議なく受け取っていた場合でも，賃金の変更に関する黙示合意の成立は否定されることがある（**第一自動車工業事件**・大阪地判平 9・3・21労判730号84頁，**日本ニューホランド事件**・札幌地判平13・8・23労判815号46頁など）。ただし，裁判例の中には，事案によっては，労働者が即座に異議を述べなかった場合に黙示合意の成立を認めた例もある（**エイバック事件**・東京地判平11・1・19労判764号87頁など）。

また，賃金の減額に合意することは，労働者にとって賃金の一部を放棄したことに等しい。このため，労基法24条に関する判例法理（**シンガー・ソーイング・メシーン事件**・最判昭48・1・19民集27巻 1 号27頁など。本書第 **8** 章 Ⅲ **3** 参照）を考慮し，労働者が単に同意しただけでは合意の成立あるいは効力を認めず，労働者の自由な意思に基づくものと認めるに足る合理的な理由が客観的に存在するこ

とが求められている（**北海道国際航空事件**・最判平15・12・18労判866号14頁，**更生会社三井埠頭事件**・東京高判平12・12・27労判809号82頁，**協和ビルサービス事件**・東京地判平12・1・24労判795号88頁など）。こうした判断基準は，賃金債権が確定した場合でない賃金減額合意の事案でも適用されることがある（前掲・**更生会社三井埠頭事件**・東京高判）が，賃金以外の重要な労働条件の変更の場合にも，こうした判断基準に基づいて合意の成立や効力を判断すべき場合もあるだろう。

さらに，使用者が，十分な説明を行わないまま契約を更改していた場合，使用者の申込内容が十分特定されていないとの理由で，労使間の合意の成立を否定する判断も示されている（**東武スポーツ事件**・東京高判平20・3・25労判959号61頁）。こうした判断は，使用者の説明義務違反が，実質的に見て労働者にとって不利益な契約の成立を否定する効果を生じさせることを意味する。

(2) 有効要件　合意が成立した場合でも，意思表示に瑕疵等があれば，その効力は否定される。具体的には，心裡留保（民93条但書），錯誤（同95条），詐欺，強迫（同96条）に該当する場合である。こうした民法の規定は，主として退職の事案で問題とされてきたが（本書第**13章Ⅲ**），労働条件の変更の事案にも適用がある。たとえば，労働者が，会社提案の新契約の締結に応じなければ地位を失うと誤信し，契約更改に承諾した場合で，新契約の有効性が錯誤により否定されている（**駸々堂事件**・大阪高判平10・7・22労判748号98頁。原審・大阪地判平8・5・20労判697号42頁〔有効〕）。また，労働関係において心裡留保の規定を適用する例は限られてきたが，当事者の真意の保護を目的とする同条の適用または類推適用はより多くの事案で認められる余地がある。使用者が「知ることができたとき」（民93条但書）に該当するケースを広く認めるべきである。

合意の内容が，公序良俗（民90条）や強行規定（同91条。本章**Ⅱ1**参照）に反する場合は無効となる。公序良俗違反は，主として，その内容が反社会的な場合や法令違反の場合に認められてきた。しかし，合意の内容が，労働者の従属状態または思慮，経験，知識の不足等を利用して，労働者の権利，利益を侵害するものである場合も，公序良俗違反が認められるべきである（大村敦志『公序良俗と契約正義』〔有斐閣，1995年〕や山本敬三『公序良俗論の再構成』〔有斐閣，2000年〕，

NBL904号20頁の民法改正案参照）。

3 労使慣行

明示の根拠規定がないまま，使用者が特定の事由について手当を支給する慣行（たとえば，休日出勤の特別手当の支給）を長年行っていた場合，労働者は，その給付を請求する権利を有するのか。こうした取扱いが一定期間継続され，その取扱いが一定の要件を満たしていれば，労使慣行として法的拘束力を持つと解されている。一定の要件とは，民法92条を根拠に，①同種の行為または事実が反復継続して行われること，②労使双方がその行為・事実を明示的に排斥していないこと，③当該労働条件について決定権を持つ者が明確な規範意識を持っていたことである（**商大八戸ノ里ドライビングスクール事件**・大阪高判平5・6・25労判679号32頁，**同事件**・最判平7・3・9労判679号30頁）。

以上のような労使慣行の成立要件，特に③の要件について，加給の理由が管理部長の過誤による場合には規範意識を否定する裁判例（**日宣事件**・大阪地判平9・12・12労判730号33頁）がある。規範意識をこのように厳格に求めた場合，就業規則規定に抵触する慣行は，就業規則を制定改廃する権限を有する者の規範意識を否定することにつながるため，慣行の効力は否定される（休息慣行に関する**国鉄池袋・蒲田電車区事件**・東京地判昭63・2・24労民集39巻1号21頁など）。しかし，③の判断をゆるやかに解し，定年60歳とする就業規則と異なる定年70歳までの労使慣行を認める裁判例もある（**日本大学〔定年・本訴〕事件**・東京地判平14・12・25労判845号33頁）。労使慣行は，成立要件を充足すれば，黙示合意あるいは「事実たる慣習」を根拠に労働契約上の労働条件となる。したがって，労使慣行の破棄，変更の要件も，原則として，労働契約上の労働条件として処理される。ただし，裁判例は，就業規則の作成，変更によって，労使慣行の破棄，変更を認めている（本章Ⅲ**6**）。

4 労働条件変更法理の課題

実務上，労働条件の変更は，労使の個別合意ではなく，就業規則を通じて行

われることが圧倒的に多い。このため，使用者が労働者の承諾を得ない限り，労働条件の変更をすることが許されないことを規範として確立するためには，それを理念として掲げただけでは足りず，なんらかの法理を必要とする。

　現行法の下で，こうした規範を実現する1つの方策は，裁判例に否定的であるものの（本書第7章），長期にわたって勤続した場合に勤務地や職種の限定を広く認めるなど，労働契約内容をできる限り特定することである。契約内容が特定されない限り，契約法理は展開できないからである。また，労働条件の特定や特約がない場合でも，労働契約の要素に当たる重要な労働条件は，就業規則によって変更できないと解すべきである（労働契約の要素については，本書第5章I**3**参照）。労働契約の要素に該当するような労働条件の変更は，労契法10条の合理性が否定されるか，あるいは同条但書（本章III**6**(**8**)）に該当すると考えられるからである。

　しかし，こうした法理を展開した場合，つぎのような事態が生じることを想定しておかなければならない。それは，労働者の承諾を得ない限り，労働条件が変更できないとなれば，使用者が解雇する事案（たとえば，変更解約告知〔本書第13章II**5**〕）が増えることである。もちろん，この解雇は裁判において無効と判断されるかもしれない。しかし，労働条件の変更が争点であった事案が，労働関係の終了をめぐる争いとなるのは適切とはいえない。学説においては，こうした事態を想定し，労働条件の変更を争う法制度を新たに創設する必要性が指摘され，雇用を維持したまま労働条件変更を争うさまざまな制度が提案されてきた。すなわち，変更解約告知制度を選択肢の1つとする「雇用継続型契約変更制度」（「今後の労働契約法制の在り方に関する研究会報告書」〔2005年9月〕。この研究会については，本書第1章II**4**参照）や「契約内容変更請求権」を立法化することである（連合総研・労働契約法制研究委員会編『労働契約法試案——ワークルールの確認とさらなる充実を求めて』〔2005年〕121頁，毛塚勝利「労働契約変更法理再論」水野勝先生古稀記念論集『労働保護法の再生』〔信山社，2005年〕3頁以下）。

　労働条件を特定し，労使の個別的意思に基づき労働条件を変更せざるを得なくなれば，労働条件変更制度を整備することは不可欠である。ただし，この中

で提案されている変更解約告知の本質は解雇であることに留意すべきである。変更解約告知を，労働者の意思を尊重した労働条件の変更法理であると積極的に位置づける見解もあるが，解雇の要素を伴う限り，労働者の自由な意思決定とはいえない。変更解約告知を行う使用者はいずれにしろ現れるため，留保付承諾制度を整備しなければならないが（本書 13 章 II **5(4)**），変更解約告知制度を積極的に位置づけることには賛成できない。

　また，労働関係において，労働者の意思をできる限り尊重するためには，労使が終局的な合意に至るまでの中間的合意，特に労働者の条件付同意を幅広く容認することも重要である。継続的で利害が相対立する性質を持つ労働関係においては，合意の成立や変更も段階的に行われる。このため，その過程で形成される未決定内容を含む中間的合意を積極的に位置づけるべきだからである。具体的には，変更解約告知の留保付承諾のみが従来議論されてきたが，労働関係継続中は，条件付合意を広く認め，労使が雇用の継続など基本的な要素に同意している限り，裁判所等で変更が妥当であると判断されることを条件とする合意などを積極的に認めることも 1 つの方策であろう。変更解約告知しか用意されていなければ，労働条件の変更のみを目的とする使用者も解雇を告知しなければならないが，条件付合意が広く認められれば，使用者は解雇の要素を伴わない変更提案をすることもでき，労働者も労働契約関係の存続を前提としてそれを裁判所等で争うことも可能になる。

　このような制度は，裁判所等の権限や出訴期間の整備が求められるため，立法論として整備するのが望ましい。しかし，現行法下でも，条件付合意の条件の成就を審査するという形で，裁判所等が，労働条件変更の妥当性を審査することは可能であろう。

第5章

労働者と使用者の権利・義務

I 権利・義務の根拠

1 労働関係と労働契約

　就業規則や労働協約に記載された労働条件は，法律上（労契7条，労組16条など）の要件を満たすことで，労働者および使用者の権利・義務になる。たとえば，就業規則に「……を命ずることができる」と記載されれば，使用者の命令権とそれに応じる労働者の義務が定められていることになる。ただし，各種の規制規範から成り立つ労働関係は，労働契約を基礎としている。就業規則や労働協約に記載された労働条件も，労契法や労組法の要件を充足し，労働契約を規律する効力を与えられれば，労働契約上の権利・義務として当事者を拘束することになる。しかし，就業規則は，使用者が単独で制定，変更できる規制規範である（本書第4章III）。このため，就業規則の義務づけ条項は，労使の個別合意なしに単独で効力を持つのかが問題となる。そこで本章では，まず，労働契約と就業規則に記載された条項とを分け，義務の成立根拠の側面から両者の相違を見る（I）。また，労働者（II）と使用者（III）に分け，義務をめぐる法理を確認する。

2 労働契約上の義務

　労働契約に基づいて当事者が負う義務は，労使の基本的義務を中心として，さまざまな付随義務や特約から成り立っている。労働契約の基本的義務は，労働者の労働義務と使用者の賃金支払義務である。こうした義務は，労働契約の

本質から当然に成立し，労使が特段合意を交わしたとしても完全に奪いさることはできない。

　また，労働契約の当事者は，明示，黙示の特約を交わすことによって権利，義務を設定することもできる。ただし，特約が効力を持つには，強行法規など上位の規制規範に抵触しないことに加え，合意の有効性等の基準も充足しなければならない（本書第 4 章Ⅳ）。

　さらに，就業規則等に規定がなくとも，信義則や労働契約の原則（労契 3 条。くわしくは，本書第 1 章Ⅱ4）に基づいて，労使に付随義務が課されることもある。たとえば，労働義務の履行は労働者の身体・人格と不可分であるため，使用者は安全配慮義務や職場環境保持（配慮）義務等を負う。これに対し，労働関係は継続的，組織的性格を持つため，労働者は，主たる債務の履行に当たり，信用保持義務や職場規律遵守義務の履行を求められることがある。

3　就業規則の義務づけ条項

　就業規則の制定，変更によって，新たな義務を創設できるか否かについては見解の対立がある。判例は，労働者の意思にかかわらず，合理性などの要件（労契 7 条・10条。本書第 4 章Ⅲ参照）を充足すれば，使用者の業務命令権とこれに応じる労働者の義務を創設できると解している（**電電公社帯広局事件・最判昭61・3・13労判470号 6 頁**〔健康診断受診義務〕）。これに対し，学説の中には，労働の場所および種類など，労働契約の要素に関する義務は，当事者の個別合意に基づかない限り成立しないと解する見解もある（片岡(2)・125頁）。契約の要素は，その区別が困難であるが，保険契約において保険料や保険期間などについて当事者の個別合意が必要とされるのと同様，当該契約の成立に当たり，契約当事者の個別同意が必要となる契約条件と考えることができる（原島重義「契約の拘束力」法学セミナー345号54頁，石田喜久夫『民法秩序と自己決定』〔成文堂，1989年〕142頁）。労働契約においては，労使の基本的義務や契約期間などが要素に該当し得る。

　就業規則は，労契法の要件（ 7 条以下）を充足すれば，労働契約の内容を補

充する効力が与えられる（本書第 4 章Ⅲ5）。このため，義務の創設がいっさい許されないと解することは困難である。しかし，上記の学説が指摘するように，契約の一方当事者にすぎない使用者が，労働契約の要素に当たる義務を一方的に設定する権利を持つとすれば，それは契約原理に反する。裁判例も，義務の創設それ自体を否定しているわけではないが，義務内容によっては，厳格な要件を課して合理性を判断することがあるのは，同様の事情を考慮したと考えることができるだろう。たとえば，出向命令権について，出向労働者の利益に配慮した詳細な規定が設けられていることを条件に義務の創設を認めた判例は（**新日本製鐵〔日鐵運輸第 2〕事件**・最判平15・4・18労判847号14頁），労働者の承諾（民625条）が必要とされる契約条件であることを考慮したものと考えられる（本書第 7 章Ⅲ**2**）。また，競業避止義務について厳格な要件を課し　特約や代償などを求める傾向があるのは（本章Ⅱ**3(3)**），退職後の職業選択の自由を制約するため，労働者の意思をできる限り反映することが欠かせないと考えられているからである。これに対し，一部の学説が，人事異動（本書第 7 章），時間外・休日労働（本書第 9 章Ⅶ**3(3)**），競業避止（西谷・191頁）等について，個別合意（特約など）を要すると主張しているのは，単に合理性の要件を厳しく設定するのでは足りず，就業規則によって義務の創設はそもそもできないと解しているのである（法的構成としては，労契法 7 条や10条の「合理性」が否定されると解するか，両条文の但書に該当すると解することになるだろう）。最近は，仕事と生活の調和に関する原則（労契 3 条 3 項など）なども考慮し，義務づけに労働者の個別同意（自己決定）を要するとする見解も主張されている（緒方桂子「『ワーク・ライフ・バランス』時代における転勤法理」労旬1662号34頁，和田肇『人権保障と労働法』〔日本評論社，2008年〕166頁以下）。

Ⅱ　労働者の義務と責任

1　労働者の義務と使用者の業務命令権

（**1**）　**業務命令権の根拠**　　使用者の命令権は，それに応ずる労働者の義務が

含意されている。したがって，労働者が使用者の命令権に従わないことは義務違反と評価され，使用者は，一定の要件を充足すれば，懲戒処分，解雇あるいは損害賠償請求することもできる。

　使用者の各種の命令権については，業務命令権，労務指揮権，指揮命令権，人事権などさまざまな概念が使用され，概念の確立を見るに至っていない。しかし，使用者の命令権は，その限界を明確にするためにも，つぎのように分類して考えることが適切である。

　第1に，使用者には，労働者が，現実にどの場所で，どのような内容の業務に従事するかを指揮命令する権利がある。継続的契約関係である労働関係においては，労働義務の内容を最初から労働契約に記載することはできない。このため，使用者は，労働契約の予定する労働義務の範囲内で，労務提供すべき内容を具体化し，労働者に指示する裁量権を持つのである。この使用者の権利は，労働契約の本質から生じるため，労働契約の範囲を超えない限り，明示あるいは黙示の特約がなくとも発生する。この日常的な業務内容を決定する命令権を，本書では「労務指揮権」と呼ぶことにする（土田道夫『労務指揮権の現代的展開』〔信山社，1999年〕225頁以下は，労務指揮権に配転命令権等も含めているため本書とは異なる。むしろ，本書の労務指揮権概念は，中窪裕也「労働契約の意義と構造」21世紀講座4・12頁の「指揮命令権」と同義である）。

　第2に，労働契約上の労働義務以外にも，使用者に各種の命令権が成立することがある。この命令権を本書では「狭義の業務命令権」と呼び，労務指揮権と区別して考える（労務指揮権と狭義の業務命令権を統括する概念を広義の業務命令権と呼ぶ）。狭義の業務命令権に当たるのは，労働条件の変更権限，人事に関する権限，職場規律に関する命令権限などである。狭義の業務命令権は，労務指揮権と異なり，労働者がこうした権限に応じる義務があることを新たに設定するものであるから，なんらかの根拠規定を必要とする。

　なお，人事異動，人事考課，休職等を命じる使用者の権限（本書第7章）を人事権と総称し，その根拠を労務指揮権に求めることがある。しかし，人事に関する使用者の広範な権限を，労務指揮権によって根拠づけることはできな

い。人事権の根拠は，義務内容に応じて確定されるべきであり，労働契約の成立から当然に人事権が発生するとは解し得ないからである。

(2) 業務命令権の限界　労務指揮権は労働契約から生じるため，労働契約の範囲を超える事柄について，労務指揮権を理由に労働者を従わせることはできない。たとえば，使用者は，業務内容が特定されている場合，それと異なる業務内容を指示する権限はない。また，降格など使用者の賃金支払義務に影響のある事項も同様のことが当てはまる（降格については，本書第 7 章 Ⅳ）。

使用者が，労働契約の範囲を超える事柄について業務命令するには，労働者の同意その他特別の根拠を必要とする。最高裁は，組合バッジをはずさないことを理由とする火山灰除去作業の業務命令を違法とした原審を破棄し，社会通念上相当な程度を超える過酷な業務に当たるものでなく，労働契約上の義務の範囲内にあり，職場管理上やむを得ない措置であると判断したことがある（**国鉄鹿児島自動車営業所事件**・最判平 5・6・11 労判632号10頁）。しかし，本件でこうした命令を根拠づける特約はなく，火山灰除去作業は労働契約から生じる労働義務の合理的範囲にあるとはいえない。労働者の負う義務の範囲を，「業務の内容，必要性の程度，それによって労働者が蒙る不利益の程度などとともに，その業務命令が発せられた目的，経緯など」を総合的に考慮するとして，業務命令の違法性を認めた 1 審判断や原審のほうが妥当といえる（鹿児島地判昭63・6・27労民集39巻2・3号216頁，福岡高宮崎支判平元・9・18労民集40巻4・5号505頁）。

また，労務指揮権が労働契約の範囲内にあると認められる場合，あるいは，狭義の業務命令権に根拠規定がある場合でも，業務命令権の無効や使用者の不法行為責任が帰結されることがある。たとえば，①使用者が労働者に違法行為を命じた場合（**アイホーム事件**・大阪地判平18・9・15労判924号169頁），②組合差別的な業務命令など強行法規あるいは公序良俗に違反する場合（**サンデン交通事件**・広島高判平 6・3・29労判669号74頁，**同事件**・最判平 9・6・10労判718号15頁），③労働者の人格権を侵害するなど，業務命令権の行使に濫用が認められる場合（**セガ・エンタープライゼス事件**・東京地決平11・10・15労判770号34頁，**JR 東日本〔本荘保線区〕事件**・仙台高秋田支判平 4・12・25労判690号13頁〔最判平 8・2・23労判690

号12頁で維持〕)，あるいは④業務命令権の行使に付随して課される（法律上または信義則上の）配慮義務の履行を使用者が怠っている場合である（**帝国臓器製薬〔単身赴任〕事件**・東京高判平8・5・29労判694号29頁〔**同事件**・最判平11・9・17労判768号16頁で維持〕は，転勤命令に当たり，使用者は「過重な負担を軽減する」信義則上の配慮義務を負うと判示したが，結論的には権利濫用でないと判断している。本書第**7章Ⅱ3(2)**参照）。④は，労契法3条に列挙された，均衡考慮原則（2項），仕事と生活の調和原則（3項）または信義誠実の原則（4項）などに抵触するかが考慮されることもある。労働者の内心の自由を侵害するおそれのある業務命令の効力が問題となることもあるが（**東京都教委日野市立南平小学校事件**・最判平19・2・27民集61巻1号291頁〔君が代伴奏命令を肯定。藤田反対意見あり〕，**東京都教委事件**・最判平24・1・16判時2147号127頁〔国歌斉唱等の命令違反者について減給処分以上の処分は裁量権の範囲を逸脱していると判断。宮川反対意見あり〕)，良心の自由（憲19条）は内心の自由を保障するものと捉え，業務命令の効力を否定すべきである。

業務命令が違法な場合，労働者は業務命令に従う義務はなく，労務の履行を拒絶できる。最高裁も，業務命令の内容が強行規定あるいは公序良俗に反する場合や生命・身体に対し重大な危険が存在する場合，労働者は就労する義務を負わないとしている（**電電公社千代田丸事件**・最判昭43・12・24民集22巻13号3050頁）。

2 労働義務

(1) 労働義務と「債務の本旨」　労働義務の範囲は，労働契約によって確定されるが，労働者が現実にどの場所で，どういった内容の業務に従事する義務を負うかは，使用者の労務指揮権を通じて決定される。労働者が「債務の本旨」（民493条・415条）に従った労務の提供を行わない場合，労働義務の反対給付である賃金請求権は発生しない。ただし，「債務の本旨」に従った履行は，通常，使用者の適法な業務命令に従った労務の提供を意味するが，労働契約の内容からいかなる態様の労働を求められているかを客観的に確定し，債務の本旨を合理的に解釈しなければならないこともある（**片山組事件**・最判平10・4・9

労判736号15頁。本書第 **8** 章 **I 4(1)**）。

(2) 職務専念義務　　公務員は，公法員法上（国公101条１項，地公35条），「勤務時間及び職務上の注意力のすべてをその職責遂行のため」に用いる職務専念義務を負うことが規定されている。民間の労働者にこうした立法は存在しないが，労働者は，労働義務を根拠に，就業時間中，必要な注意をはらって労務を遂行する職務専念義務を負っている。ただし，職務専念義務の範囲をどこまで認めるかについては議論がある。従来，この点が特に争われたのは，就業時間中の政治・組合活動として行われた，プレート，ワッペン，リボン等を着用する行為が，職務専念義務に違反するか否かであった。最高裁は，身体活動の面から見て作業の遂行に特段の支障が現実に生じていなかったとしても，「精神活動の面から見れば……職務上の注意力のすべてを職務遂行のために用い職務のみ従事すべき義務に違反」すると判断している（**目黒電報電話局事件**・最判昭52・12・13民集31巻７号974頁，**大成観光〔ホテルオークラ〕事件**・最判昭57・4・13民集36巻４号659頁）。

　しかし，職務専念義務をこのように厳しく考えることは，労働者が就業時間中使用者に全人格的に従属することを意味するため，適切ではない。前掲・**大成観光〔ホテルオークラ〕事件**において伊藤裁判官が補足意見を述べているが，使用者の業務を具体的に阻害することのない行動は，職務専念義務に違反しないのである（職務専念義務と組合活動の正当性については，NJ I・第３章Ⅳ2参照）。

3　労働者の付随義務

(1) 職場規律と「企業秩序」　　労働者は，労働義務以外にも，信義則に基づいてさまざまな付随義務を負う。ドイツにおいては，労働関係を人格的共同体関係と把握する立場から，労働者には忠実義務・誠実義務（Treupflicht），使用者には保護義務（Fürsorgepflicht）が生じると理解されたことがあるが，こうした立場を採用した場合，労働者の付随義務は，労働生活あるいは私生活の広い範囲に及び，労働者は使用者に不当な服従を強いられる。ドイツでは，こうした事情から，第二次世界大戦後，人格的共同体関係と把握する立場は放棄さ

れ，付随義務の根拠を労使の意思によって形成される労働契約に求め，義務の範囲を個別具体的に確定する立場に転換していった（和田肇『労働契約の法理』〔有斐閣，1990年〕9頁）。日本においても，包括的な内容を有した労使の付随義務を認めることは適切ではないのである。

しかし，労働関係においては，包括的な付随義務の成立が問題となることが少なくない。特に議論の対象となってきたのは，職場規律をめぐる労働者の義務である。最高裁は，職場規律遵守義務を個別具体的に確定するのではなく，「企業秩序」を定める使用者の包括的な権限と労働者の企業秩序遵守義務を認める立場を採用した。しかし，労務の遂行に関係のない事項まで使用者の包括的な権限を認めるこうした考え方は，多くの問題点を抱えている（企業秩序論については，本書第6章I3参照）。

これに対し，複数の労働者が業務を遂行している職場では，一定の職場規律が必要とされる。したがって，労働者は特定の職場規律を遵守する義務を負う。ただし，職場規律遵守義務は，原則として労働義務の遂行上必要かつ合理的な範囲に限定されなければならない。たとえば，労働者に制服等の着用を義務づけることは，業務上必要な場合に限られる（**神奈川中央交通事件**・横浜地判平6・9・27労民集45巻5・6号353頁，**同事件**・東京高判平7・7・27労民集46巻4号1115頁）。また，学校の教師がノーネクタイで授業すること（**麹町学園事件**・東京地判昭46・7・19労判132号23頁），口ひげをはやしてハイヤー運転をすること（**イースタン・エアポート・モータース事件**・東京地判昭55・12・15労判354号46頁）も，業務に支障がなければ，使用者が制約することはできない。

(2) 秘密保持義務　　労働者は，職務中知り得た情報を漏洩しない義務（秘密保持義務）を負うことがある。まず，在職中は，法律で明記された場合や特約した場合に加え，信義則上の付随義務として，労働者は業務上の秘密を保持しなければならない。それは，技術上および営業上の秘密や顧客のプライバシー保護のために必要とされる秘密などが対象となる。在職中の労働者が秘密保持義務に違反した場合，解雇や懲戒処分の正当事由（**三朝電機事件**・東京地判昭43・7・16判タ226号127頁，**古河鉱業事件**・東京高判昭55・2・18労民集31巻1号49頁）

になるだけでなく，債務不履行あるいは不法行為に基づく損害賠償責任を成立させる（**美濃窯業事件**・名古屋地判昭61・9・29判時1224号66頁〔ただし義務違反行為と損害との間の因果関係を否定〕）。

　これに対し，退職者も秘密保持義務を負うか否かについては見解の対立がある。裁判例は，就業規則の具体的な規定や特約によって特定の営業秘密の保持が約定されている場合，使用者の履行請求（**フォセコ・ジャパン・リミテッド事件**・奈良地判昭45・10・23判時624号78頁）や労働者の損害賠償責任（**ダイオーズサービシーズ事件**・東京地判平14・8・30労判838号32頁）を認めている。一般に，①対象となる秘密の特定性およびこの点を含めた対象となる秘密の労働者にとっての認識可能性，②対象となる秘密の重要性，独自性，③労働者の職務内容・地位等に照らして秘密保持義務を課すことに合理性が認められる場合に，秘密保持義務の有効性が肯定されている（これに対し，秘密の特定等が不十分とされた場合には，秘密保持義務の有効性が否定されている。**関東工業事件**・東京地判平24・3・13労経速2144号23頁など）。

　ところで，1993年に制定され，その後何度か改正されている不正競争防止法は，「営業秘密」の不正な使用・開示を不正競争の1つの類型として禁じ，在職中の労働者と退職者が秘密保持義務を負うことを定めている。同法に違反した場合，使用者は差止め（3条1項），損害賠償（4条）などを求めることができ（3条2項・14条），違反者に対する罰則も予定されている（21条）。ただし，同法は，①「秘密として管理されている生産方法，販売方法その他の事業活動」の②「有用な技術上または営業上の情報」で，③「公然と知られていないもの」を「営業秘密」と定義し，保護の範囲を限定している。これに該当しない情報については，原則として，契約などで特約しない限り，秘密保持義務は成立しない（**日産センチュリー証券事件**・東京地判平19・3・9労判938号14頁は，秘密保持義務を原則として認めながら，義務違反を理由とする懲戒解雇を無効とする）。

　（3）　競業避止義務　　労働者は，在職中あるいは退職後に，使用者と競合する業務を行わない義務を負うことがある。こうした義務を競業避止義務というが，在職中の義務については兼業避止義務（後掲**(4)**）として，論じることにし，

ここでは退職後の問題を取りあげることにする。

　退職者に競業避止義務を課すことは，使用者に競業制限に関する利益が認められたとしても，労働者の職業選択の自由（憲22条1項）の侵害となるおそれが高い。このため，競業避止義務は，以下のような厳しい要件を充足した場合に初めて認められる。

　第1に，退職後の競業制限については，明示の特約や就業規則規定を要する。退職者が秘密保持義務を負っている場合でも，秘密保持義務があらゆる競業避止を当然に正当化するものではない（前掲・フォセコ・ジャパン・リミテッド事件・奈良地判は，秘密保持義務を実質的に担保する競業避止義務に限り適法としている）。裁判例の中には，就業規則を根拠にこうした義務を認めるものがある（モリクロ事件・大阪地決平21・10・23労判1000号50頁など）が，学説上は，退職者の重要な権利を制限するため，個別特約が不可欠と解する見解もある（西谷・191頁）。

　第2に，競業避止が合理的な範囲（合理的でないと判断されれば，特約も就業規則規定も公序良俗違反で無効となる。就業規則規定であれば労契法7，10条の「合理性」がないとも判断される。本書第4章III**5(3)**）であるか否かは，①競業避止義務を課す根拠となる使用者の正当な利益の存在，②労働者の職務内容・地位，③競業避止義務が課される地理的範囲，④期間，⑤禁止される行為の内容，⑥代償の有無・内容などを総合考慮して判断する傾向にある。近年は，こうした判断要素に照らし，退職後の競業避止義務が及ぶ範囲は限定されている。たとえば，競業避止の時間的，職業的，場所的範囲が必要最小限の範囲を逸脱している場合には，特約を交わしたケースでも，公序良俗に反し無効になると判断されている（A特許事務所事件・大阪高決平18・10・5労判927号23頁など）。また，期間の長さは事案によって異なるが，期間を6ヶ月とした特約があっても，代償がない場合には公序良俗に違反すると判断されたこともある（キヨウシステム事件・大阪地判平12・6・19労判791号8頁）。さらに，使用者が正当な利益を有する業務の範囲は，使用者の保有する「特有の技術上または営業上の情報等」に関する業務に限定され，労働者が習得できる一般的知識・技能は除外されている（アートネイチャー事件・東京地判平17・2・23労判902号106頁）。

上記④の代償を必要とするかについては，代償なしでも競業避止特約の効力を認めた例もあるが，学説，裁判例とも，相当な代償を有効要件とする立場が有力である（土田・有・712頁，西谷・192頁，**東京貨物社〔退職金〕事件**・東京地判平12・12・18労判807号32頁など）。まず，代償額の相当性は，競業制限される業種や程度によって判断される。また，特約締結時の独自の代償ではなく，在職時の厚遇を代償と認めた場合もある（**トーレラザールコミュニケーションズ事件**・東京地決平16・9・22労判882号19頁）。

　労働者が競業避止義務に違反した場合，使用者はその退職した労働者に損害賠償請求することができる。また，使用者は競合行為それ自体の差止めを求めることも可能である。ただし，差止めは，退職者の職業選択の自由を直接侵害する行為であるため，合理的範囲に限定される（差止めの肯定例：前掲・**フォセコ・ジャパン・リミテッド事件**・奈良地判，**新大阪貿易事件**・大阪地判平3・10・15労判596号21頁，**ヤマダ電機事件**・東京地判平19・4・24労判942号39頁。否定例：**東京リーガルマインド事件**・東京地決平7・10・16労判690号75頁）。

　さらに，退職者が同業他社を設立し，従前の会社の顧客等と取引したことの不法行為性が争われることがある。判例は，従前の会社の営業秘密を用いたり，信用をおとしめるなど不当な方法を用いていない限り，自由競争の範囲内だとして不法行為責任を否定している（**サクセスほか〔三佳テック〕事件**・最判平22・3・25民集64巻2号562頁）。また，労働者には職業選択の自由があるため，転職に際し，競業する同業他社が転職を勧誘することは違法ではないが，大量に労働者を引抜くなど社会的相当性を逸脱した背信的方法で行われた場合，同業他社は労働契約上の債権を侵害したものとして不法行為責任を負う（**ラクソン事件**・東京地判平3・2・25労判588号74頁）。引き抜かれる会社の労働者が社会的相当性を逸脱した引抜きをした場合は誠実義務違反（前掲・**ラクソン事件**〔在職中に計画して大量引抜き〕），退職後の労働者であれば競業避止義務違反（**東京学習協力会事件**・東京地判平2・4・17労判581号70頁〔塾の講師の大半を勧誘して退職し，塾を開設〕）を理由にして，債務不履行ないし不法行為責任を負う。

　なお，退職者に競業制限を課す1つの方法として用いられることがあるの

が，特定の競業をした場合に使用者が退職金を減額，没収できる権利を就業規則に定めるという方法である。これについては，こうした方法も競業避止義務と同列に位置づけ，これに反しなければ支給される退職金を相当な代償と見ることができるかという視角から検討する見解もある（土田道夫「労働市場の流動化をめぐる法律問題」ジュリ1040号56頁）。これに対し，裁判例は，こうした規定については，競業避止義務違反を理由とした請求（差止請求など）と異なり，競業行為を直接制限したものではないため，競業避止義務の存否を問題とせず，退職金の性質を考慮し，労働の対償たる退職金を失わせるほどの顕著な背信性があるか否かを基準にして合理的限定解釈を行ってきた（**中部日本広告社事件**・名古屋高判平2・8・31労判569号37頁など。本書第 **8** 章 **Ⅱ 2**(3) 参照）。しかし，こうした規定は，競業制限の効果を有するため，裁判例は，背信性を判断する際，不支給条項の必要性，競業行為による会社の損害や期間の相当性など，競業避止義務の成立要件を実質的には考慮している。

(4) 兼業避止義務　　労働者がある企業に在籍したまま別の企業で就労あるいは自ら事業を営むことを兼業（副業）という。公務員については，在職中の副業（兼職）を規制する規定（国公101条・103条，地公38条など）が存在するが，民間の労働者についてはこれを特に規制する法令は存しない。ただし，就業規則に「会社の承認を得ないで他の会社に雇い入れられることを禁ずる」といった条項を置き，使用者は兼業を制約する場合が多い。

　労務の提供への準備や企業の対外的信用に係る使用者の利益を考慮し，こうした規定の効力は原則として認められている。しかし，労働者は，「労働契約を通じて一日のうち一定の限られた時間のみ，労務に服するのを原則」とするため，「就業時間外は本来労働者の自由な時間である」ことから，「就業規則で兼業を全面的に禁止することは特別な場合を除き，合理性を欠く」と解すべきである（**小川建設事件**・東京地決昭57・11・19労判397号30頁）。

(5)　信用保持義務　　労働者は，企業の信用を失墜させ，その名誉を傷つけるような行為を控える義務を労働契約上一般的には負っている。したがって，根拠もなく自社製品の悪口を触れまわる行為，自社の内部事情を虚偽であるに

❹公益通報者保護法

公益通報者保護法が対象とするのは，個人の生命・身体の保護，消費者の利益擁護などに関わる特定の犯罪事実が生じ，あるいはまさに生じようとしている場合に，労働者が行う通報行為である（内部告発問題については角田邦重・小西啓文編『内部告発と公益通報者保護法』〔法律文化社，2008年〕参照）。通報行為を理由とする解雇（2条）や，その他の不利益取扱が禁止されている（3～5条）。派遣労働者や請負先で勤務する労働者は，派遣先事業主や発注元企業との関係においても保護される（2条1項2号・3号，4条）。

また，同法は，通報行為の名宛人（通報先）を，①労務提供先，②行政機関，③被害の発生，拡大を防止するために必要なその他の者（マスコミなど）に分けて規制している。①については，労働者が犯罪事実の発生等を「思料」することで要件を充足する（3条1号）。これに対し，②については通報対象事実が生じ，またはまさに生じようとしていると信じるに足りる相当の理由の要件の充足が要請される（同条2号）。③の外部通報については，②に関する要件に加え，証拠隠滅のおそれや内部通報から20日を経過しても調査がない場合など5つのケースに該当することが求められている（同条3号）。

なお，同法の対象としない内部告発をした労働者は，従前の判例法理に基づいて保護される（本章Ⅱ**3(5)**参照）。また，同法6条は通報を理由とする解雇その他の不利益取扱を無効とするその他の法律の適用を排除しないとしている。その他の法律には従前の判例法理も含まれる。

もかかわらず宣伝する行為は，信用保持義務違反と評価される（**岩田屋百貨店事件**・福岡高判昭39・9・29労民集15巻5号1036頁）。しかし，信用保持義務を広い範囲で認めることには慎重でなければならない。労働者の企業批判行為や労働者の私生活に関する行為も，企業秩序違反や企業の信用を失墜させたことを理由に，懲戒処分を広く認める判例があるが，労働者の言論や組合活動の自由を不当に制約するため問題がある（本書第**6**章Ⅰ**3**参照）。

労働者が，企業の違反行為を外部へ告発することがあるが，使用者の名誉を毀損したとしても，告発内容が真実である場合あるいは労働者が真実と信じる相当な理由があれば，信用保持義務違反ではなく，使用者は告発に係る労働者の責任を問うことはできない（**大阪いずみ市民生協事件**・大阪地堺支判平15・6・18労判855号22頁）。また，労働者の組合活動などが批判行為として正当性があれ

ば，真実と信じる相当な理由がなくとも，労働者の責任は否定されることがある（**三和銀行事件**・大阪地判平12・4・17労判790号44頁）。

　なお，2004年制定の公益通報者保護法は消費者保護を目的とする法律であるが，裁判例において認められてきた労働者の内部告発権の一部を法律で明確にしたものである（コラム**❹**参照）。

　(6)　その他の付随義務　　これまで論じてきた義務以外にも，労働者は，信義則に基づき付随義務を負うことがある。たとえば，使用者が実施する調査に協力する義務，健康診断を受診する義務，研修参加義務などである。ただし，こうした義務は，その必要性や労働者の利益を勘案し，一定の範囲に限定されなければならない。最高裁も，調査協力義務を無制限に認めれば，労働者は使用者に不当な服従を強いられるため，他の労働者の就業規則違反に関する調査につき，労働者は，労働義務を履行するうえで必要かつ合理的と認められない限り，協力義務を負わないと判示している（**富士重工業事件**・最判昭52・12・13民集31巻7号1037頁）。

4　労働者の損害賠償責任と身元保証

　(1)　賠償責任制限法理　　労働者が，使用者の所有する機械を破損するなど，直接使用者に損害を与えた場合はもちろん，労働者が業務に関わって交通事故を起こすなど，第三者に損害を与え，その損害を使用者が賠償した場合，労働者は使用者の求償に応じる義務が生じる。労働者が，自らの責任で，使用者あるいは第三者に損害を与えた場合，民法の一般原則によれば，労働者は生じた全損害の賠償義務を免れない。しかし，民法の原則のみをこの問題に当てはめることは適切ではない。労務遂行過程で生じた損害の責任は，指揮命令をした使用者にもあるからである。最高裁も，こうした事情を考慮し，使用者は，労働者に対し損害賠償または求償の請求をなし得るとしても，「事業の性格，規模，施設の状況，被用者の業務の内容，労働条件，勤務態度，加害行為の態様，加害行為の予防若しくは損失の分散についての使用者の配慮の程度その他諸般の事情に照らし，損害の公平な分担という見地から信義則上相当と認めら

れる」範囲に損害額は限定されるとして，タンクローリーの運転中に事故を起こした労働者に対する使用者の求償の範囲を，全損害額の 4 分の 1 に限定する判断を下している（**茨城石炭事件**・最判昭51・7・8民集30巻 7 号689頁）。下級審の判断の中にも，損害の範囲を，全体の 4 分の 1 （**大隈鐵工所事件**・名古屋地判昭62・7・27労民集38巻3・4 号395頁）， 5 割（**三共暖房事件**・大阪高判昭53・3・30判時908号54頁，**丸山宝飾事件**・東京地判平6・9・7判時1541号104頁）あるいは 7 割（**ワールド証券事件**・東京地判平4・3・23労判618号42頁）に限定したものがある。

　ただし，従来の裁判例は，減額を行う法的根拠を信義則や損害の公平な負担の見地以外に具体的に示したことがなく，減額の範囲を決める判断基準も確立していない。こうした意味において，判断基準を精緻にしていくことは今後の課題として残されている（細谷越史『労働者の損害賠償責任』〔成文堂，2014年〕）。この点，関係者（労働者や事業主）が損害の発生を回避できない状況にあった場合は，損害賠償法における責任の程度によって決するのではなく，危険（リスク）引受・配分の観点から整理するのも 1 つの考え方であろう。たとえば，労働者の過失の程度が比較的重い場合は，従来と同様，使用者の指揮命令下の労働という事情などを斟酌するだけで十分であるが，業務内容（労働の危険性など）や過失の程度から見て，どの労働者も引き起こす蓋然性の高い事故であれば，使用者が危険を引き受けるべきだからである。また，使用者が保険等で危険を回避できたにもかかわらずこれを怠っていた場合，労働者に高額の損害賠償責任を認めるべきではない。

　(2)　身元保証　　労働者の行為によって会社に損害が発生する場合に備え，労働者の採用に当たり，親戚，縁故者などを身元保証人とする契約（身元保証契約）を締結する慣行が日本にはある。労働者が会社に損害を与えた場合，使用者は身元保証人に賠償を求めることができる。

　しかし，こうした制度の弊害の指摘を受け，1933年に身元保証人の責任を合理的な範囲に限定することを目的とした身元保証法が制定され，これは現在でも妥当している。同法には，契約の有効期間（無期の場合 3 年，有期の場合 5 年。1 条・2 条），使用者の身元保証人への通知義務（ 3 条），身元保証人の解除権（ 4

条), 責任範囲を使用者の過失等あらゆる事情を考慮して裁判所が決定すること (5条) および身元保証人に不利な契約が無効となることが規定されている。

Ⅲ 使用者の義務

1 賃金支払い義務

労働契約に基づいて生じる使用者の主たる義務は, 賃金支払い義務である。使用者の賃金支払い義務には労働者の賃金請求権が対応するが, 民法の契約法理に加え, 労基法にも特別の規制が存在する (本書第 8 章)。

2 付随義務

使用者も, 労働者と同様, 付随義務を負うことがある。使用者の付随義務の中には, 安全配慮義務 (労契 5 条) や個人情報保護義務 (個人情報保護法) のように, 現在は立法に明記されたものもあるが, その多くは信義則や労働契約上の原則 (労契 3 条。本書第 1 章Ⅱ**4**参照) に基づいて成立する。以下のものが, 使用者の付随義務として議論されている。

(1) 安全配慮義務　使用者の代表的な付随義務が安全配慮義務である。最高裁は, 「特別な社会的接触の関係に入った当事者間」において, 相手の生命と健康に配慮すべき義務, すなわち安全配慮義務を負うことを認めたが (**陸上自衛隊八戸車両整備工場事件**・最判昭50・2・25民集29巻 2 号143頁), その後, 労働契約上の使用者等も, 「労働者の生命および身体等を危険から保護するよう配慮する義務」を負うとした (**川義事件**・最判昭59・4・10民集38巻 6 号557頁)。現在は, 労契法 5 条に安全配慮義務が定められている (本書第 12 章Ⅳ)。

(2) 職場環境保持 (配慮) 義務　使用者は, 労働者の生命, 健康を保護することにとどまらず, 労働者が快適に働けるよう職場環境を整える義務があると解されている。たとえば, 使用者がセクシュアル・ハラスメントを放置した場合や労働者に不当な圧力を与え, 退職に追いこんだ場合, 労働者は職場環境保持 (配慮) 義務違反に基づいて損害賠償請求することができる (本書第 2 章Ⅴ

2，第 13 章Ⅲ**4**参照）。

(3) 個人情報保護義務　使用者は，信義則に基づき，労働者のプライバシー，個人情報を保護することを義務づけられ，労働者に対する調査権限の制約を余儀なくされることがある（本書第 **2** 章Ⅴ**4**）。

(4) 労働受領義務と就労請求権　労働者が労務を提供したにもかかわらず，使用者がその受領を拒否した場合，労働者はどのような権利を有するのか。使用者の労務受領拒否に帰責性があれば，労働者は実際に労務を遂行していなくとも賃金を失わない（民536条 2 項〔本書第 **8** 章Ⅳ**2**参照〕，同413条〔受領遅滞〕）。これに加え，労働者が就労それ自体を求めることもできるのか。この労使の権利，義務を就労請求権や労働受領義務という。被解雇者が裁判等で契約上の地位を確認されたが，使用者が復職を拒否する場合や労働者が就労妨害仮処分を申請する場合等に問題となる。

　この点について裁判例は，昭和30年代まで，労働者の就労請求権を認めていたが，その後原則として否定する立場から，労働契約等に特別の定めがある場合，あるいは業務の性質上労働者が労務の提供について特別の合理的利益を有する場合に限って認めるという見解を採用している（**読売新聞社事件**・東京高決昭33・8・2労民集 9 巻 5 号831頁）。有力学説も，明確な法的権限や特約のある場合に限るとしている（菅野・150頁）。この判断枠組に基づき，レストランのコックについて，労務提供に特別の利益があると認められたことがあるが（**レストラン・スイス事件**・名古屋地判昭45・9・7労判110号42頁），この要件の充足を認めた例はこの事案に限られている。

　就労請求権が否定される理由は，就労は義務であって権利ではなく，債権者には受領義務はないという考え方にある。これに対し，労働は賃金獲得のための手段であることを超えて，それ自体が目的たる活動であること（下井・217頁，和田肇『労働契約の法理』〔有斐閣，1990年〕226頁），あるいは労働契約の人格的性格や労働者のキャリア権（諏訪康雄『雇用政策とキャリア権──キャリア法学への模索』〔弘文堂，2017年〕）を根拠にして，就労請求権を肯定する見解も主張されている。

危険負担（民536条2項）に基づき労働者に反対給付請求権を与えるだけでなく，就労請求権を認めることはつねに正当化されるわけではない。労働契約上，就労内容が特定されていない限り，それを決定する労働者の権利を観念することは困難だからである。しかし，解雇が無効と判断され，地位確認された場合や労働契約上約した職務から不適切な理由で外された場合など，法令，労働契約等で労働者が就労することについて特別な利益を有するのであれば，使用者が賃金だけを払い，労働者の就労を拒否し続けるのは許されるべきではない（西谷・95頁，渡辺・上・231頁〔法律によって特に禁止された解雇の場合に限定〕）。使用者が就労拒否することは，信義則上の労働受領義務に違反したと構成できるし，労働者の人格権侵害を意味するからである。上記の場合，使用者の労働受領義務違反等を理由に損害賠償責任が肯定されるべきである（土田・有・142頁。唐津博『労働契約と就業規則の法理論』〔日本評論社，2010年〕79頁は労働付与義務論を提示）。学説の中には，就労請求権の履行強制（間接強制）を肯定する見解もある（西谷・95頁，反対：有泉・124頁〔賃金支払を条件に否定〕）。

3　使用者の付随義務違反の法的効果

　(1)　信義則上の義務　　使用者の付随義務違反は，損害賠償責任の根拠（債務不履行や不法行為の違法性）となることが多いが，安全配慮義務違反のように，履行請求や反対給付（労働義務）の拒絶権を正当化する余地を残した義務もある（本書第12章Ⅳ）。また，付随義務の中には，その違反が履行請求や損害賠償責任を根拠づけるのではなく，公序違反（民90条），権利濫用（民1条3項，労契3条5項），信義則違反（民1条2項，労契3条4項），就業規則の合理性判断（労契7条・10条〔本書第4章Ⅲ〕）などにおいて重要な考慮要素となるものもある。たとえば，転勤命令権行使の際に求められる育児介護状況への配慮（本書第7章Ⅱ3(2)），年休の時季変更権を行使する際に求められる代替勤務者配置に関する配慮（本書第10章Ⅱ3(2)），整理解雇における解雇回避努力義務（本書第13章Ⅱ3）である。

　(2)　法令上の配慮・努力義務　　労契法など近年制定された労働立法の中に

は，「……配慮しなければならない」などと規定された条文が数多く見られる。たとえば，均衡考慮義務（労契3条2項），仕事と生活の調和への配慮（同条3項），労働契約内容の理解の促進（労契4条。本書第**4**章**Ⅱ2**参照），反復更新配慮義務（同17条2項。本書第**15**章**Ⅱ**），育介法上の配慮義務（育介26条）などである。また，これに加え，努力義務規定として定められたものも増えている（同22条・24条など〔本書第**10**章**Ⅲ3**〕，労基136条〔本書第**10**章**Ⅳ**〕，パート10条・11条〔本書第**15**章**Ⅲ**〕など）。これらは義務内容が不確定で，法律に私法的効果も明記されていない。しかし，こうした義務は，信義則等を根拠とする義務と同様，権利濫用等の一般条項の適用に際し考慮される（ただし，安全配慮義務〔労契5条〕については，より強い効力が認められている。本書第**12**章**Ⅳ**）。また，行政指導の根拠規定となる努力義務規定も，訓示的努力義務（育介法4条や高年法3条など関係者の責務や理念を定めた規定）を除き，同様のことが妥当する（荒木尚志「労働立法における努力義務規定の機能」中嶋士元也先生還暦記念論集『労働関係法の現代的展開』〔信山社，2004年〕25頁）。たとえば，育介法の育児介護配慮義務（育介26条）は，同法には違反の効果が定められていないが，配転の権利濫用判断において考慮されるとの考え方が裁判例で採用されている（本書第**7**章**Ⅱ3(2)**）。

第6章

職場規律と懲戒

I 懲戒権の根拠と性質

1 懲戒処分の意義・法的性質

　現行法上，懲戒に関しては従来から，労基法上の就業規則法制による規制が存在する。そこでは，懲戒に関する定めは就業規則の相対的必要記載事項とされ（労基89条9号），懲戒手段としての減給に関する制限規定が置かれている（同91条）。さらに今日では，労働契約法により，懲戒条項を含めた就業規則の定めは，内容が合理的で労働者に周知されていれば，労働者を拘束すること（労契7条・10条），「使用者が労働者を懲戒することができる場合」に行われる懲戒処分（懲戒権行使）について，いわゆる客観的合理性と社会的相当性が有効要件となること（同15条）が規定されている。

　こうして，従来からの規制に加え，あらたに労働契約法による規制を懲戒は制定法上受けることになった。しかし，そもそも「使用者が労働者を懲戒することができる場合」とはどのような場合なのかの定めはない。したがって，懲戒処分はどのような意義と法的性質を有するものなのか，使用者に懲戒権が認められる実質的正当化理由はなにかなど，懲戒権・懲戒処分の本質に関わる問題の整理・検討は，「使用者が労働者を懲戒することができる場合」や懲戒処分の客観的合理性・社会的相当性をめぐる解釈論の方向性を定めるうえで，不可避であると考える。以下，簡単に説明しておきたい。

　企業はその目的を維持・達成するために多数の労働者を使用するが，その場合，これらの労働者を統合して組織体としての一体性を保持することが必要と

なる。このような観点から企業が従業員に行う規律が職場規律である。人が組織的に作業を行うための規律自体は，共同作業が行われるところでは，程度の差はあれ昔から存在していたといえる。

　このような職場規律は，実効性確保のための手段として，それに違反した労働者に不利益を及ぼす制裁（懲戒処分）を伴うことになる。使用者は古くから減給などの懲戒を行ってきたのであり，就業規則を定める場合には，職場規律を明文化した服務規律に関する規定を置くとともに，懲戒に関する規定を設けていた。懲戒は使用者のいわば自力救済手段として機能してきたのであり，労働者にとっては過酷な不利益を及ぼすものであった。このような懲戒制度を規制することが，日本でも戦前，重要な法的課題とされた（末弘厳太郎『労働法研究』〔改造社，1926年〕371頁以下）。

　懲戒処分は，対等当事者関係における契約違反に対する制裁としての契約罰ではなく，権力関係における秩序違反に対する制裁としての秩序罰であると一般に理解されていた（窪田隼人『労働法実務大系10　職場規律と懲戒』〔総合労働研究所，1970年〕14頁）。しかし，最高裁は，後述の企業秩序論を展開するなかで，懲戒の法的性質を「制裁罰」という独自の用語で表現している（**国鉄中国支社事件**・最判昭49・2・28民集28巻1号66頁）。いずれにしても，労働関係の一方が他方に対して一方的に制裁を科すという懲戒制度の法的性質は，労使の対等当事者性という法的前提と直ちには相容れない。

　懲戒制度が法的に容認される実質的正当性については，今日では逆説的であるが，労働者の規範意識や同制度の労働者保護的機能に求める見解が有力である。すなわち，共同作業を円滑に進めるための秩序・規律の必要性は労働者の規範意識においても是認されるが，その際の制裁としては，損害賠償の請求や契約の解約といった契約法上の手段では不十分であること（片岡ほか・515頁［西谷敏］），使用者の法益を侵害する労働者の行為に対する責任追及として，解約に至らない不利益措置を承認することで，労働者にとっての解約の自由の不合理性を排除すること（毛塚勝利「懲戒の機能と懲戒権承認の規範的契機」労協277号15頁）などが主張される。

第6章　職場規律と懲戒　123

2 懲戒権の法的根拠

懲戒権の法的根拠をめぐっては，固有権説と契約説との対立が存在した。固有権説によれば，懲戒権は，企業経営の必要性から，企業の管理運営の責任者としての使用者の地位に当然に伴うものであるとされる。これに対して，契約説によれば，労働者の労働契約上の同意に基づいて，懲戒権が使用者に付与されるとされる。実際には，労働者の個別同意ではなく，就業規則の懲戒条項が労働契約を媒介として懲戒の法的根拠とされることになる。固有権説では，就業規則上の懲戒事由・手段に関する条項は例示列挙となり，懲戒に関する定めや合意自体が不要になるのに対し，契約説では，当該条項は限定列挙とされる（菅野・659頁）。

最高裁は，懲戒権の法的根拠について，企業秩序という概念を用いて独自の理論を展開している。すなわち，「企業は，その存立を維持し目的たる事業の円滑な運営を図るため，それを構成する人的要素およびその所有し管理する物的施設の両者を総合し合理的・合目的的に配備組織して企業秩序を定立し，この企業秩序のもとにその活動を行うもの」（**国鉄札幌運転区事件**・最判昭54・10・30民集33巻6号647頁）であるとされる。具体的には，企業は「企業秩序を維持確保するため，これに必要な諸事項を規則をもって一般的に定め，あるいは具体的に労働者に指示，命令することができ」（**富士重工業事件**・最判昭52・12・13民集31巻7号1037頁），「これに違反する行為をする者がある場合には，企業秩序を乱すものとして，当該行為者に対し，その行為の中止，原状回復等必要な指示，命令を発し，または規則に定めるところに従い制裁として懲戒処分を行うことができるもの，と解するのが相当である」（前掲・**国鉄札幌運転区事件**・最判）。また，「労働者は，労働契約を締結して企業に雇用されることによって，企業に対し，労務提供義務を負うとともに，これに付随して，企業秩序遵守義務を負う」（前掲・**富士重工業事件**・最判）とされる。

このように，企業は企業秩序を定立し維持する権限を持ち，労働者は労働契約を締結することで企業秩序遵守義務を負うとされる。懲戒処分は，この企業秩序定立・維持権の一環として，企業秩序を乱す行為に対して，「規則に定め

❺国鉄札幌運転区事件（最判昭54・10・30民集33巻6号647頁）

本件では，組合によるビラ貼付の指令を受けて，同組合の分会組織部長等の地位にあった労働者らが，使用者の施設内で日常使用を許されているロッカー等に，組合作成のビラを貼付するなどした。その際に，助役等によるビラ貼付の制止等に従わなかった。使用者は，就業規則所定の懲戒事由（「上司の命令に服従しないとき」，「その他著しく不都合な行いのあったとき」）に該当するとして，当該労働者らを戒告処分とした。そこで，同処分を受けた労働者らが労組法7条1号違反等を理由に，その無効を主張して提訴した。

第1審判決は請求を棄却した。そこでは，使用者の意思に反しその施設にビラを貼付することは，それが組合活動であっても施設管理権を侵害するものであるが，ビラ等の貼付行為のすべてを直ちに違法とすることは相当でない，当該具体的情況の下におけるビラ貼り行為の組合活動としての重要性と，貼付されたビラの文言，大きさ，枚数その他貼付された状況などの諸事情を考慮したうえで，その違法性を判定しなければならないとの判断枠組が示された。第2審判決は，同様の判断枠組から，第1審判決を取り消し，労働者らの請求を認容した。

最高裁は，本文で述べたような企業秩序論を展開したうえで，「使用者の許諾を得ないで……企業の物的施設を利用して組合活動を行うことは，……その利用を許さないことが……権利の濫用であると認められるような特段の事情がある場合を除いては，……当該物的施設を管理運営する使用者の権限を侵し，企業秩序を乱すものであって，正当な組合活動として許容されるところであるということはできない」として，本件ではかかる特段の事情も見られないことから，原判決を破棄し，懲戒処分を有効とした。

るところに従い」行われるものとして位置づけられている。この最後の点について，近年の最高裁判例では，懲戒に関する定めを就業規則に明示して労働者に周知することで，初めて懲戒権を行使できるとされている（**フジ興産事件**・最判平15・10・10労判861号5頁）。最高裁は，懲戒権の法的根拠について，固有権説的な立論を採用する一方で，懲戒権行使には就業規則上の規定を要するとする点で，契約説的な構成を取り入れたものとして整理できる。

3 企業秩序論と労働者の義務

最高裁判例において，企業秩序概念は，懲戒権の実質的正当化根拠とされるとともに，就業規則上の懲戒事由に形式的には該当する労働者の行為であって

第6章 職場規律と懲戒 125

も，企業の円滑な運営に支障をきたす客観的可能性という観点から，実質的に懲戒処分該当性を有するものを絞り込む機能を果たし得るものとして当初提示された（**十和田観光電鉄事件**・最判昭38・6・21民集17巻5号754頁）。その後，同概念は，職場外や休憩時間中の行為を懲戒処分の対象とする際にも，その正当化根拠とされるようになる。この場合には，当該行為を懲戒に付するために同概念が援用されるという側面が強く，懲戒処分に対する制約機能は後退させられることになった（前掲・**国鉄中国支社事件**・最判，**目黒電報電話局事件**・最判昭52・12・13民集31巻7号974頁）。

また，最高裁は，企業秩序概念を懲戒権のみならず，規則制定権，業務命令権といった使用者の諸権限の正当化根拠とするとともに，企業秩序違反の事実に関する調査の自由を使用者に認めた。これに対応して，前述のように，労働者は労働契約を締結することで，労務提供義務に付随して企業秩序遵守義務その他の義務を負うとされたが，その一方で，「企業の一般的な支配に服するものということはできない」とされた。具体的には，企業秩序遵守義務や調査協力義務の及ぶ範囲は，「労務提供義務を履行する上で必要かつ合理的である」と認められる範囲に限られるとされた（前掲・**富士重工業事件**・最判）。さらに，最高裁は，人的・物的な構成要素にわたる企業秩序を定立する権限を企業に認め，その一環として，「職場環境を適正良好に保持し規律ある業務の運営態勢を確保するため，その物的施設を許諾された目的以外に利用してはならない旨を，一般に規則をもって定め，または具体的に支持，命令する」ことができる権限として，施設管理権を再構成するに至っている（前掲・**国鉄札幌運転区事件**・最判）。

企業秩序概念は，労働契約の履行過程だけでなく，労働契約の締結過程においても論じられる。すなわち，「使用者が，……労働力評価に直接関わる事項ばかりでなく，当該企業あるいは職場への適応性，貢献意欲，企業の信用の保持等企業秩序の維持に関係する事項についても必要かつ合理的な範囲内で申告を求めた場合には，労働者は，信義則上，真実を告知すべき義務を負う」とされ，労働者が真実告知義務を負うとされる事項が，企業秩序概念によって拡大

されている（**炭研精工事件**・東京高判平3・2・20労判592号77頁，同旨，**同事件**・最判平3・9・19労判615号16頁）。

このように，企業秩序という概念には，諸々の意味内容が盛り込まれるに至っており，懲戒権それ自体に特有の正当化根拠としての性格が希薄となっている。企業運営の必要性から，懲戒権などを含めた使用者の包括的権限としての企業秩序定立・維持権が導き出されており，かつて経営側から主張された「経営権」を想起させるものとなっている。

それとともに，企業秩序概念は，その意味内容が不明確なものとなっている。企業秩序遵守義務を労働者が負う根拠は，労働契約にあるとされるが，使用者が包括的な権限を持つという結論を正当化するために，労働契約が形式的な根拠とされたにすぎない。当該義務の外延が不明確で内容が曖昧なままであるため，使用者による労働者の一般的支配をもたらすおそれは否定できない。労働関係の人格的・共同体的関係を強調してドイツでかつて主張された，「忠実義務」と類似のものとなっている（和田肇『労働契約の法理』〔有斐閣，1990年〕14頁）。判例における企業秩序遵守義務は，現状では，労働契約上の義務違反行為，さらにはそれに該当するか否か不明確な行為を，企業秩序違反として懲戒処分に直結させるという問題をはらんでいる（西谷・204頁）。

労働者が労働契約上負うべき義務の内容は，労働契約上の労務提供義務および付随的義務，特約，合理的とされる就業規則規定などから，個別・具体的に決定されるべきであり，判例のいうような企業秩序遵守義務といった包括的義務は認めるべきではない（西谷・181頁）。また，労働契約上の義務違反であっても，それが共同作業秩序を侵害していない場合，懲戒処分を行うことはできないと解される。

II　懲戒事由

1　概　説

「使用者が労働者を懲戒することができる場合」（労契15条）と認められるた

めには，まず，就業規則に有効な根拠規定が存在し，それが労働契約の内容となっていることが必要である。すなわち，懲戒事由と懲戒処分の種類が就業規則により明示されていなければならない（前掲・フジ興産事件・最判参照）。また，多くの就業規則では，懲戒事由の列挙の最後に，「その他これに準ずるような場合」という包括的一般的規定が置かれているが，当該規定の具体的事案への適用に当たっては，その内容について合理的な限定解釈を行う必要がある（同7条等参照）。規定内容が漠然不明確である，あるいは適用範囲が過度に広汎である場合についても，同様であると解される。

　つぎに，使用者は，労働者の行為が就業規則所定の懲戒事由に該当する場合（懲戒事由該当性），懲戒処分を行う「客観的に合理的な理由」（労契15条）があるとされる（客観的合理性）。懲戒処分を根拠づける懲戒事由は，懲戒処分時に使用者が認識していたものであることを要する。懲戒処分当時に存在してはいたが，使用者が認識していなかった非違行為を，後日，当該懲戒処分の有効性を根拠づけるために，追加して主張することはできない（山口観光事件・最判平8・9・26労判708号31頁）。

　それでは，いかなる労働者の行為が懲戒事由となるのか。使用者は就業規則に服務規律を定め，この服務規律違反を懲戒事由とするのが一般的である。服務規律には，①出勤カードへの打刻，休暇の届出など就業に関する規定，②上司の指示・命令への服従といった業務命令に関する規定，③職務専念義務，服装規制，守秘義務，競業・兼業・副業規制，贈収賄禁止などの労務給付の誠実な履行に関わる規定，④安全衛生の維持やセクシュアル・ハラスメントの防止に関する規定，⑤施設利用制限やビラ配布規制などの会社施設利用に関する規定，⑥会社の名誉毀損行為の禁止などの信用保持に関する規定，などがある（菅野・649頁以下）。

　服務規律は，労務提供の仕方や共同作業の秩序維持に関する規律（①～④）を中心に，会社施設の管理に関する規律（⑤），会社名誉の保持のための規律（⑥）などを内容としている。それは労働者の労働時間外の行為，さらには企業外での行為にも及ぶ。しかし，労働者は，「企業の一般的な支配に服するも

のということはできない」（前掲・**富士重工業事件**・最判）のであり，これらの服
務規律に関する就業規則の規定も，「労務提供義務を履行するうえで必要かつ
合理的である」（同）と認められる限りで，労働契約の内容になると解すべき
である（労契7条）。

　以下では，懲戒事由となり得るか否かが，特に判例上の企業秩序概念との関
係で問題とされてきた，経歴詐称と企業外非行を取り上げることにする。前者
は労働契約締結前の行為である点で，後者は企業外での行為である点で，労働
契約により根拠づけられ，職場規律維持を目的とする懲戒権行使の対象となり
得るかが問題となる。

2　経歴詐称

　経歴詐称とは，履歴書や採用面接に際し，学歴・職歴等の経歴を偽ることを
いう。多くの企業が，就業規則に経歴詐称を懲戒事由としているが，その対象
を重大な経歴詐称に限定する一方で，懲戒解雇事由として規定することが多
い。実際，ほとんどの場合，懲戒解雇が行われている。学歴の詐称については，
高く詐称するだけでなく，低く詐称することも懲戒事由になるとされている
（**日本鋼管鶴見造船所事件**・東京高判昭56・11・25労判377号30頁）。裁判例は，就業
規則に根拠規定が存在することを前提にしつつ，経歴詐称が懲戒事由となり得
ることを肯定する一方で，それは重大なものに限定されるとする。これに該当
するのは，真実を知っていたならば採用しなかったであろうという因果関係が
認められる詐称とされる（**神戸製鋼事件**・大阪高判昭37・5・14労民集13巻3号618
頁）。

　しかし，経歴詐称は，それ自体としては労働契約締結時における信義則上の
義務違反である。このため，経歴詐称が懲戒事由となり得る実質的理由とし
て，裁判例の多数は，従業員としての地位を不正に取得し企業内の適正な労務
配置等を乱している（前掲・**日本鋼管鶴見造船所事件**・東京高判），経営の秩序を
乱し企業の生産性を阻害するおそれがある（**川崎製鉄事件**・神戸地判昭31・7・30
労民集7巻4号647頁）などの企業秩序侵害（のおそれ）を挙げる。これに対して，

第6章　職場規律と懲戒　　129

学説の多数は，経歴詐称は普通解雇や錯誤・詐欺による労働契約の無効・取消理由となり得るが，それ自体が職場規律違反をも意味する例外的な場合を除き，懲戒事由となり得ないとする（佐藤敬二「経歴詐称」争点(3)・158頁，西谷・140頁）。

労働関係も契約関係である以上，労働者が真実告知義務を負うが，それは労務給付に関わる事項に限定され（反対：前掲・**炭研精工事件**・東京高判），それ以外の事項は労働者の私事であり，その不実表示を理由とする懲戒は客観的合理性を欠くと解される。さらに，採用との因果関係の存在を前提にすれば，重大な経歴詐称は解雇という制裁に直結しやすく，また，裁判例は長期間の雇用の継続による詐称の治癒を認めない傾向にある。しかし，経歴詐称に至った背景，発覚の経緯，実害の発生の有無などを含めて，当該処分の社会的相当性の有無が慎重に審査されるべきである（労契15条・16条）。

なお，犯罪歴については，履歴書の賞罰欄にいう罰は確定した有罪判決であるとされる（**大森精工機事件**・東京地判昭60・1・30労民集36巻1号15頁）。また，すでに刑の消滅（刑34条の2）をきたしている場合，原則として告知すべき信義則上の義務はないとされている（**マルヤタクシー事件**・仙台地判昭60・9・19労民集36巻4・5号573頁）。

3　企業外非行

就業時間外における企業外での行為は，労働者の私的領域に属する。その一方で，就業規則では，「不名誉な行為を行い，会社の名誉・体面を著しく汚したとき」が懲戒事由として一般的に定められている。判例によれば，労働者の私的行為も，業務運営に支障を及ぼしたり，会社の評判を著しく損なったりする場合，企業秩序を乱すものとして懲戒事由になり得るとする。しかし，労働者の企業外での非行・犯罪行為の性格，労働者の会社での地位，会社の規模，業種や経済界における地位などから考えて，会社の社会的評価に相当重大な影響がある場合に，懲戒事由該当性が肯定されるとする（**横浜ゴム事件**・最判昭45・7・28民集24巻7号1220頁，**日本鋼管川崎製鉄所事件**・最判昭49・3・15民集28巻2号

265頁）。

　また，判例では，労働者が社宅において会社の経営政策や労務政策を批判するビラを配布した事案において，その内容が事実に反し，全体として会社を誹謗中傷するものである場合には，労働者の会社に対する不信感を醸成して企業秩序を乱した，あるいはそのおそれがあったとして，就業規則所定の懲戒事由である「その他特に不都合な行為があったとき」に該当するとされた（**関西電力事件**・最判昭58・9・8労判415号29頁）。

Ⅲ　懲戒権の行使と有効要件

1　懲戒の手段・種類

　就業規則に規定される懲戒の種類には，譴責，戒告，減給，出勤停止，諭旨解雇，懲戒解雇などがある。このような就業規則上の懲戒制度とは別に，服務規律違反を理由とする不利益措置として，配転などの人事異動措置（いわゆる左遷）や普通解雇が行われることがある。その有効性については，それぞれの措置の法的評価基準に従って判断される。（本書第7章参照）。

　譴責，戒告は，口頭もしくは文書によって将来を戒めるものである。それ自体では労働者に経済的不利益をもたらすものではないが，賞与，昇給，昇格に影響を及ぼしたり，何回か重なるとより重い懲戒処分が科されたりするのが通常であり，その点で無効確認の訴えの利益が認められる（西谷・206頁）。始末書の提出が譴責では命じられるが，戒告では課されないのが通例である。良心の自由（憲19条）という観点から，始末書の提出は労働者の任意に委ねられるべきであり，それを拒否したことを理由として，さらに懲戒処分を科すことはできない（菅野・661頁）。

　減給は，本来支払われるべき賃金の一部を制裁として支払わないことである。労働者の経済生活の安定との関係で過酷なものとならないように，労基法91条により二重の制限が設けられている。すなわち，1回については1日の平均賃金の半額，総額について1賃金支払期における賃金総額の10分の1を超え

ることができない。後者の制限を超える場合には，つぎの賃金支払期以降に超過分の減給を行うことになる。このような制限の範囲内で減給を認めるという点で，同条は労基法24条1項の賃金の全額払原則に対する特別規定といえる。

出勤停止は，労務の受領を一定期間拒否し，その間の賃金を支払わないという制裁である。労働者の収入減という点で減給と同じ効果をもたらす。長期に及ぶ出勤停止処分は，社会的相当性を欠くものとして無効になると解される（労契15条）。

企業によっては，退職金の全部あるいは一部支給を伴う退職の勧告を，諭旨解雇として定めているものがある。労働者が退職に応じない場合には，後述の懲戒解雇に処するという取扱いを予定しているところが多い。このような諭旨解雇については，懲戒解雇の一種とみなして，それと同一の法的評価基準で判断すべきである。

懲戒解雇は，最も重い懲戒処分である。退職金不支給という取扱いが一般に行われ，即時解雇が通例である。しかし，退職金の不支給は懲戒解雇の当然の効果ではなく，就業規則にその旨の規定が必要であり，その適用も当該非違行為が過去の功労を無にするほどのものであった場合に限定される（西谷・210頁，菅野・664頁）（この問題について，本書第 8 章Ⅱ **2**(3) 参照）。また，懲戒解雇であるから当然に即時解雇となるのではなく，当該懲戒解雇事由が「労働者の責に帰すべき事由」（労基20条）に該当する場合に，即時解雇が認められる（この点について，本書第 13 章Ⅱ **2**(2) 参照）。

懲戒解雇を受けたという事実は，当該労働者の社会的な名誉を著しく損なう。労働者名簿にも記載され（労基107条，労基則53条1項5号），職歴上の決定的な汚点として，再就職の重大な障害となることが多い。このため，学説上は，懲戒解雇という制度自体を労働者の尊厳に反するものとして，無効とする見解が唱えられている（沼田稲次郎『労働法入門』〔青林書院新社，1980年〕134頁）。

2 懲戒の手続

懲戒処分は，労働者に対する不利益処分であり，刑罰類似の機能を持ってい

る。このため，罪刑法定主義を含む適正手続（憲31条）および事後沄・二重の危険の禁止（同39条）などと同様の諸原則に服すべきである。すなわち，懲戒事由とこれに対する懲戒処分の種類・程度の明示，新たな懲戒規定はそれ以前の行為には及ばないという不遡及の原則，同じ事由について再度懲戒処分に付しえないという一事不再理（二重処分の禁止）の原則などがそれである。また，懲戒処分を行う場合，労働協約の人事協議条項を遵守することや，労働者に弁明の機会を与えることが必要である。

3 懲戒処分の有効要件

(1) 根拠規定と懲戒事由該当性　　前述のように，懲戒処分が有効であるためには，まず，「使用者が労働者を懲戒することができる場合」（労契15条）でなければならない。労働者に弁明の機会を保障するなどの懲戒手続規定の整備があって，「懲戒することができる場合」に該当すると解すべきであろう。

つぎに，労働者の行為が就業規則上の懲戒事由（たとえば懲戒解雇が行われる場合には，懲戒解雇事由として列挙されたもの）に該当し，当該懲戒処分を行うのに「客観的に合理的な理由」（労契15条）があるとされなければならない（客観的合理性）。この懲戒事由該当性は，そのような評価対象となる行為と当該行為に適用される有効な懲戒規定の存在を意味する。二重処分の禁止は，懲戒をすでに受けた行為の懲戒事由該当性を否定するものとして，不遡及の原則は，懲戒の根拠規定の欠如の問題として位置づけられる。懲戒権行使が懲戒規定により根拠づけられること（懲戒規定適合性）を懲戒処分の客観的合理性として理解するのであれば，実体的側面である懲戒事由該当性のみならず，手続的側面である手続保障（所定の懲戒手続の遵守や本人の弁明の機会の実質的保障）もそれには含まれることになる。

(2) 懲戒権の濫用　　懲戒は，「当該懲戒に係る労働者の行為の性質および態様その他の事情に照らして，……社会通念上相当であると認められない場合」（労契15条）にも無効となる。いわゆる社会的相当性の原則である。ここでは，当該非違行為とそれに対する懲戒処分との均衡が考慮される。懲戒事由該

当性を肯定されながらも，当該行為の性質・態様や被処分者の職務歴などの情状などに照らして重きに失するとして，当該処分を懲戒権の濫用として無効とする裁判例が多い。この社会的相当性判断においては，従来の同種の事案に対する取扱いとの均衡も重視されている（西谷・211頁以下，菅野・675頁以下）。労働者のある行為に対してあまりにも時期的に遅れて行われた懲戒処分は，その必要性自体が否定される場合がある（ネスレ日本事件・最判平18・10・6労判925号11頁）。懲戒処分の秩序罰としての性格を重視する立場からは，侵害された作業秩序の回復のために，当該処分の職場内での公示が原則として必要であると解される。

　なお，使用者が懲戒処分を科す一方で，当該労働者の行為により発生した損害に対し損害賠償請求を行うことは妨げられない。ただし，損害賠償に応じたことが，懲戒処分の社会的相当性の判断に影響を及ぼす可能性は否定できないであろう。

　(3)　その他　　懲戒権の法的根拠に関する固有権説からすれば，上記の諸点は，いずれも懲戒権濫用の判断基準となるが，契約説の立場からは，懲戒規定の整備と懲戒事由該当性の存在は懲戒権の根拠の有無の問題であり，社会的相当性が固有の意味での濫用の問題となる。後者の立場からすれば，懲戒処分の効力を争う訴訟において，客観的合理性は使用者側に，社会的相当性は労働者側に証明責任が存在することになる。

第7章

人　　事

I　総　　論

　本章では，主として人事異動を扱う。日本では，長期雇用慣行の下にある労働者は，職種や勤務場所などを特定しないで採用されるのが通例である。このため，企業に就職してから退職するまでの間，職務内容，勤務場所，役職，職位などの企業組織上の配置・位置づけの変更や，場合によっては，別企業での勤務を経験する。これが人事異動といわれるものである。具体的には，配置転換（配転），出向，転籍，昇進，昇格，降格などを意味する。人事異動は，一般に，使用者が業務命令権を行使して行われる。

　かつて経営側から，人事に関する使用者の一般的包括的な専権としての「人事権」があると主張されることがあったが，そのような権限を使用者に認めることはできない。配転，出向など，それぞれの異動措置の種類ごとに，使用者に当該権限の根拠（労働契約上の合意）があるか，権限行使に濫用性はないか（民1条3項，労契3条5項・14条）などが厳密にチェックされるべきである。また，人事異動に関する業務命令が，強行法規（労組7条1号，労基3条，均等6条1号・7条，育介10条・16条等）に反してはならないことは当然である。さらに，組合との人事同意・協議条項，出向事由・出向先・出向期間等の限定条項など，労働協約，就業規則に人事異動に関する規制が定められている場合には，それに反する業務命令権の行使は無効である。

　人事異動の中でも，配転は，企業において，欠員・人員の補充にとどまらず，定期的な異動を通じて多くの職種・職場を経験することによる人材育成，ある

いは余剰人員の雇用調整などのための手段として広く利用されている。近年の調査によれば，配転を行うとした企業の合計は，従業員1,000人以上の規模の企業の96.7%，300人以上999人以下の規模の企業の88.9%となっている（労働政策研究・研修機構「労働条件の設定・変更と人事処遇に関する実態調査」〔2014年〕，以下，本節の数値は，断りのない限り同調査からの引用）。企業を単位としていわば労働市場が形成され（内部労働市場と呼ばれる），そこでの雇用保障を前提とした勤務内容・勤務場所の変更が行われているといえる。しかし，この変更は，当事者の交渉と合意によるのではなく，使用者の一方的決定によるのが通例であり，後に見るように，判例でもその裁量的判断が尊重される傾向にある。このような傾向は，職業的キャリアに対する労働者の自己決定の軽視と表裏一体である。また，勤務場所の変更を伴う配転，特に単身赴任を余儀なくさせる配転は，労働者の肉体的・精神的な健康状態や家庭生活を含めた労働者の私生活に与える影響が無視できない。このような人事異動は，男性は仕事，女性は家庭という性別役割分業を暗黙の前提にしているといえる。

　企業の枠を越える異動である出向・転籍も，今日では，特に企業グループ内において，通常の人事異動の方法として普及している。かつては，親会社から子会社への役員就任や経営・技術指導のためのもの，あるいは子会社から親会社への人材育成のためのものが多かったが，中高年の雇用確保または不採算部門の人員整理のためのものや，企業の系列化・分社化に伴うものなどもしだいに増えてきている。上記の調査によれば，出向については，従業員1,000人以上規模の企業の89.9%，300人以上999人以下の企業の75.0%が出向者の送り出しまたは受入れに関わり，転籍については，従業員1,000人以上の企業の58.4%が転籍者の送り出しまたは受入れのいずれかに関わっている。企業グループを単位とする労働市場が形成され，それが企業グループを構成する個々の企業に準じた人事異動と雇用保障の単位となっているといえる。特に近年では，企業グループの中核企業が募集・採用を行い，採用後にはグループ内の関連会社間で出向を繰り返すなど，企業グループとしての戦略的な人事の手段として出向を命じている例も少なくない。企業グループ名での募集・採用が行われる例も

ある。これらの場合，後述のような出向命令権・復帰命令権の帰属先，さらには労働契約の締結先の確定を，実情に即して行う必要が生じる。

人事異動を行う業務命令権については，企業それ自体の合理的な運営という観点からの制約だけでは不十分である。職業生活と家庭生活との調和，性別役割分業の克服という課題の重要性は，かねてから指摘されてきたところであるが，近年になって，少子高齢化社会での労働市場政策を背景に，男女共同参画やワーク・ライフ・バランス（労契3条3項）が重要になっている。また，長期雇用慣行の動揺の中で，職業的キャリアの形成と展開を企業任せにするのではなく，労働者の自己決定をより積極的に保障していく必要性が高まっている。これらの観点からの日本企業の人事慣行の見直しと法的規制が，喫緊の課題となっている。

Ⅱ　配　　転

1　意　　義

配転とは，同一企業内で，労働者の職種・基本的な職務内容または勤務地（事業所）を，長期にわたって変更する人事異動のことをいう。同じ使用者の下での異動である点で，出向と異なる。また，長期にわたる変更である点で，短期間の異動である出張や応援とは区別される。配転のうち，勤務地の変更を伴うものは転勤といわれる。

なお，労働者は労働契約により「労働に従事する」（民623条）ことを約しているが，この労務提供は使用者の指揮命令を受けて行われることになる。このような使用者の指揮命令権により行われる，特定の職種の範囲内での具体的な職務の変更，あるいは事業所の変更に至らない就業場所の変更も，配転とは区別される。

2　法的性質・法的規制

(1)　学　説　　(a)　配転の法的性質をめぐって，学説上主張された代表的な

第7章　人　事　137

見解としては、包括的合意説、労働契約説、特約説が挙げられる（従来の学説の整理・検討については、片岡昇『労働法理論の継承と発展』〔有斐閣、2001年〕203頁以下参照）。

包括的合意説によれば、一般に労働契約では、労働者がその労働力の使用を包括的に使用者に委ねている。このため、労働の種類・態様・場所が特に合意されていない限り、それを個別に決定する権限が使用者に委ねられている。この個別的決定は、使用者の一方的意思表示により法的効果を生じるという意味で、形成権的性格を持つ法律行為であるが、権利の濫用は許されないとされる。この見解では、それまでの裁判例が配転を使用者の専権的裁量行為とし、民事訴訟の対象としてその当否を論じるに適さないとしていたのを批判するとともに、生存権原理に基づく権利濫用法理の発展により配転を制約することが目指された。

労働契約説は、職務内容・勤務場所は重要な労働条件であり、労働契約において決定されるべきであるとして、包括的合意説を批判する。すなわち、使用者の配転命令は、労働契約において合意された職務内容・勤務場所の範囲内においてのみ効力を有し、この範囲を越える場合には、労働契約の変更の申込みとなり、労働者の同意があらためて必要である。しかし、日本の長期雇用慣行では、採用時に職務内容・勤務場所に関する特段の合意が存在しないことが多い。このため、採用時の事情、労働協約・就業規則、当該企業・産業の慣行等の諸般の事情を総合的に考慮し、明示的・黙示的に定まる契約内容を解釈し、決定すべきである。また、労働契約の継続性に照らして、労働契約の内容は契約締結時に一挙にできあがってしまうものではなく、労働関係の現実展開のなかでしだいに固まっていくものであるから、採用後における経験・職歴・訓練などの事情も考慮に入れるべきであるとされる。その一方で、労働契約で定められた範囲内での配転は、契約の履行過程であって、事実行為にすぎないとの指摘が行われる。

特約説は、使用者が労働者に対して配転を命じ得るのは、労働者が使用者に職務内容・勤務場所の決定・変更を委ねる旨の特約がある場合に限られるとす

る（ただし，このような特約が明示的に合意されていない場合に，合理的範囲内で使用者に配転命令権を認めることが黙示的に合意されていると解するか否かで，見解の対立が見られる）。労働契約締結時に当該特約がない場合には，最初の就労先が決まった段階でこれらの特定が行われたと解し，その後は，配転は労働契約の変更の申込みとなるので，労働者の同意なしに使用者は一方的に配転を行うことができないとする。この特約説をさらに徹底させ，配転は，あらゆる意味で契約内容の変更の申込みであり，労働者の個別同意を要するとする，配転命令否認説も存在する。

　配転命令否認説を除いて，これらの学説に共通しているのは，職務内容・勤務場所の範囲を限定する合意があると解される場合には，使用者はその範囲を越える配転を命じることはできないと解する点である。異なっているのは，まず，当該合意の探求の仕方である。一方では，包括的な合意を一般的に認めるのか，諸般の事情から合意内容を合理的な範囲に限定するのか，あるいは特約を要するとするのか，他方では，採用時の合意を中心に考えるのか，その後の事情も踏まえて合意内容を推認するのかという相違が見られる。つぎに，これに関連して，職務内容・勤務場所に関する特段の合意がない場合に，最初の勤務先でこれらが特定したと解するか，さらにはそもそも，配転命令権を形成権であるとして，権利濫用法理の適用を認めるかという相違も存在する。

　(b)　近年では，信義則上合理的な範囲内でのみ使用者は配転命令権を有し，特に単身赴任を伴う転勤については労働者の新たな同意を要する（拒絶権を認めるべき）との見解が出されている（片岡・前掲『労働法理論の継承と発展』241頁以下）。さらに，業務命令と労働者の家庭生活との調和という問題意識を背景に，採用後の労働関係の展開による職務内容・勤務場所の特定を正面から認め，その変更に関する使用者の再交渉義務を主張する見解も見られる（和田肇『人権保障と労働法』〔日本評論社，2008年〕168頁）。また，労働条件の労使対等決定原則（労基2条1項，労契3条1項）と使用者の労働条件明示義務（労基15条1項）の意義をあらためて強調する特約説の再構成も行われている（西谷・225頁）。

このような労働者の個別同意の契機を再評価する動向とは別に，配転命令権の行使に当たっての使用者の配慮義務を重視する見解も見られる（島田陽一「労働者の私的領域確保の法理」法時66巻9号53頁）。これは権利濫用の判断において，労使双方の利益の客観的な比較衡量を行う際に，使用者側の配転手続の具体的妥当性を問題にすることで，考慮すべき労働者側の利益の範囲を広げ，それをより重視する結果をもたらすものと解される。

　(c)　かつて一般的には，契約内容に関する合意は，契約成立に関する合意と同時に瞬間的に，かつ実質的に一体のものとして成立するという契約モデルを前提にしていたと考えられる。また，伝統的な労働法学では，労働者の同意は使用者による一方的決定という実質を覆い隠すものとされ，その虚偽性が強調された。これらのことは，配転に関しては，職種・勤務地限定合意の探求や労働者の個別同意の契機を重視することよりは，使用者による一方的決定それ自体を制約しようとする理論的志向をもたらしたといえる。

　しかし，労働者の同意には，積極的同意（同意付与）と消極的同意（拒否）の2つの側面がある。虚偽性が批判されてきたのは積極的同意であり，消極的同意については，従来の労働法学においても，使用者の一方的変更を否定するものとして評価されてきたといえる。また，人事に関する合意は，使用者の人事に関するそれぞれの権限ごとに，その後の労働関係の展開の中で熟成されるものと解される（合意のプロセス化・分節化）。

　労契法では合意原則が謳われている（1条・3条1項・4条等）。配転に関する合意についても，いかなる内容であれば当事者間の合意として尊重されるべきかという観点から，これまでの労使間の経緯等を踏まえつつ，労働者が同意を与えていると解される範囲とそうではない部分を明確にすることで，合意それ自体の労働者保護機能を重視していくべきであろう。その際には，労働者のキャリア形成への自己決定やワーク・ライフ・バランスの保障といった憲法的要請（憲13条参照）をも考慮に入れて，信義則上合理的な範囲に合意内容を限定すべきである（民1条2項，労契3条4項）。

　なお，労働者から職務内容・勤務場所の変更提案が行われることもある。こ

❻東亜ペイント事件（最判昭61・7・14労判477号 6 頁）

本件では，神戸営業所に勤務する労働者が，広島営業所への転勤を内示された。これを拒否したところ，今度は名古屋営業所への転勤を内示された。会社は説得を重ねたが，本人の同意を得られないまま，名古屋営業所への本件転勤命令を発令した。労働者はこれに従わなかった。労働者が転勤を拒否したのは，高齢の母親，共働きの妻，幼い子とともに堺市内に居住していたが，今回の転勤を受け入れるとなると，家族との別居を余儀なくされるなどの事情があったためである。会社は転勤命令の拒否を理由として懲戒解雇を行った。

第 1 審，第 2 審ともに，本件転勤命令について，是非当該労働者でなければならない事情はなかったこと，転勤をした場合には当該労働者は相当の負担を強いられることなどから，権利の濫用であるとして，従業員としての地位確認等を認めた。本件については，仮処分も申請されたが，同様の理由から権利濫用の成立が認められている。

最高裁は，つぎのように判示して，当該労働者との関係で会社に配転命令権が

あるとした。「労働協約及び就業規則には，上告会社は業務上の都合により従業員に転勤を命ずることができる旨の定めがあり，現に上告会社では，全国に十数か所の営業所等を置き，その間において従業員，特に営業担当者の転勤を頻繁に行っており，被上告人は大学卒業資格の営業担当者として上告会社に入社したもので，両者の間で労働契約が成立した際にも勤務地を大阪に限定する旨の合意はなされなかったという……事情の下においては，上告会社は個別的同意なしに被上告人……に転勤を命じて労務の提供を求める権限を有するものというべきである。」

つぎに，本文で挙げたような判示をして，本件転勤命令は業務上の必要性を有し，当該労働者に与える家庭生活上の不利益については，転勤に伴い通常甘受すべき程度のものであるから，権利濫用に当たらないとして原判決を破棄した。さらにその余の点について審理を尽くさせる必要があるとして，本件を原審に差し戻した。

のような提案に対する使用者の信義則上の協力義務が認められないかなど，検討すべき課題が多い。

(2) 判 例 最高裁は，勤務場所の変更に関する**東亜ペイント事件**判決（最判昭61・7・14労判477号 6 頁）と，職種の変更に関する**日産自動車事件**判決（最判平元・12・7労判554号 6 頁）とにおいて，配転命令の有効性に関する判断枠組を示した。

それによれば，①就業規則（前掲・**東亜ペイント事件**・最判ではさらに労働協約）

に，業務上の都合により従業員に配転を命じることができる旨の定めがある，②現に事業所が複数存在し，その間で従業員の転勤が頻繁に行われている（前掲・**東亜ペイント事件**・最判），あるいは以前にも当該職種を含めた職種間の異動が行われた例があり，また，経済の進展および産業構造の変化等に伴い，多くの分野で職種変換を含む配転を必要とする機会が増加している（**日産自動車事件**・最判で是認された，**同事件**・東京高判昭62・12・24労判512号66頁参照），③労働契約締結時に勤務場所・職種の限定に関する合意が，明示的または黙示的に成立したものとまでは認められない，といった事情が存在する場合には，使用者は個別的同意なしに労働者の配転を命じて，労務提供を求める権限を有するとされる。ただし，配転，特に転居を伴う転勤は，一般に労働者の生活関係に少なからぬ影響を与えることから，配転命令権を濫用することは許されないとされる。

権利濫用が認められる特段の事情としては，①当該配転命令に業務上の必要性がない場合，または②業務上の必要性がある場合でも，当該配転命令が他の不当な動機・目的を持ってなされたものであるとき，もしくは③労働者に対し通常甘受すべき程度を著しく超える不利益を負わせるものであるとき，が例示列挙されている。

この判断枠組は，配転命令時における職務内容・勤務場所に関する合意内容を，就業規則等の規定内容，当該企業・産業等における配転の実施状況，職務内容・勤務場所を限定する採用時の合意の有無から探求するものと解される。就業規則等に配転義務づけ条項があり，実際に配転が行われている，あるいはその必要性が高いという事情の下では，採用時に職務内容・勤務場所の限定合意がなかったことが，結果として重視されることになる。

これに対しては，労働契約の解釈を通じて使用者の配転命令権の存否・限界を判断する作業が重視されず，安易に使用者の配転命令権を肯定し，問題の処理をもっぱら権利濫用法理の適用に委ねてしまっているとの批判がある。特に，**日産自動車事件**・最高裁判決については，当該職場で特別の職種とされ，技能・熟練を要する職種に，長年従事してきたことによる職種限定合意の成立

を認めないこと，当該合意をその職種以外のものにはいっさい就かせないという趣旨の合意として理解し，その成立を事実上困難にしていること，その後の経済状況の変化による職種変換の必要性という当事者の予見し得ない事情から，合意内容を探求するのは契約解釈の域を超えること，などの問題が指摘されている（片岡・前掲『労働法理論の継承と発展』230頁）。

　権利濫用については，いわゆる主観的権利濫用（悪意・害意による権利行使）と客観的権利濫用（業務上の必要性に比して労働者に著しく不相当な不利益を及ぼす権利行使）に関する判断枠組を示したものと整理できる。しかし，特に後者の点では，「余人をもっては容易に替え難いといった高度の必要性に限定することは相当ではなく，労働力の適正配置，業務の能率増進，労働者の能力開発，勤務意欲の高揚，業務運営の円滑化など企業の合理的運営に寄与する点が認められる限りは，業務上の必要性を肯定すべきである」とされる一方で，夫婦・家族の別居生活等を伴う転勤が，「通常甘受すべき程度のもの」とされた（前掲・東亜ペイント事件・最判）。この問題点としては，業務上の必要性が広い範囲をカバーしていること，通常甘受すべき程度を著しく超える不利益の有無という基準が，労働者には高いハードルを設定していること，そもそも業務上の必要性と労働者の不利益とがそれぞれの基準で別々に判断され，両者の比較衡量という枠組の設定になっていないことなどが指摘できる。

　その後の裁判例は，以上のような判断枠組を踏襲しながら，配転命令の有効性・適法性を判断している。しかし，近年，労働者側の被る不利益に配慮した新しい動向が見られる（後述）。また，企業においても，労働者の希望を聴取し，それを踏まえて異動を行ったり，社内で夫婦が共働きをしている場合，同居が可能なように双方の配転を行ったりするなど，労働者の私生活に配慮した人事を行うようになっている。上記の最高裁判例は，今日の実務状況から見れば時代遅れのものとされつつあるといえる。

　（3）　法規制等　　まず，職務内容・勤務場所の変更に関する労働契約上の合意の有無・成立範囲については，労使対等決定原則（労契3条1項），ワーク・ライフ・バランスへの配慮原則（同3条3項），契約内容に関する労働者の理解

促進（同4条）などの，労働契約の指導原理に沿って認定が行われるべきである。とりわけ，転勤については，「当該労働者の子の養育又は家族の介護の状況」への事業主の配慮義務（育介26条）を踏まえて，合意の範囲が確定されるべきであると解される。

つぎに，合意の成立が認められる場合でも，強行法規に反しないことが当該合意の有効要件となる。特に，配転を明示的に規制しているものとしては，「配置（業務の配分および権限の付与を含む。）」に関する事業主の性差別を禁止する均等法6条1号が挙げられる。また，同7条は間接差別を禁止する規定であるが，転勤への応諾をいわゆる総合職の募集・採用の要件にすること（均等則2条2号）を，「合理的な理由がある場合」を除いて禁止する。少なくともこの例外的事由に該当しない限り，採用時の転勤合意は無効になるものと解される。

さらに，配転命令権の行使自体も，強行法規に反してはならないことはもとより，労働契約の指導原理を無視した配転命令や，特段の事情がないにもかかわらず，従来の慣行（本人の意向を事前に聴取する，辞令交付の一定期間前までに内示がある，定期的な異動がつぎに命じられるまでの期間や，当該職種からの異動先がある程度決まっているなど）に反した配転命令は，権利濫用（民1条3項，労契3条5項）が強く疑われる。

3　裁判例の判断傾向

(1)　職種・勤務地の特定　　職種限定の合意について，かつての裁判例では，①自動車運転手，看護師等のように「一定の技能，技術，資格を有することが雇傭契約の条件になっている場合」，②あるいは「その職場において規定若しくは慣例上それらの者を特別の職種としている場合」には，当該合意が成立していると解されるのに対して，③「単に一定期間同一の職種についていた」だけでは，そのように解することはできないとされていた（**武田薬品工業事件・大阪地決昭51・2・7労判245号44頁**）。

前述の**日産自動車事件・**最高裁判決後においては，上記②の場合について，

職種限定の合意を容易には認めない傾向にある。たとえば，放送局のアナウンサー募集に応じて採用され，24年間アナウンサーとして勤務した場合にも，「アナウンサー以外の職種には一切就かせない」という趣旨の合意が成立したとは認められないとされた（**九州朝日放送事件**・福岡高判平8・7・30労判757号21頁，同旨：**同事件**・最判平10・9・10労判757号20頁）。これに対して，損害保険会社の契約募集等に従事する外勤の正規従業員について，職種限定の合意が存在するとされたが，労働契約の継続性からすると，社会情勢の変動に伴う職種変更の必要性が生じることも否定し難いことから，「他職種への配転を命ずるについて正当な理由があるとの特段の事情が認められる場合」には，当該配転を有効とするのが相当であるとされた（**東京海上日動火災保険事件**・東京地判平19・3・26労判941号33頁）。しかし，一方で，いかなる内容・程度でも職種限定に関する合意を認めず，他方で，職種限定の合意があるとされながら，職種変更の必要性から他職種への配転を有効とするのは，いずれも通常の契約解釈としては不合理であろう。

　勤務地限定の合意については，当該事業所の従業員として現地採用された者，事務補助職として採用された者には認められやすい。これに対して，本社採用の正社員のように，当該企業で長期勤続を前提にしている者には，勤務地限定の合意を認めるのは原則として困難となっている。ただし，近年では，均等法の下で，雇用管理区分上，転勤を予定するコースと予定しないコースとを分けたり，転勤エリアを限定したりする実務が広がっている。このような場合には，正社員であっても勤務地限定の合意が認められやすいことになる（**新日本通信事件**・大阪地判平9・3・24労判715号42頁，**日本レストランシステム事件**・大阪高判平17・1・25労判890号27頁）。

　一般的には，当該労働者の企業での位置づけ・地位によって，職種あるいは勤務地限定の合意が黙示的に行われたか否かが，類型的に判断されているといえる。

(2)　権利濫用の有無　　前述の**東亜ペイント事件**・最高裁判決以降，権利濫用が認められた事例は少ない。主観的権利濫用の肯定例としては，退職勧奨に

第7章　人　事　145

応じない労働者に屈辱的な業務を割り当てた例（フジシール事件・大阪地判平12・8・28労判793号13頁），会社の諸方針に強く反対し，会社を相手とする訴訟を支援するなどしてきた労働者を遠隔地に配転した例（**朝日火災海上〔木更津営業所〕事件**・東京地決平4・6・23労判613号31頁）などがある。

客観的権利濫用については，一方で，共働きの男性が転勤を命じられたことにより，その妻と3人の子供と別居せざるを得なくなる単身赴任を強いられた事例（**帝国臓器製薬〔単身赴任〕事件**・最判平11・9・17労判768号16頁）や，通勤に片道約1時間45分を要する勤務地に配転を命じられた共働きの女性が，3歳の子の保育園送迎ができなくなり，家庭生活も破壊されるなどとしてこれを拒否した事例（ケンウッド事件・最判平12・1・28労判774号7頁）では，これらの不利益は通常甘受すべき程度を著しく超えるものではないとされた。

他方で，神経症による1年余の休職後に復職を申し出た（**損害保険リサーチ事件**・旭川地決平6・5・10労判675号72頁），子ども2人が病気で，両親も体調不良で家業の面倒を見ている（**北海道コカ・コーラボトリング事件**・札幌地決平9・7・23労判723号62頁），共働きで，子ども2人が病気のため週2回の通院をしている（**明治図書出版事件**・東京地決平14・12・27労判861号69頁），といった事情のある労働者への遠隔地配転は，通常甘受すべき程度を著しい超える不利益をもたらすものとして，当該配転命令権の濫用が肯定された（同旨として，**ネスレ日本事件**・大阪高判平18・4・14労判915号60頁）。

近時の裁判例では，勤務地限定の合意が仮りに認定できないとしても，労働者の期待に相応の理由がある場合には，特段の事情がない限り，使用者は勤務地をできる限り特定するよう配慮すべき信義則上の義務を負っていると判示する例，さらには，配転命令の手続において，当該配転が本人およびその家族に相当な不利益を強いるものである場合には，配転が必要とされる理由，配転先における勤務形態や処遇内容，配転前の勤務地への復帰の予定等について，使用者は労働者に可能な限り具体的かつ詳細な説明を尽くすべき義務を有すると判示する例が見られる（前掲・**日本レストランシステム事件**・大阪高判）。職種・勤務地限定への労働者の期待の程度や，配転を命じるに当たっての手続の妥当性

を，権利濫用の重要な判断要素として位置づける方向性を示すものといえる（荒木・421頁参照）。また，2001年育児介護休業法改正により，就業場所の変更により子の養育または家族の介護に困難が生じる労働者について，使用者がそのような状況に配慮しなければならないとの規定が設けられたが（育介26条，なお労契３条３項も参照），当該配慮を真摯に行ったか否かを，権利濫用の判断において重視する裁判例も注目される（前掲・**明治図書出版事件**・東京地決，同旨：前掲・**ネスレ日本事件**・大阪高判）。

Ⅲ　出向と転籍

1　意　　義

　出向は，ある企業での従業員としての地位（労働契約関係）を維持しながら，長期にわたり他企業においてその指揮命令を受けて労働に従事させる人事異動である。

　他企業でその指揮命令を受けて労働する点で，雇用主企業から指揮命令は受けながら，他企業で労働するにすぎない出張や派遣店員（自社商品の販促業務に量販店等で従事させるなど）とは異なる。また，他企業が当該労働者に対して指揮命令にとどまらず，懲戒等の人事に関する権限を有したり，場合によっては賃金支払義務を負ったりする点や，雇用主企業が当該労働者を多くの場合に休職扱いとする点で，労働者派遣とは異なる。これについて，労働者派遣法も，出向では出向先とも雇用関係が成立するとの理解の下に（いわゆる二重の労働契約説），労働者派遣を「当該労働者を当該他人に雇用させることを約してするものを含まない」（２条１号）とすることで，労働者派遣を出向と定義上区別しているとされる。しかし，出向と派遣との法的な峻別は困難であり，実態上も重なり合う部分が存在することは否定できない（くわしくは，本書第 **15** 章Ⅳ**2**(**3**)参照）。

　出向元企業と出向労働者との関係は，通常は復帰を前提にするが，あたかも同一企業内での配転であるかのように，企業グループ内で出向が利用されてい

第７章　人　　事　　147

る場合には、出向先企業からさらに別の企業に出向が行われることもある。また、不採算部門を関連企業に外部委託し、当該部門に従事していた労働者を当該関連企業等に出向させる場合には、復帰が事実上予定されていないといえる。

これに対して、転籍は、ある企業との労働契約関係を終了させ、新たに他企業との労働契約関係を成立させる人事異動である。これも出向に含め、上記の意味での出向を在籍出向、転籍を移籍出向ということもあるが、異動元企業との労働契約関係の存続の有無という点で、両者の法律関係の類型は本質的に異なる。

転籍元企業と転籍労働者との関係も多様である。企業グループ内での人事異動としての転籍では、転籍元への復帰が前提にされていることがある。転籍労働者に支払われる賃金の一部を、転籍元企業が補塡することもある。転籍元企業と転籍労働者との間の関係がすべて解消され、転籍が他企業への転職を前提にした退職という意味を持つにすぎない場合もある。

出向・転籍のいずれについても、出向元・転籍元企業と出向先・転籍先企業との間で、出向・転籍労働者の受入れに関する合意（出向契約、転籍契約）の成立が必要である。

2 出　向

(1) 有効要件　　(a)　出向命令が有効とされるためには、出向命令権が労働契約の内容となっていること、その行使が権利濫用に当たらないことを要する。裁判例は、民法625条1項および労基法15条に依拠しながら、出向には「労働者の承諾その他これを法律上正当づける特段の根拠」（**日立電子事件**・東京地判昭41・3・31労民集17巻2号368頁）を要すると当初から判示していた。すなわち、労務給付義務が一身専属的な特質を持つこと（同上）、指揮命令権者の変更は本来重要で、多くの場合に不利益な労働条件の変更であること（**日東タイヤ事件**・東京高判昭47・4・26高民集25巻3号203頁）を理由に、労働者の同意が出向には必要であるとする。その一方で、就業規則・労働協約・労使慣行も労働契約

❼ 新日本製鐵（日鐵運輸第2）事件（最判平15・4・18労判847号14頁）

本件では，会社の就業規則に，業務上の必要性により社員に社外勤務をさせ得るとの規定が，当該労働者らの入社当時から存在した。これと同旨の規定を持つ労働協約と，出向期間を原則として3年以内とすること，業務上の都合によりこの期間を延長し得ることなどを規定する社外勤務協定も，当該労働者らが所属する労働組合と会社との間で締結され，それぞれ更新を重ねている。

会社は収益が悪化したことから，労働組合に人員削減を中心とする合理化計画を説明し，出向拡大のための社外勤務協定の改定について妥結した。さらに，鉄道運送作業を関連会社に一括委託することを提案し，労働組合の了解を得た。同作業に従事する労働者のほとんどは関連会社への出向を命じられたが，これを拒否した当該労働者らが本件出向命令の無効確認等を求めた。なお，この出向措置は3年ごとに業務命令により延長されている。

第1審は，本件出向は実質的に見る

と，長期化が予想されるという意味で転籍に近いとしたが，このような出向についても，労働者の個別具体的な同意がなくても，会社は出向を命じ得るとの慣行が確立していたなどとして，請求を棄却した。第2審は，復帰の可能性が少ないといっても本件出向が出向としての性質を失うものではないこと，社外勤務協定の改定の際に会社も労働組合も，労働協約の規定に基づき会社が出向を命じ得るとの認識を持っていたことなどを理由に，同様の結論を示した。

最高裁は，本件の事情の下では，会社は労働者の個別的同意なしに本件出向命令を発令できること，本件出向命令は業務上の必要性も人選の合理性もあり，出向前後で従事する業務内容や勤務場所に変更を生じさせるものではなく，出向労働者に著しい不利益をもたらすものでもないといった事情などからすれば，権利濫用にも当たらないことを理由に，当該労働者らの上告を棄却した。

の内容となることから，これらの集団的規範が出向命令の根拠となり得るとしていた。とりわけ，就業規則の場合には休職事由として出向を列挙するのでは不十分で，出向義務を明確に規定する必要があるとされるに至る（**同事件・最判昭48・10・19労判189号53頁**）。

企業における出向実務の普及と規程の整備に伴い，労働者の同意と就業規則・労働協約の条項に関する有効性判断の枠組を裁判例は明確にするようになった。すなわち，労働者の同意は「真に同意に値するものである限り……暗黙或いは包括的態様のものでも足りる」（**興和事件・名古屋地判昭55・3・26労民集31**

巻2号372頁）とされる。真意によるものであること，内容が不利益ではないこと，同意時と命令時の間に不利益な事情変更がないことを要件に，事前の包括的同意が出向命令の根拠となるとされた。就業規則・労働協約上の包括的な出向義務づけ条項については，出向中の労働条件が労働者の利益に配慮して整備されていること，同種の出向を職場の労働者・労働組合が受容していることが有効性判断の重要な基準とされていると解される（**新日本製鐵〔日鐵運輸第2〕事件**・最判平15・4・18労判847号14頁，初期における裁判例として，**日本電気事件**・東京地判昭43・8・31労民集19巻4号1111頁）。

　　(b)　労働者の利益保護の観点から，出向の根拠を個別的同意に限定する傾向が強かった学説においても，最近では，包括的同意・包括的条項が出向命令の根拠となり得るとしたうえで，その有効性判断基準を吟味する立場（具体的規定説あるいは具体的合意説と呼ばれる）が有力である（菅野・691頁以下，土田・有・437頁以下，荒木・424頁）。これに対して，契約自由の実質的保障という観点から，勤務場所・内容の決定は集団的規範ではなく個別的合意によるべきことを，あらためて強調する見解も主張されている（西谷・229頁）。裁判例では，復帰を予定しない出向について，出向元との労働契約関係の存続が形骸化しているといえる場合には，当該出向は転籍と同視し得るので，労働者の個別同意を要すると解するものも見られる（前掲・**新日本製鐵〔日鐵運輸第2〕事件**・最判）。

　出向に関して，民法625条1項を根拠に労働者の同意が必要とされた当初のねらいは，労働者は出向を拒否できると主張するためであったと解される（この点で，労働契約の承継に対する異議申出権を定めた労働契約承継法5条は，民法625条1項の確認規定である）。その後の解釈論では，企業の出向命令権の根拠という観点から，この拒否の側面ではなく，同意付与の側面（さらにその事前同意化・包括化）に焦点が当てられるようになった。しかし，労働契約の一身専属性から，労働者の承諾を要すると法律が特に定めている事項については，労働者による特別の授権がない限り，同意を集団的規範で代替させることはできないと解される。また，このような同意の存在は，その後の拒否権を放棄したと見られる特段の事情がある場合に限って認められるべきである。

150

(c) 出向命令が就業規則等の関連規定に根拠を持つことを前提にした場合でも，権利濫用の成否が問題となる（労契14条）。従来の判断枠組では，業務上の必要性と出向者の不利益との比較衡量が行われる。特に，復帰を予定しない出向は転籍を見込んだ人事措置であることが多い。整理解雇回避に相当する正当性と人員削減手段としての相当性を，人選の合理性とともに業務上の必要性判断に求めることには相応な理由があると考える。このような人事措置により不安定な地位に事実上置かれることになる労働者の不利益も，十分な考慮に値する。

(2) 出向労働関係 (a) 労働者派遣法が踏まえているとされる，前述のような労働者派遣と出向との類型的区分では，出向の場合，出向労働者と出向元企業および出向先企業との間に，二重の労働契約が成立するものとされる。2007年に国会に提出された労契法の政府法案でも，「労働者が，……出向契約に基づき，……使用者との間の労働契約に基づく関係を継続しつつ，……第三者との間の労働契約に基づく関係の下に，当該第三者に使用されて労働に従事すること」（14条2項）として，出向が定義されていた（この2項は立法化されなかった）。学説上は早くから，出向では二重の労働契約が複合的に成立しているとしたうえで，使用者責任がどのように分配されているかを検討する必要があるとの指摘が見られた（外尾健一『労働法実務大系9　採用・配転・出向・解雇』〔総合労働研究所，1971年〕187頁）。その背景には，労働者の使用あるところには雇用ありという，直接雇用原則の尊重があったと考えられる（近代的な雇用の原則を定めた民法623条も，労働者を雇用する者がその労働者を指揮命令できるという前提に立っていると解される）。

これに対して，出向先と労働者との間に包括的な（完全な）労働契約が成立するとは，当然にはいえないとの見解が現在の学説では多数である（菅野・696頁，土田・有・443頁，荒木・425頁）。それによれば，出向労働者に対して出向先企業が有する権利義務の内容は，基本的には出向契約と労働者の出向同意により定まる。その内容は，現実には多様であるが，出向元企業との労働契約関係の存在を前提として，出向先企業との労働契約関係（出向労働関係または部分的

労働契約関係）は成立していると解される。労働契約が出向先企業と出向労働者との間で締結されていると見られるのは，出向元企業との労働契約関係が形骸化しているなど，例外的な事情が存在する場合に限られる。

この見解によれば，一方では，出向元との間にあった1個の労働契約が，出向契約と出向合意に基づいて，具体的な就労に関する権利義務関係を中心に出向先に移転し，出向元には労働者の地位に関わる基本的な権利義務関係が残るとされる。

他方で，賃金支払義務を出向先が負う場合でも，出向元が連帯して支払義務を負う（併存的債務引受）と解されている（**日本製麻事件**・大阪高判昭55・3・28判時967号121頁参照）。また，労働契約上の付随義務についても，出向労働者に対する安全配慮義務を負うのは，第1次的には出向先であるが（**協成建設工業ほか事件**・札幌地判平10・7・16労判744号29頁参照），出向元も出向労働者が相談してきた場合には，出向先での業務遂行に伴う疲労等が過度に蓄積しないように配慮し，出向先に勤務状況を確認したり，出向を取り止めたりするなどの措置をとるべき注意義務を負うとされる（**A鉄道〔B工業C工場〕事件**・広島地判平16・3・9労判875号50頁）。

このように，労働契約上の義務のうちには，出向元と出向先が重畳的に使用者責任を負うと解すべき場合が少なくないことから，二重の労働契約という表現が適切であるとの見解も根強い（西谷・230頁）。なお，労働者が労働契約上の付随義務である競業避止義務等を負うのも，通常は出向先との関係であるが（**チェスコム秘書センター事件**・東京地判平5・1・28労判651号161頁），事情によっては出向元との関係でも問題になり得るであろう。

(b)　出向先の懲戒権については，若干の検討が必要である（土田・有・444頁）。まず，懲戒権も出向契約と出向合意に基づいて振り分けられるが，懲戒解雇・諭旨解雇の権限は出向元が保持し，その他の権限は出向先が有する場合が多いといわれる。つぎに，出向先でその指揮命令に従って労務提供を行うことが，当該出向を命じた出向元との関係での出向労働者の基本的な服務であるので，出向先での服務規律違反を理由に，出向元は懲戒を行うことができる。

ただし，出向元の企業秩序に及ぼす影響は間接的なものにとどまることが，当該処分の有効性審査に当たっては考慮されるべきである（**日本交通事業社事件・**東京地判平11・12・17労判778号28頁）。さらに，出向労働者の同一の非違行為に対して出向元と出向先がそれぞれ懲戒を行うことは，二重処分として許されない。出向労働者が出向先の有効な懲戒規程に個別に同意していると見られる場合には，出向先は出向元とは別個の懲戒権を有することになり得るが，このような同意の認定には慎重であるべきである（なお，**勧業不動産販売・勧業不動産事件・**東京地判平4・12・25労判650号87頁では，就業規則のない出向先が親会社である出向元の就業規則を適用して行った懲戒処分について，出向先における当該就業規則の適用への出向労働者の同意を認めたが，疑問である）。

(c) 労働者保護法の適用については，法規の性質上責任を負うべきものが使用者となる。たとえば，労働時間，安全衛生に関する規制では，労働者を指揮命令する出向先が責任を負う。賃金に関する規制では，出向契約・出向合意で決められた使用者が責任を負うが，前述のように，それが出向先である場合でも，出向元が責任を負うべき場合がある。

(3) **出向からの復帰**　労働者を出向先企業から復帰させる場合，労働者の同意は必要であるか。裁判例では，復帰は「もともと出向元との当初の労働契約において合意されていた事柄」として，これを要しないとするものがある（**古河電気工業・原子燃料工業事件・**最判昭60・4・5民集39巻3号675頁）。少なくとも当初予定した出向期間満了前の復帰については，あらためて労働者の同意が必要になると解される。

3 転　籍

転籍は，原則として，労働者が転籍元との間の労働契約を合意解約し，転籍先との間に新しい労働契約を締結するものと法的に構成されるが，従前の労働条件が継承される場合には，転籍元から転籍先への労働契約上の地位の包括譲渡に労働者が同意した（民625条1項）と見ることができる。

いずれの場合であっても，出向とは異なり，従前の労働契約を解消し労働契

約締結の相手方を変更するものであるから，つねに労働者の個別的で明確な同意を要すると解される（**三和機材事件**・東京地判平 7・12・25労判689号31頁参照）。特定会社への転籍について採用時の面接で説明を受けて同意をしていること，当該転籍が人事体制に組み込まれて長年実施されてきたものであることから，同社への転籍について採用時に事前の包括的同意があるとして，それを根拠に転籍命令を認めた裁判例もある（**日立精機事件**・千葉地判昭56・5・25労判372号49頁）。しかし，転籍と同様，労働者の移籍（雇用主企業の変更）をもたらす会社分割に関して，労働契約承継法が綿密な手続を規定していることとの均衡からしても，労働者の真意に基づくその都度の同意を要すると解すべきである（土田・有・400頁。労働契約承継法については，第 **14** 章**IV 2**参照）。

労働者が転籍に同意したにもかかわらず，転籍先が当該労働者の受入れを拒否することがある。転籍先との労働契約がまだ成立していないのであれば，転籍に基づく合意解約は新労働契約の成立を条件としたものとして，転籍元に地位確認を求めることができる（**生協イーコープ・下馬生協事件**・東京高判平 6・3・16労判656号63頁）。

転籍においては，転籍先のみが労働契約上の使用者となる。転籍期間の満了により転籍元に復帰する旨の合意がなされたとしても，それによって出向に変わるものではなく，労働者は転籍先に対してのみ労働契約上の義務を負う。しかし，転籍期間満了時には当該合意に基づいて，転籍元との雇用関係上の地位が認められる（**京都信用金庫〔移籍出向〕事件**・大阪高判平14・10・30労判847号69頁）。

IV　昇進・昇格

1　意　義

(1)　昇進・昇格　　昇進は，係長，課長，部長などの企業組織上の地位（役職，職位）の上昇を意味する。

昇格は，多くの企業が採用している職能資格制度を前提とする。同制度では社内資格（職能資格）が設けられ，各社内資格がどのような職務遂行能力（職能）

に対応するかを明確にした職能資格基準が定められる。この資格の上昇が昇格と呼ばれ，現在の資格において昇格に必要な経験年数（昇格必要年数）を経ていることを前提に，昇格試験や人事考課に基づき決定される（資格を職能の大分類の意味で用いて，各資格内での中分類を等級ということもあり，この場合には同じ資格内での等級の上昇を特に昇級と呼ぶ）。職能資格制度においては，役職や職位が一定の資格と対応関係に置かれているため，昇格は昇進の前提条件となる。また，同制度に対応して職能を基準とする職能給制度が採用される。近年の調査によれば，正社員全体に職能資格制度を実施している企業は，従業員5,000人以上で85.7％，1,000人～4,999人で72.7％，300人～999人で75.0％，300人未満で63.8％となっている（労働政策研究・研修機構「今後の雇用ポートフォリオと人事戦略に関する調査〔2009年調査〕」2010年）。

（2）降格　　降格には，職位・役職を引き下げるもの（昇進の反対措置）と，職能資格制度上の資格を低下させるもの（昇格の反対措置）とがある。人事異動として行われる場合と，懲戒処分として行われる場合（降職と呼ばれることがある）がある。降格は，権限と責任，要求される職能水準の低下を伴い，賃金の低下をもたらす。ここでは，人事異動としての降格を扱う。

2　法的規制

（1）昇進・昇格　　昇進については，労働者を昇進させないことが差別的取扱いに当たる場合など，裁量権の濫用があると見られる場合には，当該労働者は不法行為を理由に損害賠償を請求し得る。

　昇格についても，これと同様のことがいえる。さらに，職能資格制度において，ある資格への昇格が実際には年功的運用により行われているにもかかわらず，特定の労働者がその運用から排除されているような場合には，差別を受けている労働者は当該運用基準の適用を主張し，昇格した地位にあることの確認と当該資格に対応した賃金の支払いを求めることができる（**芝信用金庫事件・東京高判平12・12・22労判796号5頁**）。

（2）降　格　　職位・役職の引下げとしての降格については，裁判例は，就

業規則に特に根拠規定がなくても使用者の裁量的判断により可能であるとする（バンク・オブ・アメリカ・イリノイ事件・東京地判平7・12・4労判685号17頁）。ただし職種限定の合意がある場合には，それにより降格も制限される。また，賃金引下げなどによる金銭的不利益だけでなく，キャリア形成への悪影響や名誉感情の侵害なども考慮して，権利濫用の成否が判断されるべきであろう（西谷・237頁）。

職能資格の引下げとしての降格は，通常の職能資格制度では本来予定されていないことである。このため，降格を使用者が行い得る明確な根拠が必要である（アーク証券事件・東京地決平8・12・11労判711号57頁）。また，降格権限を使用者が有する場合でも，それが濫用されてはならないことは当然である。

いずれの降格についても，労働契約上の根拠がない場合，または権利濫用に該当する場合は，不法行為に基づく損害賠償請求は当然として，降格の無効確認もしくは降格前の地位にあることの確認請求と，降格により低下した賃金と従前の賃金との差額の支払請求を行うことができる。

なお，職務給を賃金制度の基本としている企業の場合，配転命令が労働者の業務内容を変更する配転と，職務ごとに位置づけられた給与等級の降格との双方を意味することがある。この種の配転命令については，労働者の争い方にもよるが，裁判例は，従前の賃金からの減少を相当とする客観的合理性がない限り，当該配転命令全体が無効であるとしたり（日本ガイダント仙台営業所事件・仙台地決平14・11・14労判842号56頁），配転自体の有効性を前提に，賃金の一方的な減額措置を無効としたりしている（デイエフアイ西友〔ウェルセーブ〕事件・東京地決平9・1・24判時1592号137頁）。職能給制度の下では，配転命令により職種等が変更されても，賃金額に基本的な変化が生じない。このことが，配転命令に関して使用者の裁量的判断を尊重する従来の判例法理の前提にあると解されるが（本章Ⅱ**2**(2)参照），企業の賃金実務への職務給の浸透は，同法理の見直しを迫ることになる。

V 休　　職

1　休職の意義と種類

　休職とは，労働者による労務提供あるいは使用者によるその受領が相当期間にわたって不能もしくは困難である事由が生じた場合に，労働契約関係を維持しつつ労働者の労務提供を中止させる制度をいう。近年の調査によれば，89.7％の企業がなんらかの休職制度（あるいは慣行）を有している。使用者は，就業規則（労基89条10号）あるいは労働協約などに基づいて，必要な限りにおいて労働者に休職を命じることができる（使用者の形成行為であり，休職処分とも呼ばれる）（西谷・237頁）。組合専従休職，公職休職，傷病休職（業務外の傷病による欠勤が一定期間に及んだ場合），事故欠勤休職（傷病以外の自己都合による欠勤が一定期間に及んだ場合），起訴休職，出向休職，一時帰休などが存在する。

2　法的規制

　就業規則上の休職制度については，一般的には，合理性審査によりその制度としての有効性の有無が判断される（労契7条）。また，個々の休職処分についても，就業規則上の根拠規定の合理的解釈とそれへの適合性が求められる。

　傷病休職と事故欠勤休職は，解雇の猶予措置としての性格を有する。このため，解雇規制との関係でその合理性が問題となる。まず，休職期間が労基法20条の解雇予告期間よりも長く，休職期間中に就労可能となれば復職可能となっている場合には，解雇予告期間よりも労働者に有利な取扱いであり，同条違反の問題は生じない。つぎに，休職期間満了時にあらためて解雇の意思表示を行うという制度の場合には，その時点で解雇の有効性を判断することになるため，休職処分の有効性は特に問題とならない。これに対して，休職期間満了時に退職扱いとなる制度の場合には，休職処分は事実上解雇予告を含むことになるので，解雇相当性に近似した休職処分相当性に関する判断を行うべきである。

第7章　人　事　157

傷病休職については，復職の要件たる「治癒」が備わったか否かがしばしば問題となる。この場合も休職命令の場合と同様に考えることになるが，復職できなかった場合には退職に至ることとなるので，より慎重な判断が必要となる。裁判例は，原職復帰が困難であっても現実に配置可能な業務があれば，その業務に復帰させるべきだと解し，復職を広く認める傾向にある（JR 東海事件・大阪地判平11・10・4労判771号25頁，カントラ事件・大阪高判平14・6・19労判839号47頁）。

　起訴休職については，労働者が起訴されただけではこの処分は許されない。当該労働者を就労させることにより，職場秩序や企業の社会的信用に悪影響を及ぼす場合，あるいは勾留や公判期日出頭のために，当該労働者の労務提供が不可能または困難になる場合，起訴休職処分は可能とされる。また，当該処分は，起訴の対象となった事実に対して行われる可能性のある懲戒処分と比較して，明らかに均衡を欠くものではないことを要する（全日本空輸事件・東京地判平11・2・15労判760号46頁）。

　休職期間中は，労務の提供がなされないため，原則として使用者は賃金支払義務を負わない。しかし，有給を保障する特別な定めがある場合には，それに従う。また，当該休職について，使用者に民法536条2項あるいは労基法26条に該当する帰責事由がある場合，賃金支払あるいは休業手当支払を請求することができる。たとえば，病気等の休職事由が生じ，使用者が労働者の意に反して休職を命じたが，労務提供義務の履行が実際には可能であると解される場合には，使用者は賃金支払義務を免れない。職務内容が特定されていない場合，就労を命じられた職種についてだけでなく，他の業務への配置が可能であり，労働者もそれを希望していれば，労務提供は可能であると判断される（片山組事件・最判平10・4・9労判736号15頁，同事件差戻審・東京高判平11・4・27労判759号15頁）。職務内容が特定されている場合でも，同様の可能性を検討すべきであろう（傷病休職中の復帰に関する事案で，一般論として同旨の判断を示したものとして，前掲・カントラ事件・大阪高判参照）。

第8章

賃　　金

I　労働者と賃金

1　賃金の実態

　賃金は，労働者にとって，いわば生活の糧であり，労働時間とならんで最も重要な労働条件である。使用者にとっても，賃金は，労働契約に基づきその支払いが義務づけられる最も基本的な義務である。

　ところで，個々の労働者が受け取る賃金は，その決定基準や支払い項目の構成によって，さまざまなタイプがあり得る。そのタイプのことを賃金体系というが，これは時代とともに変遷してきた。およそ1990年代初めまでは，大規模な企業を中心に，年功賃金と呼ばれる賃金体系を採用していた。これは，毎月の賃金として，基本給に住宅手当などを加えた所定内賃金と，時間外労働手当などの所定外賃金で構成される。このような毎月の賃金以外に，賞与（ボーナス）や退職金などの臨時の賃金も支払われる。基本給の額は，労働者の能力や労働時間に対応して決定されるというより，年齢，学歴，勤続年数などの要素を中心にしつつ，これに技能・知識などを加味して決定された。年功賃金では，一般に毎年，年齢や勤続を重ねるに従い賃金が引き上げられるという定期昇給を含んでいた。

　しかし，このような年功賃金は，技術革新に伴い，加齢と労働能力の発達が対応しなくなること，労働力構成が高齢化してきたこと，企業間の競争が国際的レベルで激化してきたこと，などの事情から，企業の賃金コストを引き下げるため，変更が加えられた。

159

そこで採用されたのが，職能資格人事制度である。これは，賃金の決定方法
を含む1つの人事処遇制度である。この方法では，職務を総合職や技能職など
に区分し，それぞれに職制上の職位（部長や課長など）とは別に職能資格を定め
（たとえば，理事や主事など），それぞれに何段階かのランクを設け，能力に応じ
て一定のランクに位置づけるというものである（主事1級，主事2級など）。賃
金は，それらの資格等級に応じて決められ，職制上の職位についている場合に
は，役職手当が支給されることになる。この制度では，能力の評価が低ければ
賃金は下がり，低い評価が続くような場合，ランク自体が引き下げられること
もあり得る（本書7章Ⅳ1(1)も参照）。

　これが，今日，最も普及している賃金体系であるが，この場合も，まだ年功
的要素が含まれている例が多いので，それを払拭し，新たな賃金体系として導
入が図られつつある方法が，成果主義賃金体系である。この方法は，どれだけ
の時間働いたかではなく，どれだけのものを生み出したかによって賃金を決定
するという考え方を基礎に，職務を役割に応じて何段階かに分け，その段階ご
とに一定の幅のある賃金を対応させ，成果を評価して位置づけを決める方法で
ある。この方法の場合，成果を評価しなければならないので，それに不満が生
じないよう，どのように公正な評価をするかが重要な問題となる（最近の賃金
の動向について，ビジネス・レーバー・トレンド2015年3月号参照。日本の賃金の特徴
について，木下武男『日本人の賃金』〔平凡社，1999年〕参照）。

　わが国では，性別，企業規模，雇用形態別で賃金格差が大きいという特徴が
ある。また，上記のような賃金体系を採用しているのは，大規模な企業に限ら
れる。そして，パートタイマーなどの雇用形態の場合，時間給での支払いが一
般的であって，通常，各種の手当や賞与，退職金なども支払われない。また，
月給制の場合，欠勤しても賃金の減額が行われない場合があるが，パートタイ
マーでは，労働時間と賃金とが厳格に対応しているのが普通である。

2　賃金保護の必要性と保護の概要

(1)　賃金保護の必要性　　賃金は労働者の生活の糧というべきものであるか

ら，①人間らしい生活ができるだけの賃金額であること，②差別なく公正な賃金が支払われること，③賃金が確実に労働者に渡ること，が重要である。①については，最低賃金法による規制（後述）を除き，私的自治に委ねられている。つまり，労働契約によって決められることになる（実際には使用者が定めた就業規則による）。しかし，使用者と労働者には交渉力に格差があるから，対等な交渉を実現するためには，労働組合を結成し，それを通じて交渉する必要がある。②については，労基法3条，4条で差別を禁止しており，パート労働法でも，一定の要件を満たすパートの賃金の差別を禁止している（くわしくは，本書第15章Ⅲ3(3)参照）。なお，労働組合の組合員であることなどを理由とする賃金差別は，不当労働行為となる（労組7条1号）。③については，賃金の不払いやピンハネがあると生活が困難になるので，労基法上の賃金保護は，おもに，そのような事態の発生を防止する必要に応じる規制内容になっている。

(2) 労働基準法上の保護の概要　　労基法上の賃金保護の全体を示せば，以下のとおりである。①男女同一賃金の原則（4条），②書面による賃金の明示（15条），③賃金と前借金との相殺禁止（17条），④死亡・退職時の賃金支払い（23条），⑤賃金支払いの4原則（24条），⑥賃金の非常時払い（25条），⑦休業手当（26条），⑧出来高払い制における保障給（27条），⑨時間外・休日・深夜労働に対する割増賃金の支払い（37条），⑩未成年労働者への賃金の直接払い（59条），⑪就業規則における賃金に関する事項の明記（89条），⑫賃金台帳の調製（108条）などである。これらは基本的には賃金の受領保護の面に限られており，賃金額については定めがない。当初は賃金額についても労基法で定められていた（28条以下）が，1959年の最低賃金法の制定に伴い，賃金の最低基準の規制はそれに委ねられ，労基法上の関係条文は削除された。

(3) 労働基準法以外の賃金保護　　企業活動が円滑に進んでいる限り，仮に賃金の不払いが起きても，労基法上の保護内容である賃金の全額払いの原則（24条）により，使用者に支払いを求め，それでも拒否するような場合には，労働基準監督官を通じて支払いを督促することも可能である。しかし，使用者が倒産して支払能力を失ったような場合，労基法上の保護では不十分である。

第8章　賃　金　161

そこで、このような場合の賃金債権の保護については、項を改めて後述する（本章Ⅵ**1**，**2**参照）。

3 賃金の法的意義

(1) 労働基準法上の賃金　賃金とは何かについて、民法では、「労働に従事すること」に対する対価と定め（民623条）、また、労基法では「労働の対償」（11条）と定義している。

労働者の受け取る金銭が労基法上の「賃金」といえるか否かを論じることは、問題となっている給付が上述のような労基法上の保護を受けられるか否かを決するうえで、重要な意味がある。

労基法11条は、「この法律で賃金とは、賃金、給料、手当、賞与その他名称の如何を問わず、労働の対償として使用者が労働者に支払うすべてのものをいう」と定めている。つまり、労基法上の賃金といえるためには、①労働の対償であること、②使用者が労働者に支払うものであること、が必要である。

この定義は、労働者が受ける給付に対してできるだけ広く法的保護を及ぼそうとする考え方に基づくので、きわめて抽象的であり、賃金の該当性は、個別に判断するしかない。この判断に当たり問題となるのは、特に①の要件である。この点について、行政解釈では、(イ)任意的・恩恵的なもの、(ロ)福利厚生給付に当たるもの、(ハ)業務上必要な備品・設備に当たるもの、は賃金ではないとされている。具体的には、(イ)の例として、結婚祝金、死亡弔慰金、災害見舞金などがある。しかし、これらの支給が労働協約、就業規則、労働契約などで使用者に義務づけられている場合には賃金に当たる（昭22・9・13発基17号）。なぜなら、このような場合には、使用者の給付は恩恵的性格を失い、明確な労働条件として労働者の権利となるからである。したがって、賃金を労務の提供と対応する金銭、というように狭く理解してはならない（退職金や賞与がいかなる性格の金銭であるかについては、後述する〔本章Ⅱ**1**(1)，**2**(2)参照〕）。つぎに、(ロ)の例として、住宅の貸与、住宅資金・生活資金の貸与、給食の提供、生命保険料補助金などがある（労働省(上)・164頁、昭30・10・10基発644号、昭63・3・14基発150号）。

最後に，(ハ)の例として，交通従業員の制服，出張旅費，役職員の交際費，器具の損料としての器具手当などがある（昭23・2・20基発297号，昭26・12・27基収6126号，昭27・5・10基収2162号）。

もう１つの要件である②については，たとえばサービス業で労働者が受け取ることのあるチップは，客からのものであるから，原則として賃金とはいえないが，使用者が客から領収した奉仕料（サービス料）を当日勤務した労働者に均等に配分する場合は，使用者が支払うものであるから，賃金となる（労働省(上)・162頁）。なお，労働契約上，労働者が負っている労務を提供する義務は持参債務の性格のものである。したがって，通勤費は，本来，労働者が負担すべきものであるが，それが支給される場合には，賃金となる（昭25・1・18基収130号，昭33・2・13基発90号）。

(2) 平均賃金　　労基法は，解雇予告手当（20条），休業手当（26条），年次有給休暇手当（39条。所定労働時間の労働に対する通常の賃金でもよい。なお，健康保険法上の標準報酬日額相当額でよい場合もある），災害補償（76～82条），減給の制限（91条）などを算定する場合，「平均賃金」を用いている。なお，時間外・休日労働・深夜労働に対する割増賃金は，平均賃金ではなく，「通常の労働時間又は労働日の賃金の計算額」（37条）によって算定される。

そこで，平均賃金をどのように計算するかが問題となる。これについて，労基法12条は，原則的な計算方法として，「この法律で平均賃金とは，これを算定すべき事由の発生した日以前三箇月間にその労働者に対し支払われた賃金の総額を，その期間の総日数で除した金額をいう」と定めている。しかし，これをそのまま当てはめた場合，通常の収入からかけはなれることが起こるため，労働者の具体的な生活を保障する見地から，さまざまな場合を想定して，複雑な規定が設けられている（労基12条）。

上記の定義のうち，「事由の発生した日」とは，たとえば，解雇の通告日，労災の場合の事故発生日，休業・休暇の初日などをいう。また，「賃金の総額」には，既払い賃金のみならず，遅払い・未払い分も含まれ，また，賃金改定後に算定事由が発生すれば，新賃金で計算される。しかし，臨時に支払われた賃

金，3ヶ月を超える期間ごとに支払われる賃金，一定範囲に属しない現物給与は除外される。さらに，「総日数」とは，労働日数とか操業日数ではなく，暦日日数である。ただし，この日数から労災による休業，産前・産後の休業，使用者の責めに帰すべき事由による休業，育児・介護休業法に基づく休業の期間，さらに試用期間は除かれ，また，その間の賃金も除かれる。

出来高払い制の場合など，原則的な計算方法で計算すると平均賃金額が異常に低額になる場合のため，平均賃金の最低保障額について定められており（労基12条1項但書），また，日雇い労働者や平均賃金を算定できない常用労働者のための特例的な計算方法も定められている（同12条7項・8項）。

4 賃金の決定と変更

(1) **賃金請求権の発生**　　労働契約は，労働者が労働すること，これに対して使用者が賃金を支払うこと，を労使が合意して成立するものである（労契6条）から，賃金が支払われるか否かは，当該契約が労働契約であるかどうかを決する基本的な要素であり，もし賃金なしに労働が行われても，それは労働契約ではない（本来のボランティア活動など）。

このように，賃金は労働と対価的関係に立つから，現実に労働がなければ賃金請求権は発生しない（宝運輸事件・最判昭63・3・15民集42巻3号170頁）。これを一般に，「ノーワーク・ノーペイの原則」（民624条1項）という。また，賃金請求権が労働後に発生することも意味する（これを「賃金後払いの原則」という）。もっとも，民法上のこの規定は任意規定であるから，これと異なる労使間の合意も可能である（たとえば，賃金の前払いの合意。賃金請求権の発生について，盛誠吾「賃金債権の発生要件」21世紀講座5・60頁以下参照）。問題は，どのような場合に「約した労働」（同624条1項）が行われたといえるかである。この問題について，一般に，それは「債務の本旨」（同415条・493条）に従った労務の提供が行われた場合と考えられている。ただし，それを肉体的・精神的なすべての能力を傾注した場合と考えることは適切でなく，使用者の指揮命令に従って職務に誠実に従事すればよいというべきである。また，職種や業務内容を特定しな

い労働契約の場合，現に就業を命じられた労務提供が十全にできなくても，当該の労働者の現実的配置が可能な他の業務について労務の提供ができ，かつ，その提供を申し出ていれば，債務の本旨に従った履行の提供があるといえる（**片山組事件**・最判平10・4・9労判736号15頁）。（なお，なんらかの理由により不就労が生じた場合の賃金については，本章Ⅳ参照）。

(**2**) 賃金請求権の変動　　(a) 昇給と降給　　年功賃金の場合，通常，毎年賃金は上昇する。問題となるのは，賃金が引き下げられる場合である。賃金は，労働契約の最も重要な要素であるから，労働者の同意なしに一方的に減額することはできない（**更生会社三井埠頭事件**・東京高判平12・12・27労判809号82頁）（なお，就業規則の変更に基づく場合は，本書第 **4** 章Ⅲ**6**参照）。

また，賃金の異なる職務に配転された場合や能力主義的な賃金制度の下で格付けが変更された場合，賃金が変動することがある。しかし，減額が認められるためには，明確な定めが必要であり，単に「昇給」の定めしかない場合に，それを減額の根拠にはできない（**チェース・マンハッタン銀行事件**・東京地判平6・9・14労判656号17頁）。また，降格が人事異動の措置として行われる場合，人事権の行使として為されるとしても，その行使は合意の範囲内で行われるべきであり，降格処分が減給を伴う場合，それは懲戒処分と同様の不利益を与えるものであるから，懲戒処分に該当する場合の要件を充足する必要がある（**日本レストランシステム事件**・大阪高判平17・1・25労判890号27頁）。

(b) 成果主義と賃金　　前述のように，成果主義賃金制度の場合，成果の程度によって賃金が上下する。特に賃金が引き下げられた場合には，そのような処遇の効力をめぐって紛争になる。その際，問題となるのに，制度の導入の次元と，その運用の次元である。

まず，制度の導入についていえば，成果主義賃金制度は，通常，就業規則の改定によって導入されるので，その合理性いかんが問題となる（この判断について，くわしくは，第 **4** 章Ⅲ**6**(**6**)参照）。下級審の中には，年功部分20％，職能部分80％という賃金体系の構成比を逆転させた就業規則の変更について，「労働生産性と結びつかない形の年功賃金制度は合理性を失い，労働生産性を重視

し，能力，成果に基づく賃金制度をとる必要性が高くなっていることは明白」として変更を有効と判断した例がある（**ハクスイテック事件**・大阪地判平12・2・28労判781号43頁。この判断を高裁も支持した。大阪高判平13・8・30労判816号23頁）。しかし，賃金は最も重要な労働条件であるから，不利益になる内容の制度を導入するには高度の必要性に基づく合理性を要するというべきである（**大曲市農協事件**・最判昭63・2・16民集42巻2号60頁）。したがって，つぎのような基準で賃金制度の変更を無効にする判断は妥当である。すなわち，制度の導入に経営上の必要性があったことは否定できないが，基本給，能力給，実績給に関する具体的な決定基準などを定めた規定が存在せず，大幅な賃金の減額を緩和する経過措置や代償措置もとられていないとして就業規則の変更を無効とした判断が，それである（**学校法人実務学園ほか事件**・千葉地判平20・5・21労判967号19頁）。

　以上のような制度の導入に関する問題とは別に，より重要な問題として，制度が適正に運用されない場合の救済のあり方に関する問題がある。この問題について，多くの裁判例は，人事考課とこれに基づく給与査定は使用者の裁量に任されているとしたうえで（たとえば，**エーシーニールセン・コーポレーション事件**・東京高判平16・11・16労判909号77頁），それがなんらかの差別事由や不当労働行為に該当する場合に無効としてきた。学説では，人事考課は賃金決定という企業の資源配分に直結する手続であるから，使用者にその裁量権を認めつつ，それが公正に行われることを求めるという見解がある（土田道夫「成果主義人事と人事考課・査定」土田道夫・山川隆一編著『成果主義人事と労働法』〔日本労働研究機構，2003年〕85頁以下）。これに対し，使用者の査定権限を認めたうえで，これが公正ないし適正に行われるべき義務があるとする法的構成をする見解がある（たとえば，毛塚勝利「賃金処遇制度の変化と労働法学の課題」学会誌89号22頁は，「職業的能力の適正評価義務」と構成する）。この義務は，労働契約上の信義則ないし賃金支払い義務の付随的義務と構成されるから，義務違反の場合，公正な評価の履行を含めた債務不履行責任を追及できる点，および，その立証責任を使用者が負う点で労働者に有利な構成である。このような債務不履行構成ではなく，正当に査定され，それに従った賃金の支払いを受ける利益の侵害を理由に

不法行為責任を追及する構成も可能である。損害額の算定は困難な問題であるが，実際に受け取った賃金と適正な評価が行われた場合の賃金との差額とすべきである（**マナック事件**・広島高判平13・5・23労判811号21頁）。

　後述（本章**V2**）するように，労基法27条は，労務を提供したのに出来高が低いために賃金が低くなることで，労働者の経済生活の安定が脅かされることがないよう，「労働時間に応じ一定額の賃金の保障」を使用者に義務づけているが，この趣旨は賃金制度一般に活かされるべきであるから，この趣旨に反するような極端な成果主義賃金制度は強行規定に反して無効というべきである（島田陽一「成果主義的賃金制度における減額清算の適法性」労旬1686号8頁以下）。

　(c)　**賃金請求権の消滅**　賃金も債権である以上，他の債権の場合と同様の原因により消滅する。ただし，労働者を保護する観点から加えられている規制は，消滅に関しても及ぶ。具体的には，放棄や相殺は賃金全額払いの原則との関係で規制を受ける（本章**Ⅲ3**参照）。また，時効についても，民法では月給，週給，日給などの請求権につき1年の短期消滅時効が定められている（民174条1号）が，この特則として，労基法115条で，賃金は2年，退職手当は5年の短期消滅時効を定めている。

　(3)　**年俸制**　賃金を決定する場合の期間の単位は，時間，日，月が基本であるが，年を単位とする場合が年俸である。年俸の決め方，支払い方などを制度化したものが年俸制であり，これは賃金に関する制度であるから，就業規則で定める必要がある。通常，個別の労働者が年度のはじめに上司と面接し，過年度に設定された目標に照らして業績が評価され，それが次年度の賃金決定に反映される。目標設定が行われる点で，目標管理制度と一体化することになる。また，評価が組み込まれている点で，年俸制は成果主義賃金の典型であり，潜在的な職務遂行能力ではなく，顕在化した成果・業績に主眼を置いて処遇する方法である。ただし，年俸制でも，後述の「定期払いの原則」の規制を受けるので，その支払いは分割して「毎月一回以上」（労基24条）行わねばならない。

　年俸制にはさまざまなタイプがあるが，固定額のみが支払われるタイプの場合，それを適用できる対象労働者は限定される。なぜなら，このような年俸制

第8章　賃　金　167

は，どれだけの時間労働したかを問題にしないことになるが，時間外労働があればそれに対して割増賃金を支払う必要がある以上，固定額とするには，そのような規制を受けない管理職やみなし労働時間制の適用を受ける労働者でなければならないからである。したがって，固定額とは別に時間外労働に対して報酬が支払われるタイプであれば，その報酬部分が時間外労働手当であることが明確であり，かつ，その金額が当該手当相当額以上である限り，これらの労働者以外でも採用可能である（**創栄コンサルタント事件**・大阪地判平14・5・17労判828号14頁）。

　年俸制の場合，年俸額を確定的に支給する旨が合意されていれば，賃金規則の変更を理由に契約期間の途中で賃金額を一方的に引き下げることはできない（**シーエーアイ事件**・東京地判平12・2・8労判787号58頁）。問題となるのは，年俸額を決める個々の労働者と使用者との協議が不調に終わった場合の扱いである。そのような場合，使用者は協議を打ち切って年俸額を決定でき，それに不服のある労働者は使用者の裁量権の逸脱について訴訟上争えるとする裁判例がある（**中山書店事件**・東京地判平19・3・26労判943号41頁）。しかし，重要な労働条件である賃金は労使の合意によるべきであるから，使用者にオールマイティーな決定権限が認められないことは当然である。では，どのような場合，使用者に決定権限が認められるかである。この点について，「年俸額決定のための成果・業績評価基準，年俸額決定手続，減額の限界の有無，不服申立手続等が制度化されて就業規則等に明示され，かつ，その内容が公正な場合に限り，使用者に評価決定権があるというべき」であり，この要件を満たさない場合，使用者に一方的な評価決定権限はなく，合意不成立の場合であっても年俸額の引下げはできず，前年度の年俸額が維持されるとした裁判例がある（**日本システム開発研究所事件**・東京高判平20・4・9労判959号6頁）。

　年俸制は，結果に対して賃金が支払われる点では労基法27条にいう出来高払い制と同じであるが，出来高払い制では賃金が一定比率で計算されるのに対し，年俸制では評価に基づき決定される点で違いがある。しかし，最低限の生活を保障するという賃金としての意味に違いはないから，年俸制でも最低額を

設定すべき要請が含まれていると解するべきである（同旨，東大労研(上)・433頁）。

Ⅱ　賞与・退職金・退職年金（企業年金）

1　賞　　与

(1)　賞与の意義と性格　　毎月１回あるいはそれ以上の回数支払われる通常の賃金とは別に，夏季，年末，年度末に，賞与，ボーナス，一時金などの名目で一定額の金銭が労働者に支払われることがある。これを法律上は「賞与」と呼んでおり（労基11条・24条２項），定期払いの原則は適用されない（同24条２項但書）。

　賞与の社会的性格については，賃金の後払いとする説，生活保障のためとする説，功労に対する報償とする説，利潤の分配とする説などがある。しかし，今日では，賞与を支払うことは制度として定着しており，法的には労務提供に対する賃金の一種であって，使用者の恩恵または任意に支給されるものと見ることは妥当ではない。

　就業規則や労働協約で賞与の支給額が明確に定められていない場合であっても，その他の支給条件が明確であれば，賃金としての法的保護を受ける。もっとも，「賞与は毎年２回，６月と12月に支給する」といった就業規則の抽象的な定めや慣行がある場合，それだけで具体的な賞与請求権を根拠づけることは困難であるが，使用者としては，その時期に賞与額を確定して支払う義務を負うといってよい。また，人事考課査定によって支給額が決定される就業規則ないし労働協約の定めがある場合，その決定を待って支給請求権が発生するが，使用者は支給日までに査定をして支給額を決定して支給する義務があり，使用者が正当な理由なくそれらをしない場合，期待権の侵害を理由に賞与相当額の損害賠償が認められる（**直源会相模原南病院事件**・東京高判平10・12・10労判761号118頁）。

(2)　支給日在籍要件問題　　賞与に関する法的問題の１つに，就業規則で支給日在籍をその支給要件としている場合（支給日在籍要件条項），支給額算定期

間には在籍しながら，支給日の前に退職した労働者に賞与請求権が認められるかという問題がある。このような規定が設けられるのは，継続勤務への期待や受給資格者の確定の必要性などのためである（**カツデン事件**・東京地判平8・10・29労判714号87頁）。

　この問題については，本条項を無効とする説と有効とする説が対立している。

　無効説は，賞与が「労働の対償」であって，算定期間には労務を提供している点に請求権の根拠を求める点で一致している。加えて，支給日在籍者とそうでないものとの間に差別を設けることは不合理であること，賞与は生活費に振り向けられる点では月例賃金と違わないのに，その支給を否定することは労働者に大きな生活上の不安を与え，労基法1条の理念，さらに「労働の尊厳性」の理念（憲27条）に反すること，などがその根拠とされる（片岡曻『労働法の変革の課題』〔三省堂，1987年〕188頁以下）。

　これに対し，有効説は，賞与は「具体的な債権としては支給日に請求権が発生する」のであって，支給基準の設定の方法は自由であり，支給日在籍という受給要件を定めることもその自由の範囲内であることを根拠にしている（下井・270頁）。ただし，有効説でも，退職日を労働者の側で選択できない場合や使用者の都合による退職（定年退職，整理解雇など）の場合には，このような規定を合理的とはいえないから，労働者には賞与請求権があると解する（西谷・271頁，菅野・422頁など）。

　裁判例には，賞与は支給対象期間内に提供した労務に対する賃金としての性格を持つから，労働者が勤務した期間の割合に応じて支給を受けるべきものであり，支給日在籍要件を定める規定は無効と解する裁判例もあった（**日本ルセル事件**・東京高判昭49・8・27判時761号107頁，**大島園事件**・東京地判昭52・3・30判時866号177頁）。しかし，最高裁は，支給日在籍を要件とする賞与の支給が明確に規定されている場合，あるいはそれが確立した慣行となっている場合には，そのような要件も合理的であるとして，支給日に在籍しない労働者の賞与請求権を否定している（**大和銀行事件**・最判昭57・10・7労判399号11頁，**京都新聞社事件**・

最判昭60・11・28労判469号6頁）。また，支給日要件ではなく期間要件が問題となった事案であるが，早期退職優遇制度の利用を申請して退職した湯合には，退職日の選択ができたことになり，賞与支給対象期間の在籍要件を満たしていない以上，賞与請求権はないとした裁判例がある（**コープこうべ事件**・神戸地判平15・2・12労判853号80頁）。

賞与の支給基準において，中途入社者については年内に退職を予定している者と非退職予定者の賞与額に差が設けられていたところ，これに基づき賞与の支給を受けた後に退職した中途入社者に対して，会社側が過払い金の返還を求めた事例について，判決では，将来の活躍の期待部分を賞与の趣旨に含めて反映させることは不合理とはいえないが，本件賞与は賃金である以上，それは当該従業員の実績に対する評価を意味するから，将来の期待部分が一定の範囲（これを2割とした）を超えれば，実質的には賃金を奪うことになり，労基法24条の趣旨に反しており，民法90条に違反するとした（**ベネッセコーポレーション事件**・東京地判平8・6・28労判696号17頁）。

2 退職金

(1) 退職金の意義と実態　日本では古くから，退職に当たって一時金を支給する慣行があり，今日，広く定着している。一時金方式ではなく年金方式や両者の併用方式も普及している。しかし，企業の負担を軽減するため退職金制度を廃止したり，長期勤続せずに転職することを前提に，毎月の賃金に退職金を上乗せする前払い方式，成果主義的な処遇の一環として資格や評価をポイント化して積算する方式なども採用されている。

ところで，退職金は，国家公務員の場合，その支給が法定されている（国家公務員退職手当法）が，民間については任意である。しかし，支給する場合には，そのための具体的な定め（適用される労働者の範囲，退職手当の決定，計算，支払い方法，支払い時期）を就業規則で定めておく必要がある（労基89条3号の2）。このような任意性に基づき，退職金のない企業もあるし，その額も企業規模に応じて開きがある。特に中小零細企業の場合，退職金のない企業があるので，中

小企業退職金共済法（1959年）によって，企業が勤労者退職金共済機構との間で退職金共済契約を締結し，個々の従業員ごとに事業主負担で毎月掛金を納付し，退職の場合に同機構が退職金を支給するという制度が設けられている。これは任意の制度であるが，退職金の額が低いなどの問題がある。

(2)　退職金の法的性格　　退職金は，長期雇用と結びついて，功労報償的性格を強く帯びていたが，今日では，退職金の支払い方も変化しており，その実態に応じた性格の評価が必要である。まず，その支給条件が明確に定められている場合には労基法上の賃金（労基法は「退職手当」という用語を用いている）に当たる（昭22・9・13基発17号）。判例も，退職金は賃金の後払い的性格をも有するとして，賃金性を承認している（**伊予相互金融事件**・最判昭43・5・28判時519号89頁，**朝日火災海上保険事件**・最判平8・3・26労判691号16頁）。後払いを認めることは，賃金の全額払いの原則（労基24条）と矛盾しないかが問題となるが，退職金請求権は，労働関係の終了という事実を停止条件ないし不確定期限として発生すると考えられるので，これに反しない。仮にこのような定めがない場合でも，内規に従い退職金が現実に支払われてきた実態があれば，労使慣行の存在を根拠に請求権が認められる（**キョーイクソフト〔退職金〕事件**・東京高判平18・7・19労判922号87頁）。また，報償ないし恩恵的性格を持たず実績に応じて支払われる定めの退職金は，労働の対償としての賃金であるから，支払い義務を免れる旨の定めがあっても，それは公序良俗に反し無効である（**中部ロワイヤル事件**・名古屋地判平6・6・3労判680号92頁）。

退職金は賃金であるから，労基法24条の適用がある（前掲・**伊予相互金融事件**・最判）し，その他の法的保護も受ける。ただし，パートタイマーの場合，通常の労働者と同視すべきパートタイマーについては退職金の差別は禁止されるが，そうではないパートタイマーの場合，退職金は通常労働者と均衡に処遇する努力義務の対象ですらないという問題がある。

(3)　退職金の減額と不支給問題　　退職金に関する重要な法的問題は，懲戒解雇の場合に退職金を減額したり不支給とする就業規則などの定めが有効か否かである。この点については，限定的合法説と違法説の対立がある。

前者は，退職金債権は退職時まで成立していないので，明確な定めさえしておけば減額や不支給も賃金の全額払いの原則に反するものではないが，それは労働者の永年の功労を否定するほどの背信行為があった場合のみ許され，懲戒解雇が有効でも不支給の適法性は別に判断されるとする（菅野・423頁）このような考え方の基礎には，退職金は賃金の後払い的性格と功労報償的性格を併せ持つから，退職金を減額したり不支給とするには，それを相当とするだけの背信性が必要であるという判断がある（**中部日本広告社事件**・名古屋高判平2・8・31労判569号37頁では，退職後の競業の場合の退職金の不支給条項について，顕著な背信性のある場合に限り有効とした）。そうであれば，個々具体的に背信性について判断すべきことになる。そこで裁判例の中には，痴漢行為を理由とする懲戒解雇により退職金が支給されなかった例で，私生活上の非違行為であって社外に明らかにされたわけでもなく，会社に無視し得ない現実的損害を及ぼすだけの強度な背信性はないとして3割の支払いを命じた例（**小田急電鉄〔退職金請求〕事件**・東京高判平15・12・11労判867号5頁）や在職中の競業が懲戒解雇相当事由に該当するとして普通解雇され，退職金が支給されなかった例で，その背信性は功労を否定するだけの著しい重大性はないとして5割5分の支払いを命じた例（**東京貨物社〔解雇・退職金〕事件**・東京地判平15・5・6労判857号64頁）などがある。

　他方，後者は，退職金は後払い賃金であって，ただ支払いに退職時という不確定期限がつけられているにすぎないから，減額や不支給は損害賠償額予定の禁止（労基16条）や賃金全額払いの原則（同24条）に反して違法とするものである（本多淳亮『労働法実務大系13　賃金・退職金・年金』〔総合労働研究所，1971年〕209頁）。また，退職金が生活保障的役割を持つ点を直視し，退職金受給請求権に生存権的性格を認める立場から，懲戒解雇の場合もその請求権を否定すべきでないとする見解もある（棚田洋一「退職金と賞与」蓼沼謙一ほか編『労働法の争点〔新版〕』〔有斐閣，2000年〕217頁）。

　本来，懲戒解雇制度と退職金制度とは別個の制度であり，両者を関連させること自体に問題がある。また，懲戒解雇制度そのものについても再検討が必要である。しかし，仮に両者を関連づけ得るとしても（最近の事例に，**日音〔退職金**

事件・東京地判平18・1・25労判912号63頁，**日本コンベンションサービス〔退職金〕事件**・大阪高判平10・5・29労判745号42頁がある），懲戒解雇の場合に自動的に退職金を全額支給しない規定は，賃金の後払い的性格を否定できない以上，その限りで無効というべきである。また，規定が設けられていても，その適用は厳格に行うべきである（「迷惑行為により退職」した場合の減額条項を，背信的で相当程度の損害を及ぼした場合に限定解釈した例として，**洛陽総合学院事件**・京都地判平17・7・27労判900号13頁がある）。また，ポイント方式など成果に応じて積算するタイプの場合にも，賃金の後払い的性格が明確であるから，不支給は認められない（水町・238頁）。

3　退職年金（企業年金）

(1)　制度の概要　　退職金を退職時にまとめて支給するのではなく，年金の形で支給する場合がある。このような退職年金は，企業の支払い上の負担を緩和するとともに，労働者にとっても長期的な生活保障にプラスになる面がある。

　退職年金にはさまざまなタイプがあり，分類の仕方も区々である（森戸英幸『企業年金の法と政策』〔有斐閣，2003年〕23頁以下）。また，いわゆるバブル経済の破綻後，運用利回りが低率になったことや，雇用の流動化に対応して転職時に年金に関する権利を移動しやすくすることなどを目的に，2001年に確定給付企業年金法および確定拠出年金法が制定された。これにより，従来の「適格年金」（法人税法適格退職年金制度）を廃止し10年の猶予期間内にほかの企業年金に移換することになった（岩村正彦「新時代を迎える企業年金法」ジュリ1210号12頁以下）。

　このような変化を踏まえ，基本的な制度について整理すれば，企業自身が管理運営する「自社年金制度」とその他の制度に分けられる。後者には，①「厚生年金基金制度」（厚生年金の代行部分に企業独自の上乗せ給付を行う制度で，厚生年金基金が運営する。なお，代行部分を除き確定給付企業年金への移行ができる），②「確定給付企業年金制度」（設立した企業年金基金が運営するか信託会社，生命保険会社などと契約を締結して事業主が運営する制度で，将来の年金支給額が約束されてい

る），③「確定拠出年金制度」（掛金の拠出による積立金と運用益から年金が支給される制度で，運用のリスクを従業員が負うが，転職の際，年金資産の移換ができる）がある。

(2)　法的問題　　退職年金に関し，労働法の観点から主として問題となるのは，制度を変更したことに伴う年金減額などの不利益変更の効力である。これについて，企業年金の種類，ならびに，将来年金を受給することになる現役の従業員およびすでに年金を受給している元従業員でそれぞれどのように考えるかが問題となる（くわしくは，森戸英幸「企業年金の労働法的考察」学会誌104号8頁以下）。

　まず，厚生年金基金，確定給付企業年金の場合，不利益に規約を変更するには行政庁の認可・承認が必要である（給付の額を減額する内容の規約変更を不承認とする処分を争い，訴えを棄却した事例として，**NTT グループ企業〔年金規約変更不承認処分〕**事件・東京高判平20・7・9労判964号5頁がある）。しかし，認可・承認を受けたからといって，その変更が私法上の効力を労働者に及ぼすとはいえない。また，自社年金の場合，それは退職金の一種として就業規則で定められることになる。したがって，これらの変更の効力問題は，規約変更の場合も含め，労働条件の不利益変更法理に基づいて判断すればよい。裁判例には，現役の従業員の例として，変更された就業規則が実質的に周知されていないとして変更を無効としたもの（**中部カラー事件**・東京高判平19・10・30労判964号72頁）と，逆に，有効としたもの（**名古屋学院事件**・名古屋高判平7・7・19労判700号95頁）がある。

　これに対し，元従業員については別個の考察が必要である。この場合，就業規則が適用されるわけではなく，就業中に年金に関する契約が締結され，それが退職後履行されるというべきであるから，就業規則に関する判例法理と類似した判断枠組を使用すること（この立場から，変更の効力を認めたものに，**松下電器産業グループ事件**・大阪高判平18・11・28労判930号26頁がある）はもとより，重要な労働条件に約款理論を適用する（この裁判例に，**松下電器産業事件**・大阪高判平18・11・28労判930号13頁）ことにも問題がある（西谷・278頁。後述バイエル・ランクセス〔退職年金〕事件は就業規則変更法理の適用を否定する）。変更を根拠づけ

得るとすれば，年金契約に将来の変更・廃止を留保する条項があるか事情変更の法理が援用できる場合である。前者の場合，当該条項の解釈は厳格にすべきである（高度の必要性と手続および相当性に照らし変更の効力を否定したものに，**バイエル・ランクセス〔退職年金〕事件**・東京地判平20・5・20労判966号37頁がある）。また，後者の場合も，年金は元来長期に及ぶことが前提の制度であるから，この法理の働く必要性は認められるが，これも厳格に判断すべきである（この適用を否定したものに，**幸福銀行〔年金打切り〕事件**・大阪地判平12・12・20労判801号21頁がある）。

Ⅲ　賃金の支払い方法

労基法24条は，賃金が確実に労働者の手に渡るようにするため，支払い方法に関する4つの原則を定めている。これらの原則は，賃金請求権が具体的に発生している場合に適用される。なお，賃金の「非常時払い」（労基25条）についても，ここで併せて検討しておくことにする。

1　通貨払いの原則

通貨以外の現物による賃金の支払い（これをトラック・システムという）は，労働者にとって評価額の算定や換金が困難であり，仮にそれができても減収につながる危険があることから，禁止されている。したがって，たとえば賞与の支給に当たって，その一部を自社株で支給する旨約することも本条に違反し無効となる（ジャード賞与請求事件・東京地判昭53・2・23労判293号52頁）。

ただし，この原則には例外があり，①「法令もしくは労働協約に別段の定めがある場合」，または，②「命令で定める賃金」について，「確実な方法」で「命令で定めるもの」による場合，通貨以外のもので支払うことができる。まず，①については，通貨以外で支払うことを認める法令は存在しない。また，ここでいう労働協約は，労組法14条の要件を満たしたもののことであり，この協約の適用を受けるものに対してのみ，通貨以外での支払いができる（昭63・3・14

基発150号）。通勤費を通勤定期券の方法で支給することが典型例である。つぎに，②について，具体的には，労基法施行規則 7 条の 2 第 1 項が，労働者の同意を条件に，賃金を労働者の指定する金融機関の口座に振り込むことができるとしている。この場合，振り込まれた賃金の全額が所定の賃金支払い日に引き出すことができなければならない（昭63・1・1基発 1 号）。また，退職金については，労働者の同意を条件に，金融機関の口座振込のほか，金融機関振出の当該金融機関を支払い人とする小切手，金融機関が支払い保証した小切手，郵便為替による支払いも認められる（労基則 7 条の 2 第 2 項）。

2 直接払いの原則

(1) 意 義　近代産業の生成期には，子の賃金を親が受け取るとか，職業紹介者が賃金を受け取ってピンハネ（中間搾取）するなど，労働者の生活を脅かす事態が見られた。そこで，このような弊害を防止するため，労基法は，賃金は労働者本人に支払うことを義務づけている。仮に本人が同意しても，この原則を変えることはできず，労働者の親権者その他の法定代理人，任意代理人に支払うことも許されない（昭63・3・14基発150号）。ただし，船員の場合には，その就労場所の特殊性にかんがみ，例外規定がある（船員56条）。

　ところで，この原則の趣旨は，賃金の授受に他者が介在してピンハネなどが起こることを防止する点にあるので，その危険がない者，たとえば本人の使者に対する支払いは可能である（昭63・3・14基発150号）。しかし，使者と代理人の識別は困難であるから，その該当性の判断は厳格にするべきである。なお，派遣先が派遣労働者に対して派遣元から受け取った賃金を手渡すだけなら，この原則に違反しないとされている（昭61・6・6基発333号）が，この場合も，単なる事務的な支払い行為にとどめるべきである。

(2) 賃金債権の譲受人への支払い　問題は，労働者が賃金債権を第三者に譲渡した場合，使用者がその譲受人に賃金を支払うことは，この原則に反するか否かである。判例は，譲渡は有効だが，支払いは無効としている（**小倉電話局事件**・最判昭43・3・12民集22巻 3 号562頁）。学説も一般にこれを支持している。

なお，第三者への支払いも，過半数代表との協定に基づく賃金の一部控除（労基24条1項但書）として明定されれば認められるという見解もある（菅野・434頁）。

3 全額払いの原則

(1) 意 義 使用者は，労働者に対して，賃金の全額を支払わなければならない（労基24条1項）。ただし，①法令に別段の定めがある場合，または，②労使協定が締結された場合には，賃金の一部を控除して支払うことができる。①の例は，所得税法に基づく源泉徴収や社会保険における保険料，労基法の許容する範囲内での制裁としての減給（労基91条）などがある。②の例としては，労使協定で，購買代金，社宅・寮などの福利・厚生施設の費用，社内預金，労働組合費などを控除する場合である（昭27・9・20発基675号）。ただし，この労使協定も，免罰的効力しか認められないから，実際に控除するには，個々の労働者の同意が必要である。なお，この原則は，すでに発生している賃金債権に適用があるから，賃金が前払いされていたり，ストライキや欠勤で賃金債権が発生していない場合，その部分について差し引いて支払うことは，この原則に抵触しない。また，2008年の労基法改正で，1ヶ月60時間を超える時間外労働に対する割増賃金の25％について，有給休暇で代替させることが認められた。そのためには労使協定が必要であるが，これを締結すれば全額払いの原則に違反しないと考える（代替休暇制度については，本書第**9**章**Ⅷ2**参照）。

②の一例である労働組合費については，はたしてここでいう労使協定が必要かが問題となる（NJⅠ・80頁参照）。一般に，賃金から労働組合費を控除することをチェックオフというが，これを行うための協定であるチェックオフ協定を過半数代表との間で締結する必要があるかという問題である。最高裁は，これを肯定する（**済生会中央病院事件**・最判平元・12・11労判552号10頁）。しかし，チェックオフは，事業場の従業員全員について問題となる一般の控除と異なり，組合員について問題になるにすぎないから，労働組合と使用者との協定があればよく，過半数代表との労使協定は必要ないと解すべきである。つまり，チェッ

クオフ協定は団結権保障の問題として捉え，本条の協定とは別のものと見るべきである。

チェックオフについて，もう1つ問題となるのは，同協定がある下で，組合員である労働者がチェックオフを拒否する場合，その労働者についてのチェックオフは許されるかである。この問題について，最高裁は，チェックオフを行うには，労使協定に加え，使用者は個々の組合員から支払い委任を受ける必要があるから，労働者個人から中止の申入れがあれば，チェックオフは中止すべきものとする（**エッソ石油〔チェックオフ〕事件**・最判平5・3・25労判650号6頁，**ネスレ日本事件**・最判平7・2・23労判670号10頁）。しかし，組合員である限り，組合費の支払い義務を負うわけであるから，チェックオフ協定が締結されていれば，個々の労働者からの委任は不要であり，したがって，委任中止の申入れがあっても，チェックオフの中止はすべきでないと考える（同旨：西谷・557頁）。

(2)　相殺禁止と相殺契約　　全額払いの原則は，使用者の労働者に対するなんらかの債権と賃金債権との相殺を禁止するものであろうか。たとえば，労働者が会社の金銭の使い込みをした場合，使用者は賃金債権を受働債権とし，労働者に対して有する損害賠償債権を自働債権として相殺することが許されるであろうか。この問題について，判例は否定的に解している（**関西精機事件**・最判昭31・11・2民集10巻11号1413頁，**日本勧業経済会事件**・最大判昭36・5・31民集15巻5号1482頁）。相殺（民505条）は一方的な意思表示で賃金債権を消滅させることになるので，これを認めないのは，賃金で生活する労働者を保護する趣旨と解される。したがって，判例の考え方は妥当である。

では，このような相殺禁止の原則は，本来支払われるべきではなかった賃金が支払われてしまった場合の清算ないし精算・調整についても妥当するであろうか。たとえば，賃金は，毎月1回以上，その月の賃金を支払う必要がある（労基24条2項）が，計算事務処理の必要上，たとえば賃金計算への反映を20日時点で行い，25日に支払う場合，21日から月末までの労働については，翌月で計算上反映させる処理が行われる。そこで，たとえば21日から月末までの間に賃金の減額事由となる欠勤があった場合，その清算ないし精算・調整のために，

その分を後に支払われる賃金から控除することはできるだろうか。このような
処理も法的には相殺に当たるが，最高裁は，それが賃金の精算・調整の実を失
わない程度に合理的に接着した時期になされ，しかも事前の予告があり，金額
が多額にならないなど，労働者の経済生活の安定を脅かすおそれがない場合に
は，全額払いの原則に反しないとしている（**福島県教組事件**・最判昭44・12・18民
集23巻12号2495頁。しかし，**群馬県教組事件**・最判昭45・10・30民集24巻11号1693頁で
は不適法とした）。これに対し，学説の多くは，このような基準はあいまいだし，
過払い分は不当利得返還請求権（民703条）で回収できるなどとして批判的であ
る（金子征史「賃金に関する立法的規制の目的と手段」21世紀講座5・44頁）。

　以上のような使用者からの一方的な相殺と区別されるのは，労使間の合意の
うえで行われる相殺である。判例は，相殺の合意が労働者の完全な自由意思に
よるものであり，かつ，そう認めるに足りる合理的な理由が客観的に存在して
いる場合には，相殺が認められるとしている（**日新製鋼事件**・最判平2・11・26民
集44巻8号1085頁）。強行規定である労基法の解釈として労働者の同意を根拠に
することに疑問が提起され得るが，判例の立場に立っても，労使の立場の優劣
に照らせば，自由意思の判断は慎重に行われねばならない。

　(3)　賃金債権の放棄　　労働者が退職金などの賃金債権を放棄することも，
全額払いの原則との関係で問題となり得る。この問題について，最高裁は，退
職金債権放棄の意思表示が労働者の自由な意思に基づくものであると認めるに
足る合理的な理由が客観的に存在している場合に，その意思表示は有効であ
り，全額払いの原則に反しないとしている（**シンガー・ソーイング・メシーン事件**・
最判昭48・1・19民集27巻1号27頁。なお，合理的事情に当たらないとの色川裁判官の
反対意見がある）。したがって，このような意思が認められなければ，放棄の効
力も否定される（**北海道国際航空事件**・最判平15・12・18労判866号14頁）。このよ
うな判断枠組は，近年，賃金減額が問題となるケースに適用されることがある
（この点について，本書第 **4** 章**Ⅳ 2（1）**参照）。

4 定期払いの原則

　使用者は，臨時に支払われるもの以外，毎月１回以上，一定の期日に賃金を支払わなければならない。したがって，たとえば支払い日を「毎月第４金曜日」とすることは，月によって期日が変動するので許されない。

　この原則が適用されない臨時の賃金および賞与に準ずるものとして命令で定められているのは，１ヶ月を超える期間を算定対象ないし算定基礎とする精勤手当，勤続手当，奨励加給・能率手当である（労基則８条）。なお，前述（本章 I **4**(**3**)）のように，年俸制にもこの原則は適用される。

5 非常時払い

　使用者は，労働者が出産，疾病，災害その他命令で定める非常の場合の費用に充てるために請求する場合，支払い期日前でも，既往の労働に対する賃金を支払わねばならない（労基25条）。この規制は，賃金の「定期払い」と「後払い」の原則を維持しつつ，予想できない緊急の事故で費用を要する場合に労働者の生活を守るという労働者保護の要請に応えたものである。「命令で定める非常の場合」とは，労働者または労働者の収入によって生計を維持する者の出産，疾病，災害，結婚，死亡，帰郷の場合である（労基則９条）。使用者がこの賃金をいつ支払うべきかについて定めはないが，制度の趣旨からして，労働者から請求があれば遅滞なく支払うべきである。

IV　休業手当

1 意　　義

　労働者が労務を提供する用意があるにもかかわらず，原料不足などの理由で実際に働くことができなかった場合，賃金はどうなるのか。同様の問題は，部分スト（組合員の一部に行わせるスト）や一部スト（従業員の一部を組織する組合の行うスト）によって，就労希望者の就労が不可能ないし無意味になった場合にも生じる。これらの問題は，一般に，労務給付が不能の場合の賃金請求権いか

第８章　賃　　金　　181

んの問題と考えられている。

　労務給付が不能になる場合としては，①労働者の責めに帰すべき事由による場合，②使用者の責めに帰すべき事由による場合，③いずれの責めにも帰すことのできない事由による場合，が考えられる。労働契約は労務と賃金の交換を目的にした双務・有償契約であるが，民法は，履行不能の場合の危険負担につき，債務者主義の原則を定めている（民536条1項）から，就業規則などに特別の定めがない限り，①および③については，労働者（債務者）が反対給付を受ける権利（賃金請求権）を失うことになる。これに対し，②の場合は，民法536条2項の適用により，労働者は賃金請求権を失わないことになる。そこで，いかなる場合に債権者（使用者）の責めに帰すべき事由があったと見られるかが問題となる。

　他方，労基法26条は，「使用者の責に帰すべき事由による休業の場合においては，使用者は，休業期間中当該労働者に，その平均賃金の百分の六十以上の手当を支払わなければならない」と定めている。なお，休業手当も労基法11条の賃金である（昭25・4・6基収207号）。しかし，使用者の責めに帰すべき事由による休業の場合，民法によれば労働者は賃金全額（100％）を請求できるのに，労働者を保護する法律である労基法によれば60％以上の賃金しか得られないという，一見すれば奇妙な結果となる。そこで，民法536条2項と労基法26条との関係をどのように理解するかが問題となる。

2　民法の原則と休業手当の関係

（1）　民法536条2項の場合　　一般に，民法536条2項にいう債権者（ここでは使用者）の責めに帰すべき事由とは，「故意，過失または信義則上これと同視すべき事由」と解されている（帰責事由に関する通説・判例について，内田貴『民法Ⅲ〔第3版〕』〔東京大学出版会，2005年〕140頁）。そこで，労働者は，この規定を根拠にして使用者に賃金を請求する場合，使用者側の過失等を証明しなければならない。もちろん，使用者の帰責事由については弾力的に解釈する余地があるとしても，その負担は大きい。また，民法536条2項は任意規定と解され

るので，労使間の特約によって排除することができるし，民法536条2項後段によって，労働者が休業期間中に他の使用者の下で働いて得た収入（中間収入）は控除され得る（本章Ⅳ**3**参照）。

(2) **休業手当の場合**　これに対して，休業手当は，労働者に対して人間らしい生活を保障することを目的として設けられた制度である。したがって，一般に，その成立要件としての「使用者の責に帰すべき事由」は，「民法536条2項の『債権者の責めに帰すべき事由』よりも広く，使用者側に起因する経営，管理上の障害を含む」と解されている（**ノースウエスト航空事件**・最判昭62・7・17労判499号6頁）。その結果，民法によれば賃金請求権が否定される場合でも，労働者は労基法26条に基づいて，少なくとも平均賃金の60％の休業手当を請求できる可能性がある。

休業手当の制度があるからといって，民法536条2項の適用が排除されるわけではないから，両者が競合することはあり得る。その場合，使用者が休業手当を支払ったとしても賃金支払いを免れることはできず，ただ，支払った休業手当の限度でその義務を免れるにすぎない（前掲・**ノースウエスト航空事件**・最判）。

(3) **労働基準法26条の「使用者の責に帰すべき事由」の範囲**　では，具体的にどのような場合に「使用者の責に帰すべき事由」による休業と認められるであろうか。

行政解釈では，休業の原因が事業（人的・物的なすべての営業設備）の外部から発生し，かつ，通常の経営者として最大の注意を尽くしても避けることのできない場合（すなわち不可抗力による場合）には，使用者の責めに帰すべき休業ではないとしている（労働省(上)・369頁）。具体的には，親会社の経営難のために下請け工場が資材・資金難に陥り，他からも獲得できないことによる休業は労基法26条の休業に該当する（昭23・6・11基収1998号）が，労基法33条2項に基づく行政官庁からの代休付与命令による休業（昭23・6・11基収1935号）や労安法66条による健康診断の結果に基づく休業（昭23・10・21基発1529号，昭63・3・14基発150号）などは，いずれもこれに該当しないとしている。しかし，これら

の措置も，使用者が労働者保護の見地から経営上当然の要請として予定されている事項に属するから（片岡(2)・241頁），行政解釈の立場は支持できない。

　問題となるのは，ストライキに起因する休業の場合である。部分ストや一部ストによってスト不参加者の就労が不可能になった場合，あるいは使用者が就労を無価値であるとして彼らを休業させた場合，スト不参加労働者は賃金または休業手当を請求できるであろうか。この問題について（くわしくは，NJ I・166頁），最高裁は，部分ストの事案について，これを労働契約上の危険負担の問題と捉え，使用者が不当労働行為の意思その他不当な目的をもってストライキを行わせたというような特別の事情がない限り，民法536条2項の事由に該当せず，スト不参加者は賃金請求権を失うとともに，スト不参加者に命じた休業は労基法26条の帰責事由に当たらないとして休業手当請求権も否定した（前掲・ノースウエスト航空事件・最判）。

　最高裁は，上記のように，休業手当と危険負担のそれぞれの帰責事由を広狭の関係で捉えているが，ストライキについては原則として広い事由にも含まれないと捉えているため，このような結論になったものと考えられる。しかし，この点には異なった考え方も可能であること（たとえば，使用者が労働者側の要求に譲歩さえすればストライキを防止または終了させることができるのであるから不可抗力とはいえない），および休業手当は労働者の賃金による生活を保護する趣旨の制度であることに照らし，スト決定に関与した部分ストの不参加組合員はともかく，一部ストの場合の非組合員には休業手当の請求権を認めるべきである（西谷・665頁，菅野・942頁）。

3　中間収入の控除

　上述のように，危険負担の法理によれば，中間収入は控除される。これが具体的に問題になるのは，解雇があった場合である（なお，本書第 13 章 II **6**(2) も参照）。

　ところで，労働者が解雇され，それが裁判上無効と判断された場合，通常，使用者は解雇期間中の賃金を遡って支払うことが義務づけられる。この場合，

使用者は，労働者が解雇期間中に他の使用者の下で労働して得た賃金（いわゆる中間収入）を控除して支払うことができるか否かについて，判例は，遡及払いの根拠を危険負担に関する民法536条２項に求め，中間収入を同条同項後段にいう「自己の債務を免れたことによって」得た利益と解し，基本的には控除ができるとの立場に立ったうえで，平均賃金の60％以上の休業手当の支払いを義務づけた労基法26条を考慮して，控除し得るのは４割を限度とする（**駐留軍山田支部事件**・最判昭37・7・20民集16巻8号1656頁）。ただし，中間収入が解雇期間中の平均賃金の４割を超える場合には，一時金は平均賃金算定の基礎に算入されないので，一時金も控除し得るとしている（**あけぼのタクシー事件**・最判昭62・4・2労判506号20頁）。こうした判例の態度は，全額払いの原則との関係で問題を残すと言わねばならない。

なお，解雇が不当労働行為に当たる場合の中間収入の扱いについて，最高裁は，基本的には労働委員会の裁量に任されるとしつつ，労働委員会は，被解雇者に対する団結権の侵害について，個人的救済と組合活動一般に対する侵害の救済の双方を考慮して決しなければならない，としている（**第二鳩タクシー事件**・最大判昭52・2・23民集31巻1号93頁）。

V　賃金額の最低保障

1　賃金額に関する一般原則

賃金額の決定は，原則として労使自治に委ねられている。たしかに，労基法上の原則からしても，賃金額は，「労働者が人たるに値する生活を営むための必要を充たすべきものでなければならない」（労基1条）とか，使用者は国籍，信条，社会的身分，性別によって，賃金差別をすることは許されない（同3条・4条），といった制約が生じる。しかし，これらは，賃金額を決める場合の一般原則であって，具体的な額そのものを定めるものではない。法律上，賃金額に対する規制としては，出来高払い制の保障給（同27条）と最低賃金法による場合があるにすぎない。

第8章　賃　金　185

2 出来高払い賃金と保障給

　出来高払い制その他の請負制で使用する労働者に対して，使用者は，労働時間に応じて一定額の賃金を保障しなければならない（労基27条）。出来高給の場合，材料の不足や粗悪さ，機械の整備不良などによって，労働者が通常の時間，労働したにもかかわらず出来高が減少し，その結果，賃金も減少する可能性がある。そこで，労働者が労働した時間分だけの賃金を保障しようとするのが，この規定の趣旨である。この保障給は，原則として，時間当たりの金額を定める形で規定しておく必要がある。したがって，実労働時間と無関係に一定額を保障するものは固定給であって労基法27条の保障給ではない（山昌〔トラック運転手〕事件・名古屋地判平14・5・29労判835号67頁）。どの程度の賃金を保障すべきかについて法律は何も規定していないが，労働者が現実に就労していること，出来高の減少について労働者に責任がないこと，使用者の責任で休業する場合ですら，平均賃金の60％以上が支払われる（労基26条）ことから，少なくとも平均賃金の60％程度を保障することが妥当と考えられる（労働省(上)・379頁）。しかし，休業手当と本条とは趣旨が異なるから，60％を目安とすることは妥当でなく，あくまで通常の実収賃金とあまり違わない程度の額でなければならないと考えることも可能である。

　いずれにせよ，合理的な保障給が就業規則や労働協約で定められれば，それが労働契約の内容となるから，労働者は保障給に対する支払い請求権を有することになるが，それが明確に定められていない場合，支払い請求権は生じない（第三慈久丸事件・金沢地判昭36・7・14判時274号30頁）。しばしば問題となるのは，タクシー運転手などの歩合給制の場合である。これについては，「労働時間に応じ，固定的給与と併せて通常の賃金の6割以上の賃金が保障されるような保障給を定めるものとする」とされている（平元・3・1基発93号）。その額は，当然，最低賃金以上でなければならない。

3 最低賃金法

(1)　意義と効力　　賃金の決定が労使の自治に委ねられた場合，労働組合

が強力であれば，労働者は団体交渉を通じて高い賃金を獲得することができる。しかし，労働組合がないか，あっても弱体である場合，労使の力関係の格差により賃金は低く抑えられる可能性がある。低賃金は労働者の生活を悪化させるだけでなく，労働力の質や生産性，さらには購買力なども低下させ，ひいては国民経済の発展にとってもマイナスとなる。また，賃金コストを引き下げるために不安定な雇用形態が利用されたりレイオフが行われれば，雇用不安や失業などの社会問題を発生させる。さらに，賃金の額が歯止めのない自由な決定に委ねられれば，企業間の賃金引下げ競争をもたらし，その結果，公正な競争秩序が攪乱され，やがては国民経済の健全な運営が阻害されることにもなる。

　このような事情から，国家としては，賃金の決定を基本的に労使の自治に委ねつつも，賃金額の最低基準を定めてそれを使用者に強制し，そのことで富の公正な分配を図るとともに，経済活動の円滑な展開を保障し，社会の安定を維持しようとする。そのための制度が最低賃金制である。

　このような制度は，国際的には，1894年のニュージーランド産業調停仲裁法にまで遡ることができる。ILO も，26号条約・30号勧告（1928年採択），131号条約・135号勧告（1970年採択）などでこの問題について基準を設けている（わが国は，1971年に2つの条約を批准した）。日本では，労基法がその28条〜31条で初めて最低賃金制度を設けた。これは，行政官庁が特に必要があると判断した場合，賃金委員会の意見を聴いて最低賃金を定めるという方式であった。しかし，実際には，ほとんど機能しなかった。こうした状態に対する国際的な批判もあって，1959年に最低賃金法が制定され，それに伴い，最低賃金制に関する労基法の上記規定は削除された。当初，最低賃金を業者間協定で定める方式が中心となり，これは内外から「ニセ最賃」との非難を受けることになったので，1968年に法改正され，労働者も参加する最低賃金審議会の調査審議に基づく方式が導入され，労働協約の拡張適用に基づく地域的最低賃金方式（労働協約で一定地域の最低賃金を設定した条項を両当事者の申請により同じ地域の同種の労働者に拡張適用する方式）と併せて，これら2つの方式が中心となった。

第8章　賃　　金　　187

その後，パートタイマーなど，最低賃金がその賃金を決定するうえで影響を受ける雇用形態が拡大した。また，派遣労働の拡大など，低賃金労働者が増大することにより，フルタイムで働いても，その賃金が生活保護の受給額に及ばないという事態が生じた。他方，労働組合の役割が低下することにより，労働協約を通じた最低賃金の規制の意義も低下してきた。そこで，2007年の法改正により，後述のように，賃金額を決定する場合に生活保護との整合性に配慮することとされるとともに，労働協約方式は廃止された。

(2) 最低賃金の決定方式と種類　現行制度における最低賃金の決定方式は，審議会方式である。これは，厚生労働大臣または都道府県労働局長が，一定の地域ごと，または一定の事業もしくは職業について，最低賃金審議会の調査審議を求め，その意見を聴いて最低賃金を決定する方式である（最賃10条・15条）。最低賃金審議会は，中央（厚生労働省）と地方（各都道府県労働局）に設けられ（同20条），労，使，公益各司数の委員によって構成される（同22条）。

一定の地域ごとの地域別最低賃金は，時間によって定められ（最賃3条），全都道府県で，その全労働者に適用される。これについては，中央最低賃金審議会がその「目安」を提示しており，これに基づき，毎年，都道府県最低賃金審議会において最低賃金額が定められる。

一定の事業または職業について定められる特定最低賃金は，労使の代表者から行われたその決定，改正，廃止の申出に基づき厚生労働大臣または都道府県労働局長が最低賃金審議会の意見を聴いて決定されるものであり（最賃15条），その額は地域別最低賃金を上回るものでなければならない（同16条）。

地域別最低賃金は，地域における労働者の生計費，賃金，そして通常の事業の賃金支払い能力を考慮して定められることになっている（最賃9条2項）。このうち，「生計費」については，「生活保護に係る施策との整合性に配慮」することとされている（同条3項）。これは，ワーキングプアと呼ばれる，フルタイムで働いても生活保護費に満たない賃金の労働者が登場したことから，このような逆転現象の解消を図ろうとするものである。しかし，「配慮」でとどまるため，現実にこのような逆転現象は解消していない。また，考慮要素に「支払

能力」が含まれる点には，従来から批判がある。

派遣労働者の場合，派遣先の地域別最低賃金が適用される（最賃13条）が，もし特定最低賃金が適用されている場合には，これが優先適用される（同18条）。

労働契約で法定の最低賃金額に達しない賃金を定めた場合，労働契約のその部分は無効となり，最低賃金と同額の定めをしたものとみなされる（最賃4条）。また，使用者は最低賃金を労働者に周知させる義務がある（同8条）。そして，地域別最低賃金および船員に適用される特定最低賃金の違反に対しては，刑罰が科せられる（同40条）。

VI　賃金債権の確保

1　企業の倒産と賃金保護

(1)　概　説　　企業が円滑に運営されている下で，仮に賃金の未払いが起これば，これまで説明してきた賃金保護によって賃金の支払いを求めることができる。しかし，企業（使用者）が賃金の支払い能力を失った場合，どのような保護が受けられるかが問題となる。このような問題が生じる深刻な事態は，企業が倒産した場合である。もっとも，倒産という法概念があるわけではなく，手形の不渡りが2回になると手形決済ができなくなるので，そのような事態を倒産と呼んでいるにすぎない。倒産になると，裁判所が関与しない私的整理またはその関与がある法的整理が行われる。

(2)　私的整理の場合　　私的整理の場合，債権の優先順位に関するルールに基づき処理される。すなわち，賃金債権には，民法（306条2号・308条）により，一般の債権者よりも優先して弁済を受けることができる一般先取特権が認められている。2003年の民法改正により，308条の条文を旧商法295条と同じく「雇用関係」と広くし，賃金の対象期間についての最後の6ヶ月間という限定をなくした。これにより，労働契約に限らず，委任，請負形式の契約も広く保護の対象となった。また，一般先取特権として保護する労働債権の範囲を全

第3章　賃　　金　　189

額に拡大した。しかし，この先取特権は，租税や抵当権，根抵当権などに優先しないため，銀行や大口債権者が先に債権を回収し，労働者には何も残っていないという場合が多い。また，この手続の下での労働債権の回収には時間がかかり，回収できる割合も低い。

(3) 法的整理の場合　法的整理の場合，事業の継続を断念するタイプ（清算型）と，継続を追求するタイプ（再建型）がある。破産が前者の例であり，後者には，会社更生と民事再生がある。

このうち，破産の場合，2004年の破産法改正（旧破産法を廃止し全面改訂）により，親子会社を同一の裁判所で処理するなど手続の簡素化が図られた（破産5条3項）。また，未払い賃金の3ヶ月分および退職金（退職金のうち，賃金の3ヶ月分相当額）を抵当権付債権のつぎの順位にし，租税債権などの一部（納付期限から1年を超えた部分）と並ぶ順位にした（同149条・151条）。従来は租税債権などより低い順位であった。さらに，裁判所の許可があれば，随時，賃金の支払いが可能となった（同101条）。そして，手続への労働組合の関与が認められた（手続の開始が通知され，意見聴取される。同32条3項4号・78条4項）。

つぎに，後者の会社更生の場合，会社の再建には労働者の協力が不可欠であるから，その賃金の保護も一定厚くなっている。すなわち，更生手続開始決定前6ヶ月の一般賃金債権と手続開始後の一般賃金債権は，共益債権として更生計画によらないで随時弁済される（会更130条・127条2号・132条1項・2項）。これ以外の一般賃金債権は優先的更生債権である（同168条3項・135条）。また，退職金については，退職が更生手続開始の前か後か，更生計画認可の前か後かに応じて，共益債権になる範囲が定められている（同130条2項・127条2号・168条1項）。

最後に，民事再生の場合，一般賃金債権および退職金債権は，再生手続開始前に生じたものについては一般優先債権となり（民再122条1項），再生手続開始後に生じたものについては共益債権となる（同119条2号）。共益債権は，再生手続によらないで，随時，優先的に弁済される（同121条1項）。

なお，ILO95号条約（「賃金の保護に関する条約」）11条は，倒産時において，

賃金が優先的債権として取り扱われるべきこと，および，通常の債権者の資産分配に対する請求権が確定する前に全額支払われるべきことを定めている。

2 賃金確保法による保護

企業の経営が立ち行かなくなった場合，上記のような保護が利用できるが，それでは十分ではないので，1976年に制定されたのが，「賃金の支払の確保等に関する法律」（賃確法）である。

賃確法は，以下の4つの方法によって賃金債権の確保を図っている。

第1は，社内預金の保全措置である。具体的には，事業主に対して，金融機関による保証契約の締結，労働者を受益者とする信託契約の締結，質権または抵当権の設定，預金保全委員会の設置などの方法により，社内預金を保全するように求めている（賃確3条，賃確則2条）。

第2は，退職手当の保全措置であり，事業主は，就業規則などで退職手当を支払うことを明らかにしたときは，厚生労働省令で定める額（賃確則5条）について，社内預金の保全措置に準ずる措置を講じるように努めなければならない（賃確5条）。

第3は，退職した労働者の賃金を退職日までに支払わなかった場合，年率14.6％を超えない範囲内で政令で定められる率（現在，年率14.6％である。賃確令1条）による遅延利息を支払わなければならない（賃確6条）。しかし，その対象から退職手当が除かれており，また，天災地変や企業倒産などの場合に適用が除外される（同条2項，賃確則6条）など，不十分な保護である。

第4は，国による未払い賃金の立替払い制度である。これは，事業主が破産した場合などに，退職前6ヶ月以内の期間の未払い賃金総額（上限がある。賃確令4条）の80％を国が事業主に代わって支払う制度である（賃確7条，賃確令4条）。この制度は，労災保険法の社会復帰促進等事業の一環として行われるものであり（労災29条1項3号），財源は労災保険に求められる。立替えた賃金債権は使用者に求償される。しかし，この制度には，支払われる金額が低いこと，立替払いの対象となる賃金から賞与や解雇予告手当が除かれていることなどの

問題がある。

Ⅶ　職務発明と対価

1　職務発明とその対価

研究開発の業務に従事する労働者のなした職務発明については，使用者が特許申請をし，使用者がそこから生じる利益を取得するのが通常である。特許法は，このような場合，労働者は「相当の対価を受ける権利を有する」と定め（旧35条3項），これを下回る場合，労働者はその不足分を求めることができるとされた（**オリンパス光学工業事件**・最判平15・4・22民集57巻4号477頁）。2004年特許法改正では，従業者帰属主義を前提にした当事者による自主的決定手続き尊重原則を導入した。しかし，2015年改正において「契約，勤務規則その他の定めにおいてあらかじめ使用者等に特許を受ける権利を取得させることを定めたとき」，特許権は発生時から使用者に帰属するとの法人帰属主義を可能にするように改められ，労働者は「相当な利益」を受ける権利を有するとされた（35条3・4項参照）。

2　「相当の利益」の意味

相当の利益は，契約，勤務規則等における基準の策定に際して使用者等と従業者等との間で行われる協議の状況，策定された当該基準の開示の状況，相当の利益の内容の決定について行われる従業者等からの意見の聴取の状況等を考慮して「不合理であると認められるもの」であってはならない（35条5項）。相当の利益に関する定めがない場合，またはこれが不合理であると認められる場合には，その発明により使用者等が受けるべき利益の額，その発明に関連して使用者等が行う負担，貢献および従業者等の処遇その他の事情を考慮して定めなければならない（同条7項）。

第 **9** 章

労働時間・休憩・休日

I　労働時間の歴史と現状

1　法規制の必要性

　労働法は，労働時間の規制から開始されたと言ってよい。労働法の最初と目されるイギリスの「徒弟の健康および風紀に関する法律」（1802年）では，徒弟の労働時間を1日12時間に制限していた。日本の場合，最初の労働者保護法は1911年の工場法であるが，そこでは，女子と年少者の労働時間の長さ（上限12時間）と深夜労働を規制していた。

　これに見られるように，労働時間の規制は，労働法の基本的課題である。それは何より，労働時間の規制が労働者の人格を保護するうえで欠くことができないからである。すなわち，「労働は商品ではない」が，このことの意味は，労働者は商品ではなく，かつ，労働力は特殊な商品であることを含意している。奴隷とは違い，人間自体が商品でないことを維持しながら，肉体と不可分な労働の能力である労働力を他人に売り渡すためには，時間を限って売る必要がある。したがって，そのような枠となる労働時間は，労働者が人格として尊重されるための必須の要件となる。

　このような意義に加えて，労働時間の規制は，労働者の健康を維持するうえでも必須である。なぜなら，長時間労働は疲労を増大させて免疫力を低下させると同時に，職場の有害要因にさらされる時間を長くして疾病への罹患の危険を高めるからである。今日，このような健康問題の中で，脳・心臓疾患による過労死問題やうつ病に代表されるメンタルヘルス問題が深刻化している。ま

た，疲労によって注意力の低下を招き，災害への危険も高まる。

　労働時間を規制する場合，規制対象として最も重要なことは，その長さと位置である。なぜなら，1日が24時間である以上，労働時間が長くなると私生活部分が縮まるという関係に立つからである。このことは，疲労の回復を妨げるだけでなく，社会生活へのかかわりを困難にし，人間らしい生活を送れなくする。また，労働時間の位置も重要である。特に深夜労働は，「24時間型社会」の進展に伴い拡大しているが，人間には進化の過程で「概日リズム」が備わっており，そのためホルモンの分泌などが低下する深夜の時間帯に労働すると，それだけ肉体への負担が増大し健康障害をもたらす。社会にとって必要な深夜労働もあるが，可能な限り減少させ，深夜労働が必要な場合には，従事する労働者に格別の保護を及ぼすべきである。さらに，長さや位置のみならず，密度や困難さも問題にすべきである。生産技術や生産方法の発達，情報機器の進歩により，労働密度は極限にまで高まっている。これが精神的な側面での疲労を高めている。それだけに，労働時間の短縮（時短）がいっそう重要である。最後に，長時間労働は，他人の雇用機会の確保に影響するから，ワーク・シェアリング（仕事の分かち合い）の観点からも規制が必要である。

2　法規制の歴史

(1)　国際的な動向　　上述のように，労働時間のあり方は労働者にとって重要な意味がある。そのため，たとえば，メーデーの起源が8時間労働制の要求にあった（1886年5月1日のアメリカ・シカゴを中心としたゼネストとそれへの弾圧事件を記念して1889年に第2インター〔国際的な労働者の連帯組織〕が決定）ことが示すとおり，労働時間の制限への要求は労働運動の歴史とともに始まったということができる。

　ところで，人類が初めて経験した世界的な規模での第一次世界大戦の終結に当たり，1919年にベルサイユ条約が採択された。労働法との関係で重要なことは，その条約の中で，労働条件の改善のための国際労働機関（ILO）の設置を謳ったことである。これは，劣悪な労働状態が世界の平和協調を危険に陥れる

という認識が基礎になっている。そこで，労働状態を改善するため真先に取り組まれたのが，労働時間の制限である。ILO 1 号条約が 8 時間労働制条約であることが，その象徴である。以来，ILO は，労働時間，休憩，休暇に関して18の条約を採択してきた。なお，日本は，このいずれも批准するに至っていない。

ILO は，その後，経済の国際化が進展し，先進国と開発途上国との労働条件上の格差が広がる中で，1999年に「ディーセント・ワーク」の実現を目標として掲げた。これは，「働きがいのある人間らしい仕事」の実現を意味しており，労働条件はもとより，結社の自由や社会保障の確立なども内容として含んでいる。そして，ILO では，この目標を労働時間に即して実現するために，「ディーセント・ワーキングタイム」の実現を提起している。それによれば，①労働者の健康によいこと，②家族にフレンドリーであること，③男女平等を進めること，④それらを通じて生産的であること，⑤労働時間について労働者の選択と決定が認められること，を労働時間の考え方の基準にしている（ILO, *DECENT WORKING TIME, Balancing Workers' Needs with Business Requirements* 〔Geneve, 2007〕）。

また，EU においても，労働時間に関し，「労働時間指令」（2003年）が定められている。ここで注目できることは，「すべての労働者に，24時間の期間ごとに継続11時間の最低の 1 日ごとの休息期間」を保障している点である（3条）。労働時間の規制の方法には，その上限を規制するという方法が考えられるが，これだと，時間外労働の規制が不十分な場合，自由な生活時間，とりわけ睡眠時間が削られ，健康を悪化させることになる。EU の規制方法は，睡眠時間と私生活時間の必要時間数を優先的に確保しようとするものであり，参照すべき方法と言わねばならない。

（2）時短の推進過程　労働時間の歴史は，世界的に見ても，1 日12時間を超えるような状態から，1 日12時間，10時間，8 時間というように短縮されてきた。これは法的な基準であるが，ヨーロッパでは，労働組合が労働協約によってこれより短い労働時間を実現している。

第 9 章　労働時間・休憩・休日　195

日本の場合，戦後，労基法で，1週間48時間，1日8時間と定められて以降，40年間変化がなかった。しかし，1987年の労基法の大改正の際，40時間制が実現した。ただし，中小企業での実施可能性を考慮し，本則では週40時間が定められたものの，附則で経過措置・猶予措置が認められ，ほぼ3年単位で2時間ずつ短縮するという方法が採用された。そして，週46時間，週44時間へと段階的に短縮され，1997年にやっと週40時間制の全面実施が実現した（ただし，特例がある）。

　ところで，このような40時間制が法律上実現した同じ時期に，政府は，「生活大国日本」を謳い文句に，年間の労働時間を1,800時間にすることを目標として掲げた（1988年「世界とともに生きる日本――経済運営5か年計画」）。このような水準を達成するためには，〔年間365日－（52週×週休2日）－年休20日－国民の祝日15日〕×8時間＝226日×8時間＝1,808時間という内容の労働条件が達成される必要がある。しかし，その後，このような水準が，統計上はともかく，実態として達せられたことはなく，結局，2005年に，このような目標自体が放棄された。

　(3) 規制緩和政策と労働時間規制　　労働時間の短縮が実現しない中で，むしろ労働時間の弾力化は着々と実行されていった。すなわち，1987年の労基法改正に当たり，1日当たりの規制の考え方を後退させて週の労働時間を規制の単位とすること，変形労働時間制に3ヶ月単位と1週間単位のタイプを加えること，フレックスタイム制およびみなし労働時間制（事業場外労働の場合と専門業務型裁量労働制）の導入などが行われた。また同時に，女性については，従来，時間外労働，休日労働，深夜労働などについて禁止ないし制限が加えられていたが，男女の平等を実現することを根拠に，すべて廃止され，労働時間に関しては，妊産婦を除き，男女の共通規制が行われた。

　ところで，1987年の労基法改正では，労働時間の弾力化は，時短を達成するためというのが正当化の根拠であった。というのは，たとえば変形労働時間制は，忙しい時期に労働時間を多く配置し，暇なときには労働時間を少なく配置することで，全体として時間外労働を減らすことができると考えられたからで

ある。

　しかし，その後の改正は，規制緩和政策の一環としての性格を強めた。すなわち，1992年，１年単位の変形労働時間制導入，1997年，専門業務型裁量労働制の対象の拡大（５業務から11業務），18歳以上の女性の時間外労働規制の撤廃，1998年，企画業務型裁量労働制の導入，2002年，専門業務型裁量労働制の対象の拡大（11業務から19業務），2003年，企画業務型裁量労働制の導入要件の緩和，2005年，時短促進法の労働時間設定法への改正などである。このような施策とならんで，規制緩和政策の結果，たとえば旅客輸送分野への参入が容易になり，競争が激化し，運転手の長時間労働が蔓延化した。依然として，長期間労働の規制は重要な課題である。

　もっとも，労働時間について，緩和一辺倒ではなく，規制が強化された面もある。たとえば，労働時間の把握を厳格に行うように通達による規制が加えられた（平13・４・６基発339号，平15・５・23基発0523004号）。また，長時間労働者の医師による面接指導が2006年の労安法の改正で制度化された。

　今後の方向を考えるうえで，2007年の労契法が「仕事と生活の調和にも配慮しつつ」労働契約を締結・変更すべきものとしている（労契３条３項）点は重要である。これは，「ワーク・ライフ・バランスの理念」を定めたものであって，仕事ばかりの生活ではなく，私生活とも両立できる労働生活を目指しているからである。あまりにも過剰な労働中心の労働者の置かれた現在の状態を緩和する指導理念となるという意味で，この理念は積極的に評価できる。もとより，この理念は，使用者による労働者の私生活にまで介入する根拠を与える危険がある（西谷・規制・35頁参照）。その点に注意しながら，基礎に生活が据えられ，それが労働力の再生産を可能にするよう労働を規制するという関係に立つようにしなければならない。

　（なお，2018年国会において提出予定の労働時間の改正案に関しては，コラム❽「労働時間規制改正の動向」参照。）

第９章　労働時間・休憩・休日　　197

3 労働時間の現状

よく知られているように，日本の労働時間の統計には2種類ある。1つは，厚生労働省「毎月勤労統計調査」であり，もう1つは，総務省「労働力調査」である。その調査結果には，年間の労働時間に300時間ほどのずれがある。その理由は，調査方法の違いにある。前者の調査は，従業員30人以上の事業所を対象（第一種事業所の場合）として行われるので，使用者が把握した賃金台帳上の労働時間ということになる。これに対し，後者は，個別の労働者を対象とした調査なので，実際に労働した時間が反映されている。結局，このずれがサービス残業ということになる。そこで，後者の統計によれば，2016年で年間の労働時間は2,018時間である。しかし，この時間数は，全労働者の平均であるから，労働時間の短いパートタイマーも含まれている。したがって，正規労働者だけを取ってみれば，はるかに長時間労働になっていると考えられる。実際，今日，一方に労働時間が極端に長い正規労働者と，他方に，労働時間が短い（十分に働く機会がない）非正規労働者が存在しており，いわゆる「労働時間の二極化」現象が見られる。すなわち，正規労働者の数を減らして，彼らに労働と責任を集中する一方，それ以外の非正規従業員は低賃金と雇用の不安定化（有期雇用で失業すれば労働時間自体存在しない）がもたらされているのである。

ところで，働きすぎ，すなわち長時間労働がもたらす最大の問題は「過労死」であるが，その認定基準として，厚生労働省の最新の通達（平13・12・12基発1063号）において，時間外労働が，①発症前1ヶ月間におおむね100時間，③発症前2ヶ月ないし6ヶ月間にわたって月おおむね80時間をそれぞれ超える場合としている。そこで，このような時間を前提に，2016年の「労働力調査」を見れば，週60時間の労働時間（これは月80時間の時間外労働に相当する）のものは，労働者の7.8%（約433万人）に及ぶ。労働時間の規制の必要性は依然として大きいと言わねばならない。

II 労働時間規制の原則

1 法定労働時間の内容

使用者に対し，労働者をこれ以上の長さの時間，働かせてはいけない，と法律上義務づけている時間のことを「法定労働時間」という。労基法32条では，1週40時間，1日8時間という長さを定めている。これに違反すると刑罰が科せられる（労基119条）とともに，これに違反する労働契約の部分は無効となり，無効となった部分は法定労働時間がその内容となる（労基13条）。したがって，法定労働時間に違反した労働が命じられても，労働者はそれに従う義務はない。しかし，仮に違反した労働に実際従事した場合，後述の時間外労働であることに違いはないので，割増賃金は支払われる。

法定労働時間は，このように強い規制が及ぶ基準であるが，これには，後述のように，適用除外や例外，特例が広範に認められているので，法定労働時間の原則の意義は低くなっている。

労基法32条でいう「1日」とは，0時から24時をいう。ただし，深夜業の場合，2日にわたっても，両方をあわせて一勤務とされる。また，「1週」とは，任意の7日間ということではなく，就業規則で定めた7日間が1週となる。そのような定めがなければ，日曜日から土曜日までを1週という（昭63・1・1基発1号）。

ここで，1週と1日という制限枠を2種類設けていることの意味が問題となる。1987年に労基法が改正される以前には，1日8時間，1週48時間を超えて労働させてはならないというように，1日単位の縛りを基本にして，その総和となる1週間の縛りを48時間とする枠が設定されていた。1987年の改正の際，これを逆転し，週単位の時間規制を重視する考え方を示すとともに，1日の労働時間は1週間の労働時間を各日に割り振る場合の上限とされた（昭63・1・1基発1号）。これは，変形制の種類が増えたことに伴い，長い期間の総労働時間の配分を1週間という縛りで平均化して計算する考え方が採用されたことによ

第9章 労働時間・休憩・休日 199

る。

　なお，就業規則や労働協約により各企業で定められている労働時間を「所定労働時間」という。所定労働時間は，当然，法定労働時間と同じか，それより短くなければならない。

2　法定労働時間の意義

　(1)　実労働時間　労基法32条では，「休憩時間を除き」，法定労働時間を超えて労働させてはならないと定めている。このことは，実労働時間が規制の対象になるのであって，実労働時間と休憩時間を合計した拘束時間は規制されていないことを意味する。しかし，後述するように，休憩時間が長くなると拘束時間も長くなるので，拘束時間の規制がないからといって，必要以上に長い休憩時間は認められない。また，実労働時間とは，実際に具体的な作業に従事している時間（実作業時間）だけをいうのではなく，たとえば，トラックの運転手が積荷の積み下ろしが行われている間，待機している時間などの，いわゆる手待時間もこれに含まれる。手待時間と休憩時間との区別は，指揮命令から完全に解放され，自由に利用できる時間であるか否かで判断される。また，本来職場で就業時間中に処理すべき業務を自宅に持ち帰り処理する時間も，実労働時間に含まれる（吉田美喜夫「自宅残業の労働時間性」立命館法学286号765頁）。

　(2)　「労働時間」の該当性　法定労働時間を超えて働かせてはならないという場合，いったい，労働時間とはどのような時間のことをいうのであろうか。たとえば，始業時刻が午前8時，終業時刻が午後5時，途中1時間の休憩が定められている場合，午前8時に労働者は何をしていたらよいのか，あるいは，どのような状態にあればよいのかを考えてみると，午前8時に工場の門を通過すればよいのか，それとも，午前8時に実際の作業を開始していなければならないのか，作業の開始前に行う作業服への着替えや体操などは，午前8時前に終えておかねばならないのか，などが問題となる。もし着替えに用いる時間が労働時間であるとすれば，午前8時までに着替えを終えねばならない場合，1日の労働時間は8時間を超えることになる。そこで，労働時間とは何かが問題

となる。

　このような問題は，労働時間管理の厳格化や職場で少人数のサークルを作り，そこでさまざまな改善提案を行って業務に取り入れていく活動（ZD 運動やQC 活動などの小集団活動）が行われるようになって浮上してきた。すなわち，従来，工場の正門にタイムレコーダーが設置されていて，午前8時に打刻すればよかったものが，新たに，作業場に8時に到着していなければならないように変更され，正門から作業場に至る時間だけでなく，作業着への着替えのための時間も労働時間に加えられなくなった。また，小集団活動が所定労働時間外に行われ，労働時間として評価されないという状況が生まれた。そのため，労働者がそれらに必要な時間も労働時間に当たるとして，時間外労働手当の支払いなどを求めて争う例が多発した。さらに，工場労働とは違って，指揮命令の抽象化・希薄化した労働が一般化してきたことも，労働時間の意味を問うことになった事情である。

　労働時間とはどのような時間をいうのか，という問題について，大きく分けると，「二分説」と「客観説」の2つの説がある。二分説は，労基法上の労働時間は，労働者が使用者の指揮命令の下に拘束されている時間であるが，労働者が現実に労働力を提供する時間以外の周辺的な時間を労働時間とするか否かは合意で決めればよいとする（萩沢清彦『八時間労働制』〔有斐閣，1966年〕69頁）。これに対し，客観説は，労働時間か否かは，当事者の意思とは関係なしに，あくまで客観的に行うとするものであり，多数説である。二分説は，刑罰をもって規制されている時間とするかどうかを労使の自由に委ねる考え方を含むものであり，それでは法規制が骨抜きになるおそれがある。したがって，客観説が妥当である。判例も，後述のように，この考え方を採用した。

　問題は，客観的に判断する基準である。この点について，労基法32条の文言（「労働させ」）を参照しつつ，労働者が使用者の指揮命令の下に置かれていたか否かで判断する考え方が一般的であった（「指揮命令下説」）。判例もこの考え方を採用している。すなわち，作業服などの更衣の時間の労働時間性が問題となった**三菱重工業事件**（最判平12・3・9労判778号11頁）がそれである。判決では，

労基法上の労働時間とは，「労働者が使用者の指揮命令下に置かれている時間をいい，右の労働時間に該当するか否かは，労働者の行為が使用者の指揮命令下に置かれたものと評価することができるか否かにより客観的に定まるものであって，労働契約，就業規則，労働協約等の定めいかんにより決定されるべきものではない」と判断した。本判決は，最高裁が労働時間の判断枠組として従来の多数説および行政解釈の立場である「指揮命令下説」に立ち，判断方法としては，「二分説」を退け，「客観説」を採用することを明らかにしたものである。

もっとも，指揮命令下か否かという基準だけでは労働時間か否かの判断が困難な場合があるので，「業務性」を補充的基準として加える考え方（たとえば，菅野・343頁）や，これをさらに発展させ，「使用者の関与」と「職務性」の2つの要件の充足度の総和（いずれかがまったくゼロではいけない）が相当程度以上に達していればよいとする「相補的二要件説」が主張された（荒木尚志『労働時間の法的構造』〔有斐閣，1991年〕258頁以下）。ここで「使用者の関与」という場合も，その中心的な内容は指揮命令であるから，「指揮命令下説」であれ「相補的二要件説」であれ，指揮命令下に置かれていることは労働時間といえるための必須の要件である。

新しい問題として登場してきたのは，ビルの管理業務に従事している労働者の仮眠時間の労働時間性である。この場合，仮眠時間中に労働から解放されず警報や電話などに直ちに対応しなければならないのであれば，それも使用者の指揮命令の下に置かれた労基法上の労働時間というべきである（**大星ビル管理事件**・最判平14・2・28労判822号5頁）。なお，仮眠時間に対してどのような賃金を支払うかについて，その時間も含めた場合に時間外労働や深夜労働になるのであれば，時間外・深夜割増賃金の支払いが必要である。ただし，その額を満たすのであれば，一定額の手当の支払いで措置することも可能である。また，住込みマンション管理人のような業務と日常生活が一体化するケースについて，所定労働時間中の長時間にわたらない病院への通院や犬の運動などの時間も指揮命令下にある時間とした原審の判断を最高裁は否定し，それらの行為は

私的な行為であって業務に当然に伴う行為ではないとした（オークビルサービス事件・東京高判平16・11・24労判891号78頁，同事件・最判平19・10・19労判946号31頁）。

3　労働契約上の労働時間と賃金

　始業時刻と終業時刻は就業規則の絶対的必要記載事項であり（労基89条1号），その間の時間から休憩時間を除いた時間が所定労働時間となる。それが合理的な定めであれば，労働契約の内容になるから，労働者に労務提供が義務づけられた時間となる。言い換えれば，この時間は労働契約上の労働時間ということになる。問題となるのは，この労働契約上の労働時間と上述の労基法上の労働時間と考えられる時間がずれた場合である。このずれが形式的である場合，つまり，所定労働時間は7時間であるが，実際には，1時間以上，機械の点検作業に従事する必要がある場合，上述のように，それは労基法上の労働時間となるから，労基法違反となる。しかし，所定労働時間が7時間の場合，8時間までの時間をどのように扱うかは契約の自由である。

　もう1つの問題は，賃金との関係である。労基法上の労働時間だから賃金の支払いが必要になるわけではない。労基法上，労働時間と対応させて賃金の支払義務が生じるのは，時間外・深夜労働に該当する場合である。したがって，時間外・深夜労働に該当しない限り，たとえば完全月給制のように，労務の提供の有無，つまり，労働した時間の有無に関係なく賃金を支払うことは可能である。しかし，所定労働時間が7時間の場合，8時間までの時間に賃金を支払うか否かは原則として契約の自由に委ねられているとしても，労働契約は労務の提供と賃金の支払いを本質的要素とする契約であるから，実際に労務の提供が行われるのに賃金を支払わない扱いをするには，それを正当化するだけの合理的理由が必要である。

III 弾力的な労働時間規制

1 弾力的な規制の意味

　労働者の健康や規則的な生活を保障するうえでは，1日8時間，1週間40時間という原則的な労働時間が規則的に繰り返される労働形態が最善である（これを原則的労働時間制という）。しかし，事業の種類や時期によって，仕事の繁閑が生じることは避け難い。特に工場労働ではなくサービス業などが拡大してくると，原則的な労働時間制では業務の必要に対応し難くなる。もとより，原則的な労働時間制の場合でも，繁忙期には労働時間を長くして対応することは可能であるが，その場合には，後述するように，労使協定の締結と割増賃金の支払いが必要になる。労働者の立場からしても，繁閑に応じて労働時間を調節できれば，少なくとも繁忙期の時間外労働を減らせるから，時短にもつながる。さらに，規則的な労働時間制ではなく始業と終業の時刻を労働者が選択できれば（フレックスタイム制），労働と生活を調和させるために労働時間を調節できることになる。

　このような事情から，1987年の労基法改正によって，弾力的な労働時間制の種類が拡大された。すなわち，労基法制定以来の4週間単位の変形制に加え，1ヶ月単位，3ヶ月単位，1週間単位の各変形労働時間制とともに，フレックスタイム制が導入された。その後，1993年に単位期間を3ヶ月とするタイプについて，単位期間が1年に延長された。

　これらの労働時間制は，あくまで単位期間の総労働時間の配分について自由度を高めたにすぎない。したがって，どれだけの時間労働したかを把握し，1週間40時間という枠に照らして，それを超えれば時間外労働として扱われる点で，なお原則的な労働時間制の延長上にある。これに対し，しばしば弾力的な労働時間制に含めて論じられる，みなし労働時間制は，単位期間の総労働時間という枠を置かない点では弾力的な労働時間制であるが，そもそも実際に労働した時間の長さを問題にせず，みなしてしまう点で，変形労働時間制やフレッ

クスタイム制とは基本的な性格を異にしている。

　なお，変形労働時間制は，労働者の規則的な生活への要請とは衝突する。そこで，育児・介護に従事したり，職業訓練や教育を受けるものについては，それらに必要な時間が確保できるよう配慮することが使用者に義務づけられている（労基則12条の6）。

2　変形労働時間制

(1)　1ヶ月単位の変形労働時間制　この制度は，1ヶ月以内の一定の変形期間（したがって，従来の4週間単位も可能である）を平均し1週間当たりの労働時間が週の法定労働時間である40時間を超えなければ，変形期間内のある日，ある週の労働時間が各法定労働時間を超えていても時間外労働にならないとする制度である。これを導入するためには，過半数代表との労使協定を締結するか，または就業規則（これを定める義務のない10人未満の場合，「その他これに準ずるもの」となる）で各日の労働時間を定め，その労使協定を所轄労基署長に届出る必要がある（労基32条の2，労基則12条の2の2）。なお，この制度は，非現業の地方公務員にも適用がある（地公58条3項）。

　この制度は，4週5休制，4週6休制などによる時短を可能にする面もあるが，特定の日または週の所定労働時間の上限規制がないという問題がある。

　総労働時間の上限は，単位期間により異なるが，1ヶ月であれば，31日の月の場合，週40時間×31日÷週7日＝177.1時間，30日の月の場合，週40時間×30日÷週7日＝171.4時間となる。

　変形期間における各日（これについては，長さだけでなく　始業・終業時刻も含む），各週の労働時間は，具体的に定める必要があり，使用者が業務の都合にあわせて任意に労働時間を変更することはできない（昭63・1・1基発1号）。ただし，月ごとに勤務割表を定める必要がある場合には，就業規則で各直勤務の始・終業時刻，各直勤務の組み合わせの考え方，勤務割表の作成手続，周知方法を定め，そのうえで，各日の勤務割りは，変形期間の開始前までに特定すればよいとされている（昭63・3・14基発150号）。

そこで，問題となるのは，このようにして特定された労働時間を変更できるかである。ある裁判例では，いったん指定した勤務割を就業規則の変更条項で変更することはできるが，「業務上の必要がある場合，変更する」旨の変更条項は，労働者が勤務変更される場合を予測することが著しく困難であり，労基法32条の2の「特定」の要件を満たさず無効とした（ＪＲ西日本〔広島支社〕事件・広島高判平14・6・25労判835号43頁）。

もう1つの問題は，トータルな労働時間に違いはないが，いったん特定された所定労働時間を超える労働時間を時間外労働と評価するか否かである。これをすべて時間外労働と見る見解もある（渡辺章『わかりやすい改正労働時間法』〔有斐閣，1988年〕59頁）。しかし，行政解釈では，①1日，1週については，各法定労働時間を超えた労働時間を定めた場合は，それを超えて労働した時間，それ以外は各法定労働時間を超えて労働した時間，②変形期間全体については，①で時間外労働となる時間を除き，変形期間の法定労働時間の総枠を超えて労働した時間を，それぞれ時間外労働としている（昭63・1・1基発1号，平3・1・1基発1号，平6・3・31基発181号）。

(2)　1年単位の変形労働時間制　　この制度は，1ヶ月を超え1年以内の変形期間の週平均の所定労働時間が40時間以内であれば，特定の週・日に法定労働時間を超えて労働させることができる（超えた時間は時間外労働にならない）というものである（労基32条の4）。この制度を導入するには，適用対象労働者の範囲，対象期間，特定期間（対象期間中の繁忙期間），対象期間の労働日と労働時間などを定めた労使協定を労働者の過半数代表との間で締結し，所轄労基署長に届出る必要がある。なお，この制度は，非現業の地方公務員には適用できない（地公58条3項）。

この制度は，季節ごとで業務に繁閑がある場合の必要に応えようとするものであるが，変形期間が長いので，配分可能な労働時間の総枠が非常に大きくなる。その結果，当然，労働者の生活に与える影響も大きくなる。そこで，以下のような制約を課している。①1ヶ月以上の対象期間を区分した場合，最初の期間を除く期間について労働日数，総労働時間を定めたときは，各期間の開始

30日前に労働日と労働時間を労働者の過半数代表の同意を得て定めること，②労働時間の上限は，1日10時間，1週52時間（ただし，対象期間が3ヶ月を超える場合，週48時間を超える週数の限度は3，対象期間を3ヶ月ごとに区分した場合，週48時間を超える週の初日の限度数は3），③労働日数の限度（3ヶ月を超える対象期間の場合，原則として年280日），④連続労働日数の限度（6日。ただし，特定期間の連続労働日数の限度は週1日の休日を確保できる日数）（労基32条の4，労基則12条の4）などである。

　対象期間が長期であり，また，1ヶ月以上の期間に区分することができることと関わって，いくつかの問題が生じる。まず，期間途中の採用や退職により期間の一部のみ対象部門で就労するものにも適用があり，就労した期間の平均が週40時間を超えていれば，割増賃金を支払わねばならない（労基32条の4の2）。これは，配転の場合にも問題となるが，この場合，賃金の減額はできないと考えられる。つぎに，最初の対象期間のみ労働時間を特定した場合，その後の期間について労働者の過半数代表の同意がいるが，それが得られない場合，原則的な労働時間制が適用され，法定労働時間を超える場合には，時間外労働協定が必要である（平6・5・31基発330号）。

　(3)　1週間単位の非定型的変形労働時間制　この制度は，労働者の過半数代表と労使協定を締結し，労基署長に届出れば，あらかじめ1週間の各日の労働時間を通知することで，1日上限10時間まで労働させることができるというものである。この制度では，1週間の各日の労働時間が区々となるので，「非定的」と呼ばれている。ただし，1週間の上限は40時間であり，労基法40条の特例事業の場合も同様である（労基則25条の2第4項）。これを超えて労働させる場合，時間外労働協定の締結と割増賃金の支払いが必要である。

　このような労働時間制は，労働者の生活を不規則にする程度が著しいので，一定の事業についてのみ適用が可能である。すなわち，日ごとの業務に著しい繁閑の差があり，それを予測して労働時間を特定することが困難な事業の場合であり，具体的には厚生労働省令で定められている。すなわち，規模30人未満の小売業，旅館，料理店，飲食店である（労基32条の5，労基則12条の5）。なお，

この制度は，非現業の地方公務員には適用されない（地公58条3項）。

　労働者の受ける不利益を緩和するため，各日の労働時間の通知は，少なくとも当該1週間の開始前に書面で行うことになっているが，緊急でやむを得ない事由があるときは，あらかじめ通知した時間を変更しようとしている日の前日までに書面で通知すればよいとされている（労基則12条の5第3項）。1週間の各日の労働時間を定めるに当たっては，使用者には労働者の意向を尊重する努力義務がある（同12条の5第5項）。

3　フレックスタイム制

　(1)　意　義　　フレックスタイム制という用語は法律上のものではない。各日の出勤と退勤の両方の時刻が労働者の自由な決定に委ねられる結果，文字どおり，柔軟な勤務が可能になる点で，このように呼ばれている。労働時間の弾力化の一環として1987年の労基法改正の際に導入され，今日，労働と生活との調和を図るうえで重要性を増している（育介23条1項，育介則34条1項2号イ）。この制度は，変形労働時間制と比べた場合，一定期間（これを清算期間と呼んでいる）の平均労働時間を規制対象とする点で共通するが，その期間内の各日・各週の労働時間が特定されない点で異なる。なお，この制度は，非現業の地方公務員および18歳未満の年少者には適用されない（地公58条3項，労基60条1項）。

　(2)　導入の要件　　この制度を導入するには，就業規則（この作成義務がない場合には，これに準じるもの）で始業・終業時刻（両方）を労働者の決定に委ねる旨の規定を置くこと，労働者の過半数代表との労使協定を締結し，その中で，以下の事項を定めることが必要である（労基32条の3，労基則12条の3）。すなわち，①対象となる労働者の範囲，②清算期間（1ヶ月以内），③清算期間中の総労働時間，④標準となる1日の労働時間，⑤労働者が出勤していることを求める場合の時間帯（コアタイムという）を設ける場合の時間帯，⑥労働者が出勤・退勤の時刻を選択できる時間帯（フレキシブルタイムという）に制限を設ける場合の時間帯，を定めておく必要がある。

　以上の要件のうち，①の対象労働者は，事業場の一部やその中の特定の労働

者でもよいが，個人名で特定される必要はない。②の清算期間には，以下の意味がある。すなわち，この制度の場合も，労働者には所定の労働時間働く労働契約上の義務があるが，各日の労働時間が区々となるので，それを把握するための一定の期間を区切る必要がある。この期間が清算期間であり，1ヶ月以内に制限されている。③では，清算期間の総労働時間を定める必要がある。これは，清算期間を平均して1週間当たりの労働時間が法定労働時間の範囲内になるように定めなければならない。④は，年休を取得したときの賃金を計算する必要上，定める必要がある。⑤のコアタイムを設定するか否かは自由である。コアタイムと標準となる1日の労働時間が近い場合は，フレックスタイム制と見ることはできない。最後に，⑥のフレキシブルタイムも設定するか否かは自由である。フレキシブルタイムが短いと，本制度の意味が減殺される。この点に関する法令上の定めはないが，始業・終業について各30分という場合にはフレックスタイム制とはいえないというのが行政解釈である（労働省(上)・418頁）。なお，この労使協定に届出義務はない。その理由は，協定の内容が就業規則の記載事項でもあり，就業規則の届出を通じて監督が及ぶからである。

つぎに，就業規則では，始業・終業時刻が絶対的必要記載事項である関係上，それらを労働者の自由な決定に委ねる旨の定めを置く必要がある。また，コアタイムとフレキシブルタイムを設定する場合，それらも始業・終業の時刻に関する事柄であるから，就業規則に規定する必要がある（昭63・1・1基発1号）。

(3) 法的問題　　フレックスタイム制でも，休憩・休日・年次有給休暇・深夜労働については，通常の労働時間制の場合と同様の規制を受ける。したがって，時間外・休日労働には労使協定が必要である。時間外労働となるのは，清算期間中の法定労働時間の総枠を超える時間である。休日労働をした場合に総労働時間に含めるか別枠にするかについて，割増率が違うとはいえ，清算期間で実際に労働した時間の規制を問題にすべきであるから，総労働時間に含めればよいと考える。

この他，以下のようなフレックスタイム制特有の問題が生じる。まず，労働者の出退勤の自由と業務命令との関係である。フレックスタイム制は，労働者

に出退勤の時刻の自己決定を認める点に最大の意義があるから，就業規則に業務上の必要性がある場合にフレックスタイム制の適用を排除するとの定めがあっても無効である。問題は，会議への参加や出張など，フレキシブルタイムの時間帯に業務命令ができるか，退勤の時刻を規制することになるような仕事量の業務命令ができるかである。この場合，定期的な会議については，それにあわせてコアタイムを設定するなど，制度設計の工夫により対処することが基本である。それができていない場合，労働者が自由意思で一定の時刻に出勤することを使用者と合意することは，フレックスタイム制が出退勤の時刻を労働者の自由意思に委ねている以上，肯定せざるを得ない。

つぎに，実労働時間の過不足の調整問題がある。すなわち，実際に労働した結果，清算期間の実労働時間が契約時間より多かったり少なかったりした場合，どう処理するかという問題である。この場合，各清算期間ごとで実労働時間を計算し，それに応じて賃金計算をするのが基本であるが，賃金額に変更を加えず，当期の清算期間と次期の清算期間の総労働時間との間で過不足した時間自体を貸し借りできるかが問題となる。この問題について，肯定説（菅野・515頁），否定説（片岡・萬井・262頁［萬井隆令]）のほか，行政解釈では，不足している場合に，賃金を全額支払いつつ不足時間を次期に繰越す（借りにする）ことは法定労働時間の総枠の範囲内であれば可能であるが，超過した場合に，対応する賃金を支払わずに超過労働時間分を次期の総労働時間の一部に繰越す（貸しにする）ことは，清算期間内における労働の対価の一部が未払いになるから労基法24条の賃金全額払いの原則に反し許されないとする（昭63・1・1基発1号）。各清算期間ごとで決着をつけることが労使に時間意識を明確にし，フレックスタイム制のねらいである時短にも資することになるから，否定説が妥当である。

Ⅳ　特殊な労働時間の算定方法

1　労働時間の通算

　労働者が複数の事業場で労働する場合，労働時間はどのように算定されるのか。この点について，「事業場を異にする場合も，労働時間の適用に関する規定の適用については通算する」ことになっている（労基38条１項）。ここで「事業場を異にする」とは，同一の使用者の異なった事業場の場合だけでなく，使用者が異なる場合も含まれる（昭23・5・14基発769号）。近年，たとえば複数のパート労働に従事するダブルワーカー（二重就労者）が増えている。具体的には，ある労働者が４時間ずつの労働を使用者の異なる２つの事業場で行う場合，この労働者の労働時間は８時間となる。問題は，いずれかの事業場で４時間を超えた労働をした場合，通算すると時間外労働が発生するので，いずれの使用者が労使協定を締結し，割増賃金を支払う責任を負うかである。この点，結果として時間外労働をさせることになった使用者がその責任を負うと考えるべきであろう（労働省⑴・530頁。なお，別使用者間の異事業通算制の見直しの議論について，荒木・166頁参照）。したがって，先に使用する使用者が，当該労働者が後から４時間労働することを知りながら４時間以上労働させれば，先の使用者が割増賃金を支払わねばならない。

2　坑内労働

　坑内労働の場合，いったん採掘現場に達した後，休憩時間になったからといって地上に戻ることは困難である。そのため，坑口に入った時刻から坑口を出た時刻までを労働時間とみなし，その中に休憩時間も含めることにしている（労基38条２項）。これを「坑口計算制」という。なお，この場合，後述する休憩に関する一斉休憩の原則と休憩自由利用の原則は適用されない。

3 みなし労働時間制

(1) 「みなし」労働時間制の意味　　労働者がどれだけの時間労働したかを算定することは，時間外労働に対する割増賃金の計算のためだけでなく，長時間労働を規制するうえで重要である。算定の方法は，実労働時間について行うことが原則であるが，このような実際に労働した時間ではなく，一定の時間，労働したものと「みなし」てしまう，という方法で労働時間を算定する方法が以下のように認められている。

(2) 事業場外労働の場合　　商品の販売セールス業務など，その業務の全部か一部が事業場外で行われるだけでなく，使用者の具体的な指揮監督も及ばず，労働時間を把握することが困難な業務がある。このような業務については，以下のような3つの場合に分けて，労働時間をみなすことを認めている（労基38条の2）。

第1に，当該事業場外労働に従事する労働者は，原則として「所定労働時間」労働したものとみなされる。第2に，当該業務を遂行するために，通常，所定労働時間を超えて労働することが必要である場合には，当該業務の遂行に「通常必要とされる時間」労働したものとみなされる。第3に，もし労使協定で「通常必要とされる時間」を定めれば，その時間労働したものとみなされる。第2，第3の場合の「通常必要とされる時間」とは，その処理に，通常，客観的に必要とされる時間という意味である。第3の場合の労使協定は，届出が必要である。

事業場外労働のみなし制が認められるのは，あくまで労働時間の算定が困難な場合でなければならないので，グループの中に労働時間を管理するものがいたり，無線やポケットベルなどで随時使用者の指示を受ける場合，事業場外での業務の具体的指示を受けて当該業務に従事して事業場に帰社するような場合は，いずれも適用はない（昭63・1・1基発1号）。なお，携帯電話を持たせて業務に従事させている場合について，みなしの適用を否定したものに**光和商事事件**・大阪地判平14・7・19労判833号22頁がある。また，旅行添乗業務についてみなしの適用が争われた阪急トラベルサポートに関する3事件では，地裁の判

断は分かれたが，高裁では，①添乗員はその記載に沿った旅程管理をする義務を負う，②携帯電話により旅程管理上重要な問題については，指示できる仕組みが整えられていた，③添乗日報による報告が義務付けられているなどの諸事情から，いずれも適用が否定され，最高裁もこれを是認した（たとえば，3事件のうち，海外ツアーの添乗員のケースである**阪急トラベルサポート〔旅行添乗員・第2〕事件**・第1審判決〔東京地判平22・7・2労判1011号5頁〕は適用を肯定したが，控訴審判決〔東京高判平24・3・7労判1048号6頁〕および最高裁判決〔最判平26・1・24労判1088号5頁〕は否定した）。

事業場外労働について，一部が事業場内で行われる場合，みなし制で算定される事業場外の時間と事業場内の別途把握される時間が合計して算定される（昭63・3・14基発150号）。また，情報通信機器を活用した在宅勤務の場合，常時通信可能な状態にしておくことが指示されておらず，業務も随時使用者の指示を受けないのであれば，みなし制が適用される（平16・3・5基発0305002号）。

(3) 裁量労働制 （a）**意　義**　裁量労働制とは，一定の業務について実際に労働した時間数ではなく，労使協定または労使委員会の決議（以下，決議という）で定めた時間数だけ労働したものとみなす労働時間の算定制度であり，2つの種類がある。1つは，命令で定められた専門的な業務を対象とする場合であり（労基38条の3・38条の4第5項。以下，「専門業務型裁量労働制」という），もう1つは，本社等の企画業務等を対象とする場合である（労基38条の4。以下，「企画業務型裁量労働制」という。くわしくは，吉田美喜夫「裁量労働制」21世紀講座5・262頁以下）。

裁量労働制は，専門性の高い業務や使用者の具体的な指示の下で労働しない就業形態が経済構造の変化に伴い増加してきたことから，労働者の自律的・主体的で創造的な能力の発揮に寄与するものとして，まず1987年の労基法改正の際，専門業務型裁量労働制が導入され，その後1998年に，企画業務型裁量労働制が追加導入された。裁量労働制の場合，労働者の裁量に委ねられるのは業務の遂行手段と時間配分だけであって，「ノルマ」や「期限」などは自由にならない。労働時間をみなす制度なので，みなされる時間より実際の労働時間が長

い場合も短い場合もあり得るが，実際には，このような制約から自由でないため，長時間労働に対する歯止めを失う危険がある。それだけに，制度の運用には慎重を期すべきである。

　(b)　専門業務型裁量労働制　　このみなし制を導入するには，労使協定で，①命令で限定列挙された業務から対象を定めること，②みなされる時間，③対象業務の遂行の手段と時間配分などについて使用者が具体的な指示をしないこと，④対象業務に従事する労働者の健康や福祉を確保するための措置，⑤対象業務に従事する労働者からの苦情処理に関する措置などを定め，これを労基署長に届出る必要がある（労基38条の3）。労使協定は事業場単位で締結する必要があるので，たとえば東京本社で専門業務型裁量労働制が協定されていても，それのない大阪開発部で対象業務に従事する労働者には当該制度は適用されない（**ドワンゴ事件**・京都地判平18・5・29労判920号57頁）。

　①でいう対象業務は，業務の性質上，その遂行の方法を大幅に労働者の裁量に委ねる必要があるため，業務の遂行の手段と時間配分などについて使用者が具体的な指示をすることが困難な業務として厚生労働省令で定められる。具体的には，研究開発，情報処理の設計，デザイナーなど11の業務のほか，厚生労働大臣の指定する業務が定められている（労基則24条の2の2第2項）。指定業務としては，コピーライターや証券アナリスト，弁護士などがある（平15・10・22告示354号）。これらの業務に該当する場合であっても，業務遂行の手段・時間配分について具体的指示をする場合には対象とならない。

　なお，労使協定が個々の労働者に民事上の効力を及ぼすためには，労働協約，就業規則または労働契約上の合意が必要である。

　(c)　企画業務型裁量労働制　　このタイプのみなし制を導入するには，①労使委員会（後述）の設置された事業場であること，②労使委員会が5分の4以上の多数による決議（決議事項は後述）をすること，③決議を所轄労基署長に届出ること，が必要である。労使委員会とは，「賃金，労働時間その他の当該事業場における労働条件に関する事項を調査審議し，事業主に対し当該事項について意見を述べることを目的」とし，「使用者および当該事業場の労働者を

代表する者を構成員とする」委員会である（労基38条の4第1項）。

労使委員会の決議事項は，以下のとおりである。①企画，立案，調査，分析の業務で，業務遂行の手段と時間配分について使用者が具体的指示をしないこととする業務（対象業務），②対象業務を適切に処理するための知識，経験などを有する労働者で，みなし制が適用されるものの範囲，③みなされる時間，④対象労働者の健康と福祉を確保するために使用者が講ずる措置，⑤対象労働者の苦情処理に関して使用者が講ずる措置，⑥対象労働者から労働時間をみなすことに同意を得ること，同意しない労働者を不利益に扱わないこと，⑦その他，厚生労働省令で定める事項（決議の有効期間など）である。決議事項に関しては，詳細な指針が定められている（平15・10・22告示353号，平15・10・22基発1022001号）。なお，この決議には労使協定に代替する効力が認められている（労基38条の4第5項）。

このみなし制が適用されるためには，本人の同意が必要である。この同意要件は，決議事項の1つに本人の同意を得ることが含まれていることから導き出される。したがって，同じ業務に従事する労働者であっても，この同意の有無に応じて，みなし処理されるものと定型的労働時間制のものが発生する。同意は，当該労働者が対象となり得る能力をつけた段階で，その都度，個別的に行われねばならない。撤回すればみなし制から定型的労働時間制に復帰する。制度の適用に同意しない労働者の不利益取扱いは禁止される。復帰に対する不利益取扱いも同様に解するべきである。

(d) 裁量労働制と時間外・休日・深夜労働　みなす時間が法定労働時間を超えていれば，三六協定またはそれに代わる労使委員会の決議のうえ，その時間について割増賃金の支払いが必要である。また，みなし労働時間制の場合も，休日労働，深夜労働の規制は及ぶので，それぞれの割増賃金を算出する関係上，使用者には業務遂行状況を把握する義務がある。さらに，休憩の規制も及ぶ。

第9章　労働時間・休憩・休日　215

Ⅴ 休　　憩

1 休憩の意義と規制内容

（1）　休憩の意義　　自分の趣味で行う作業と異なり，労働契約に基づいて行われる労務の提供は，使用者の指揮命令の下で行われるから，勝手にペースを調節することはできない。したがって，一定の時間継続すると心身の疲労を回復する措置を講じる必要がある。また，食事をするなど，労働を継続するための条件を整えなければならない。さらに，職場でも市民としての側面を保持しているから，一定程度の文化的・社会的生活を保障するための時間も必要である。このような時間が休憩時間であり，疲労を回復すれば作業能率が向上するから，使用者にとっても意味がある。

　このような理由から，休憩といえるためには，指揮命令から完全に解放されていなければならない。この点で，具体的な作業に一時的に従事していないだけの手待時間と区別される。

（2）　規制の概要　　法律上，休憩については，その長さ，位置，一斉に与えること，自由に利用させることを定めている（労基34条。なお，適用除外は同41条）。

　このうち，まず休憩の長さについて，労働時間が6時間を超える場合，少なくとも45分，8時間を超える場合は，少なくとも1時間与えなければならない。したがって，1日8時間労働の場合，45分与えればよい。

　8時間を超えた場合，どれだけの長さの休憩を与えたらよいかが問題となる。行政解釈では，合計1時間でよいとしている（昭22・11・27基発401号）。しかし，学説では，超えた時間が6時間までなら45分，8時間ならば1時間を与える私法上の義務があるとするものがある（西谷・315頁）。労働時間が長くなると，疲労は単純比例以上に高まるから，8時間を超える場合についても適切な法規制を加えるべきである。

　休憩時間の分割の定めはないが，短い時間に分割して何回も与える方式では，休息の実を挙げることができないから，少なくとも1回の休憩時間は食事

ができる程度の長さにすべきである。

　つぎに，休憩の位置について，労働時間の途中に与えなければならないと定められている。したがって，休憩時間分を早出または早退で処理することはできない。この位置に関わり，休憩の時間帯を定める必要があるかが問題となる。この点，時間帯が定まっていないと予測が立たないから，結局，一斉かつ自由に利用することが困難になるので，時間帯は定めるべきだと考える。

　このような休憩の長さと位置の規制について問題になるのは，途中に与えることと最長時間の定めがないことが結びつくと，長い休憩時間の結果，拘束時間が長くなるぶん，私生活時間が短縮されるという問題がある。この点，法的に規制はないが，当該時間が休憩の意味を持たない（つまり自由利用ができない）場合，労働時間と評価すべきである。

　休憩が与えられない場合，刑罰が科せられることになる。しかし，休憩は重要な労働条件であるから，それは労働契約の内容になっており，休憩を与えなければ民事上の責任も発生する。このような問題が争われた**住友化学工業事件**で，１審（名古屋地判昭50・12・5労判242号25頁）では，１時間の休憩中も作業に従事しなければならないとすれば，休憩を自由に利用させる債務の不履行に当たるとして，休憩時間の賃金相当額と慰謝料を認めた。これに対し，２審（名古屋高判昭53・3・30労判299号17頁。なお，最高裁もこれを支持した。最判昭54・11・13判タ402号64頁）では，休憩時間中もなかば拘束されていたので休憩を与える債務の不完全な履行であるが，完全に労働に服していたわけでもないので，その被った損害は賃金相当額とはいえないとして慰謝料のみの支払いを命じた。

2　休憩の原則

(1)　一斉休憩の原則　　使用者は，原則として休憩を一斉に与えなければならない（労基34条2項）。作業中の同僚がいると遠慮して休憩できないので，確実に休憩を取れるようにするための規制である。しかし，窓口業務などの場合，この原則を徹底すると不都合もあるので，労働者代表との労使協定を締結すれば，一斉に与えないことができる（同34条2項但書）。

第9章　労働時間・休憩・休日　　**217**

なお，そもそも運送，商店・理容，金融・保険など一定の事業の場合，公衆の不便を避けるといった理由で，この原則は適用されないことになっている（労基40条，労基則31条）。

(2) **自由利用の原則**　　使用者は，休憩時間を自由に利用させなければならない（労基34条3項）。この原則は，警察官や消防職員などには適用されない（同40条，労基則33条）。

ところで，休憩と称していても，その時間を自由に利用できないのであれば，それは使用者の指揮命令が全面的ないし部分的に及んでいることになるので，それから完全に自由になる時間という休憩の本質に照らして，この原則は当然のことを謳ったものである。また，休憩時間に職場で食事を摂る場合，企業施設を利用することになるが，このような利用を使用者が認めることは，休憩を保障する義務の当然の帰結である。問題となるのは，休憩時間を組合活動や政治活動に利用する場合に生じる。就業規則でそれを禁止している場合，この原則と矛盾しないかが問題となる。休憩時間中の無許可のビラ配布に対する懲戒戒告処分の効力が争われた**目黒電報電話局事件**（最判昭52・12・13民集31巻7号974頁）で，最高裁は，休憩時間も企業施設管理権と企業秩序維持のための規律による制約を受けるが，当該行為はそれらを乱すおそれがあるとして処分を有効とした。この判断には，学説から批判が強い（西谷・80頁）。思うに，この原則の重要性だけでなく，そこで行われる活動も団結権や政治的自由の行使であることを考えれば，業務の運営や休憩の自由利用に現実的かつ具体的な支障が生じない限り，それらを規制することはできないと考える。

Ⅵ　休　　日

1　休日の意義と法規制

休日とは，労働契約上労働義務を負う労働日の間に置かれ，労働義務から解放された日のことをいう。労基法では，「毎週少くとも一回の休日」を労働者に与えなければならないことになっている（週休1日制。労基35条1項）。ただ

し，4週間を通じ4日以上の休日を与えるという方法も認められている（変形休日制。同条2項）。変形休日制の場合，単位となる4週間の起算日を定める必要がある（労基則12条の2）。「毎週」というのは，原則として暦週を指すが，就業規則で別の定めが可能である。「1日」というのは，暦のうえでの1日を指し，0時から24時（暦日休日制）である。ただし，8時間3交替制などの交替制の場合，継続した24時間の休息でもよいとされている（昭63・3・14基発150号）。

「国民の祝日に関する法律」で定める休日は，強制されていないので，それらを休日にしなくても，労基法35条の要件を満たせば，なんら問題はない（昭41・7・14基発739号）。休日を特定する法律上の義務はないが，実際は就業規則で特定するよう行政指導される（昭23・5・5基発682号，昭63・3・14基発150号）。特定すれば，当然，その日は労働義務を負わない。

週の法定労働時間が40時間なので，週休2日制が理念として含まれているといえるが，法律上は，あくまで週休1日制である。週休2日制にしている場合，1日は法定休日，もう1日が法定外休日（所定休日）となる。ある休日がいずれに該当するかは，時間外労働ないし休日労働に関する手続や割増賃金の支払い義務との関係で問題となる。特に，後述（本章Ⅷ2）するように，時間外労働が1ヶ月60時間を超える場合，割増賃金率が50％以上に引き上げられたこととの関係で，この該当性の判断がより重要になる。なぜなら，法定休日に労働すれば休日労働でしかないが，所定休日の労働が時間外労働に及ぶ場合には，その時間は基準時間である60時間の中に含まれることになるからである。そこで，法定休日，所定休日をどう区別するかであるが，この区別は就業規則等で定めておくべきである。定めがない場合には，週休2日制前の就業規則上の休日を法定休日と見るべきである。この判断ができないときは，両休日の法的性質は同じと見て，いずれかの休日に労働させても，残り1日が保障されている限り，その日を法定休日と見ることになろう（東京大学労働法研究会『注釈労働時間法』〔有斐閣，1990年〕497頁）。この場合，実際に労働した日の労働が所定休日の労働になる。

休日労働の要件・効果および適用除外については，後述する（本章Ⅶ2および

Ⅸ **1**）。

2　休日の振替と代休

（**1**）　振　替　　就業規則で特定された休日に労働させる必要が生じた場合，
休日労働をさせ得る要件を満たす必要があるが，このような方法ではなく，休
日を別の日に動かすことができるかが問題となる。それを行う措置を休日の振
替と呼んでおり，行政解釈では，一定の要件の下に，これを認めている。すな
わち，就業規則に振替ができる旨の定めをし，あらかじめ振替える日を特定の
うえ，4週4日の休日を確保するというのが，その要件である（昭23・7・5基
発968号，昭63・3・14基発150号）。裁判例にも振替を認めるものがある（**三菱重工
横浜造船所事件**・横浜地判昭55・3・28労判339号20頁）。

　このような振替が行われる最大のねらいは，振替が有効に行われれば，当初
の休日は労働日になるので，その日に労働させても休日労働にならず，したが
って，労使協定の締結および割増賃金の支払いが不要になり，さらに，年少者
についても可能になる点である。しかし，労働者の生活を不規則にするおそれ
があるので，学説上は，振替に厳しい制約を課すべきとする主張が多い（くわ
しくは，東京大学労働法研究会編『注釈労働時間法』〔有斐閣，1990年〕381頁以下参照）。
思うに，振替が適法化されるだけでなく，個々の労働者に振替えた日に労働義
務を発生させるためには，就業規則の定めが合理的である必要があり，それが
否定されれば，振替えた労働日の労働には個別労働者の同意を必要とすると解
するべきである。

　（**2**）　代　休　　上述の休日の振替は，労働日と休日を入れ替える措置なの
で，休日の日数が減るわけではない。しかし，休日労働や時間外労働，深夜労
働などが行われた場合，いわばその埋め合わせの措置として与えられるのが代
休である。休日労働や時間外労働をさせるのは，法律上の要件を満たす必要が
あるが，代休を与えることは法律上の義務ではない。

Ⅶ 時間外・休日労働の制限

1 時間外・休日労働の意味と実態

原則的な労働時間制であれば，1日8時間・1週40時間を超えて労働させる場合，また，変形労働時間制であれば，変形期間の1週当たりの平均労働時間が40時間を超えた場合，その超えた労働を時間外労働という。そして，1週1日または4週4日の休日に労働させれば，休日労働となる。これに対し，それぞれの企業において就業規則や労働協約で定めた労働時間を所定労働時間，休日を所定休日と呼ぶ。法定の内容と所定の内容が一致していれば特別の考慮はいらないが，一致していない場合，ずれた時間や日の法的意味には違いがある。たとえば，1日7時間という所定労働時間が定められている場合，追加的に2時間労働をすれば，通常2時間残業をしたといわれるが，残業というのは法律用語ではない。厳密には，2時間の残業のうち，1時間が所定外労働時間，1時間が時間外労働となる。後述の時間外労働に対する規制の対象になるのは，この意味での時間外労働についてであり，所定外だが法定労働時間内に収まっている時間（法内残業または法内超勤と呼ばれる）は，契約の自由に委ねられている。休日についても同様であり，法定休日を超える休日を与えている場合，その休日に対して法規制は及ばない。

日本の長時間労働の最大の原因は，時間外労働が長いことにある。しかも，法定労働時間を超えた労働が正式に時間外労働として扱われるのであれば，割増賃金が支払われることになるはずであるが，これがない「サービス残業」も蔓延している（森岡孝二『働きすぎの時代』〔岩波書店，2005年〕133頁）。このような事情から，厚生労働省は，サービス残業をなくすための通達を出し（平13・4・6基発339号），労働者が自己の労働時間を自主的に申告することにより労働時間を把握する自己申告制は認められないこと，使用者は，タイムカード，ICカードなどの客観的な記録で適正に労働時間を把握しなければならないことを定めている。

2 時間外・休日労働に対する法規制

(1) 法規制の内容　　時間外労働，休日労働について，そもそもこれらが禁止されているのは，年少者，妊産婦（後者は請求による）の場合である（労基60条1項・66条2項）。禁止されていないが，制限されている場合として，坑内労働，有害業務は1日2時間までである（同36条1項但書）。また，家族的責任を有する男女の労働者の場合，事業の正常な運営を妨げる場合を除き，時間外労働は1ヶ月24時間，1年150時間以内に制限され（育介17条・18条），特に3歳に満たない子を養育する労働者については，その請求により所定外労働を免除しなければならない（同16条の8）（くわしくは，本書第10章Ⅲ2(3)参照）。

このような制限がある一方，時間外労働，休日労働が認められる場合としては，①災害等の臨時の必要がある場合（労基33条1項），②公務のために臨時の必要がある場合（同条3項），そして，③労使協定に基づく場合（同36条），がある。実際に，最も重要な規制は③の場合なので，それは項をあらためて説明することにし，以下では先に①と②を検討する。

(2) 災害等の臨時の必要がある場合の時間外・休日労働　　このような例外が認められるには，まず「災害等」の発生が必要である。典型的には，天災地変により企業施設の被害の防止や復旧の必要な場合が考えられる。しかし，このような天災地変でなくても，深刻な機械設備の突発的な故障の場合でもよい（昭22・9・13発基17号，昭26・10・11基発696号）。加えて，「臨時の必要」がなければならない。これに当たるためには，原則として，使用者が通常予見できないような臨時的労働の必要性が生じた場合と考えられ，いかに時間外・休日労働が必要だとしても，それが恒常的であれば，勤務体系をその必要にあわせて改善するべきことになる（労働省(上)・451頁）。

本条の例外が認められるには，原則として，事前に行政官庁（所轄労基署長）の許可を受けなければならない。しかし，事態が急迫していてそれができない場合，事後に遅滞なく届出をしなければならない。これに見られるように，この例外は容易には認められない規制になっている（ただし，年少者にも，この例外は適用される。労基61条4項前段）。しかも，事後の届出があった場合，時間外・

休日労働が不適当と判断されれば,「その時間に相当する休憩または休日を与える」ように命じることができる(同33条2項)点に見られるように,労働者の不利益を回復する措置も定めている。これは,労働と生活との調和を図る上で,当然の規制である。

(3) 公務のために臨時の必要がある場合　公務のために臨時の必要がある場合,労基法別表1で定める事業以外の官公署の事業に従事する国家公務員および地方公務員については,災害等の事由の有無と関係なしに,また,行政官庁の許可を受けなくても,時間外・休日労働をさせることができる。本条項の適用がない労基法別表1で定める事業(いわゆる現業部門)は広範に及んでいるし,もともと非現業の一般職国家公務員は労基法が適用されない(国公附則16条)ので,実際に適用対象となる公務員は,ほとんど非現業の地方公務員ということになる(これらには原則として労基法が適用される。地公58条3項)(くわしくは,東大労研(下)・572頁)。

問題となるのは,公立学校の教育職員についてである。労基法33条3項の定めによれば,これらの者に本条項の適用はないが,「公立の義務教育諸学校等の教育職員の給与等に関する特別措置法」(給特法)により,「教職調整額」という特別給与(俸給月額の4%)と引き換えに,本条項の適用を認めるとともに,労基法37条が適用除外され,労使協定の締結もなしに無定量の労働に従事しているのが現状である(萬井隆令「公立学校教師と時間外労働」龍谷法学38巻1号53頁以下)。公務員については,その職務の特殊性は否定できないとしても,労務提供の実態の点では民間と区別する合理的理由は乏しい。したがって,このような特別法は見直しが必要であるし,本条項の適用については,少なくとも,「臨時の必要」を厳格に解するべきである。

3 労使協定による時間外・休日労働の規制

(1) 概　説　使用者が労働者に時間外労働および休日労働を例外的にさせることができるのは,上記の2つの場合のほか,使用者と労働者の過半数代表と所定の事項を協定し(労基法36条で定められているので,一般に,三六協定〔サブ

ロク協定またはサンロク協定〕と呼んでいる）、所轄の労基署長に届出る場合がある。労使協定である以上、労働者側が同意しなければ締結できないはずであるが、実際には、同意しないことで締結できないという事例は多いとはいえない。企業間の競争があり、限られた人員の下では、時間外労働の拒否が困難なこと、雇用者数ではなく時間外労働が生産調整の手段となっていること、割増賃金が不可欠な収入として労働者に予定されていること、などの事情が考えられる。そのため、このような手続的な規制だけでは、長時間労働の規制としては不十分であるが、放置できないほどの長時間労働が問題になってきたことから、1998年の労基法改正により、三六協定の内容を厳格化・詳細化するなどの措置が講じられた。

(2) 三六協定の締結と内容　　三六協定は、事業場の労働者の過半数を組織する労働組合か、それがない場合、過半数の労働者の代表との間で締結しなければならない。過半数代表の選出に当たっては、①労基法41条2号の管理監督者ではないこと、②過半数代表の選出手続として投票・挙手等の方法で行うこと、が必要である（労基則6条の2第1項）。したがって、労働組合ではない親睦団体の代表者と締結した三六協定は無効である（**トーコロ事件**・最判平13・6・22労判808号11頁）。

　なお、三六協定が「労働協約」として締結される場合があり得る。この場合、当該三六協定が時間外・休日労働を根拠づけることになる。しかし、これが個々の労働者の時間外・休日労働の義務を発生させることになるかは、後述（本章Ⅶ**3(3)**）する。

　三六協定の協定事項は、以下のとおりである（労基則16条）。①時間外・休日労働の具体的事由、②業務の種類、③労働者の数、④1日および1日を超える一定の期間についての延長時間または労働させ得る休日、⑤協定の有効期間である。

　このうち、④延長時間（時間外労働の時間）を定める場合、どれだけにするかが問題となる。1982年以来、労働省（当時）の指針で目安時間を定めて行政指導をしてきたが、法的根拠があいまいであったことから、1998年の改正で、その法

的根拠が与えられた（労基36条2項・4項）。すなわち，時間外労働の上限について厚生労働大臣が「基準」を定め，それに基づいて所轄の労基署長が必要な助言・指導をすることができることになった。また，労使協定を締結するに当たって，この「基準に適合したものとなるようにしなければならない」（同条3項）ものとされた。

表9-1　時間外労働の限度基準

期　　間	限度時間
1週間	15時間
2週間	27時間
4週間	43時間
1ヶ月	45時間
2ヶ月	81時間
3ヶ月	120時間
1年間	360時間

　時間外労働の限度基準の具体的な内容は，**表9-1**のとおりである（平10労告154号〔改正：平21・5・29厚労告316号〕）。

　このような基準について，そもそもその長さ自体に問題があるが，それを別にしても，2つ問題がある。1つは，前掲労告154号の3条で，特別な事情が生じたときは協定で定めた延長時間を超えて労働ができるようにする「特別条項」を定めることができるとしている点である。これを根拠に，年中当該条項を適用した生産計画を立てる実態が見られた。そこで，これに歯止めをかけるため，限度基準を超える時間について，割増率を定めることを求め，加えて，その時間数を可能な限り短くすること，および，割増率が2割5分を超えた率にすることが努力義務とされた（前掲厚労告316号）。

　もう1つは，この基準がいかなる効力を有するかである。労基法36条3項の文言は，きわめてあいまいであるが，少なくとも，届出の際，厳格なチェックが行われるべきである。それ以上，強行的効力を認めることは困難であるとはいえ，後述するように，判例では，三六協定の範囲内で就業規則に時間外労働の定めがあり，その定めが合理的な場合に初めて労働者を拘束すると判断しているので，就業規則の合理性の判断と三六協定の内容とは不可分の関係に立つといえる。したがって，三六協定が上記基準に反する内容を定めている場合，就業規則の合理性を否定する事情と評価できるから，原則として，この基準を超える時間外労働には拘束されないというべきである（西谷・304頁。なお，荒木・162頁も参照）。

(3) 時間外・休日労働義務　　時間外労働・休日労働をさせるには，前提として三六協定の締結が必要である。しかし，協定を締結したことは，罰則つきの強行規定の拘束から解除する効力を有するにすぎない。この解除の後，個々の労働者に時間外労働・休日労働を義務づけるには，別に労働契約上の根拠が必要である。この根拠について，学説・判例上，考え方が対立している（くわしくは，前掲・注釈労働時間法448頁以下参照）。これを大きく分ければ，労働協約や就業規則に時間外・休日労働に関する「定め」があれば，使用者は労働者にそれらを命じることができ，労働者もそれに従う義務があると考えるものであり，労働協約や就業規則（さらに三六協定）にどの程度の「定め」があればよいと考えるかで見解はさらに分かれる。しかし，「定め」があれば命令できるという点で共通しており，これを「命令説」と呼ぶことができる。これに対し，そのような「定め」があるだけでは足らず，時間外・休日労働に関する使用者の申入れと，それに対する労働者の個別の同意があって初めてそれらに従事する義務が生じると考えるものであり，これも，当該同意の程度，事前かその都度かなどで見解が分かれるが，いずれにせよ同意を必要とするので，これを「合意説」と呼ぶことができる。

　判例は，前者の立場に立っている（**日立製作所武蔵工場事件**・最判平3・11・28労判594号7頁）。本件は，過去の懲戒処分のほか，歩留率低下の原因の追究と対策のための残業の拒否や始末書の提出拒否などを理由とした懲戒解雇の効力が争われたケースである。その効力の判断と関わって，時間外労働義務の有無が問題となった。この点について，判決は，三六協定の締結と届出を前提としたうえで，「就業規則に当該三六協定の範囲内で一定の業務上の事由があれば労働契約に定める労働時間を延長して労働者を労働させることができる旨定めている時は，当該就業規則の規定の内容が合理的なものである限り，それが具体的労働契約の内容をなすから」時間外労働義務が発生するとした。しかし，ここで「合理性」の判断基準として，①時間外労働の時間を限定していること，②所定の事由を必要としていること，を挙げているが，②について，(i)生産目標達成のために必要ある場合，(ii)業務の内容によりやむを得ない場合，(iii)その

他前各号に準ずる理由のある場合，が含まれていた。このような場合ですら合理性を認めているのであるから，判例の立場では，労働者が時間外労働義務から逃れることは困難と言わねばならない。

　もとより，「命令説」の場合でも，規定上の事由の解釈に合理的な限定を加えることで妥当な結論を導く努力は行われるべきである（山川・176頁）。しかし，**日立製作所武蔵工場事件**で②(iii)のような規定が含まれている点に見られるように，事由の詳細化にはおのずと限界がある。

　そこで，どのような規制が考えられるかであるが，この点，使用者が時間外労働を命じる権利があるとしても，その濫用が許されないことは池の権利の場合と異ならない（菅野・492頁以下）。しかし，濫用の判断枠組では，時間外労働を拒否した場合に受けることがあり得る懲戒処分の危険を負担しなければならないし，時間外・休日労働の必要性と労働者が被る不利益ないし応じられない事情との比較をすることになるから，労働者はその事情を使用者に述べる必要があり，それは，労働者のプライバシーとの衝突という別の問題を発生させることになる。この点からも，「命令説」には賛成できない。

　そこで，「合意説」を支持したいが，その際，労契法が，「仕事と生活の調和にも配慮しつつ」労働契約を締結・変更すべきものとしている（3条3項）点を重視すべきである。この規定は，仕事ばかりの生活ではなく，私生活とも両立できる労働生活を目指す「ワーク・ライフ・バランスの理念」を謳うものであり，そのためには，時間外・休日労働の厳格な規制が必須となるからである。そして，この理念が使用者による労働者の私生活にまで介入する根拠を与えることになってはならないので，この調和を判断する主体はあくまで労働者であることを保障する必要がある。このような観点から，つぎの見解を支持したい。すなわち，所定労働時間を超える時間は労働者の私生活のために確保された時間であり，それをどのように処分するかは自己決定に委ねられるべきであるから，緊急性のある業務など信義則上認められるべき場合を除き，合理的に近接した時期の個別的同意が必要であり，法内超勤も労働者の生活に及ぼす意味に違いはないから，同様に考えるべき，との見解である（西谷・308頁）。

第9章　労働時間・休憩・休日　**227**

Ⅷ 割増賃金

1 意 義

　時間外・休日労働が行われた場合，使用者は，通常の労働時間または労働日の賃金に一定の率を掛けた割増賃金を支払わなければならない（労基37条）。この規制には，追加的労働により労働者が受ける不利益を補填する意味と，追加的な労働のコストを引き上げることで，使用者がそのような労働を利用することを抑制させる意味がある。しかし，後者の意味を発揮させ，追加的な労働をするために雇用者数を増加させるには，相当高い割増率にする必要があり，現行の割増率では実際の効果はそれほど期待できない。なお，深夜労働の場合，労働者の健康や生活への影響が大きいので，それを補填する意味が強い。

2 時間外労働・休日労働と割増賃金

　時間外労働・休日労働に対する割増率は，「2割5分以上5割以下」の「政令で定める率以上の率」であり（労基37条1項），時間外労働が2割5分，休日労働が3割5分である（平12・6・7政令309号）。しかし，時間外労働の割増率については，2008年に後述のように改正された（同37条1項但書）。割増賃金を計算する場合，基本的な考え方は，時間当たりの賃金を計算し，それに時間外労働または休日の労働時間数を乗じて算出される。したがって，たとえば時間給であれば，そのまま計算に利用され，月給の場合であれば，その金額を月の所定労働時間数で除した金額をとなる（労基則19条1項）。そして，時間当たりの賃金を計算する場合の賃金からは，家族手当，通勤手当，別居手当，子女教育手当，住宅手当，臨時に支払われた賃金，1ヶ月を超える期間ごとに支払われる賃金は除外される（労基37条4項，労基則21条）。これらの除外賃金は制限的列挙であり，かつ，この該当性は名称ではなく実質的に判断すべきである（小里機材事件・最判昭63・7・14労判523号6頁）。そして，支払われることになるのは，割増分だけではなく，基礎の賃金も含むので，結局，これらの金額に，たとえ

228

❽労働時間規制改正の動き

1．労働基準法改正法案

労基法上の労働時間関連規定の改正を目的とする改正法案は，2015年4月，通常国会に提出され，継続審議となっていたが，2017年の総選挙に伴い，廃案となった。2018年開会の国会に再提案されると予想される。

改正の趣旨は，「長時間労働を抑制するとともに，労働者が，その健康を確保しつつ，創造的な能力を発揮しながら効率的に働くことができる環境を整備する」ことである。主な内容は以下の通りである。①特定高度専門業務・成果型労働制（以下，「高度プロフェッショナル制度」と略す）を導入する。②月60時間を超える時間外労働に係る割増賃金率（50％以上）について，中小企業への猶予措置を廃止する。③使用者は，10日以上の年次有給休暇が付与される労働者に対し，5日について，毎年，時季を指定して与えなければならない。④フレックスタイム制の「清算期間」の上限を1ヶ月から3ヶ月に延長する。⑤企画業務型裁量労働制の対象業務に「課題解決型提案営業」と「裁量的にPDCA（plan-do-check-act）を回す業務」を追加するとともに，対象者の健康確保措置の充実や手続の簡素化等の見直しを行う。

これらの中で大きな論争を惹起したのは，高度プロフェッショナル制度である。これは，職務の範囲が明確で一定の年収（少なくとも1,000万円以上）を有する労働者が，高度の専門的知識を必要とする等の業務に従事する場合に，健康確保措置等を講じること，本人の同意や委員会の決議等を要件として，労働時間，休日，深夜の割増賃金等の規定を適用除外とする制度である。第一次安倍内閣（2006〜2007年）で提案された「自己管理型労働制（いわゆる日本型ホワイトカラー・エグゼンプション）」と類似の制度といえる。対象が一定の労働者に限定されているとはいえ，年休以外のすべての労働時間規制が適用されないため，「残業代ゼロ制度」などの批判が強い（名古道功「労働基準法（労働時間規制）改正案の検討」季労251号48頁以下参照）。

2．「働き方改革」

アベノミクス第2ステージの一環として提唱された「働き方改革」（2018年3月「働き方改革実行計画」決定）は，日本経済の再生をめざし，「働く人の視点に立って，労働制度の抜本改革を行い，企業文化や風土も含めて変え」ることを目的とする。克服が求められる課題として，①正規・非正規の不合理な処遇の差，②長時間労働，③単線型の日本のキャリアパスが挙げられ，具体的取り組みとして，①同一労働同一賃金など非正規雇用の処遇改善，②賃金引上げと労働生産性向上，③罰則付き時間外労働の上限規制の導入など長時間労働の是正，④柔軟な働き方がしやすい環境整備，⑤女性・若者の人材育成など活躍しやすい環境整備，などが挙げられる。特に注目されるのは，非正規労働者の処遇改善（コラム❸「「働き方改革」における同一労働同一賃金」参照）とともに時間外労働の規制である。

日本の労働時間は，欧州諸国と比較して長く，この20年間フルタイム労働者の労働時間はほぼ横ばいであり，またワー

第9章　労働時間・休憩・休日　229

クライフバランスの実現のためにも長時間労働の是正が必要とされる。このためには、三六協定でも超えることができない、罰則付きの時間外労働の限度を具体的に定める法改正が不可欠として、以下の法案が提示された。①週40時間を超えて労働可能となる時間外労働の限度を、原則として月45時間、かつ年360時間とする。②特例として、臨時的な特別の事情がある場合として、労使が合意して労使協定を結ぶ場合においても、上回ることができない時間外労働時間を年720時間とする。③年720時間以内において、一時的に事務量が増加する場合について、最低限上回ることのできない上限として、2ヶ月、3ヶ月、4ヶ月、5ヶ月、6ヶ月の平均で、いずれにおいても、休日労働を含んで80時間以内に限定し、単月では、休日労働を含んで100時間未満とする。④原則を上回る特例の適用は、年6回を上限とする。

従前の目安時間（表9-1参照）の上限規制には、法的効力がないとされていたが、法案が罰則付きかつ強行的効力が付与されている点では、これまでよりは厳しい規制である。しかし、そもそも上限が長すぎるだけではなく、1週などの規制がなく、また特例では過労死ライン（月の時間外労働80時間）を超えているなどの問題が残り、果たして実効的な長時間労働の削減につながるかには疑問が残る。

ば、125％、135％を乗じた額となる。

ところで、時間外労働の割増賃金について、2008年の労基法改正（法律89号）により、以下のような扱いが導入された（施行は2010〔平22〕年4月1日）。まず、1ヶ月の時間外労働が45時間までの場合、割増率は25％であるが、45時間を超え60時間までは労使で延長時間の短縮と割増率が25％を上回るようにすることが努力義務とされた（平10労告154号3条）。そして、60時間を超える場合には、割増賃金は50％以上となる（労基37条1項但書）。ただし、一定の中小企業に対しては、当分の間、適用が除外される（労基附則138条）。また、60時間を超える場合、労使協定により、割増賃金の支払いに代えて（全額ではなく、50％のうちの25％について）、労基法39条の休暇とは別に、有給の休暇を付与することも可能である。取得の単位は半日または1日であり、60時間を超えた当該1ヶ月の末日の翌日から2ヶ月以内に取得できる（労基37条3項、労基則19条の2）。これは、代替休暇制度と呼ばれ、時間外労働について、割増賃金ではなく時間そのものにより補償する点で、長時間労働の負担の軽減に役立つ。しかし、たと

えば所定労働時間が8時間の場合，1日分の代替休暇を取得するには，過労死認定基準を超える92時間にも及ぶ時間外労働が必要となる点で問題がある（8時間÷0.25＋60時間）。この問題を緩和しようとすれば，労使協定を締結することで年休を年5日までは時間単位で取得できることになった制度（労基39条4項）と上記の代替休暇制度とを組み合わせて利用する方法が考えられる。

　ところで，休日労働が時間外労働に及ぶ場合，つまり休日労働と時間外労働が重複した場合，休日の労働には休日労働の規制だけが及び時間外労働に関する規制は及ばないので，その時間外労働の部分に対する割増賃金は，深夜業に該当しない限り，35％以上の割増賃金でよい（60％以上ではない）と考えられている（昭22・11・21基発366号，昭33・2・13基発90号，平6・3・31基発181号，平11・3・31基発168号。なお，**最上建設事件**・東京地判平12・2・23労判784号58頁も参照）。

　賃金計算を簡便にするため，割増賃金を定額で支払う場合（定額制・「固定残業代」），これ自体が直ちに違法になるわけではないが，①割増賃金相当額の部分がそれ以外の部分から切り分けられていること，かつ，②当該金額が所定の計算方法による額以上であること，という要件を満たす必要がある（歩合給制の場合について，**高知県観光事件**・最判平6・6・13労判653号12頁）。最高裁は，2つの要件を厳格に捉える傾向がみられる。医師の定額年俸に割増手当が含まれるかが問われた**医療法人康心会事件**において，高裁判決（東京高判平27・10・7労判1168号55頁）は，自らの労働の提供について自らの裁量で律することができ，特に労働者としての保護に欠けるおそれがないとの理由に基づき，労基法37条違反を否定したのに対し（**モルガンスタンレー証券事件**・東京地判平17・10・19労判905号5頁も同旨），最高裁（最判平29・7・7労判1168号49頁）は，割増賃金に当たる部分を判別できないことから，同条違反と判示した。**テックジャパン事件**（最判平24・3・8労判1060号5頁）でも，同様の判断が下されている。なお，タクシー運転手の割増手当に関して，歩合給の計算にあたり割増金相当額を控除し，実質的に割増が支払われない賃金規定の有効性が問われた**国際自動車事件**（最判平29・2・28労判1152号5頁）では，原審判決（東京高判平27・7・16労判1132号82頁）は，こうした規定は公序良俗反して無効と判断したのに対し，最高裁は，

有効としたうえで，その定めが上記 2 要件に合致するかの審理のため，原審判決を破棄して差し戻した。

年俸制が採用されている場合，時間外・休日労働の規制を受ける労働者である限り，割増賃金の支払いが必要であり，それを支払わない旨を定める就業規則条項は無効であり（システムワークス事件・大阪地判平14・10・25労判844号79頁），また，時間外・休日労働の割増賃金を明確に切り分けて支払う必要がある（創栄コンサルタント事件・大阪地判平14・5・17労判828号14頁，同事件・大阪高判平14・11・26労判849号157頁）。

3 深夜労働と割増賃金

使用者は，労働者を午後10時から午前 5 時まで（地域または期間により，午後11時から午前 6 時まで）の時間帯の全部または一部について労働させた場合，その時間の労働に対して，通常の労働時間の賃金の25％以上の割増賃金を支払わなければならない（労基37条 3 項）。割増賃金の基礎となる賃金を計算する方法は，時間外・休日労働の場合と同じである（同条 4 項）。なお，時間外労働の場合と異なり，深夜労働については，すでに時間当たりの賃金は支払われているので，割増賃金を計算する場合の乗率は125％ではなく25％でよい（荒木・165頁）。

この規制は，弾力的な労働時間制の下で働く場合や，みなし労働時間制の場合にも及び，かつ，労基法41条の適用除外にもならない（適用除外については，本章Ⅸ **1**（**1**）参照）。このような例外を認めない規制を及ぼしているのは，深夜の時間帯の労働が労働者の健康や生活に重い負担をかけるからである。したがって，時間外労働と深夜労働が重複する場合，その重なる部分についての割増賃金は50％以上となり，また，休日労働と深夜労働が重複する場合，同じく60％以上の割増賃金となる（労基則20条 1 項・ 2 項）。

Ⅸ 規制の適用除外・特例

1 適用除外

(1) 意 義 労基法上の労働時間，休憩，休日に関する規定は，①農業・水産業などの従事者，②管理監督者または機密の事務取扱者，③監視・断続労働従事者（③については行政官庁の許可が必要）については適用されない（労基41条）。しかし，深夜業については，行政解釈では，それが労働者に及ぼす影響を考慮して，労基法上，労働時間と区別して規制されていると見て，適用除外されないと解してきた（昭63・3・14基発150号）。そして，最高裁も，深夜業の規制が長さではなく時間帯に関するものであることを重視して，管理監督者であっても深夜割増賃金の請求ができると判断した（ことぶき事件・最判平21・12・18判時2068号159頁）。したがって，深夜業に関する労基法37条3項・4項，61条，66条3項は適用除外されない。また，年次有給休暇は，労働時間の長さや位置，休日とは別の規制であり，適用除外する明文規定もないので，労基法39条も適用除外されない（昭22・11・26基発389号）。

(2) 農業・水産業など 自然的条件の下で労働することが適用除外の理由である。しかし，今日では，ビニールハウス農業に見られるように，天気次第という生産活動とは違ってきている面もあり，規制の見直しが必要である。なお，1993年の労基法改正で林業は対象から除かれた。

(3) 管理監督者・機密事務取扱者 「監督若しくは管理の地位にある者又は機密の事務を取り扱う者」（労基41条2号）も，労働時間等の規制が適用除外となる。このうち，管理監督者について，かつては，いわゆる「重役出勤」のように，経営上の必要に基づき，時間管理に厳格な制限を受けないため，労基法上の保護を及ぼす必要性がない，という基準で該当性が判断されていた（昭22・9・13基発17号）。しかし，金融機関の部長や支店長ですらこのような自由度がないことから，「経営者との一体性」や「待遇面」が重視されるようになった（昭63・3・14基発150号）。他方，機密事務取扱者については，秘密書類を扱

第9章 労働時間・休憩・休日　233

うかどうかではなく，秘書のように，経営者や時間規制の及ばない者と行動を共にしなければならず，厳格な時間管理になじまないかどうかで判断される（昭22・9・13基発17号）。

問題が多いのは，管理監督者の場合である。たしかに，労基法の規制の枠を超えて労働する企業経営上の必要性があり，人事管理など経営事項について権限を有し，労働時間の管理に裁量があり，処遇面でも優遇されている労働者であれば，適用除外は認めてよいであろう。しかし，肩書きは管理職でも，実際には，わずかの手当と引き換えに無定量の労働に従事させられる場合があり，「肩書き」と「処遇」・「負荷」との乖離が紛争の原因になっている（いわゆる「名ばかり管理職」問題）。裁判例でも，管理監督者として処遇されている者が，それに該当しないとして時間外労働手当などを請求したことに対し，その該当性を厳格に判断し，管理監督者性を否定している例が多い（日本労務研究会『管理監督者の実態に関する調査報告書』28頁以下［吉田美喜夫］。最近の例に，**日本マクドナルド事件**・東京地判平20・1・28労判953号10頁がある）。

管理監督者の判断基準は，職名（肩書き）ではなく，実態に即して判断すべきであるが，前掲・**日本マクドナルド事件**・東京地判では，①職務内容，権限および責任に照らし，労務管理を含め，企業全体の事業運営に関する重要事項にどのように関与しているか，②その勤務態様が労働時間等に対する規制になじまないものであるか否か，③給与および一時金において管理監督者にふさわしい待遇が与えられているか，を総合判断する枠組を提示しており，参照すべきである。

(4) 監視断続労働　適用除外となる最後は，「監視または断続的労働に従事する者」である。このうち，監視労働とは，監視が本来の業務であり，身体的・精神的緊張の少ないものでなければならない。したがって，交通関係の監視やプラント等における計器類の監視業務などは，これに当たらない。また，断続労働とは，休憩時間は少ないが手待時間が多いものを指し，たとえば1日往復10回程度の交通量の鉄道踏切番がこれに当たる（昭22・9・13基発17号，昭23・4・5基発535号，昭63・3・14基発150号）。

しかし，監視断続労働と一般の労働の区別は困難なので，使用者がそれらの労働であることを口実にして不当な労働形態を採用する危険がある。そこで，本条が適用されるには，労基署長の許可を必要とする（この趣旨を述べるものに，**共立メンテナンス事件**・大阪地判平8・10・2労判706号45頁がある）。

日直（昼間の当番）・宿直（夜間の当番）の勤務に従事する場合，労基法41条3号に基づき，適用除外になると解されている（労基則23条。昭23・3・17基発464号）。しかし，ビルのガードマンやマンションの管理人などは，それが本業の業務であるから問題ないとしても，本来の業務のほかに，これらの業務に従事する場合についても適用除外を認める点には，法律上の根拠を欠くとの批判が強い（西谷・322頁）。

2 特 例

商業・理容業，映画演劇業，保健衛生業，および旅館・接客娯楽業で，常時10人未満の労働者を使用する事業の場合，法定労働時間は週44時間である（労基40条，労基則25条の2）。これは，公衆の不便を避けることが主たる根拠である。なお，1日8時間制は維持される点に注意すべきである。

第9章 労働時間・休憩・休日 235

第10章

仕事と私生活の調和

I　総　論

　近年，「ワーク・ライフ・バランス」（仕事と私生活の調和）への関心が高まっている。

　ひとりの人間の一生の中で非常に大きな比重を占める「仕事」と「私生活」をどのように調和させるかは，本人の生き方そのものに関わるきわめて重要な問題である。しかしそれにもかかわらず，近年になってようやくこの問題が関心を集めるようになったのは，女性の就業率の高まりに伴う育児支援の必要性，また高齢社会の進行による介護支援の必要性が強く認識されてきたことによる。

　すなわち，1985年に制定された男女雇用機会均等法（正確には勤労婦人福祉法の改正）は，もちろん募集，採用，職務配置，昇進，昇格についての男女の均等取扱いを使用者の努力義務にとどめるなど，法制度として十分なものではなかったが，それでも女性労働者が社会に出て仕事を行う可能性を大きく切り開いた。そして，それによって拡大したいわゆる共働き世帯の増加は，それまで女性が家庭にとどまって果たしてきた育児等を中心とする家族責任と，家族を構成する男性労働者と女性労働者のそれぞれの職業生活とをどのように調和させるか，という問題を突きつけることになった。これに応じるようにして制定されたのが，1991年の「育児休業等に関する法律」（育児休業法）である。

　また，世界保健機関（WHO）の定義によれば65歳以上の高齢者人口がその国の人口の7％を超えた場合を「高齢化社会」というが，日本は1970年に高齢

者人口比率が7％を超え，1994年には14％を超えた。その後も人口の高齢化は進み，2009年5月時点で22.5％に達している（総務省統計局平成21年10月21日公表）。日本社会の高齢化の速度は，同じく高齢化の進む他の欧米先進諸国と比較しても，きわめて早い。そういった事情を背景に，家庭において高齢者の介護責任を負う労働者に対する施策として，先の育児休業法が改正され，1995年に育介法が成立した。

　その後も，1999年に男女共同参画社会基本法，2003年に少子化社会対策基本法，次世代育成支援対策推進法（2005年施行）といった諸法律が制定され，男女を問わず，職業生活を営む労働者が，育児・介護を中心とした家庭生活との両立を図ることを可能にするような社会への法整備が進められてきている。

　しかしながら，自らの私生活を充実させ，職業生活と両立させることの重要性は，なにも育児や介護に責任を負う労働者にのみ当てはまることではない。労働者が，「労働者」としてだけでなく，ひとりの自律した個人として自らの人生を営んでいくことをもまた価値あるものと考えるならば，むしろ当該労働者の私生活の自由を保障する施策およびその実効性の確保が重要であり，その一環として育児や介護支援施策を位置づけるべきであろう。

　このような観点に立つならば，労働者の私生活の自由を確保する施策としての年次有給休暇の役割も大きい。しかし，日本における年次有給休暇の取得状況はきわめて低調である。その理由としては，同僚への気兼ね，不利益取扱いへのおそれ，あるいは病気やその他突発的な事態に対応する「年休の蓄え」といったことが挙げられる。このような状況では，労働者の私生活の自由が十分に保障されているということは難しい。このような現実を踏まえつつ，労働者の私生活の自由の保障という観点から，労働者の有する年休権行使に関わる法的諸問題を論じる必要がある。

　本章では，以上の観点から，「仕事と私生活の調和」のための重要な役割を担う年次有給休暇制度および育児・介護休業制度を中心に見ていくことにする。

II　年次有給休暇

1　年次有給休暇の意義と労働基準法39条の展開

　年次有給休暇（年休）は，労働者に対し，年間の一定日数の休暇を有給で保障する制度である。労働者の希望に従って休暇日が選択できること，当該期間中において賃金もしくはそれに代わる手当が保障されている点で，休日（労基35条）とは異なる。

　ILOは，1936年にはすでに「年次有給休暇に関する条約」（52号）を採択し，また1970年にはその改正条約である132号条約において，1年勤務につき3労働週（5日制なら15日，6日制なら18日）以上であること，休暇は原則として継続したものでなければならないこと，および，事情により分割する場合であっても分割された一部は連続2労働週以上でなければならないことを規定している。日本は，これらの条約を批准していないが，1947年に制定された労基法39条はILO52号条約を模範としつつ当時の日本の状況を配慮して修正した内容とした（東大労研究(下)・705頁［川田琢之］）。

　労基法39条は，制定後も，年休の付与日数引上げ，付与要件の緩和など漸次改正されている（最小付与日数に関する1987年改正，最小勤続勤務期間に関する1993年改正，付与日数の年次的加算に関する1998年改正）。また，1987年には，パートタイム労働者など所定労働日数の少ない労働者に対する年休の比例付与の規定および労使協定に基づく年休の計画的付与（計画年休）規定が新設された。同年の改正においては，年休取得を理由とする不利益取扱いの禁止に関する附則134条（現136条）も設けられている。

　年休の意義は，労働者の健康で文化的な生活の実現に資するために，労働者を労働から解放することにある。しかしながら，日本の年休の取得率は5割を下回っており（2015年における労働者1人当たり平均年休付与日数〔繰り越し分を含まない〕は18.1日であり，取得日数は8.8日である〔平成28年就労条件総合調査（厚生労働省)〕)，また病気療養や突発的な子どもの世話，介護，慶弔事あるいは組

合活動といった，本来年休制度が予定している労働者の休息や余暇とは異なる用途で利用されることも多い。

2 年休権の構造

(1) 年休の発生要件　労基法39条1項は，使用者に対し，雇入れの日から起算して6ヶ月間継続勤務し，全労働日の8割以上出勤した労働者に対して，継続しまたは分割した10労働日の有給休暇を与えなければならないとする。また同2項は，1年6ヶ月以上継続勤務した労働者に対し，雇入れの後6ヶ月を超えた日（6ヶ月経過日）から起算して継続勤務年数1年ごとに，当該期間の全労働日の8割以上出勤したことを要件に，10労働日に**表10-1**に記した日数を加算した日数の年休を与えなければならないとする。このように，労働者の年休は，①一定期間の継続勤務と，②その期間の8割以上の出勤という2つの要件を充足することによって発生する。1週間の所定労働日数が通常の労働者の所定労働日数に比して相当程度少ない者（パートタイマーなど）についても，以上の要件を充足したことを要件に，労働日数の違いを比例的に反映した日数の年休が付与される（くわしくは，後述**(3)**参照）。

　(a) 継続勤務要件　年休発生の第1の要件は，一定期間の継続勤務である。ここでいう「継続」とは労働契約関係が存続していることをいう。労働契約関係が「継続」しているか否かは，実質的に判断されるため，たとえば臨時工やパートタイム労働者を正規職員に切り替えた場合，有期労働契約が反復更新されている場合（**国際協力事業団事件**・東京地判平9・12・1労判729号26頁），合併や在籍出向があった場合（昭63・3・14基発150号）にもこの要件は満たされる。

　(b) 8割以上出勤要件　年休発生の第2の要件は，採用日から起算して6ヶ月間，あるいは6ヶ月経過日から起算した1年間ごとについて，全労働日の8割以上出勤したことである。このように出勤要件を年休の発生要件とする制度は，国際的に見て日本独自のものであり，年休を当該労働者の勤勉な労働に対する報償と見る発想に基づくものである（西谷・331頁）。

　「労働日」とは，労働契約において労働義務が課されている日をいう。その

表 10-1　労基法39条2項に掲げられている表

6箇月経過日から起算した継続勤務年数	労働日
1年	1労働日
2年	2労働日
3年	4労働日
4年	6労働日
5年	8労働日
6年以上	10労働日

ため，行政解釈は，労働者が所定休日に就労した場合には，その日はここでいう労働日に含まれないとする（昭63・3・14基発150号）。しかし，年休の趣旨が労働からの解放にあることにかんがみれば，このような扱いは疑問であり，労働者が現実に就労した日もまた労働日に算入すべきであろう（西谷・333頁）。また，労働契約上の労働日であっても，正当なストライキにより労務の提供がなされなかった日は労働日に含まれない（昭63・3・14基発150号）。裁判例においては，このことを認めつつも，年休権を保障した労基法39条の趣旨には一定期間継続勤務した労働者の勤勉な労働に対する報償という趣旨も含まれているとし，実際の出勤日数と「本来の全労働日」の8割に当たる日数との比率に応じて減少した日数を超える年休を取得することは信義則に反し権利の濫用として許されないものと解するものもある（**釧路交通事件**・札幌高判昭53・7・31労判304号36頁）。このような考え方は，年休の功労報償的な側面を強調しすぎており，その本来の意義を理解したものとは言い難い（東大労研㊦・711頁［川田琢之］）。さらに，使用者の責めに帰すべき休業日についても，行政解釈（昭63・3・14基発150号）は，労働日に含まれないとするが，疑問がある。

「出勤」に関して，労働者が労災による負傷や疾病の療養のために休業した期間，育児休業または介護休業した期間，産前産後休業した期間については出勤したとみなされる（労基39条8項）。また，前年度に年休を取得した日も出勤したものと扱われる（昭22・9・13・発基17号）。生理休暇取得日については，当事者間の合意がある場合を除いて，出勤したものとみなされない（昭23・7・31基収2675号）。

(2)　年休権の法的性質　以上の要件を満たした労働者には年休権が発生する。年休権の法的性質については，請求権説（年休権を請求権と解し，労働者の請求に対する使用者の承諾をもって年休が成立すると理解），形成権説（労働者の一方

的意思表示によって年休が成立すると理解），二分説ないし時季指定権説（年休権を労基法39条1項・2項〔現1～3項〕に対応する抽象的な権利と，3項〔現5項〕に対応する具体的な年休日を決定する権利に分けて把握する）の対立があったが，最高裁が，1973年に二分説にのっとった見解を示したことによって，論争に一応の決着がついた。

　すなわち，1973年の**白石営林署事件**（最判昭48・3・2民集27巻2号191頁）は，①年次有給休暇の権利は，労基法39条1項・2項（現1～3項）の要件が充足されることによって法律上当然に労働者に生ずる権利である，②労働者がその有する休暇日数の範囲内で，具体的な休暇の始期と終期を特定して時季指定をしたときは，客観的に同条3項（現5項）但書所定の事由が存在し，かつ，これを理由として使用者が時季変更権の行使をしない限り，この指定によって年休が成立し，当該労働日における就労義務が消滅する，と判断した。つまり，年休権は，当該年度に一定日数の労働日について就労から解放されるという抽象的な権利としての年休権と，特定の時季に年休を指定することによって労働義務から解放されるという具体的な年休権の二重構造を持つ権利と把握される（長淵満男「年休権の構造」21世紀講座7・154頁参照）。

　当該年度に消化されなかった年休は翌年に繰り越され，2年間で時効消滅すると解される（労基115条）。労働者が繰越し年休と当該年度の年休のいずれも有する場合には，繰越し分から時季指定されていくと解するのが妥当である。また，年休の買い上げを予約し，予約された日数について年休取得を認めないことは労基法39条に反する（昭30・11・30基収4718号）。もっとも，退職直前において消化できない年休日数に応じ手当を支給することは許される。

　（3）　パートタイム労働者等に対する比例付与　　所定労働日数が通常の労働者に比して少ない労働者（パートタイム労働者，アルバイト等）についても，法所定の要件を満たす限り，年休権が発生する。労基法39条3項は，その付与日数について1年間の所定労働日数に比例して算定することを規定している。すなわち，①週所定労働時間が30時間未満の労働者で，かつ，週所定労働日数が4日以下である場合，もしくは，②週以外の期間によって所定労働日数が決めら

表 10-2 労基則24条の3に掲げられている表

週所定労働日数	1年間の所定労働日数	雇入れの日から起算した継続勤務期間						
		6箇月	1年6箇月	2年6箇月	3年6箇月	4年6箇月	5年6箇月	6年6箇月以上
4日	169日から216日まで	7日	8日	9日	10日	12日	13日	15日
3日	121日から168日まで	5日	6日	6日	8日	9日	10日	11日
2日	73日から120日まで	3日	4日	4日	5日	6日	6日	7日
1日	48日から72日まで	1日	2日	2日	2日	3日	3日	3日

れている場合には，年間所定労働日数が216日以下の者について，表10-2の日数が付与される（労基則24条の3）。

この①ないし②の基準を超えた所定労働日数で就業するパートタイム労働者等については，通常の労働者と同じ日数の年休権が保障される。

(4) 付与の単位　年休の単位は「労働日」であるから，暦日での付与が原則となる。しかしながら，日本においては年休以外には有給で就労を免除する制度（たとえば病気休暇制度など）が整備されていないことから，半日年休や時間年休など1日よりも短い単位での弾力的な年休取得を望む労働者の要望も小さくない。

この点，まず，就業規則や労働契約において分割した年休の請求を認める規定がある場合には，使用者はそれに従い請求に応じる義務があると解される（**学校法人高宮学園事件**・東京地判平7・6・19労判678号18頁）。また，労基法39条4項は，以下の要件の下で年休の時間単位での付与を認めている。その要件とは，①時間を単位として年休を与えることができる労働者の範囲，②時間を単位として与えることができる年休の日数（5日以内に限る），③時間を単位として与えることができる年休1日の時間数，④1時間以外の時間を単位として時間取得年休を与える場合にはその時間数といった事項を労使協定によって取り決めることである。

242

たしかに，通院，急な子どもの送り迎え，親の介護等，臨時的または突発的な用務のために１，２時間の休暇が必要になる場合はある。もっとも，本来，こうした目的の休暇は，病気休暇制度等を整備することによって対処すべきであり，その意味では，年休の時間単位付与制度は別の就労免除制度が整うまでの「過渡的な措置」として位置づけられよう（2006年１月27日公表「今後の労働時間制度に関する研究会報告書」参照）。

なお，労基法37条３項は，法定時間外労働が１ヶ月60時間を超えた場合に，その超えた部分について割増賃金ではなく代替休暇を付与することも認めている。しかし，その付与される代替休暇の付与単位は原則として半日超とされているため，場合によっては，時間単位で指定した年休と組み合わせて取得する必要が生じることになる（くわしくは，本書第 **9** 章**Ⅶ2** も参照）。

(5)　年休手当の計算方法　　使用者は，年休日（時間）を取得した労働者に対し，就業規則等の定めに従って，平均賃金（労基12条）または所定労働時間労働した場合に支払われる通常の賃金（労基則25条）を支払わなければならない。また労使協定によって，健康保険法に定める標準報酬日額（健保99条１項）に相当する金額で支払う旨を定めることもできる（労基39条７項）。

3　年休の取得

(1)　年休日の特定とその法的効果　　労働者は，労基法39条１項および２項所定の要件を満たした場合，年休権を取得する。労働者がその年休権に基づき具体的な年休日を指定する権利を時季指定権という。

ここでいう「時季」とは，季節と具体的時期の両方の意味がある。すなわち労基法は，労働者が始期と終期を具体的に指定して年休を取得する方法と，職場において個々の労働者が一定の季節ないしこれに相当する長さの期間中にまとまった日数の休暇をとる旨を申し出て，その複数の申出を合理的に調整したうえで具体的な時期を決定する方法を想定している。

労働者が時季指定権を行使した場合，当該日について労働者の就労義務は消滅し，法所定（労基39条７項）の賃金請求権または手当請求権が発生する。ま

た使用者は，当該労働者が希望する日に年休を取得できるよう配慮する義務，当該指定日に年休を享受することを妨げてはならないという不作為義務，当該年休日についての賃金または手当の支払い義務を負う。

年休日の指定につき，就業規則に，「取得希望日の前々日までに所属長の承認を得なければならない」旨規定されている場合，そのような就業規則の規定は，単に年休日の指定の際にとるべき手続について定めたものにすぎず，所属長の承認がなければ年休請求の効果が生じないことまで定めた趣旨とは解されない（電電公社此花電報電話局事件・大阪高判昭53・1・31判時880号11頁）。

(2) 時季変更権の行使 労働者が年休日を指定した場合，当該日について，年休を与えることが事業の正常な運営を妨げる場合においては，使用者は他の時季に与えることができる（労基39条5項但書）。使用者がこのように労働者の請求した年休指定日を変更し，再指定を促すことのできる権利を時季変更権という。使用者は，時季変更権行使に当たって，他の時季を提案する必要はない。しかしながら，時季変更権の行使を受けた労働者があらためて指定することのできる「他の時季」が客観的に存在することが必要である。たとえば，ある労働者が退職間際に年休を消化するために年休を請求した場合などは，もはや他の時季を指定することはできないから，この場合には使用者は時季変更権を行使することはできない。

時季変更権の行使をめぐっては，どの時点で時季変更権を行使することが許されるか，および，いかなる場合に使用者は時季変更権を行使することができるか，換言すれば，いかなる場合が「事業の正常な運営を妨げる場合」に当たるかが問題となる。

まず前者の問題については，代替人員の調整等のために必要と考えられる合理的期間を徒過した後になされた時季変更権の行使は信義則上許されず，無効と解される（広島県三原市事件・広島高判平17・2・16労判913号59頁，西日本鉄道事件・福岡高判平12・3・29労判787号47頁）。

つぎに，時季変更権行使が許される場合に当たるか否かの判断は，客観的事情によって決まるが，具体的には，当該企業の規模や事業内容，年休を請求し

た当該労働者の配置，担当業務の内容や性質，業務の繁閑，代替者配置の難易，時季を同じくして請求した労働者の人数など，諸般の事情を考慮して合理的に決定される（**東亜紡織事件**・大阪地判昭33・4・10労民集9巻2号207頁，**夕張南高校事件**・札幌地判昭50・11・26判時801号3頁）。とりわけ，代替勤務者配置の難易については，使用者としての通常の配慮をすれば，勤務割りを変更して代替勤務者を配置することが客観的に可能な状況にあると認められるにもかかわらず，使用者がそのための配慮をしないことにより代替勤務者が配置されないときは，必要配置人数を欠くものとして「事業の正常な運営を妨げる場合」に当たるということはできない（**弘前電報電話局事件**・最判昭62・7・10民集41巻5号1229頁）。また，恒常的に人員不足で常時代替要員を確保することが困難な事業場においては，たとえ労働者の年休取得によって業務の一部ができなくなるおそれがあったとしても，「事業の正常な運営を妨げる場合」に当たるとは解されず，適法に時季変更権を行使することはできない（**西日本JRバス事件**・金沢地判平8・4・18判タ925号198頁，**同事件**・名古屋高金沢支判平10・3・16労判738号32頁）。

複数の労働者の時季指定が競合し，使用者がそのいずれかについて時季変更権を行使しなければならない場合において，年休取得の具体的事情が明らかなものについてはその理由にかんがみて年休の取得を認め，そうでないものについて時季変更権を行使したことは，その判断が合理的なものである限り，不当な差別には当たらないと判断した裁判例もある（**津山郵便局事件**・広島高岡山支判昭61・12・25労民集37巻6号584頁）。しかし，年休の自由利用の原則（後述**4**参照）にかんがみるならば，使用者としては年休の指定があった順番で優先順位をつけるべきであり，複数の労働者の時季指定が競合することによって事業の運営に支障が生じるのであれば，その調整は労働者相互の自主的な判断に委ねるべきである。

また，労働者が使用者の業務計画や他の労働者の休暇予定等との事前の調整を経ることなく長期かつ連続の年休の時季指定を行った場合について，最高裁は，代替勤務者を確保することの困難性が増大するなど事業の正常な運営に支障を来たす蓋然性が高くなり，その長期期間中の当該労働者の所属する事業場

において予想される業務量の程度，代替勤務者確保の可能性の有無，同じ時季に休暇を指定する他の労働者の人数等諸般の事情について正確に予測することが困難であるから，当該休暇の時期，期間につきどの程度の修正，変更を行うかに関し，使用者にある程度の裁量的判断の余地を認めざるを得ないとした（**時事通信社事件**・最判平 4・6・23民集46巻 4 号306頁。本件では24日年休日の指定に対し，後半10日について時季変更権が行使された）。長期休暇の場合に時季変更権行使が許容される範囲が広がるとの一般論については肯定せざるを得ないが，使用者は労働者の希望する時期に年休を取得できるよう配慮義務を尽くすことが必要である。また，年休の本来の意義に則して，できる限りまとまった長さの休暇取得を実現すべく，計画年休制度（労基39条 6 項。後述（3）参照）を活用することも求められる。

さらに，労働者が研修や教育訓練の期間中に年休を指定した場合には，研修や教育訓練の期間，目的に照らして，年休取得により研修等を欠席したために予定された知識，技能の習得に不足が生じ，その目的が十全に達成することができないような事情がある場合に限り，時季変更権を行使することができると解される（**日本電信電話事件**・最判平12・3・31民集54巻 3 号1255頁）。

（3）　計画年休　　労基法39条 6 項が定める計画年休制度は，日本における年休取得率の低さを改善するため，1987年の労基法改正の際に新たに導入されたものである。計画年休の形態には，事業場単位での一斉休暇（たとえば夏季一斉休業）や交代制休暇，個人別交代制休暇などがある。

計画年休制度は，各労働者の有する年休権のうち少なくとも 5 日を留保しつつ，それ以外の部分について，集団的に当該年度の時季指定を行う制度である。事業場において計画年休制度を実施する場合には，使用者は労働者の過半数代表（組合）との間で労使協定を締結しなければならない。

当該労使協定には，免罰的効力のみならず，労働者および使用者を拘束する私法的効力があると解されている。すなわち，当該計画年休日として指定された日数については，個々の労働者の時季指定権および使用者の時季変更権がともに排除される。またその効果は労使協定により適用対象とされた事業場の全

労働者に及ぶ（**三菱重工長崎造船所事件**・福岡高判平6・3・24労民集45巻1・2号123頁）。もっとも労使協定を締結した過半数組合とは別の少数組合の組合員にとって，当該計画年休を実施することが著しく不合理となるような特別の事情が認められる場合や，当該労使協定の内容自体が著しく不公正であって，これを少数者に及ぼすことが計画年休制度の趣旨を没却するといった事情がある場合には，計画年休の効果は少数組合組合員に及ばないと解すべき場合もある。

4 年休の使途——自由利用の原則

年休をどのように利用するかは労働者の自由であって，使用者が干渉することは許されない。たとえば，年休取得の目的が，他の事業場における争議行為等に参加するためであったとしても，当該労働者がその有する休暇日数の範囲内で年休の時季指定を行い，それに対して適法な時季変更権の行使がない限り，年休を取得することに問題はない（前掲・**白石営林署事件**・最判）。

もっとも，所属の事業場において，業務の正常な運営を阻害することを目的として，労働組合の組合員全員が一斉に休暇届を提出し職場を放棄・離脱する場合（これを一斉休暇闘争という）について，最高裁は，年休に名を借りた同盟罷業（争議行為）にほかならないとして年休権の行使とは認められないと判断した（前掲・**白石営林署事件**・最判）。しかし，年休の自由利用の原則に照らして考えるならば，このような年休の指定も時季指定権の行使とみなし，使用者が適法に時季変更権を行使したにもかかわらず，なおもこれを無視して就労しない場合に初めて，争議行為と捉えるべきである。なお，年休取得が争議行為に当たる場合には，使用者は当該日について，賃金もしくは手当の支払義務を免れる。

III 育児・介護休業

1 育児・介護休業法の展開

日本の育児休業に関わる最初の法律は，1972年に制定された「勤労婦人福祉

法」である。同法は，事業主に，女性労働者に対する育児休業の実施を努力義務として求めた。1975年には，特定職種育児休業法（1975年，「義務教育諸学校等の女子教育職員および医療施設，社会福祉施設等の看護婦，保母等の育児休業に関する法律」）が育児休業を請求権として保障したが，その対象は国や地方公共団体の学校・施設に勤務する女性労働者に限定されていた。その後，女性労働者の増加や制度への社会的関心の高まりを受け，1991年，「育児休業等に関する法律」（以下「育児休業法」とする）が制定されることによって，広く，1歳未満の子を養育する男女労働者に対する制度へと展開した。そして，1995年に介護休業制度が創設され，それに伴って育児休業法は，介護休業制度を含む法律である「育児休業，介護休業等育児または家族介護を行う労働者の福祉に関する法律」（以下「育介法」とする）にあらためられた。

　近年，育介法は，少しずつ，内容の充実が図られてきている。1997年には深夜業の制限規定の創設等，2001年には時間外労働の制限，勤務時間短縮等の措置の対象となる子の年齢引上げ（1歳未満から3歳未満），看護休暇の努力義務化等，2004年には，育児・介護休業対象労働者の拡大（一定の有期労働者を追加），育児休業期間の延長（特定の場合について1歳6ヶ月に達するまで），看護休暇の義務化等の改正が行われた。2009年には，子育て期間中の働き方や男性の育児休業取得促進を図ることを内容とした改正が行われ，2016年には介護離職の防止や多様な家族形態，雇用形態に対応した両立支援制度整備を目的とした改正が行われた。

　なお，地方・国家公務員については，他の法律（たとえば「国家公務員の育児休業等に関する法律」「地方公務員の育児休業等に関する法律」）が規定している。

2　育児を支援する制度

(1)　育児を支援する制度の全体像　　育介法が設けている育児のためのおもな措置には，①育児休業制度，②所定外労働の免除，③所定労働時間の短縮等の措置，④時間外労働の免除，⑤深夜業の免除，⑥子の看護休暇がある。これらは，原則として，①についてはその養育する子が1歳に達するまで，②③に

ついては当該子が3歳に達するまで，④⑤⑥については当該子が小学校就学の始期に達するまで講じることが使用者に義務づけられている。

また，事業主に対する努力義務として，1歳に満たない子を養育する労働者で育児休業を取得していない労働者に対する始業時刻変更等の措置，1歳から3歳に達するまでの子を養育する労働者に対して①または始業時刻変更等の措置，3歳から小学校就学の始期に達するまでの子を養育する労働者に対して①，②，③または始業時刻変更等の措置が課せられている（育介24条）。そのほか，事業主が労働者に対し就業の場所の変更を伴う配転（転勤）を行う場合には，当該労働者の子の養育の状況に配慮することが義務づけられている（育介26条）。

以下では，上記①から⑤までの措置について説明する。

(2) 育児休業 **(a) 育児休業の申出** 労働者は，その性別にかかわらず，その養育する1歳に満たない子について，事業主に申出ることにより育児休業をすることができる（育介5条）。育児休業は，有期雇用の労働者も取得することができるが，その要件として，当該事業主に引き続き雇用された期間が1年以上である者で，かつ，その養育する子が1歳6ヶ月に達する日までに，その労働契約が満了することが明らかでない者であることが求められる。

育児休業の申出は，当該子の親である配偶者が死亡，疾病，身体もしくは精神上の障害，婚姻解消による別居などにより当該子の養育が困難となったという特別の事情がある場合を除いて，原則として，1人の子につき1回に限られる。しかし，父親が出産後8週間以内（母親の産後休業期間）に育児休業を取得した場合には，特例として，再度の育児休業取得が認められる（育介5条2項）。

なお，労使協定の締結を要件に，配偶者が常態として当該子を養育することができる場合（たとえば専業主婦〔夫〕）であれば育児休業の取得を認めないとした従前の制度は（旧育介6条1項2号），2009年改正により廃止された。

(b) 育児休業の期間 育児休業の期間については，原則として，その養育する子が1歳に達する日までを上限とする。しかし，当該子が1歳に達した際に，保育所での保育の申込みを行っているが当面入所ができないとき，1歳

第10章　仕事と私生活の調和　**249**

到達日以降に養育を行う予定だった配偶者が死亡，疾病，身体もしくは精神上の障害，婚姻解消による別居，産前産後の期間にある場合には，その子が1歳6ヶ月まで延長することができ（育介5条3項），さらに，1歳6ヶ月到達後も，保育所等に入所できないといった事情がある場合には，最長でその子が2歳に達するまで延長することができる（同4項）。

また，父母が共に育児休業を取得する場合には，休業取得可能期間が1歳から1歳2ヶ月に達するまで延長される（育介9条の2第1項。「パパ・ママ育休プラス」）。

(c) 申出の要式　育児休業の取得を希望する労働者は，育児休業をする期間の初日（育児休業開始予定日）と末日（育児休業終了予定日）とを明らかにして，書面にて申出を行う（育介則5条）。労働者は当該申出を撤回することができるが，いったん撤回した場合には，特別の事情がない限り，再度申出を行うことはできなくなる（育介8条，育介則18条）。

事業主は，原則として育児休業申出があった場合には，その申出を拒むことはできない。ただし，当該労働者が育児休業申出から起算して1年以内に雇用関係が終了することが明らかである場合，1週間の所定労働日数が著しく少ない者である場合等については，育児休業対象除外者に関する労使協定の締結を要件に，当該申出を拒むことができる（育介6条1項，育介則7条）。また当該申出が，1ヶ月ないし1週間（出産予定日前の子の出生や配偶者の死亡，傷病，疾病，婚姻解消よる別居が生じたことによる育児休業開始日変更の場合）よりも短い期間内に行われた場合，事業主はそれぞれ1ヶ月ないし1週間の範囲で，休業開始日を繰り下げて指定することができる（育介6条3項・7条2項，育介則9条・13条）。

(d) 育児休業期間の終了　育児休業期間は育児休業終了予定日までである。しかし，育児休業に係る子が死亡した場合，離縁，別居等により子を養育しなくなった場合，育児休業取得労働者が傷病，疾病または身体上もしくは精神上の障害により当該子が1歳に達するまでの期間その子を養育することができなくなった場合，育児休業終了予定日の前日までに当該子が1歳に達した場合，新たな育児休業または介護休業が始まった場合には，当該事情が生じた日

に育児休業は終了する（育介9条，育介則20条）。

(e) 休業期間中の賃金　　育児休業期間中の賃金について，育介法に特別の規定はない。そのため，当該期間中の賃金の取扱いについては，労働者と使用者間の取決めに委ねられる。もっとも，育児休業を取得した労働者の円滑な職場復帰と雇用の安定を目的に，雇用保険制度から，育児休業中について育児休業給付金が支給される（雇保61条の4）。その金額は賃金日額相当額の40％（当分の間は67％に引上げ）である。

(3) 所定外労働の免除　　所定外労働を免除する措置は，2009年の育介法改正により新たに導入された（所定外労働については，第9章参照）。従来は，法定労働時間（週40時間，1日につき8時間）を超えた時間外労働について，その免除を規定した措置が設けられているにすぎず，所定外労働免除制度は，事業主が選択的に設けることのできる措置の1つにすぎなかった（旧育介23条）。今回，所定外労働時間免除制度が導入されたことにより，パートタイム労働者等，所定労働時間が法定労働時間よりも短い労働者も，労働契約等によって取り決められた所定労働時間を超える時間について，残業命令を受けずその時間を育児に当てることが権利として法定され，事業主にそれを請求することが可能になった。

所定外労働の免除を請求することのできる労働者は，3歳に満たない子を養育する労働者である。事業主は，当該労働者が子を養育するために所定外労働免除を請求した場合には，所定労働時間を超えて労働させてはならない。この場合，事業主は所定外労働免除対象とならない労働者を労使協定によってあらかじめ定めておくことができる。また，所定外労働免除対象である労働者についても，その請求が事業の正常な運営を妨げる場合には，請求を拒むことができる（育介16条の8）。

所定外労働の免除は，免除を求める期間の初日（制限開始予定日）と末日（制限終了予定日）を明らかにして，制限開始予定日の1ヶ月前までに事業主に請求しなければならない。その場合，法定時間外労働の免除請求（後述(5)参照）にかかる期間と重複してはならない。また所定外労働免除期間開始前または期

間中に，当該子の死亡その他当該子を養育する必要が消滅した場合には，免除請求はなされなかったものとみなされるか，あるいは，当該事情が生じた日に制限期間は終了する。

(4) 所定労働時間短縮の措置（短時間勤務制度の導入）　育介法は，労働契約等によって定められた所定労働時間外の労働を免除するのみならず，所定労働時間そのものを短縮する措置を講じることをも求めている。所定労働時間を短縮する短時間勤務制度もまた，従来，事業主が選択的に設けることのできる措置の１つにすぎなかったが（旧育介23条），2009年の育介法改正により，事業主は短時間勤務制度を設けることが義務づけられることになった。

事業主は，３歳に満たない子を養育する労働者であって育児休業をしていない者のうち，１日の所定労働時間が短い労働者でない者が，希望すれば利用することのできる短時間勤務制度（１日６時間勤務）を設けなければならない。事業主は，労使協定によって，短時間勤務制度を利用することのできない労働者の範囲を定めることができるが，当該労働者の範囲は，当該事業主に引き続き雇用された期間が１年に満たない労働者，業務の性質または業務の実施体制に照らして短時間勤務制度を利用することが困難と認められる業務に従事する労働者，その他短時間勤務を利用させないことに合理的な理由があると認められる労働者で厚生労働省令で定められる者に限られる（育介23条１項）。

また事業主は，短時間勤務制度を導入しない場合には，フレックスタイム制や始業時刻を変更する等の措置を講じなければならない（育介23条２項）。

(5) 時間外労働の免除および深夜業の免除　小学校就学の始期に達するまでの子を養育する労働者は，法定労働時間（週40時間，１日８時間）を超える労働および深夜労働（午後10時から午前５時）の免除を請求することができる（育介17条・19条）。

法定労働時間外免除（時間外労働免除）については，１月以上１年以内の期間内で，深夜業免除については１月以上６月以内の期間内で認められる。いずれの免除についても，免除を希望する労働者は，この期間の範囲内で，初日（制限開始予定日）と末日（制限終了予定日）を明らかにして，１月前までに事業主

に請求しなければならない。事業主は，当該労働免除が事業の正常な運営を妨げる場合のほか，当該事業主に引き続き雇用された期間が1年に満たない労働者，その他短時間勤務を利用させないことに合理的な理由があると認められる労働者で厚生労働省令で定められる者，そして常態として当該子を保育することができる同居の家族がいる者（深夜業免除に関して）については，当該労働免除をしないことができる。

　(6) 子の看護休暇　　子の看護休暇は，2001年の育介法改正において事業主の努力義務として導入され，2004年に義務化された。その際，1年度につき5日が上限とされていたものが，2009年改正によって拡大された。

　すなわち小学校就学の始期に達するまでの子を養育する労働者は，原則として，子が1人であれば1年度につき5日，2人以上の場合には10日について，負傷または疾病にかかった子の世話をするための休暇を取得することができる。事業主は，看護休暇の申出があった場合，一定の場合を除いて，その申出を拒むことはできない（育介16条の2・16条の3）。

3　介護を支援する制度

　(1) 介護を支援する制度の全体像　　育介法が設けている介護を支援する制度には，①介護休業，②所定労働時間短縮等の措置，③介護休暇がある。このうち③は，2009年改正によって新たに創設された制度である。そのほか，事業主が労働者に対し転勤を命じる際には，当該労働者の家族の介護の状況に配慮することが義務づけられている（育介26条）。

　(2) 介護休業　　介護休業は，要介護状態にある家族（対象家族。当該労働者が同居し，扶養している祖父母，兄弟姉妹，孫）を介護するための休業をいい（育介2条2号），休業の必要な労働者は，要介護者1人について，通算して93日，2回を上限として取得し得る。期間を定めて雇用される者については，当該事業主に引き続き雇用された期間が1年以上あり，介護休業を予定する日から起算して93日を経過する日を超えて引き続き雇用されることが見込まれる者であれば，介護休業を取得する権利がある（育介11条）。

介護休業を希望する労働者は，介護休業申出に係る対象家族が要介護状態にあることを明らかにし，介護休業の初日（介護休業開始予定日）と末日（介護休業終了予定日）を記載した書面を事業主に提出する。事業主は労働者からの介護休業の申出を拒むことはできないが，申出が介護休業開始予定日の２週間以内に行われた場合には，２週間経過日まで開始日を繰り下げて指定することができる（育介12条）。

　介護休業期間は，介護休業終了予定日までであるが，それ以前に，対象家族の死亡等，介護休業に係る対象家族を介護する必要がなくなった場合および当該労働者が産前産後休業，育児休業または新たな介護休業期間が始まった場合には，当該事情が生じた日またはその前日に終了する（育介15条３項）。

　育介法が介護休業期間中の賃金保障を定めていないのは，育児休業の場合と同様である。したがって，なんらかの金銭的保障を行うか否かは労働者と使用者間の取決めに委ねられる。もっとも，育児休業の場合と同じく，雇用保険制度から介護休業期間中について介護休業給付金が支給されることになっており（雇保61条の６），その額は賃金日額相当額の40％（当分の間は67％）である。

　(3)　所定労働時間短縮等の措置　　事業主は，対象家族の介護を必要とする労働者について，その者が介護休業を取得しない場合については，労働者の申出に基づき通算93日以上の期間について勤務時間の短縮その他の措置（短時間勤務制度，フレックスタイム制，始終業時刻の変更等）を講じなければならない（育介23条３項）。

　また事業主は，対象家族以外の家族（同居の親族）を介護する労働者に対して，介護休暇（後述(3)参照）や所定労働時間等の措置に準じて，その介護を必要とする期間や回数等に配慮した必要な措置を講ずることに努力する義務が課される（育介24条２項）。

　(4)　介護休暇　　介護休暇の制度は，2009年改正によって，新たに創設された制度である。介護休業が可能な期間は現在通算93日であるが，より長期間認めるべきとの要請がある中で，介護休養期間そのものを延長するのではなく，介護と仕事の両立のための制度を充実させる方向で，介護休暇が新設された。

労働者は，要介護状態にある対象家族を介護するために，１年度において５日（要介護状態にある対象家族が２人以上の場合には10日）を限度として，介護休暇を取得することができる（育介16条の５）。事業主は，介護休暇の申出を拒むことはできない（同16条の６）。しかし事業主は，あらかじめ労使協定によって，当該事業主に引き続き雇用された期間が６ヶ月に満たない労働者および介護休暇を認めないことに合理的な理由のある厚生労働省令で定められる者に該当する労働者については，介護休暇を与えないことができる（同条２項）。

4　実効性の確保

育介法は，同法が定める措置の実効性を図るために，育児休業の取得等に伴う労使間の紛争について，都道府県労働局長による紛争解決援助（52条の４）および調停委員による調停制度（52条の５）を設けている。また，育介法違反が生じた場合には，法違反に対する勧告に従わない企業名の公表制度（56条の２）や虚偽の報告等をした企業に対する過料の制度を設けている（68条。なお，紛争解決援助制度や調停制度については，本書第 **1** 章 **V 2** 参照）。

Ⅳ　休暇・休業取得等を理由とする不利益取扱いの禁止

（1）　基本的な考え方　　年休や育児・介護休業等を取得し利用する権利の行使が実質的に保障されていることは，仕事と私生活の調和を達成するために非常に重要である。そのため，まずはそれらの諸権利を行使したことを直接の原因とする賃金減額や解雇等の不利益な処遇を受けないことが保障されなければならない。現行法においては，労基法附則136条が年休を取得した労働者に対する賃金の減額その他不利益な取扱いをしないようにしなければならない旨規定し，また育介法も，事業主に対して，同法が定める措置を請求し労働に従事しなかった労働者に対する不利益な取扱いを禁止している（育介10条・16条・16条の４・16条の７・16条の９・18条の２・20条の２・23条の２）。

しかし，使用者が，当該権利を行使した日を欠勤として扱い，その日につい

第10章　仕事と私生活の調和　　255

てなんらかの経済的な不利益を与えること（賞与の不支給・減額，皆勤手当の不支給，ベースアップ対象者からの除外など）もまた，間接的に，労働者の権利行使を抑制する効果を持つ。判例は，前年度出勤率80％以下の者を翌年度の賃上げ対象者から除外するという制度について，労働者が労基法または労組法上の権利を行使したことにより経済的利益を得られないとすることによって権利の行使を抑制し，ひいては各法が労働者に各権利を保障した趣旨を実質的に失わせるものと認められる場合，当該制度を定めた規定は公序に反するものとして無効となるとし，具体的には，当該制度の趣旨，目的，労働者が失う経済的利益の程度，権利行使に対する事実上の抑止力の強弱等諸般の事情を総合考慮して判断するという立場をとっている（**日本シェーリング事件**・最判平元・12・14民集43巻12号1895頁）。同様の考え方は，育介法上の権利行使についても適用されており，判例は，賞与支給要件を出勤率90％以上とし，育介法に基づく短時間勤務を割合的に欠勤日と算定したうえ，当該制度を利用した原告労働者を出勤率要件を満たしていないとして賞与の対象者から除外した事案において，労働者の権利の行使を抑制し法が権利保障をした趣旨を失わせるとして公序に反し無効と判断している。もっとも，短時間勤務日を賞与額の算定に当たって欠勤日として扱うことは否定していない（**東朋学園事件**・最判平15・12・4労判862号14頁）。

　判例がこのような考え方に立つのは，労働者の出勤率の低下を防止する等の措置に経営上の合理性を認め，それに配慮するためであり，また，育介法に基づく休業やその他の支援措置による不就労期間について，同法が賃金や出勤日として扱うことを保障していない点を考慮するがゆえである。しかし，どの程度の経済的不利益であれば労働者の権利行使を抑制しないといえるのか，その基準は明確とはいえない（年休取得日を欠勤日として皆勤手当を不支給または一部不支給とした**沼津交通事件**・最判平5・6・25民集47巻6号4585頁では，皆勤手当の額が相対的に大きいものではなかったとして，公序違反は認められていない）。また，当該権利行使にかかる日が有給であるか無給であるかは，当該権利の重要性や保障の程度を表すものでもない。労基法や育介法上の権利行使を保障することは使用者の義務であり，また仕事と生活の調和を達成することの重要性にかんがみる

ならば，賞与等の支給要件として出勤率を算定する場合には，当該不就労日は欠勤日ではなく，出勤すべき日数から控除すべきであるし，また当該不就労期間について賃金が保障されないことを超えるような実質的な不利益を課す処遇は，労働者の権利行使を抑制するものとして原則として公序に反し無効と解すべきである（西谷・53頁。同様のことは，産前産後休業や生理休暇日についても当てはまる）。

(2)　労働基準法附則136条の意味──年休取得を理由とする不利益取扱いの禁止

年休取得を理由とする不利益取扱いを防止する労基法附則136条の法的位置づけについては，学説上，同条を強行法規と解して不利益取扱いを私法上無効とする見解（林和彦「年次有給休暇制度の新たな課題」季労147号77頁），同条に違反する不利益取扱いは公序良俗に違反するとする見解（有泉亨ほか編『基本法コンメンタール労働基準法〔第3版〕』〔日本評論社，1990年〕228頁〔秋田成就〕），同条は労基法39条の年休権保障に含まれる不利益取扱い禁止の私法規範を確認したものと解する見解（菅野・545頁）などがある。他方，最高裁は，同条は使用者の努力義務を定めたものであって，不利益取扱いを私法上無効とするものとは解されないとの見解を示している（前掲・**沼津交通事件**・最判）。

たしかに，同条の文言に照らせば，最高裁のいうように，使用者に努力義務を課したものにすぎないと解されなくもない。しかしながら，労基法39条が労働者に対して年休権を保障したことの法的効果として，使用者に労働者が年休を享受することができるよう配慮する義務が生じることに照らせば，同条が単なる行政指導の根拠規定にすぎないと解するのは妥当ではない。むしろ労基法39条の趣旨とあいまって，不利益取扱いの措置を違法，無効とする私法上の効力を持つと解すべきであろう。

(3)　育児・介護休業等取得を理由とする不利益取扱いの禁止　　育介法が，事業主に対して禁止している不利益取扱いとしては，解雇のほか，たとえば，期間を定めて雇用される者について契約の更新をしないこと，あらかじめ契約の更新回数の上限が明示されている場合に当該回数を引き下げること，退職の強要，正社員からパートタイム労働者等の非正規社員とするような契約内容変

更の強要，自宅待機命令，降格，減給，賞与等における不利益な算定，不利益な配置転換，就業環境を害することが挙げられる（10条・16条・16条の4・16条の7・16条の9・18条の2・20条の2および23条の2。「子の養育又は家族の介護を行い，又は行うこととなる労働者の職業生活と家庭生活との両立が図られるようにするために事業主が講ずべき措置に関する指針」平21・12・28厚労告509号〔平成29年10月1日適用〕）。

(4) **2015年通常国会提出の労基法改正法案**　2015年国会（第189回通常国会）に労働基準法改正法案が提出されたが，そのなかに年休制度の改正が含まれている。これは，他の先進諸国と比べて低い日本の年休取得の状況を改善し，仕事と私生活との調和を実現することを目的としたものである。法案によれば，使用者は，年休の付与日数が10日以上である労働者に対し，年休のうち年5日分について，1年以内に時季指定を行わなければならない。使用者が，労働者の時季指定または計画的付与制度により年休を与えた場合には，当該与えた日数分について時季指定を行う義務は消滅するとされている。

V　寄　宿　舎

　労働者が事業場に附属する寄宿舎において生活する場合，使用者が労働者の私生活の自由に干渉する場合が生じる可能性は高い。そのため，労基法は，使用者に対し，寄宿舎に寄宿する労働者の私生活の自由を侵すことを禁じている（労基94条1項）。また労基法は，使用者が，当該寄宿舎の寮長，室長等，寄宿生活の自治に必要な役員の選任に干渉することを禁止し，それに反する場合，使用者に6ヶ月以下の懲役または30万円以下の罰金刑を予定している（同条2項・119条）。

　なお，使用者は寄宿舎に関して規則を作成し，労働基準監督署長へ届出ることが義務づけられている（労基95条）。

第**11**章

年少者・女性の保護と障がい者雇用

I 年少労働者の保護

1 序　　論

　労基法は，一定の年齢以下の者に，就労禁止・制限規定や特別の保護規定を定め，一般成人労働者を上回る保護を与えている。労働保護のための法律は工場法から始まるが，イギリス工場法は1833年の立法時，年少労働者の保護を目的とする法律であった。また，1911年に制定された日本の工場法においても年少者保護が法律の主たる内容であった。労働者保護法は，このように年少労働者の保護から出発したのである。

2 年少労働者の就労禁止・制限

　使用者は，原則として児童が満15歳に達した日以降の最初の３月31日が終了するまで，労働者として使用することが禁じられている（労基56条１項）。違反した使用者は，１年以下の懲役または50万円以下の罰金を科せられる（同118条１項）。ただし，非工業的業種における児童の健康・福祉に有害でない軽易な労働については満13歳以上の児童を，あるいは映画製作　演劇事業については満13歳未満の児童を，労基署長の許可を受ければ，修学時間以外に使用することもできる（同56条２項）。

　また，使用者は，満18歳に満たない者を危険・有害業務に就かせてはならない（労基62条）。危険業務および有害業務の内容については，命令で，ボイラーの取扱業務，玉掛け業務，あるいは水銀などを取り扱う業務などが具体的に列

259

挙されている（年少則7条・8条）。使用者に禁止されているのは，積極的に危険・有害業務を命じることだけでなく，年少者がこうした業務に従事していることを知りながら，これを防止する措置をとらず放任することを含むと解される。なお，満18歳未満の者については，坑内労働が禁止されている（労基63条）。

3　年少労働者に対する保護規定

年少者については就労が認められる場合であっても，成人労働者にはない保護規定が置かれている。まず使用者は，満18歳に満たない者を使用する場合には，その年齢の証明書や，学校長の証明書および親権者などの同意書を事業場に備えておかなければならない（労基57条）。また，親権者または後見人といえども，未成年者に代わって労働契約を締結してはならない。親権者もしくは後見人または行政官庁は，労働契約が未成年者に不利であると認められる場合は，将来に向かってこれを解除することができる（同58条）。賃金についても，未成年者自身がこれを請求できるのであり，親権者または後見人は未成年者に代わって賃金を受け取ってはならない（同59条）。この規定に違反して賃金を受領した親権者または後見人には罰則の適用があり得る（同120条）。また，違反して親権者等に賃金を支払った使用者は，未成年労働者に対し賃金支払義務を負うとともに，労基法24条違反に問われることになる。使用者は，満18歳に満たない者が解雇され，その解雇後14日以内に帰郷する場合には，必要な旅費を負担しなければならない（同64条）。

4　年少者の労働時間規制

満18歳未満の者には，1ヶ月単位変形制（労基32条の2），フレックスタイム制（同32条の3），1年単位変形制（同32条の4），1週間単位変形制（同32条の5），さらに時間外労働（同36条），労働時間・休憩時間などについての特例規定（同40条）は適用されない（同60条1項。制度の詳細は，本書第9章）。また，使用者が労基署長の許可を受けて15歳未満の者を使用する場合，修学時間を通算して1週につき40時間，1日については修学時間を通算して7時間の法定労働時間

を遵守しなければならない（同60条2項）。使用者は，15歳以上18歳未満の者を使用する場合は，①週法定労働時間を超えない範囲で，1週間のうち1日の労働時間を4時間以内に短縮するならば，他の日の労働時間を10時間まで延長すること，②1週間48時間，1日8時間を超えない範囲で，1ヶ月または1年単位の変形制によって労働させることができる（同60条3項1号・2号）。

満18歳未満の者については，午後10時から午前5時までの深夜労働が禁じられている（労基61条）。ただし，使用者は，交替制の場合，労基署長の許可を受けて，午後10時30分まで労働させることができ（同条3項），16歳以上の男性労働者であれば深夜業をさせることも認められている（同条1項但書）。また，災害等臨時の必要がある場合（同33条1項）および農林業，畜産・養蚕・水産業，保健衛生の事業，電話交換業務についても，深夜業が認められている（同61条4項）。

Ⅱ　女性労働者の保護

1　序　論

労基法上，女性労働者の保護規定は，年少者に対する保護規定と同一の章に置かれていた時期があった。しかし，女性を年少者と同列に扱う規定の仕方を見直すべきとの考え方が強まり，1985年の均等法の制定に伴い，女性労働者保護は独立の章（労基第6章の2）で扱われることになった。さらに，1997年の均等法改正に伴い，「女子」の表現が「女性」に改められている。

2　時間外・休日労働と深夜業

女性の時間外労働は，従前，1日2時間，1週6時間，1年150時間に制限されていた。しかし，女性労働者に対する保護は，母性保護を除き合理性がなく，特別な保護よりも男女平等を徹底すべきだとする考え方が国際的に定着したこともあり，こうした規制は，1985年改正の際に緩和され，1997年の均等法の改正に伴い撤廃されている。また，女性労働者の深夜業禁止規定も同年に削

除された。ただし，その後，育介法の改正が行われ，男女を問わず，一定の要件を充足する労働者は，時間外労働や深夜業の制限を使用者に請求することができることとなっている（本書第10章Ⅲ参照）。

3　坑内労働の禁止

満18歳未満の労働者については坑内労働が禁止されているが（労基63条），女性については，満18歳以上でも，次の場合には特定の就労が禁じられている（同64条の2）。第1に，妊娠中の女性および坑内で行われる業務に従事しない旨を使用者に申し出た産後1年を経過しない女性は，坑内で行われるすべての業務に従事することが禁じられている。第2に，第1の事由に該当しない満18歳以上の女性も，坑内で行われる業務のうち，人力により行われる掘削の業務その他女性に有害な業務として女性規則1条に定められた業務に従事してはならない。

4　母性保護

(1)　妊産婦等の危険有害業務の就業制限　妊産婦（妊娠中の女性および産後1年を経過していない女性）については，重量物を取り扱う業務，有害ガスを発散させる場所における業務，その他妊産婦の妊娠，出産，哺育等に有害な業務に就かせてはならない。また，これらの業務のうち，女性の妊娠または出産に関わる機能に有害である業務については，妊産婦以外の女性についても禁止される（労基64条の3）。就労が禁止される業務の範囲は，命令（女性則2条・3条）で定められている。

(2)　産前産後の休業　産前6週間（多胎妊娠の場合には14週間）の女性が請求した場合，あるいは産後8週間は女性からの請求がなくとも，使用者は就業させてはならない（ただし，産後6週間は，女性が就業を請求した場合，支障がないと医師が認めた業務に就かせることはさしつかえない。労基65条1項・2項）。また，妊娠中の女性が請求した場合，使用者は他の軽易な業務に転換させなければならない（同条3項）。

産前産後休業期間中の賃金について労基法には定めがないが，出産手当金（標準報酬月額の3分の2に相当する額）が，分娩の日以前42日以内，分娩の日以降56日のうち，労務に服さなかった期間について支給される（健保102条）。

(3) **妊産婦の労働時間規制**　妊産婦が請求した場合，使用者は，妊産婦を1ヶ月単位変形制，1年単位変形制，1週間単位変形制の下での労働，時間外・休日労働および深夜労働させてはならない（労基66条）。労基法41条により労働時間規制の一部の適用が認められない者も，本人の申請があれば深夜業をさせてはならない。

(4) **育児時間**　生後満1年に達しない生児を育てる女性は，法定休憩時間（労基34条）のほか，1日2回各々少なくとも30分，生児を育てるための時間を請求することができる（同67条）。本条は8時間労働を予定していたものと考えられるから，1日の労働時間が4時間以下の場合には，1日1回30分の育児時間を与えればよいと解されている（昭36・1・9基収8996号）。育児時間をどの時間帯に請求できるかについては規定されていないので，勤務時間の始めまたは終わりに請求することも可能である（昭33・6・25基収4317号）。

(5) **生理休暇**　使用者は，生理日の就業が著しく困難な女性が休暇を請求したときは，その者を生理日に就業させてはならない（労基68条。違反した場合，同120条1号の罰則の対象となる。生理休暇を定めた旧67条には「生理に有害な業務に従事する女子」も対象としていたが，1987年の均等法制定に伴い削除された）。就業が著しく困難であるか否かは本人の申し出によるしかない。生理休暇請求の手続を複雑にすれば，制度の趣旨が没却されるため，原則として特別の証明がなくとも女性労働者の請求があった場合これを与えることにし，特に証明を求める必要があるような場合にも，医師の診断書のような厳格な証明を求めるのでなく，一応事実を推断させるようなものがあれば十分であるとしている（昭63・3・14基発150号，婦発47号）。

生理休暇中の賃金については法律上定めがないから，使用者がその間，賃金を支払わなくとも法律違反とはいえない。その間の賃金は，労働協約や就業規則で定めるところによることになる。

⑹　妊娠，出産等に対する不利益取扱いの禁止　　使用者は，妊娠，出産，産前産後休業の請求や取得を理由として，女性労働者に対し，解雇その他の不利益取扱いをしてはならない（均等9条2項）。産前産後休業および生理休暇の取得を，手当や賞与の支給に際し，欠勤として扱うことが許されるかについては，年休や育児介護休業の取得を理由とする不利益取扱いと同様に考えることができる（本書第 10 章Ⅳ参照。ただし，生理休暇については，**エヌ・ビー・シー工業事件**・最判昭60・7・16民集39巻5号1023頁がある〔精皆勤手当の支給に際し，生理休暇を欠勤扱いすることが許されると判断〕）。

また，労基法は，罰則付きで，使用者が，産前産後の休業中およびその後30日間，当該女性労働者を解雇することを禁じている（労基19条1項〔本書第 **13** Ⅱ **2**⑴〕）。また，均等法も，妊娠中の女性労働者および出産後1年を経過しない女性に対する解雇は原則として無効となると規定し，労基法の保護を拡大している。ただし，この期間中であっても，使用者が，妊娠，出産とは異なる正当な解雇理由を証明したときは適用されない（均等9条4項）。

Ⅲ　障がい者雇用

1　障がいのある人と雇用保障

今日，世界各国で，障がいのある人に対する偏見や差別をなくし，障がいのある人の権利を保障するための施策が進められている。国際連合は「国際障害者年」（1981年）と「障害者の10年」（1983年から1992年まで）を設定し，また，「障害者に関する世界行動計画」（1982年）や「障害者の機会均等化に関する基準規則」（1993年），「障害者権利条約」（2006年）を採択するなど，障がいのある人の「完全参加と平等」を目指して，活動を展開している。こうした世界各国の諸施策，国連の一連の取組みの根底にあるのは，ノーマライゼーションの理念である。ノーマライゼーションの理念とは，障がいのある人と障がいのない人とがお互いに特別に区別されることなく生活を共にする社会が「ノーマルな社会」であり，そうした社会を実現するためには，障がいのある人に他の市民と

同等の権利を保障するとともに，障がいのある人が社会に参加することが不可欠である，とする考え方である。

障がいのある人が社会参加すべきさまざまな生活分野のうち，雇用の分野はとりわけ重要である。なぜなら，労働は，生活の糧を得る手段であるにとどまらず，人が他の人々との間で共同・連帯関係を築きながら，自らの能力を高め，自己実現を図っていくという，人格の形成と発展にとって積極的な意義を持つ人間の営みであり，現代社会において，このような労働の機会を人々に最もよく提供できるのは雇用だからである。雇用保障は，障がいのある人の「完全参加と平等」を実現するうえでの要であるということができる。

2 障害者権利条約の批准

この間，日本では，2006年の第61回国連総会で採択された障害者権利条約を批准するために，障害者基本法の改正（2011年7月），障害者総合支援法の制定（2012年6月。障害者自立支援法の改正・改称），障害者雇用促進法（正式名称「障害者の雇用の促進等に関する法律」）の改正（2013年6月），障害者差別解消法（正式名称「障害を理由とする差別の解消の推進に関する法律」）の制定（2013年6月）という一連の法整備が進められてきた。こうした法整備を経て，日本は，2014年1月，障害者権利条約を批准した。

障害者権利条約は，障害に基づくあらゆる差別を禁止すること，および，平等の促進と差別の撤廃を目的とする合理的配慮の提供を確保する措置をとることを締約国に求めている。これを受けて，障害者差別解消法と障害者雇用促進法は，障がい者に対する差別の禁止と合理的配慮の提供義務を定めているが，雇用の分野については障害者雇用促進法が適用される（障害者差別解消13条）。

3 障害者雇用促進法の概要

障害者雇用促進法は，障がいのある人の雇用保障に関係する日本の法体系において，中核的な位置を占めている。同法は，①職業リハビリテーション，②差別の禁止と合理的配慮の提供義務，③雇用義務制度について定め，これらに

よって，障がいのある人の職業の安定を図ることを目的としている（1条）。

　職業リハビリテーションは，地域の就労支援機関が，障がいのある人の職業生活における自立を支援するための措置であり，福祉施策との有機的な連携をはかりつつ推進することとされている。具体的には，ハローワーク（公共職業安定所）における職業紹介・職業指導・求人開拓，地域障害者センターにおける職業評価・準備訓練・ジョブコーチ等の専門的なサービスの提供，障害者就業・生活支援センターによる就業と生活の両面にわたる生活・支援活動などである（8～33条）。

　障がい者に対する差別の禁止と合理的配慮の提供義務は，2013年改正により導入された。法律の中に「第2章の2」（34条以下）が新設されるとともに，事業主が適切に対処・実施するために必要な指針（36条に基づく「障害者差別禁止指針（平成27年厚労告116号）」および36条の5に基づく「合理的配慮指針（平成27年厚労告117号）」）が策定されている。

　障がい者に対する差別の禁止は，募集・採用の場面と採用後の場面とに分けて定められている。事業主は，労働者の募集・採用にあたっては，「障害者に対して，障害者でない者と均等な機会を与えなければならない」（34条）。採用後は，「賃金の決定，教育訓練の実施，福利厚生施設の利用その他の待遇について，労働者が障害者であることを理由として，障害者でない者と不当な差別的取扱いをしてはならない」（35条）。

　合理的配慮の提供義務についても，募集・採用時と採用後とに分けて規定が設けられている。事業主は，募集・採用時には，「障害者と障害者でない者との均等な機会の確保の支障となっている事情を改善する」ことを目的として，「障害者からの申出により当該障害者の特性に配慮した必要な措置を講じなければならない」（36条の2）。採用後は，申出を待つことなく，「障害者でない労働者との均等な待遇の確保又は障害者である労働者の有する能力の有効な発揮の支障となっている事情を改善する」ことを目的として，「雇用する障害者である労働者の障害の特性に配慮した……必要な措置を講じなければならない」（36条の3）。

合理的配慮は，個々の労働者の障害の状態や職場の状況に応じて提供される
ものであるので，多様であり，個別性が高い。事業主が適切かつ有効な措置を
講じることができるように，合理的配慮指針は障害区分ごとに合理的配慮の事
例を列挙している。たとえば，視覚障害については，募集・採用時には，「募
集内容について，音声等で提供すること」，採用後は，「業務指導や相談に関し，
担当者を定めること」といった事例が示されている。

　合理的配慮により必要な措置を講じることが過重な負担となるときは，事業
主は合理的配慮の義務を免れる（36条の2但書，36条の3但書）。

　差別の禁止と合理的配慮の提供義務に関して紛争が生じた場合に，それを解
決するための制度として，①事業所内の苦情処理機関等による，雇用する障が
い者からの苦情の自主的解決（事業主の努力義務。74の4），②都道府県労働局
長による紛争当事者に対する助言，指導，勧告（74条の6），および，③個別労
働関係紛争解決促進法に定める紛争調整委員会による調停（74条の7，74条の8）
が設けられている。

　雇用義務制度は，障害者雇用率（法定雇用率）に相当する人数の障がい者（2018
年4月から，身体障がい者，知的障がい者のほか，精神障がい者〔発達障がい者を含む〕
も対象に加えられる）の雇用を事業主に義務づけるものである（38条1項，43条1
項）。障害者雇用率とは，労働者（失業中の者を含む）中に占める障がい者であ
る労働者（失業中の者を含む）の比率を基準として設定されるものである（43条
2項）。その数値は，2018年4月現在，民間企業が2.2％，国・地方公共団体・
特殊法人等が2.5％，都道府県等の教育委員会が2.4％である（2021年4月までに
は，各数値が0.1引き上げられる予定である）。雇用義務制度に付随して，納付金制
度が設けられている。納付金制度は，障がい者の雇用に伴う事業主間の経済的
負担を調整するとともに，障がい者を雇用する事業主に援助，助成を行うため
に設けられている。雇用率未達成事業主から障害者雇用納付金を徴収する（53
条，55条1・2項）とともに，これを財源として，雇用率達成事業主に障害者雇
用調整金が支給される（50条1項）。また，障がい者を雇い入れるための施設の
設置，介助者の配置等に助成金が支給される（51条1項）。

第11章　年少者・女性の保護と障がい者雇用　　267

4 障がい者雇用の法的課題

雇用の量的拡大と質的向上を同時に進めることが障がい者雇用の喫緊の課題である。

「平成29年障害者雇用状況の集計結果」によれば，2017年6月1日現在，雇用障害者数は49万5,795人，実雇用率は1.97%で，いずれも過去最高を記録している。しかし，法定雇用率（2.0%）達成企業の割合は50.0%にとどまっており，雇用の拡大に向けた現行制度の抜本的改革が必要である。

障がい者雇用の質の向上は，職場環境を障がい者にとって働きやすいものに改善することであるが，それは，同時に，障がい者を労働者として受け入れる基盤が整備されることを意味し，雇用の量的拡大にもつながりうる。雇用の質を向上させる上で，障害者雇用促進法に新たに導入された差別の禁止と合理的配慮の提供義務は，決定的に重要である。差別の禁止は，雇用義務制度の再考を促すものである。特に，親会社の雇用義務を免除する役割を果たしている特例子会社制度は根本的な見直しが必要である。合理的配慮の提供を実効性あるものにし定着させるためには，納付金制度の活用による事業主の経済的負担への支援や，事業主と障がい者である労働者との間での自主的な対話が円滑になされる仕組みづくりなどが今後の検討課題である。

第**12**章

安全衛生・労災補償

I　労働災害に関する法規制の必要性

　企業経営においては利潤の追求が優先されるため，高温，多湿，採光，通風が悪いといった劣悪な職場環境で労働が遂行されることがある。また，日本では，「過労死」事件が社会問題化しているように，企業は人間性を無視した長時間労働を強いることもある。このような職場環境や過重な労働は，労働者の生命，健康を侵害するおそれがあり，法的な規制が欠かせない。このため，労働法の生成期から，職場の安全衛生と労働災害の補償は，労働時間規制とならび，労働者保護法の主要な課題であったのである。

　労働災害に対する現行の法規制は，その予防を担う労働安全衛生法制（II）と事後的な救済制度に大別される。後者の手段としては，労基法や労災法の労災補償制度（III）と企業に対する損害賠償請求（IV）がある。

II　労働安全衛生

1　労働安全衛生法制の全体像

　1972年に労安法が制定されるまで，労基法の中に第 5 章「安全及び衛生」（42〜55条）が置かれ，この規定が労働安全衛生の根拠規定となっていた。しかし，新しい災害や職業病が増大したため，労安法が制定され，労基法の関連規定は削除された。

　労働安全衛生については，基本法というべき労安法と多数の付属規則のほか

に，粉じん作業従事者に対する健康診断等を講じることを定めた「じん肺法」
（1960年），労災防止を目的とする事業主団体の自主的活動に関する「労働災害
防止団体法」（1964年），作業環境測定士の資格等を定める「作業環境測定法」
（1975年）などがある。

2 労働安全衛生法の立法目的

　労安法は，「労働基準法と相まって」，労働災害の防止に関する総合的計画的
な対策を推進することにより，「労働者の安全と健康を確保する」とともに「快
適な職場環境の形成を促進すること」を目的としている（労安1条）。1992年改
正の際，「快適な職場環境の形成のための措置」に関する章（同第7章の2）が
新設され，目的規定の表現も改められた。2000年代に入ってからは，過重労働
対策やメンタルヘルス対策に重点を置いた改正が行われている。

3 労働安全衛生法の責任主体

　労安法の多くの規定は，責任主体を「事業者」としている。事業者とは，「事
業を行う者で，労働者を使用するもの」（労安2条3号）と定義されており，法
人企業の場合は法人，個人経営の場合は個人事業主がこれに当たる。労基法10
条の「使用者」概念が，管理職など「事業主のために行為するすべての者」を
含むことと比べ，労安法は，「事業経営の利益の帰属主体そのものを義務主体」
（昭47・9・18発基91号）としているのである。ただし，罰則規定（労安116～121条）
は実際の行為者に適用され，行為者でない事業者（法人など）は，両罰規定（同
122条）により罰金刑の対象となる。

　また，労安法は，下請企業の労働者が元請企業（注文者）で就労する場合（業
務請負，構内下請），労働契約の相手方でない注文者に対しても，労働者の健康
障害の防止に関し一定の責任を課している。すなわち，同法は，下請労働者の
労働災害の防止のため，「元方事業者」（事業の一部を請負人に請け負わせている者
で最先次の注文者。労安15条1項），「特定元方事業者」（建設業や造船業を行う元方
事業者。同項）および特定事業の「注文者」に特別の義務を課し（同29～31条の

4），関係する請負人にも，元方事業者らに協力して必要な措置等を講じることを求めている（同29条3項・32条）。

4　安全衛生管理体制

労安法は，労働災害の防止のため，管理運営体制の整備を事業者に求めている。第1に，事業者は，特定の規模，業種の事業場では，総括安全衛生管理者，安全管理者，衛生管理者，産業医および作業主任者等を置かなければならない（労安10～14条，労安令3～7条）。1996年改正後，産業医制度が強化され，現在は常時50人以上の労働者を使用する事業場等で，専属の産業医を選任することが事業者に義務づけられた（同13条1項，労安令5条）。産業医に事業者に必要な勧告を行うことができ（労安13条3項），事業者はその勧告を尊重しなければならない（同条4項）。

第2に，一定規模以上の事業場では，安全委員会（労安17条），衛生委員会（同18条）または安全衛生委員会（同19条）の設置が義務づけられている。これらの委員会は，安全衛生事項を調査審議し，事業者に意見を述べることを目的として設置される。議長を除く委員の半数は，過半数組合・過半数代表者の推薦に基づき，事業者が指名する。

5　安全衛生に関する基準と健康診断の実施

労安法には，安全衛生の基準として，労働者の危険や健康障害の防止のための措置（労安20～35条），機械および有害物に関する規制（同37～57条の5），安全衛生教育の実施等に関する措置（同59～63条）および健康の保持増進のための措置（同65～71条）に関する定めが置かれているが，さらにその詳細を定めた関連政省令（労安令，労安則など）も存在する。こうした基準の1つとして，事業者は，雇入れ時および最低年1回の一般健康診断（労安66条1項）と特定の有害業務に関する特別健康診断（同条2項）を実施し，それを労働者に通知（同66条の6）しなければならないと定められている。健康診断後，事業者は，医師の意見を聴き（同66条の4），意見を勘案し，必要な場合，適切な措置（就

業場所の変更，作業転換や労働時間の短縮等）などを講じる義務（同66条の5，「健康診断結果に基づき事業者が講ずべき措置に関する指針」平29・4・14）や医師等を通じて保健指導を行う努力義務（同66条の7）を負う。これに対し，労働者は，事業者が行う健康診断を受診しなければならない（同66条5項）。ただし，上記の法定健康診断については労働者に「医師選択の自由」があり，他の医師等による健康診断を受け，それを事業者に提出することも可能である（同項但書。法定外の健康診断については，**電電公社帯広局事件**・最判昭61・3・13労判470号6頁が医師選択の自由を実質的に否定する判断を下しているが，疑問である）。

6　過重労働対策──長時間労働者への医師による面接指導等

厚生労働省は，2002年に「過重労働による健康障害防止のための総合対策」（旧総合対策。2006年に総合対策は改定された〔新総合対策〕。平18・3・17基発0317008号）を制定して以降，過重労働（長時間労働など）への対策に取り組んできたが，次のような長時間労働者に対する医師（産業医など）による面接指導制度を労安法に創設し，規制の強化を図ってきた（常時50人未満の事業場は2008年4月から適用された〔附則2条〕）。

第1に，時間外休日労働が月100時間を超え，かつ疲労の蓄積が認められる労働者に対しては（1ヶ月以内に面接指導を受けた者や面接指導の必要がないと医師が認めた者を除く），その者の申出を条件として，医師による面接指導などの措置を講じる義務を事業者に課している（労安66条の8，労安則52条の2・3など）。

第2に，努力義務ではあるが，①時間外休日労働が月80時間を超え，かつ，疲労の蓄積が認められるか，健康上の不安を有している労働者に対して（本人の申出が条件となる），または，②①に該当しなくとも，事業場において定められた必要な措置の実施に関する基準に該当する労働者（月100時間または過去2～6ヶ月間のいずれかの月平均が80時間を超える者など。ただし，上記第1に該当する者を除く）に対して，医師による面接指導等の実施に努めることを事業者に求めた（労安66条の9，労安則52条の8）。なお，②の1つとして，労働者の時間外休日労働が月45時間を超えれば，事業者は，健康への配慮が必要な者について

は，面接指導等を実施することが望まれるとも定められている。

7 メンタルヘルス

2006年4月から施行された労安法70条の2第1項に基づき，厚生労働省は，「労働者の心の健康の保持増進のための指針」を策定し，事業者にメンタルヘルス対策の強化を求めてきた。

また，労安法が2014年に改正され，同法66条の10により，事業主は，労働者に対し，心理的な負担の程度を把握するための検査を行わなければならなくなった（2015年12月1日施行）。この制度の概要は，次のようになっている。第1に，医師や保健師等（労安則52条の10）による「心理的な負担の程度を把握するための検査」（ストレスチェック検査）の実施が事業主に義務づけられた（労安66条の10第1項）。ただし，従業員50人未満の事業場においては，当分の間，努力義務となっている。第2に，事業者は，ストレスチェック検査を受けた労働者に対し，この検査を行った医師等から検査の結果が通知されるようにしなければならないが，医師等は，労働者の同意を得ないで，労働者の検査の結果を事業者に提供してはならないと規定されている（同条2項）。第3に，事業者は，ストレスチェック検査を受けた労働者が，医師による面接指導を受けることを希望したときは，医師による面接指導を行わなければならないうえ（同条3項），その結果を記録しておかなければならない（同条4項）。第4に，事業者は，面接指導の結果に基づき，労働者の健康を保持するために必要な措置について，厚生労働省令で定めるところに従い，医師の意見を聴かなければならないうえ（同条5項），その必要があれば，就業場所の変更，作業の転換，労働時間の短縮，深夜業の回数の減少等の措置を講ずるほか，当該医師の意見の衛生委員会や安全衛生委員会などへの報告その他の適切な措置を講じなければならない（同条6項）。

8 受動喫煙防止

厚生労働省は，健康増進法の施行後，法律による受動喫煙防止対策の対策を

求めてきたが，2011年に上程された労安法改正案では，職場の全面禁煙，空間分煙を事業主義務づける規定が定められていた。しかし，その後，この法案は修正され，2014年に成立した労安法68条の2では，受動喫煙防止対策は努力義務として定められた（2015年6月1日施行）。

9 実効性確保の仕組み

労安法に関する監督は労基署など労働基準行政が管轄し，罰則規定も存在する。また，努力義務規定については，行政の勧告，指導等を通じ，法違反が是正されることが期待されている。さらに，事業者・労働者等への指導，援助を行うため，産業安全専門官，労働衛生専門官（労安93条）および労働衛生指導医（都道府県労働局）を置くことにしている（同95条）。

以上のような公法的な制度がある一方で，労安法の中には，労基法13条のような強行的直律的効力を付与した規定が存在しない。このため，同法違反の私法的効果については議論がある（私法的効果を否定する見解として，小畑史子「労働安全衛生法の労働関係上の効力」学会誌88号57頁がある）。ただし，労安法違反が直ちに安全配慮義務違反を構成するという考え方（**内外ゴム事件**・神戸地判平2・12・27労判596号69頁など）に立たない場合でも，同法に違反したことは，安全配慮義務違反を検討するうえで重要な判断要素になる（**三菱重工業事件**・神戸地判昭59・7・20労判440号75頁など）。

なお，事業主は，休業4日以上の労働災害により労働者が死傷した場合，遅滞なく労働者死傷病報告を労基署長に提出しなければならない（労基則57条，労安則97条）。報告を怠り，いわゆる「労災隠し」をすれば処罰の対象となる。

III 労災補償

1 労災保険法の概要

(1) 労働基準法の労災補償制度との関係　労基法は，第8章に14ヶ条からなる「災害補償」の項目を設け，業務上の災害（負傷，疾病，障害，死亡）を被っ

た労働者またはその遺族に対する使用者の災害補償責任を定めている。これに対し、労災法は、国を保険者とし、事業主を保険加入者とする保険制度を通じて、被災労働者や遺族に労災補償することを目的とする。労災法に基づいて給付が行われた場合、事業主は労基法上の労災補償責任を免れる（労基84条1項）。ただし、労災法上の休業補償給付は休業4日目から支給されるため、最初の3日間は労基法の休業補償のみが可能であるなど、労災法の保護が及ばない点については、労基法も一定の役割を演じることになる（労災法の全体像については、西村健一郎『社会保障法』〔有斐閣、2003年〕325頁以下参照）。

(2) 適用対象　労災法は、1972年以来、原則として、民間の労働者を使用する全事業に強制適用されている（労災3条1項。2010年1月1日からは船員も対象）。これに対し、別の災害補償制度が用意されている国の直営事業や、労基法別表第1にない非現業の官公署の公務員は、適用除外される（労災3条2項）。また、労働者5人未満の農林水産業については、暫定的に任意適用事業となっている（任意に適用を受けなければ、労基法の労災補償制度による）。

強制適用事業については、事業が開始された時点で労災保険の保険関係が成立し（労徴3条）、事業主は成立後10日以内に所轄労基署長に届出なければならない（同4条の2）。事業主が届出をせず保険料を納付していなくとも、被災労働者は、保険給付を請求することができ、政府は、この場合、事業主から事後に保険料を徴収できる。

なお、労災法上の労働者については定義規定がなく、判例は労基法上の労働者と同一であると解しているが、学説上は議論がある（くわしくは、本書第1章Ⅲ1参照）。

(3) 保険料　労災保険の保険料は、全額事業主が負担する。保険料は、労働者に支払う賃金総額に保険料率を乗じた額である（労徴11条）。この率は、事業の種類ごとに定められ、事業の危険度に応じ率が変わる。また、一定規模以上の事業については、過去3年の労災発生率に応じ保険料率が増減される「メリット制」も用意されている（同12条3項）。

(4) 保険給付手続　保険給付の手続は、被災労働者または遺族が、労基署

長に対し請求することから始まる（労災12条の8第2項）。労基署長は，労災保険給付の請求を受け，業務上・外認定（後述**2**参照）をし，支給・不支給の決定を行う（労災則1条3項）。請求書には事業主と医師の証明欄があるが，証明がない場合，労基署長は職権で調査することになる。労基署長が不支給の決定をした場合，労働者らは，労災保険審査官（審査請求）や労働保険審査会（再審査請求）に対し不服申立てするか（労災38条），あるいは労基署長の決定に対し6ヶ月以内に行政訴訟を提起することができる（行訴14条）。取消訴訟の提起は，再審査請求の裁決後でなければできないのが原則であるが（労災40条），再審査請求から3ヶ月を経過しても裁決がない場合や緊急の必要等があれば可能である（同条但書）。

(5) 労災保険法の特徴　　労災保険は，損害賠償制度と異なり，給付要件を「業務上の事由」とし，使用者の無過失責任を前提としたうえで，定額，定率の給付方式を採用している。また，使用者の災害補償責任を前提に，事業主だけが保険料を拠出している点が他の社会保険と異なる。

　労災法の制定当初は，保険給付内容が労基法上の災害補償とほぼ同一であることに加え，保険給付により使用者の災害補償責任が免責される（労基84条1項）ことから，労災保険は使用者の災害補償責任の責任保険であるとの見解が一般的であった。ところが，保険給付の年金化（1960年），中小企業主（労災33条1号・2号）や一人親方など（同3号）を対象とする特別加入制度の創設（1965年），国庫補助の導入（1965年），通勤災害保護制度の発足（1973年），労働福祉事業の創設（1976年）など，使用者の補償責任とは関係を持たない制度が導入され，労災法の労基法からの独立化傾向が顕著になっている。

2　業務上・外の認定

(1) 業務起因性と業務遂行性　　災害補償制度の対象となる労働災害は，労働者の「業務上」の負傷，疾病，障害または死亡である（労基75〜80条）。業務上認定に際しては，「業務起因性」および「業務遂行性」の2つの基準の充足が問題となる。業務起因性とは，業務と災害（傷病等）との間に経験法則に照らして認められる客観的な因果関係（相当因果関係）が存在することをいい，

業務遂行性とは，労働者が労働契約に基づき使用者の支配下にある状態をいう。このうち業務起因性が「業務上」の認定要件であり，業務遂行性は業務起因性の第一次的な判断基準である。業務遂行性がなければ業務起因性も成立せず，また，業務遂行性がある場合でも，業務起因性は当然には肯定されず，その成否がさらに検討されることになる。

(2) 災害性の傷病　　まず，作業中に発生した災害は業務遂行性があり，業務起因性が原則として認められる。ただし，喧嘩など積極的な逸脱行為等がある場合，業務起因性は肯定されない（**倉敷労基署長事件**・最判昭49　9・2民集28巻6号1135頁）。

つぎに，休憩時間中は労働時間でないが，労働者は休憩時間中も事業主の管理下にあるため，事業場施設もしくはその管理の欠陥に起因する場合，または，作業行為に関連する必要な合理的行為による場合，業務起因性が認められる。出張中は，用務の遂行方法等に関して包括的に使用者の支配下にあり，出張過程全般につき業務遂行性が認められる（昭30・12・24基災収1504号）。これに対し，通勤途上の災害は，原則として業務外と判断され，後述する通勤災害保護制度の対象となる。ただし，業務上の要件を充足すれば，業務上災害として保護の対象となる（平3・2・1基発75号）。

さらに，各種行事（運動競技会や宴会等）に出席中の災害も業務上と認められることがある（平12・5・18基発366号）。この点について，社外行事の事業運営に緊要性が認められ，かつ参加が強制されていたことを要件とする裁判例がある（**福井労基署長事件**・名古屋高金沢支判昭58・9・21労民集34巻5・6号809頁）が，親睦目的と業務性が混在していることが多い日本の実情にあわない要件であると批判する見解もある（保原喜志夫・労判230号23頁）。

(3) 業務上の疾病　　業務上の疾病は，発生の態様により災害性疾病と職業性疾病（非災害性疾病）とに大別される。災害性疾病とは　業務に関連する災害的出来事によって生ずる疾病をいう。たとえば，業務上の負傷に起因する疾病，化学物質の漏洩等による急性中毒，酸素欠乏症などである。職業性疾病とは，健康に有害な作業環境・態様の下で就労を長期間継続することにより生じ

る疾病であり，騒音性難聴，振動障害，じん肺，職業がん等がこれに当たる。

職業性疾病の業務起因性の判断は，医学的な知識がなければ立証が困難となることが多い。このため，労基法は，業務上の疾病の範囲を命令で定めることとし（労基75条2項），労基法施行規則35条には，業務により生ずる蓋然性の高い疾病が別表第1の2として挙げられている。ここに列挙された業務に従事し，医学的経験則に照らし発症する程度に有害因子に曝露された事実と，それに対応する疾病に罹患していれば，発症時期との間隔および症状の経過が医学的に矛盾しない限り，業務起因性が推定される（昭53・3・30基発186号）。

労基法施行規則別表第1の2に列挙された疾病（1号ないし9号）および追加規定（「厚生労働大臣の指定する疾病」10号）の内容は，追加，見直しが順次なされてきた。また，これらの規定や包括的救済規定（「その他業務に起因することの明らかな疾病」11号）に該当する疾病に関して，業務上認定を迅速，公正に行うため，多くの「認定基準」が通達されている。たとえば，キーパンチャー等の頸肩腕症候群（昭50・2・25基発59号），林業労働者の振動障害（昭52・5・28基発307号，昭53・3・30基発187号），いわゆる過労死（急性脳・心臓疾患死）や過労自殺，精神障害の業務上認定基準である。ただし，認定基準は，法的な要件を定めたものではなく，行政解釈を示したものにすぎない。このため，裁判所は，認定基準を充足しない事案でも，業務上災害と認めることがある（**横浜南労基署長〔東京海上横浜支店〕事件**・最判平12・7・17労判785号6頁など）。認定基準が定められた疾病の中には，過労による脳・心臓疾患（8号）や過労自殺・精神障害（9号）のように，その後別表第1の2に明記されたものもある。

なお，2005年以来，社会問題化しているアスベスト（石綿）被災労働者は，肺がんや中皮腫など特定の疾病に限り，労災保険給付を請求できる（「石綿による疾病の認定基準」平24・3・29基発0329第2号。平18・2・9基発0209001号等の改訂）。また，石綿による健康被害の救済に関する法律が2006年に制定され，時効等を理由に労災保険給付を受給できない健康被害者や2006年3月27日前に死亡した被災者の遺族が療養費等を請求できた。その後，逐次改正され，2011年改正法により，①特別遺族給付金の請求期限が2022年3月27日まで拡大され，②2016

❾過労死をめぐる裁判の動向

基礎疾患を有した労働者が循環器系疾患を発症した場合の相当因果関係（業務起因性）の判断については見解の対立が存在する。行政は，業務が相対的に有力な原因となっていることを求める立場（相対的有力原因説）を採用し，裁判例も同様の立場をとるものがあった（**品川労基署長事件**・東京高判平2・8・8労判569号51頁など）。これに対し，業務が共働原因となっていれば足りるとする裁判例（共働原因説。**三田労基署長事件**・東京高判昭51・9・30判時843号39頁）もあり，学説上は，業務と傷病等との関連性で足りるという説（水野勝「保険事故」窪田隼人教授還暦記念『労働者災害補償法論』〔法律文化社，1985年〕168頁）や労働者保護の見地から合理的関連性を実質的に判断すべきとする説（岡村親宜『労災補償・賠償の理論と実務』〔エイデル研究所，1992年〕154頁）も主張された。

こうしたなかで，最高裁はどの見解に立つかを積極的に明らかにしなかったが，しだいに次のような判断枠組が確立されるようになった（当時の判例動向については，小畑史子「脳血管疾患・虚血性疾患の業務上外認定に関する裁判例」花見忠先生古稀記念論集『労働関係法の国際的潮流』〔信山社，2000年〕77頁参照）。すなわち，①基礎疾患が自然の経過によって発症する程度にまで進行していたと見ることは困難で，②他に確たる増悪要因を見出せない場合に，③基礎疾患を自然の経過を超えて増悪させるほどの業務の過重負荷が存したか否かである（ほかに確たる発症因子がないため，事故後2日後の発症の業務起因性を認めた**大館労基署長〔四戸電気工事店〕事件**・最判平9・4・25判時1608号148頁や**横浜南労基署長〔東京海上横浜支店〕事件**・最判平12・7・17労判785号6頁など）。その結果，最高裁の判断が2001年認定基準（本文参照）の策定に大きな影響を与え，厳格な相対的有力原因説を採用せず，業務起因性を認める裁判例が増加した（2000年以降の傾向については，小畑史子「『過労死』の因果関係判断と使用者の責任」学会誌109号21頁）。具体的には，認定基準と同様，長期の業務の過重性による疲労等も考慮することが広く認められただけでなく，精神的緊張の程度等の要因（**京都上労基署長〔大日本京都物流システム〕事件**・大阪高判平18・4・28労判917号5頁など）やストレスのかかる海外出張の特殊性（**神戸東労基署長〔ゴールドリングジャパン〕事件**・最判平16・9・7労判880号42頁〔せん孔性十二指腸潰瘍の事案〕）を考慮する判断も示された。

なお，疾病発症に業務起因性がなくとも，発症後も業務を続けざるを得ず，適切な治療を受けられなかった場合も，業務に内在する危険が現実化したとして業務起因性が肯定されている（**地公災基金東京都支部長〔町田高校〕事件**・最判平8・1・23労判687号16頁）。

第12章　安全衛生・労災補償　279

年3月26日までに死亡した労働者等の遺族（労災保険の遺族補償給付が時効により消滅した場合に限る）も対象とすることになった。

(4) 過労死の認定基準　「過労死」とは，長時間労働などによる疲労から労働者が死亡することをいい，医学的には心筋梗塞や脳出血・脳梗塞等の循環器系疾患による死亡が問題となる。これは従前，別表第1の2の「その他業務に起因することの明らかな疾病」に該当することが求められ，認定基準はつぎに述べるように3度にわたって改められた。2010年以降は，労基則が改正され，別表第1の2に脳・心臓疾患の業務上疾病類型（8号）の追加が行われた。ただし，従前と比べ基準を変更することは意図されていない。

まず，1987年には，従来の認定基準（「中枢神経および循環器系疾患（脳卒中，急性心臓死等）の業務上外認定基準」昭36・2・13基発116号）を廃止し，新たな基準（「脳血管疾患および虚血性心疾患等の認定基準について」昭62・10・26基発620号）が通達された。それによれば，発症直前または前日の災害的出来事を要件としていた従来の立場（災害主義）に代えて，業務による過重負荷を受けたことを要件とする立場（過重負荷主義）が採用され，しかも，過重負荷の原因となる業務の過重性を，発症前1週間以内の業務について評価することにした。しかし，この基準は，過重な業務を発症前1週間以内のものに限定するといった問題点を抱えていた。

こうした状況を背景にして，1995年に1987年の認定基準を一部改正する通達（平7・2・1基発38号）が出された。おもな改正点は，①一般的な労働者と比較するとしていた扱いを改め，当該労働者と同程度の年齢，経験等を有する者を比較対象者とし，個別事情を考慮すること，②発症前1週間より前の業務は付加的に考慮されるにすぎないものの，発症前1週間以内の業務が日常業務を相当程度超える場合，これも含めて業務の過重性を総合的に評価することなどである。しかし，この認定基準も，1週間を超える長期の過重労働による負担を考慮することができないといった問題を抱えていたところ，最高裁は，業務の過重性の評価に当たり，1年4ヶ月前からの残業時間など，認定基準では示されていなかった長期間の疲労や就労態様に応じた諸要因を考慮し，労基署長の

不支給決定を取り消す判断を下した（前掲・**横浜南労基署長〔東京海上横浜支店〕事件**・最判）。これを受け，厚生労働省は，新たな通達（「脳血管疾患および虚血性心疾患等（負傷に起因するものを除く）の認定基準について」平13・12・12基発1063号）を発するに至った。

　そのおもな改正点は，①脳・心臓疾患の発症に影響を及ぼす「業務による明らかな過重負荷」の１つとして，「長期間の過重業務」を認め，②「長期間の過重業務」の評価期間を発症前おおむね６ヶ月間としたことである。また，③業務の過重性を評価するに当たり，労働時間に着目した評価の目安も示された。たとえば，時間外労働が「発症前１ヶ月間におおむね100時間」または「発症前２ヶ月間ないし６ヶ月間にわたって，１ヶ月あたりおおむね80時間」を超える場合は業務との関連性が強く，発症前１ヶ月間ないし６ヶ月罰にわたり１ヶ月当たり45時間を超える場合，時間外労働が長くなるほど関連性が強まるとしたのである。さらに，④業務の過重性の負荷要因として，労働時間以外の就労態様に応じた諸要因（不規則な勤務，交替制勤務・深夜勤務，精神的緊張を伴う業務など）も示されている。

(5)　過労自殺の認定基準　　長時間労働による過労，ストレス等を原因とする自殺を過労自殺という。労災法は，労働者の故意による傷病や死亡について保険給付を行わないと規定しているため（労災12条の2の2第１項），行政解釈は，従来，原則として自殺を労災保険の対象とせず，心神喪失状態にある場合に限り，業務上認定を行ってきた。しかし，その後，過労自殺に関する訴訟が多数提起され，業務起因性を肯定する判断（**加古川労基署長〔神戸製鋼所〕事件**・神戸地判平８・４・26労判695号31頁など）や，使用者の責任を認める判断（**電通事件**・東京地判平８・３・28労判692号13頁，**同事件**・最判平12・３・24民集54巻３号1155頁など）が数多く判示されるようになった（上田達子「ストレス関連疾患の法的救済」学会誌109号36頁参照）。厚生労働省は，こうした状況を受けて，「心理的負荷による精神障害等に係る業務上外の判断指針」（平11・９・14基発544号）を通達した。これによれば，①精神障害の発症，②発病前６ヶ月間の業務による心理的負荷の存在および③業務以外の要因がないことが判断要件として示され，心理的負

荷評価のための「出来事」リスト（平21・4・6基発406001号により，出来事が追加され，いじめ・嫌がらせや非正規雇用への差別なども追加された〔労旬1698号48頁〕）も公表された。その後，2010年に労基則が改正され，別表第1の2に精神障害（9号）が追加され，従来の判断指針に改良を加えた，「心理的負荷による精神障害の認定基準」（平23・12・26基発1226第1号）が新たに定められた。この認定基準では，出来事の心理的負荷の強度を強中弱に分類し，認定実務の適切・迅速な審査を促進する工夫がなされている。また，遺言があれば，心神喪失状態でないとした従来の取扱いも改められた（「精神障害等による自殺の取扱いについて」平11・9・14基発545号）。なお，退職後1月後の自殺も，在職中の過重な業務が精神疾患の発症や自殺と関係があれば，労災認定されている（**加古川労基署長事件**・東京地判平18・9・4労判924号32頁）。

(6) 職場のいじめ・嫌がらせ　職場のいじめ・嫌がらせ（パワー・ハラスメント。定義や損害賠償責任との関係は，本書第**2**章**V3**）やセクシュアル・ハラスメント（本書第**2**章**V2**）を原因として，労働者が精神障害等を発症し，療養，休業あるいは自殺に追い込まれた場合，業務上の事故と認められる（**国・静岡労基署長〔日研化学〕事件**・東京地判平19・10・15労判950号5頁，**名古屋南労基署長〔中部電力〕事件**・名古屋高判平19・10・31労判954号31頁，**京都下労基署長〔富士通〕事件**・大阪地判平22・6・23労判1019号75頁，前掲「心理的負荷による精神障害の認定基準」）。職場における違法なハラスメントは，過重労働とならび，業務上災害・疾病を肯定する事情となる。また，職場のいじめ・嫌がらせによる労働者の自殺または精神障害の発症については，使用者の安全配慮義務違反（本章**Ⅳ**）が認められることがある（**川崎市水道局〔いじめ自殺〕事件**・東京高判平15・3・25労判849号87頁など）。

3　通勤途上の災害

(1) 制度の趣旨　労働者は，出退勤の途中，交通事故等の事故に巻き込まれることがある。しかし，労災法によれば，業務上と認定されない限り，通勤災害は業務上災害として保護されなかった。このため，1973年に労災法の中に通勤災害保護制度が創設され，通勤災害の場合にも，業務上災害とほぼ同様の

給付が支給されることになった。ただし，労基法にはない労災法独自の制度であるため，業務上災害と異なり，労基法の解雇制限（労基19条）や労災補償の規定（76条。特に最初の3日間の休業補償）の適用がない。

保護の対象となる「通勤災害」は，「労働者の通勤による負傷，疾病，障害又は死亡」（労災7条1項2号）と定義されている。法的要件としては，(a)「通勤」に該当し，かつ(b)「通勤による」という要件を充足しなければならない。

(2)　「通勤」の要件　　労災法上の「通勤」とは，①就業に関する，②特定の移動を，③合理的な経路および方法により往復することを指し（労災7条2項），かつ，④往復の中断または合理的な経路からの逸脱がない経路（同条3項）であり，⑤業務の性質を有しないものと規定されている。以下では，この要件のポイントを述べることにする。

第1に，「就業に関し」という要件に照らし，労働者の住居と就業の場所との間の往復行為等が業務と密接な関連を持って行われることが必要である。被災当日に就業することになっていたことが必要となるが，日常従事している業務だけが対象とされるのではなく，会社が主催する歓送迎会や運動会に参加した場合など，社会通念上就業と帰宅との直接的関連性を失わせるほど長時間に至らない場合は通勤に含まれる（**国・中央労基署長〔通勤災害〕事件**・東京高判平20・6・25労判964号16頁）。業務に関連する会合に参加し，その後短時間の懇親会に出席した後の帰宅途上の災害も通勤災害と認められている（**大河原労基署長〔ＪＲ東日本白石電力区〕事件**・仙台地判平9・2・25労判714号35頁）。

第2に，通勤災害の対象として，従来は，①住居と就業の場所の往復しか定められていなかったが（労災7条2項1号），2005年の改正以来，②就業の場所から他の就業場所への移動（同項2号。くわしくは，労災則6条に規定）および③前記①に先行または後続する住居間の移動も通勤災害の対象となっている（労災7条2項3号）。②は兼業など複数就業者の事業場間移動を保護するために設けられた規定である。また，③は，単身赴任者の帰省先住居から赴任先住居への移動を保護することを目的としている（改正の意義については，島田陽一「単身赴任者・複数就業者に対する通勤災害の保護範囲の拡張」ジュリ1307号2頁参照）。法

改正以前においても，帰省先から仕事先の工事現場の「寮」に向かう途中の交通死亡事故について，「寮に向かう行為」は，就業場所に向かうのと変わらないとの判断が示されていたが（**能代労基署長事件**・秋田地判平12・11・10労判800号49頁），こうした判断が立法に反映されたものである。ただし，③に当たる移動は，単身赴任者が家族介護や子の養育等の理由によって配偶者と別居している場合，あるいは配偶者がおらず子が介護を受けあるいは在学のため別居している場合など，労災法施行規則7条において対象が限定されている。

第3に，合理的な経路および方法とは，一般に労働者が用いる経路および手段等をいう。経路については，定期券に表示されている経路はもとより，当日の交通事情により迂回してとる経路や子供を保育所に送り迎えするためにとる経路など，通勤あるいは就業のためにやむを得ずとる経路も合理的な経路である。方法については，公共交通機関の利用や徒歩等は，労働者が平常用いているか否かにかかわらず合理的な方法と認められる。

第4に，労働者が当該合理的経路を逸脱または中断した場合，当該逸脱または中断の間およびその後の往復は「通勤」に該当しない（労災7条3項）。ただし，「当該逸脱又は中断が，日常生活上必要な行為であって厚生労働省令で定めるものをやむを得ない事由により行うための最小限度のものである場合」（同項但書）は，「逸脱又は中断の間」を除いて，「通勤」と認められる（「逸脱又は中断の間」と判断された事案として，**札幌中央労基署長〔札幌市農業センター〕事件**・札幌高判平元・5・8労判541号27頁）。これに該当するのは，①日用品の購入，②職業訓練や学校教育を受けるための通所・通学，③選挙権の行使，④病院や診療所で診察または治療を受ける場合である（労災則8条1～4号）。また，労働者が通勤当初から通勤経路を逸脱し，義父宅で介護を行い，その後交通事故に遭った場合も「日用品の購入その他これに準ずる行為」に該当するとの判断（**国・羽曳野労基署長〔通勤災害〕事件**・大阪高判平19・4・18労判937号14頁）が示されたため，⑤要介護状態にある配偶者，子，父母等の介護も付加されている（同条5号）。

（3）「通勤による」の要件　　「通勤による」とは，通勤と災害の間に相当因果関係（通勤起因性）のあること，すなわち，通勤に通常伴う危険が現実化し

たことをいう。通勤途中の交通事故はもとより，駅の階段からの転落など，通勤途中で発生した災害は通勤によるものと認められる。

これに対し，怨恨等により第三者から加害を受けた場合，「通勤による」とは認定されないことがある。たとえば，通勤途上にオウム真理教の信者によって殺害されたケースでは，通勤が犯罪者に単なる機会を提供したにすぎないとして，「通勤による」ものではないと判断されている（**大阪南労基署長事件**・最決平12・12・22労判798号5頁，**同事件**・大阪高判平12・6・28労判798号7頁）。しかし，帰宅途中に暴漢に襲われたケース（昭49・6・19基収1276号）や地下鉄サリン事件などは通勤災害として保護されており，加害者が通勤の特徴（毎日同じ道を通行するといった事情など）を加害に積極的に利用していた場合は，通勤に伴う危険が現実化したと評価し，通勤起因性を肯定するべきである。

4 補償給付の内容

労基法には，療養補償，休業補償，障害補償，遺族補償，葬祭料の5種類の補償給付が設けられているが，労災法には，これに相当する保険給付に加え，傷病補償年金および介護補償給付が規定されている。こうした保険給付は，年金として支給されることもある。療養補償給付，休業補償給付，介護補償給付，葬祭料の権利は2年，障害補償給付，遺族補償給付の権利は5年で消滅時効するとの規定（労災42条。傷病補償給付は労基署長が職権で決定するため，時効がない）がある。以下では，労災法の7種の給付内容（労災12の8）とともに，二次健康診断等給付（同26条）について紹介する。

第1に，労働者が業務上あるいは通勤によって負傷しまたは疾病にかかって療養を必要とする場合には，療養補償給付を請求できる。医療サービスの現物給付である療養の給付を原則とするが，これが困難な場合などには，療養費の支給が行われる（労災13条）。

第2に，労働者が業務上あるいは通勤による負傷または疾病のため，賃金を得られない場合，所得保障を目的とした休業補償給付を請求できる。休業4日目から1日につき給付基礎日額の60％相当額が支給される（労災14条）。休業当

初の3日間については，労基法に基づき使用者に休業補償を請求できる（労基76条）。休業補償給付と前述の療養補償給付は，労基署長が「治癒」の認定をした場合，支給が打ち切られる。治癒とは，医学上一般に承認された療養でもその効果が期待し得ない，症状が固定した状態をいうと解されており（昭50・9・30基発565号），負傷前の状態に戻らない場合にも認められることがある。

第3に，業務上あるいは通勤による傷病が治癒した後，身体に障害が残った場合，被災労働者は，障害の程度に応じて障害補償年金または障害補償一時金を請求できる（労災15条）。

第4に，死亡労働者の遺族は，遺族給付を請求できる。労働者の死亡当時その収入によって生計を維持していた配偶者（事実上の婚姻関係を含む），子，父母，孫，祖父母および兄弟姉妹が対象となるが（労災16条の2），妻以外の遺族については，死亡当時60歳以上であるなど受給要件は加重されている。遺族補償年金は，上で掲げた順序で最先順位の遺族だけが受給権を持つが，年金を受給し得る遺族がいない場合，その他の一定の遺族に対しては遺族補償一時金が支給される（同16条の6・7）。年金額は，同法別表第1に，受給資格者の人数に応じて，給付基礎日額（平均賃金相当額）153日分（1人）から245日分（4人以上）まで4段階で定められている。

第5に，労働者が業務上あるいは通勤災害により死亡した場合，葬祭を行う者は葬祭料を請求できる（労災17条）。

第6に，業務上あるいは通勤災害により傷病を負った労働者は，療養開始後1年6ヶ月を経過した日または同日後において，傷病が治らず，かつ，その傷病による障害の程度が一定の障害等級に該当する場合，休業補償給付に代えて傷病補償年金を請求できる（労災12条の8第3項・18条2項）。これは障害の程度が1～3級（全部労働不能）に達している場合に支給され，年金額は労災法別表第1に規定されている（同18条1項）。労働者が療養開始後3年を経過した日に傷病補償年金を受けている場合，または同日後に年金を受けることになった場合，使用者は，当該3年を経過した日または年金を受けることとなった日に，労基法81条の打切補償を支払ったものとみなされ（同19条），労基法に定める療

養のための休業期間中およびその後の30日間の解雇制限（労基19条1項）は解除されることになる。

　第7に，1995年の改正により導入された介護補償給付である。障害補償年金または傷病補償年金の受給権者が，年金の支給事由となる障害があって省令で定めた程度に，常時または随時介護を要する状態にあり，かつ，常時または随時介護を受けているときに，介護を受けている間，金銭給付が行われる（労災12条の8第4項）。ただし，障害者自立支援法に規定する障害者支援施設その他これに準ずる施設に入所している間，および病院または診療所に入院している間は除外される。

　第8に，健康診断等の結果，脳・心臓疾患に関係する異常所見があった労働者が，脳，心臓の健康診断等を受ける場合に支給される二次健康診断等給付である（労災7条1項3号・26条）。この制度は，過労死問題への対応のため，2001年4月から導入されたものである。

　なお，1976年改正の際，労災法の中に労働福祉事業に関する規定が設けられたが，2007年以降，それは社会復帰促進等事業に名称変更された（労災29条）。具体的には，保険給付に上積みする形で，各種の特別支給金（休業特別支給金や遺族特別支給金など）や被災労働者の子の修学を支援する労災就学等援護費の支給等が行われている。

IV　労災民事訴訟

1　安全配慮義務の法律構成

（1）　概念と根拠　　被災労働者や遺族は，労働災害の事後的救済として，国に労災補償を求めたうえで，使用者に対し損害賠償請求訴訟を提起することもできる。ただし，責任の範囲は調整され（本章IV 5参照），請求できるのは労災補償給付の価額の限度を超えたものに限られる（労基84条2項）。また，両請求の要件は異なるため，業務上認定された場合でも，使用者の損害賠償責任が否定されることもある（**新宿労基署長事件**・東京地判平19・3・14労判941号57頁，**立正**

佼成会事件・東京高判平20・10・22労経速2023号7頁など）。

　使用者に対する損害賠償請求は，当初，民法709条，715条（使用者責任），717条（土地の工作物の占有者・所有者の責任）などの不法行為制度に基づいて行われることが多かった。しかし，使用者の有責性や因果関係の立証責任が労働者側にあり，立証に困難が伴ったことに加え，不法行為請求の消滅時効が3年であるため（民724条。ただし，2017年に改正された民法では，724条の2において「人の生命又は身体を害する不法行為による損害賠償請求の消滅時効」は5年と定められた），使用者の債務不履行責任（安全配慮義務違反）を根拠とする考え方が主張された。最高裁も，**陸上自衛隊八戸車両整備工場事件**（最判昭50・2・25民集29巻2号143頁）において，「特別な社会的接触」関係に入った当事者間に信義則上の付随義務として安全配慮義務が成立することを認め，その後，民間の労働契約関係でもこれを認めた（川義事件・最判昭59・4・10民集38巻6号557頁。安全配慮義務論については，高橋眞『安全配慮義務の研究』〔成文堂，1992年〕参照）。現在，安全配慮義務は労契法5条に明文化されている。同条は「配慮をするものとする」と規定され，要件や効果を明示していないが，立法経過から見て，「配慮すべき義務」を負うと判示してきた従来の判例と同様の内容を持つと解さざるを得ない。

　信義則を法的根拠とする安全配慮義務は，特別の合意や法律規定なく認められ，かつ，合意をもって排除，軽減することはできない。強行規定である労契法5条の「労働契約に伴い」という文言は，この点を確認したものである。

　なお，職業病に関する使用者の義務は健康配慮義務と呼ばれることがあり，健康配慮義務を安全配慮義務と区別する見解もある（渡辺章「健康配慮義務に関する一考察」花見忠先生古稀記念論集『労働関係法の国際的潮流』〔信山社，2000年〕77頁，水島郁子「ホワイトカラー労働者と使用者の健康配慮義務」労研492号33頁）。この見解が特に指摘する論点は，労働者の健康状態の把握と健康配慮義務との関係にあるが，実務上は，両義務概念を区別せず，予見可能性の判断においてこの点を処理している（本章Ⅳ**1**(**3**)参照）。

　(2)　債務不履行構成と不法行為構成　　労働者側は，損害賠償請求する場

合，債務不履行構成と不法行為構成をともに主張することができる（請求権競合説）。ただし，両請求権の性質から1つの要件や効果が統一的に決定されるという立場ではなく，両請求権が独立して成立するとの立場が採用されているため，債務不履行の場合には不法行為に関する規定の適用はない（**大石塗装・鹿島建設事件**・最判昭55・12・18民集34巻7号888頁）。したがって，両請求権の特徴は大きな意義を持つが，いずれが有利であるかは，以下のように単純には言い難い問題である。

第1に，債務不履行構成をとった場合，消滅時効は10年（民167条1項）となっていたが，2017年に改正された民法により，時効制度は大幅に改正され（後述(4)参照），統一的な取扱いに変更された。

第2に，債務不履行構成の場合，帰責事由の不存在の立証を負うのは使用者であるが，労働者側は，義務内容を特定し，かつ，その不履行を主張しなければならない（**航空自衛隊芦屋分遣隊事件**・最判昭56・2・16民集35巻1号56頁）。したがって，債務不履行構成でも，労働者側の立証負担が軽減されるわけではない。

第3に，不法行為において認められる遺族固有の慰謝料請求は，債務不履行構成の場合には否定される（前掲・**大石塗装・鹿島建設事件**・最判）。

第4に，不法行為構成の場合，遅延損害金請求権は事故の日から発生するが，債務不履行構成の場合，請求がなされた翌日から発生する（前掲・**大石塗装・鹿島建設事件**・最判）。

以上のように，時効を除けば，債務不履行構成のほうが労働者側にとって有利と断定できるわけではない。債務不履行構成は，損害賠償法上のメリットよりも，使用者が労働時間の軽減等の債務を負っていると理論構成することにより，労務遂行過程を制御する機能を果たすことが期待されているのである。また，安全配慮義務を契約上の給付義務と解することができれば，履行請求権（肯定：宮本健蔵『安全配慮義務と契約責任の拡張』〔信山社，1993年〕359頁以下，土田・有・538頁，**日鉄鉱業松尾採石所事件**・東京地判平2・3・27労判563号90頁，否定：**高島屋工作所事件**・大阪地判平2・11・28労経速1413号3頁）や，同時履行の抗弁（民533条）に基づく労働者の労務拒絶権を帰結する余地もうまれる（ただし，裁判例は

業務命令権の限界を理由に労務拒絶権を認めている。本書第5章Ⅱ**1(2)**)。

しかし，2つの法律構成には固有の意義があり，請求権が競合した場合でも，いずれかの請求権を一律に否定するという態度はとるべきではない。また，同僚が機械操作をミスした結果，労働者が事故に遭遇した場合，同僚を履行補助者と見ることは困難であり，使用者責任の規定（民715条）を根拠とするのが適当であるが，侵入者（第三者）が従業員に加害を加えた場合（前掲・**川義事件・最判**）には，使用者の不法行為よりも安全配慮義務違反を問題にせざるを得ないなど，いずれかの法律構成が主として問題となる事案があることに留意すべきである。

(3)　使用者の帰責事由と予見可能性　　安全配慮義務違反を主張された使用者は，相応の措置をとっていたなど，義務違反について帰責事由がないことを抗弁（訴訟において請求を排斥する事実）として主張できる。帰責事由がないと判断されれば，安全配慮義務違反は否定される。また，過労自殺等の事案においては，使用者の義務違反を認める前提条件として，自殺や精神疾患の発症等の予見可能性（ただし，特別損害〔民416条〕の予見可能性ではない）が求められる傾向があり，労働者のプライバシー保護の観点から，使用者の調査義務が否定されることを理由に予見可能性を認めなかった裁判例もある（**ボーダフォン**〔ジェイフォン〕**事件・**名古屋地判平19・1・24労判939号61頁）。しかし，安全配慮義務を履行する使用者に求められるのは，労働者の個人的な調査ではなく，労働者の健康を害するおそれのない業務量にするため，その範囲で労働者の状況を把握することである（高橋眞・判時1725号224頁参照）。したがって，労働者のプライバシーを理由に予見可能性を否定できるのは，労働者が情報を積極的に隠した場合などに限定される。使用者が現に認識していなかったとしても，就労状況等に照らし労働者の健康状態が悪化するおそれを認識できた場合には，予見可能性を肯定すべきである（**山田製作所**〔うつ**病自殺**〕**事件・**福岡高判平19・10・25労判955号59頁，前掲・**電通事件・**最判）。

(4)　時　効　　債務不履行に基づく損害賠償請求の時効は10年であり，「損害賠償請求権を行使し得る時」（民166条）から進行すると規定されていた。し

かし，2017年に改正された民法により，不法行為構成でも債務不履行構成でも，人の生命または身体の侵害による損害賠償請求権の消滅時効は，権利を行使することができると知ったときから5年，権利を行使できるときから20年に統一された（民166条，167条，724条の2。2020年4月1日施行予定）。

　損害賠償債務と本来の債務に同一性があれば，消滅時効は，遅くとも退職日から進行すると解される。しかし，裁判例上，被害者の損害認識可能性を考慮するという立場が有力になり，最高裁は，じん肺事件の時効の起算点を原則として最終の行政上の決定を受けた時（**日鉄鉱業〔長崎じん肺〕事件**・最判平6・2・22民集48巻2号441頁）と解した。これは，安全配慮義務とその不履行に基づく損害賠償債務は同一でないとする判断を前提としている。また，労働者が死亡した場合については，死亡時を起算点とする判断も示されている（**筑豊じん肺事件**・最判平16・4・27民集58巻4号1032頁）。

2　安全配慮義務の責任主体

(1)　責任主体の拡張　　労契法5条は，労契法上の使用者（2条2項）に適用される。しかし，同法成立以前の判例は，労働者が元請企業の管理する設備，工具等を用いていたとの事情や元請企業の指揮，監督を受けていたといった事情から，ある法律関係に基づいて成立する「特別な社会的接触」関係が認められれば，下請労働者に対し元請企業は安全配慮義務を負うと解してきた（前掲・**大石塗装・鹿島建設事件**・最判，**三菱重工業神戸造船所事件**・最判平3・4・11労判590号14頁）。したがって，元請企業が，下請・孫請企業の労働者を直接的あるいは間接的に指揮命令していると判断されれば，労契法5条が類推適用される。

　以上の責任主体拡張法理は，派遣労働者を使用する派遣先企業（**三広梱包事件**・浦和地判平5・5・28労判650号76頁），下請の個人事業主に対する元請会社（**藤島建設事件**・浦和地判平8・3・22労判696号56頁），シルバー人材センター（**綾瀬市シルバー人材センター事件**・横浜地判平15・5・13労判850号12頁），研修医に対する受入病院（**関西医科大学事件**・大阪高判平16・7・15労判879号22頁）など，労基法上の労働者や使用者に該当しない場合にも広く認められている。それは労災事故

だけでなく，過労死や過労自殺についても妥当する（アテスト〔ニコン熊谷製作所〕事件・東京地判平17・3・31労判894号21頁。ただし，同事件・東京高判平21・7・28労判990号50頁は責任の根拠を不法行為法に求めている）。

　(2)　上司，役員等の行為と法人の責任　　正当な範囲を逸脱した上司等の発言や指導等が原因となって，労働者がうつ病等を発症した場合，上司等の使用者（法人）も，安全配慮義務違反，不法行為（民709条）あるいは使用者責任（民715条）に基づいて損害賠償責任を負う（富国生命保険事件・鳥取地米子支判平21・10・21労経速2053号3頁）。また，法人だけでなく，代表者など役員等の責任が認められることもあり（会社429条〔旧商266条の3〕の「第三者」に労働者も含まれる。おかざき事件・大阪高判平19・1・18判時1980号74頁），役員等の行為を理由に法人の不法行為責任が成立する余地もある（一般法人78条〔旧民44条〕）。

3　安全配慮義務の内容

　安全配慮義務は，労働者が使用者の指示のもとに労務を提供する過程において，「労働者の生命および身体等を危険から保護するよう配慮すべき義務」であり，その具体的内容は，労働者の職種，労務内容，労務提供場所等，具体的状況によって異なる（前掲・川義事件・最判）。事案によっては，上司の個々の発言や指導等の内容が特に焦点となることもあるが（前掲2(2)参照），主として問題となるのは，使用者（法人）が労働者の就労状況を物的あるいは人的にどう管理していたかである。

　まず，災害性の傷病については，①労働に関する物的施設・機械等を整備することや②人的管理を適切に行うことが主として問題となる。有資格・経験のある労働者を配置すること，安全教育を実施すること，適切な指揮命令を下すこと，および労働安全衛生法令を遵守することなどがその具体的内容となる。

　また，疾病については，疾病の防止あるいは増悪回避に向けた措置が問題となり，①労働時間，勤務状況および労働者の健康状態を把握すること（健康診断の実施等），および②適正な労働条件を確保し，必要があれば労働時間の短縮や業務の軽減を実施することが安全配慮義務の内容となる。前掲・電通事件

❿電通事件

本件は，大手広告代理店社員のＡさんが，長時間労働が原因で自殺したことの責任が争われた事件である。この会社では，実際の労働時間を自己申告できる者は少なく（男性41.2％，女性25.7％），特に午後10時以降の残業を申告しない傾向があった。こうした労働実態の下で，Ａさんは，1990年8月から午前1時や2時に帰る日が多くなり，同年11月末頃になると帰宅しない日さえ多くなった。退館記録によれば，Ａさんが午前2時以降に退館したのは，1991年4月6回，5月5回，6月8回，7月12回あり，8月はＡさんが死亡する26日までの間に10回（徹夜6回。12日帰宅なし）という状況だった。Ａさんはしだいに心の健康を害し，自殺したのである。Ａさんの遺族は安全配慮義務違反等を理由に損害賠償を求めた。

本件1審（東京地判平8・3・28労判692号13頁）は会社の責任（合計1億2500万円ほどの損害賠償）を全面的に認めたが，2審（東京高判平9・9・26労判724号13頁）は，Ａさんの心因的特徴や本人，遺族の健康管理の欠如等に関する会社側の主張を考慮し，3割の過失相殺を認めた。しかし，最高裁（最判平12・3・24民集54巻3号1155頁）は，使用者は，労働者を管理するに際し，「業務の遂行に伴う疲労や心理的負荷等が過度に蓄積して労働者の心身の健康を損なうことがないよう注意する義務を負」い，使用者に代わり業務上の指揮監督権限を有する者は，「右注意義務の内容に従って，その権限を行使すべきである」と判示し，使用者責任を根拠に会社の損害賠償責任を認め，過失相殺を否定した。最高裁の判断は，安全配慮義務違反を争う裁判の方向性を決定づけただけでなく，ホワイトカラー労働者の労働時間や健康管理に関する社内体制や労働行政に大きな影響を与えた。

（最判コラム❿参照）は，使用者責任を根拠に主として②を認めた事案であるが，安全配慮義務を根拠とした場合にも同様のことが妥当する。安全配慮義務は，業務上疾病・職業病に加え，労働者が抱える私傷病や精神的不調に使用者が対処することを要請する規範ともなり，医師への面談指導等，休職処分または解雇回避措置の必要を根拠づけることもある。

なお，労働者の受動喫煙について（三柴丈典「わが国における嫌煙権訴訟の動向」判時1903号164頁，1906号184頁），裁判例は，通常期待される衛生上の配慮を使用者に求めるにとどまり，義務違反を認めるのに慎重である。ただし，診断書の提出にもかかわらず，分煙措置のある職場に異動しなかったことを安全配慮義務違反と認めた例もある（江戸川区事件・東京地判平16・7・12労判878号5頁）。

4 損害の範囲

(1) **過失相殺** 使用者の安全配慮義務違反が認定されれば，義務違反と相当因果関係のある積極損害や逸失利益等が損害として認められるが，労働者の過失等が認められれば，過失相殺の規定（民418条・722条2項）が適用あるいは類推適用される。しかし，最高裁は，前掲・**電通事件**・最判において，「労働者の性格が同種の業務に従事する労働者の個性の多様さとして通常想定される範囲を外れるものでない限り」，労働者の性格など心因的要因を過失相殺の判断の際に斟酌してはならないとし，3割の減額を認めた原審（東京高判平9・9・26労判724号13頁）の判断を覆し，過失相殺を否定した。この判決後は，損害額の減額を否定する判断が増加した（**オタフクソース事件**・広島地判平12・5・18労判783号15頁，**乙山新聞社事件**・長崎地判平16・9・27判時1888号147頁など）。ただし，裁判例の中には，本人の性格等心因的要因（**東加古川幼児園事件**・大阪高判平10・8・27労判744号17頁〔8割減額〕を維持した**同事件**・最決平12・6・27労判795号13頁），家族の状況（**三洋電機サービス事件**・東京高判平14・7・23労判852号73頁〔8割減額〕）あるいは基礎疾患があることを理由に過失相殺を認めたものもある（**NTT東日本北海道支店事件**・最判平20・3・27労判958号5頁〔職権で過失相殺の規定の適用を認めている〕。**同事件**差戻審・札幌高判平21・1・30労判976号5頁〔7割減額〕）。

この問題については，交通事故など一度限りの事故の場合と，使用者の指揮下で生じた労働災害の場合を同一に論じるのは適切ではない（八木一洋・最高裁判所判例解説民事篇平成12年度上347頁以下〔電通事件の調査官解説〕参照）。後者において，使用者は，事故の防止に向け，労働条件等を調整する機会を継続的に有しているからである。裁判例においても，長時間労働など業務の過重性が存在した事案では過失相殺を認めない傾向にある（前掲・**電通事件**・最判，原審を覆し減額を否定した前掲・**アテスト〔ニコン熊谷製作所〕事件**・東京高判など）。

(2) **不法就労者の損害額** 損害額の計算に当たり，合法的に就労する外国人は日本人と同様に計算される。これに対し，在留資格を持たない外国人については，ある時点で強制退去を免れないため，退職後3年以降の逸失利益額は，帰国する本国で就労した場合の賃金額で計算すると判断されている（**改進社事**

件・最判平 9・1・28民集51巻 1 号78頁)。

5 労災補償と損害賠償との調整

(1) **調整の範囲**　労働災害が，使用者または第三者の責任に基づいて発生
した場合，被災労働者またはその遺族は労災補償請求権と同時に使用者または
加害者たる第三者に対し民法上の損害賠償請求権を取得するが，両者の間に一
定の調整を施す規定が設けられている（この問題については，西村健一郎『労災補
償と損害賠償』〔一粒社，1988年〕，良永彌太郎「労災補償と損害賠償の新たな関係」21
世紀講座7・42頁等参照)。ただし，調整の範囲は両者が機能的に重複すると認め
られる部分，すなわち同質の損害に限定される。現行の調整規定において用い
られている「同一の事由」（労基84条 2 項）はこのことを意味し，単に同一の事
故から生じた損害であることをいうのではない（**青木鉛鉄事件**・最判昭62・7・10
民集41巻 5 号1202頁。労基84条 2 項〔同一の事由〕の類推適用を肯定)。したがって，
損害賠償の対象となる損害項目のうち，財産的損害（積極損害と逸失利益）は調
整の範囲に含まれるが，精神的苦痛に対する慰謝料など非財産的損害はこれに
は含まれない（**伸栄製機事件**・最判昭41・12・1 民集20巻10号2017頁〔労基法上の療養・
休業補償給付の事案〕，**東都観光バス事件**・最判昭58・4・19民集37巻 3 号321頁〔労災
保険給付の事案〕，同旨：**山崎鉱業所百々浦炭坑事件**・最判昭37・4・26民集16巻 4 号
975頁)。また，特別支給金も，損失塡補を目的とするものではないので，調整
の対象とはならない（**コック食品事件**・最判平 8・2・23民集50巻 2 号249頁)。

(2) **使用者行為災害**　使用者が損害賠償責任を負う使用者行為災害の場
合，使用者が災害補償を行えば，「同一の事由については，その価額の限度に
おいて民法による損害賠償の責を免れる」と規定されている（労基84条 2 項)。
労災法にこのような規定はないが，かつては，同項の類推適用を認め，労災保
険給付がなされた場合，賠償額から控除する扱いがなされてきた。

　しかし，1965年の労災法改正により，障害等級 7 級以上の障害補償給付およ
び遺族補償給付が原則として年金化されたことから，既払額のみならず，将来
予定される年金給付についても損害賠償額から控除すべきか否かをめぐって見

解の対立が生じた。判例，学説において，控除説と非控除説との鋭い対立が見られたが，最高裁は非控除説を採用することを明らかにし（**三共自動車事件**・最判昭52・10・25民集31巻6号836頁），この論争に一応の決着をつけた。ところが，判例の解釈に従えば，被災労働者に二重の利益を与えることになり，また，使用者の保険利益も損なわれるとして，1980年に労災法が改正され，保険給付と民事損害賠償との調整規定（旧67条，現行64条）が新たに設けられた。その結果，被災労働者や遺族が労災保険から年金給付を受ける場合，事業主は，前払一時金の最高限度額の限度で損害賠償の履行を猶予され，その間に年金給付がなされたときは，その給付額の限度で免責されることになっている（労災64条1項）。

　事業主が損害賠償を先に行った場合，保険者たる政府はその価額の限度で保険給付をしないことができる（労災64条2項）。これに対し，損害賠償した事業主は，被災労働者が有する保険給付請求権を代位取得（民422条）できない（**三共自動車〔代位取得〕事件**・最判平元・4・27民集43巻4号278頁）。

　(3)　第三者行為災害　　業務上災害等が，第三者の加害行為により発生した場合，保険者である政府は，保険給付を行うことにより，その価額の限度で保険給付を受けた者が第三者に対して有する損害賠償請求権を代位取得する（労災12条の4第1項）。また，保険給付が行われるより前に，保険給付を受けるべき者が加害者たる第三者から損害賠償を受けたときは，政府は，その価額の限度で保険給付をしないことができる（同条2項）。問題は，被災労働者らが，保険給付を受ける以前に，第三者の損害賠償義務の全部または一部を示談などによって免除した場合にも，政府は保険給付義務を免れ，労働者らは保険給付請求権を喪失することになるのかである。最高裁は，政府がその限度において保険給付義務を免れるのは当然と判断している（**小野運送事件**・最判昭38・6・4民集17巻5号716頁）。しかし，労働者の損失が補塡されない限り，国の給付義務がなくなると解すべきではないため（花見忠「災害補償と民事責任」『労働法大系(5)』〔有斐閣，1963年〕198頁など），上積み的な示談金や和解金について支給調整を行うべきではない（昭56・6・12発基60号）。

第13章

労働関係の終了

I　序　説

　個別的労働関係法の適用は，労働関係の存在を前提とする。このため，使用者が恣意的に労働関係を終了することができれば，個別的労働関係法は骨抜きになる。こうした意味において，労働関係の終了に関する法規制は，労働法の要であるといっても過言ではない。

　労働関係の終了はさまざまな形でもたらされる。たとえば，労働契約に期間の定め（契約期間1年など）がある場合，原則として期間の満了によって労働関係は終了する。また，期間の定めがない場合には，当事者の一方からの意思表示による解約（解雇や辞職），両当事者の合意による解約，定年制度，労働者の死亡や法人の解散など当事者の消滅により労働関係は終了する。この中で最も重要なものが解雇である。解雇はいうまでもなく労働者にとって生活の手段を奪われる重大問題であるが，さらに，経営不振などによる人員整理の場合には一度に大量の労働者が解雇されることとなり，社会的にもその影響は深刻なものとなる。このため，労働法は解雇について各種の法規制を加えている。

II　解雇および雇止め

1　解雇に対する法規制の概要

　民法627条1項によれば，期間の定めのない雇用契約の当事者は，2週間の予告期間をおけばいつでも解約できる。しかし，使用者による解約権の行使，

すなわち解雇は，労働者に重大な影響を及ぼすため，労基法など各種の特別法によって制限されている。まず，差別や不利益取扱いを禁じた規定（労基3条・104条2項，均等6条4号・9条2項・3項，育介10条・16条，労組7条，労安97条2項など）に抵触する場合や公益通報者保護法（3条。本書第5章Ⅱ3(5)参照）に違反した場合，解雇は違法，無効となる。また，労基法（19条・20条）には解雇の予告期間や一定期間中の解雇を禁ずる規定も置かれている（本章Ⅱ2(1)(2)）。さらに，判例（**日本食塩製造事件**・最判昭50・4・25民集29巻4号456頁，**高知放送事件**・最判昭52・1・31労判268号17頁）は，使用者の解雇権の行使が，客観的に合理的な理由を欠き社会通念上相当として是認することができない場合には権利の濫用として無効になると判断してきた（解雇権濫用法理）。この法理は，その後，立法に明文化され（2004年から2008年2月までは労基18条の2），現在は労契法16条に規定されている（本章Ⅱ2(4)）。

なお，有期契約の期間途中の解雇（労契17条1項，民628条。本書**15章**Ⅱ2(3)参照）や懲戒解雇（本書第**6章**Ⅲ**1**参照）については，本書の別の章を参照してもらいたい。

2 労働基準法や就業規則等による解雇制限

(1) 労働能力喪失中の解雇禁止　　使用者は，労働者が業務上の負傷または疾病にかかった場合，療養のため休業する期間中とその後の30日間は解雇してはならない（労基19条1項）。したがって，労働者のうつ病発症等が業務上（業務と相当因果関係がある）と認められれば，その療養期間中の解雇は無効と判断される（**東芝〔うつ病・解雇〕事件**・東京高判平23・2・23労判1022号5頁，**同事件**・最判平26・3・24労判1094号22頁）。ただし，傷病が長期にわたって継続し，症状固定状態（治癒〔本書第**12章**Ⅲ**4**〕）と判断されれば，それ以降本条は適用されない（**ジャムコ立川工場事件**・東京地八王子支判平17・3・16労判893号65頁など）。また，妊娠した女性が産前産後休業（同65条）をとった場合，使用者は，その期間中とその期間が終了した後の30日間，労働者を解雇できない（同19条1項。均等9条4項も，条件つきで出産後1年以内の解雇を禁じている〔本書第**11章**Ⅱ**4**

(6)〕）。使用者が労基法19条に違反すれば，罰則の適用（労基119条）があり，私法上も解雇は無効となる。ただし，この規定は次の2つの場合には適用除外される。第1に，業務上災害による療養について打切補償（同81条）を支払った場合（労災保険法上の傷病補償年金が支給または支給決定された場合も含む。労災19条。本書第**12**章**Ⅲ4**）である。第2に，天災事変その他の事由によって事業の継続が不可能になり，行政官庁（労基署長）から除外認定を受けた場合である（同19条1項但書・2項）。

　この打切補償制度は，労基法81条によると，労基法上の災害補償（労基75条）を行う使用者についてしか規定されていない。そこで，労基法上の個々の使用者による療養補償ではなく，労災保険法による療養補償給付を受給する労働者についても，使用者が打切補償を行うことで，労基法19条1項但書により解雇制限が解除されるのかが問題となる。この点について，最高裁は，災害補償に代わるものとして労災保険法に基づく保険給付が行われている場合には，これによって実質的に災害補償が行われているものといえ，労基法19条1項但書の適用を肯定し，解雇制限が解除されるとした（**専修大学事件**・最判平27・6・8民集69巻4号1047頁。ただし，解雇制限は解除されても，労契法16条等の解雇権濫用審査は別途必要となる。**同事件**差戻控訴審・東京高判平28・9・12労判1147号50頁）。しかし，学説上は，この判決の立場を支持する見解（肯定説）も述べられているが，労基法81条が定める文言解釈を重視したうえで，労基法と労災保険法との違いを指摘する否定説の立場も主張されている（学説の状況については，水島郁子・百選(9)・144頁以下参照）。

(2)　解雇予告　使用者が労働者に解雇を告知する場合，少なくとも30日前に予告するか，30日分以上の平均賃金（解雇予告手当）を支払わなければならない（労基20条1項）。一定日数分の平均賃金を支払えば，その日数分だけ予告期間を短縮できる（同条2項）。民法627条1項は，期間の定めのない雇用契約を解約する場合の予告期間を2週間と規定しているが，労働者にとって2週間では求職活動の期間として不十分である。そこで，労基法はそれを30日に延長したのである。

予告期間なしに即時解雇することが例外的に許されるのは，第1に天災事変その他やむを得ない事由のために事業の継続が不可能となった場合，第2に労働者の責に帰すべき事由に基づいて解雇される場合であり，かつ，行政官庁（労基署長）の除外認定を受けたときである（労基20条1項但書・3項）。また，①日々雇い入れられる者，②2ヶ月（季節的業務の場合は4ヶ月）以内の期間を定めて使用される者，および，③試用期間中の者については，労基法20条は適用除外される（同21条）。ただし，①は1ヶ月，②は所定期間，③は14日を超えて引き続き使用された場合は適用される（同条但書）。

使用者が労基法20条に違反した場合，罰則（労基119条）に加え，労働者からの請求により，支払うべき未払金と同一額を上限とした付加金の支払いを裁判所より命じられることがある（同114条。付加金については，本書第1章Ⅱ3(5)）。問題となるのは，この場合，解雇そのものの有効性をどう考えるかである。この点については，つぎのように見解が対立している。すなわち，①労基法20条を強行規定と解し，法違反の解雇を絶対的に無効と解する説，②解雇無効と解すると労働者は賃金請求権を有することとなり，予告手当と付加金の支払いを規定する労基法と矛盾するため，労基法20条を単なる取締規定と解し，違反であるとしても解雇は有効とする説，③労基法20条違反の解雇通知は即時解雇としては無効であるが，使用者が即時解雇に固執する趣旨でない限り，解雇通知より30日を経過した時点か，使用者が予告手当を支払った時点のいずれかから解雇の効力が生じると解する相対的無効説（昭24・5・13基収1483号），④使用者が予告もせず予告手当も支払わずに解雇通知をした場合には，労働者は解雇の無効を主張することもできるし，それをしないで予告手当の支払いを求めることもできるとする説（選択権説）である（有泉・167頁）。最高裁は，③の立場を採用したことがある（**細谷服装事件**・最判昭35・3・11民集14巻3号403頁）。しかし，使用者が「即時解雇に固執」したことを立証することは困難なうえ，労働者が予告期間中の労務提供を断念すれば，予告手当も請求できない。このため，近時の裁判例は，実質的に④説の立場に立ち，予告手当請求を認容する傾向を見せている（**丸善住研事件**・東京地判平6・2・25労判656号84頁など）。

(3) 就業規則・労働協約による制限　　就業規則や労働協約に反する解雇は無効となる（労基93条，労組16条〔解雇同意・協議約款が「労働者の待遇に関する基準」に該当する〕）。ただし，解雇事由は，就業規則の絶対的必要記載事項である（労基89条3号）が，就業規則等に記載された解雇事由を限定列挙と解すべきか，例示列挙と解すべきかについては争いがある。実務上は，「その他前各号に準じた場合」などと定めれば，解雇事由は限定されないため，両説に違いが生じるのは就業規則の内容が稚拙であった場合である。裁判例においては，限定列挙説を採用したもの（**寿建築研究所事件**・東京高判昭53・6・20労判309号50頁など）と例示列挙説を採用したもの（**大阪フィルハーモニー交響楽団事件**・大阪地判平元・6・29労判544号44頁，**サン石油事件**・札幌高判平18・5・11労判938号68頁など）がある。学説上も，限定列挙説（菅野・752頁）と例示列挙説（西谷・406頁，荒木・301頁）が対立している。就業規則作成義務（労基89条）を課されていない使用者のことも考慮すれば，期間の定めのない雇用契約の場合，使用者は民法627条に基づき解雇権を有しており，就業規則等に定められた解雇事由は，解雇権の発生よりもその行使を制約することを目的としたものといえる。そして，「……の場合に解雇しない」と明示したのではなく，単に事由が列挙されなかっただけであるから，解雇権の行使事由を制限したとまで解しうるかは事案ごとに考えるべきである。したがって，原則として例示列挙説が妥当するとしたうえで（つまり制限列挙説が妥当する懲戒事由〔本書第6章Ⅱ〕と異なる），就業規則に記載されない事由に基づく解雇であるとの事情を解雇権の濫用（労契16条）を判断する際に考慮するのが妥当であろう（裁判例も，就業規則の解雇事由に該当する事実がない場合は，「特段の事情」がない限り，社会通念上相当ではないと判断している〔前掲・**サン石油事件**・札幌高判〕）。

　なお，労働者は，解雇の告知後，解雇理由の証明書を使用者に請求できる（労基22条1項・2項〔本章Ⅴ**1**〕）が，使用者が証明書を交付しなかった場合，罰則が予定されているものの私法的効果規定はなく，これをもって解雇が無効になるのではないと解されている（荒木・303頁）。ただし，この証明書に記載された以外の解雇理由を訴訟において事後的に追加主張することは，許されないと

する見解が支配的である（荒木・303頁。これに対し，**株式会社大通事件**・大阪地判平10・7・17労判750号79頁は，使用者が事後に解雇理由を主張することを肯定〔懲戒処分の判例と対照的。本書第**6**章**Ⅱ1**〕）。

(**4**) 解雇権濫用の審査　　解雇権行使の濫用の有無は，①「客観的に合理的な理由」を欠いていないか，②「社会通念上相当」であると認められないかを判断要素として審査する（労契16条）。①の②のいずれか1つを欠いても権利濫用と評価されるが，要件というよりは，1つの要件の2つの判断要素と位置づけられている（したがって，濫用と評価した場合でも，①と②のいずれに該当するかを特に識別しない裁判例が多い）。解雇の有効性を審査する際，まず就業規則に定められた解雇事由（前掲(3)参照）に該当するかが審査され，それに該当することは上記①や②（特に①）を充足したと評価されることもあるが，労契法が要請する①と②は別途審査し得る。前掲・**高知放送事件**・最判も，形式的に就業規則所定の解雇事由に該当するだけでは足りず，解雇が過酷にすぎるなど「解雇に処することが著しく不合理」な場合には社会通念上相当ではないとして，悪意の不存在，会社への影響の大きさ，本人の無事故歴，過去の処分例等を考慮して解雇権の濫用を認めている。したがって，就業規則所定の解雇事由規定が労契法16条の要請に合致するよう合理的限定解釈されることもある（後掲・**セガ・エンタープライゼス事件**・東京地決は「労働能率が劣り，向上の見込みがないこと」という解雇事由を「『著しく』労働能率が劣り」と解すべきだとしている）」。

上記①と②の観点から解雇が正当化される理由とされてきた事情は，大別して次のような場合である（くわしくは，根本到「日本における解雇法理の現状と課題」労旬1781号35頁参照）。

第1に，労働者の一身上の理由による場合，特に，労働者の職務遂行能力が欠如もしくは低下し，労働契約上要請される労務の提供が期待し得なくなった場合である。

まず，業務外の傷病（私傷病）によって労働能力の喪失・減退があった場合を挙げることができる（業務上の場合は労基法19条が適用〔前掲(**1**)〕）。この場合，長期にわたって労務の継続が不可能になることが明白な場合には，使用者が休

職命令を付さずに実施した解雇を有効としているが（**岡田運送事件**・東京地判平14・4・24労判828号22頁など），休職等を利用させずに解雇することは無効と判断されることが多く，特にうつ病など労働者の精神的不調をめぐる事案でこうした傾向が顕著に示されている（**K社事件**・東京地判平17・2・18労判892号80頁，**J学園事件**・東京地判平22・3・24労判1008号35頁）。

　また，労働者の勤務成績の不良なども解雇理由となりうる。ただし，必要な技能の判断は合理的な内容でなければならず，かつ，使用者は労働者に対して労働能力を向上させるための努力を十分尽くさなければならないと解されており，人事考課は，相対評価であって絶対評価ではないため，客観的で合理的な解雇理由にはならないと判断されている（**セガ・エンタープライゼス事件**・東京地決平11・10・15労判770号34頁）。使用者による売上目標の設定に十分な具体性がない場合（**日本オリーブ事件**・名古屋地決平15・2・5労判848号43頁）や不当に高いノルマを課し，勤務成績が不良だった場合（PIP〔パフォーマンス・インプルーブメント・プラン〕と呼ばれる。**ブルームバーグ・エル・ピー事件**・東京高判平25・4・24労判1074号75頁）の解雇も，濫用と判断されている。しかし，中途採用者，管理職または職務内容が特定された者などは，専門的な職務能力を遂行することが期待されているため，能力・適格性に関する判断は通常の労働者よりも厳格に審査され，解雇が有効とされることも多い（**フォード自動車事件**・東京高判昭59・3・30労判437号41頁〔中途採用で最上位管理職〕，**ヒロセ電機事件**・東京地判平14・10・22労判838号15頁〔中途採用の品質管理部主事〕など）。

　第2に，労働者の非違行為である。たとえば，業務命令違反，信用失墜行動などがこれに当たる。これらは懲戒事由にもなり得るため　懲戒解雇が問題となることも多いが（本書第**6**章**Ⅲ⬤**参照），使用者は同様の理由で普通解雇することもできる。ただし，非違行為が存しても解雇が直ちに正当化されるわけではなく，非違行為を将来繰り返す可能性や改善に向けた警告をしていたか否かも重要な判断要素となる。

　第3に，経営上の理由による解雇である。これは整理解雇と呼ばれている。その特徴は解雇の原因がもっぱら使用者側にある点にある（この解雇については

本章Ⅱ**3**で述べる）。また，その他にユニオン・ショップ協定に基づく解雇も合理的理由となり得るが（前掲・**日本食塩製造事件**・最判），どのような場合が解雇権の濫用となるかは集団的労働関係法の問題となる（NJⅠ・第3章Ⅱ4）。

いずれの解雇理由も，解雇回避措置の存否・内容を審査し，解雇の必要性が存在したかを判断することになるが（解雇の最後的手段〔ultima ratio〕の原則），解雇を告知した時点における使用者の予測の妥当性を客観的な観点から問題とすることになる（根本到「解雇事由の類型化と解雇権濫用の判断基準」学会誌99号52頁）。また，解雇理由があったとしても，解雇が社会通念上相当でない場合は，権利の濫用として無効となる（労契16条）。

3 整理解雇

(1) 有効性判断の基準　整理解雇とは，使用者が企業経営上の事情から労働者を解雇することである。整理解雇も解雇権濫用法理（現在は労契16条）に基づいて効力が審査されるが，労働者側に原因がないことから，つぎのような判断基準が確立されている（**大村野上事件**・長崎地大村支判昭50・12・24労判242号14頁，**東洋酸素事件**・東京高判昭54・10・29労判330号71頁，**あさひ保育園事件**・最判昭58・10・27労判427号63頁など）。すなわち，①人員削減の必要性，②解雇回避努力義務，③人選の合理性，④労働組合等との協議の4つの基準に基づいて判断する整理解雇法理（整理解雇の4要件あるいは4要素）である。

(2) 人員削減の必要性　第1に問題となるのが，人員削減の必要性である（他の基準と併せて，整理解雇の必要性を審査する一基準なので，「解雇の必要性」と呼ぶべきではない）。必ずしも倒産必至という状況でなければならないわけではないが，客観的に見て経営危機にあり，人員削減がやむを得ない場合でなければ，原則として人員整理の必要性は認められない（前掲・**東洋酸素事件**・東京高判）。また，解雇の前後に採用を行うなど，人員削減の必要性がないことが明白な場合は，解雇の効力は否定される。裁判例の中には経営戦略上の必要性を肯定的に評価するもの（**ナショナル・ウエストミンスター銀行〔3次仮処分〕事件**・東京地決平12・1・21労判782号23頁）もあるが，人員削減の必要性が乏しければ，他の

基準はいっそう厳格に判断される（**社会福祉法人仁風会事件**・福岡地判平19・2・28労判938号27頁はいっそう厳格な解雇回避努力義務を課すと判示）。

　使用者が，人員削減する必要性があることを立証できた人数以上に解雇した場合には，被解雇者全員の解雇が無効となると解されている（**印南製作所事件**・東京地判平17・9・30労判907号25頁など）。

　(3)　解雇回避努力義務　　第2に解雇回避努力義務である。これは，整理解雇を「最後の手段」であると位置づけ，解雇以外の手段の存否や内容によって，整理解雇の必要性を判断することを目的とする。たとえば，5人の人員削減の必要性があったとしても，希望退職募集に5人応じれば，整理解雇の必要性はなくなる。したがって，希望退職募集をせずに解雇した場合には解雇権の濫用であると評価されるのである。どういった手段が解雇回避措置となるかは事案によって異なるが，新規採用抑制，希望退職の募集，配転など人事異動，残業制限，退職勧奨などの手段が，判断の対象となり得る。

　使用者が，希望退職募集を実施しながら特定の労働者に対し退職勧奨することがあるが，退職勧奨は解雇と異なる点はないと考えられており，他の解雇回避措置が困難な場合でなければ，適切な解雇回避措置とは評価できない（**PwCフィナンシャル・アドバイザリー・サービス事件**・東京地判平15・9・25労判863号19頁）。また，希望退職募集後に退職勧奨をするのでなければ，解雇回避措置を尽くしたとはいえないとした例もある（**平和学園高校〔本訴〕事件**・東京高判平15・1・29労判856号67頁）。人員整理目的の出向は退職勧奨と同様の性質を持つとして，出向命令に応じない者に対する解雇は整理解雇と解されることもある（**大阪造船所事件**・大阪地決平元・6・27労判545号15頁）。

　使用者が整理解雇の前に希望退職募集を実施していなければ，当該解雇は無効と判断されることが多い（前掲・**あさひ保育園事件**・最判，**山田紡績事件**・名古屋地判平17・2・23労判892号42頁，**同事件**・名古屋高判平18・1・17労判909号5頁〔最高裁で確定〕など）。希望退職募集を行った場合でも，考慮期間が短いといった事情（**ジャレコ事件**・東京地決平7・10・20労判697号89頁〔考慮期間10日〕など）や割増退職金が十分でないといった事情（**揖斐川工業運輸事件**・横浜地川崎支決平12・

9・21労判801号64頁など）があれば，解雇回避措置を尽くしたとはいえない。しかし，使用者が希望退職募集を事前に行わなかった場合でも，解雇回避措置を怠ったとはいえないと判断した裁判例もある（シンガポール・デベロップメント銀行〔本訴〕事件・大阪地判平12・6・23労判786号16頁，島之内土地建物事件・大阪地決平13・10・31労判816号85頁など）。希望退職募集を実施した場合，会社を再建していくうえで不可欠な人材が流出してしまうことがあるからである。ただし，裁判例においてこうしたことが許されたケースは，小規模の独立した事業部門閉鎖等の事案に限られる傾向がある（前掲・シンガポール・デベロップメント銀行〔本訴〕事件・大阪地判など）。

　配転や出向は，ある事業部門を閉鎖するといった事案の解雇回避措置としてとりわけ問題となる。客観的に見て異動可能なポストがあると判断されれば，使用者が配転等を実施していないことは，解雇回避努力を尽くしたと評価されない（マルマン事件・大阪地判平12・5・8労判787号18頁など）。労働契約上，勤務地や職種が限定されている場合は，使用者が配転を提案すべきかが問題となるが，労働者が配転を希望する限り，配転の可能性を提案しなければ，解雇回避措置を尽くしたとはいえないと判断されている（廣川書店事件・東京地決平12・2・29労判784号50頁など）。

　なお，使用者が合意解約の申入れに際し，特別支給金の支給を約束したこと，就職斡旋会社のサービスを受けるための金銭援助を約束したことなどを解雇回避措置として考慮する例があり（前掲・ナショナル・ウエストミンスター銀行〔3次仮処分〕事件・東京地決），こうした不利益軽減措置を解雇の効力を判断する際に重視すべきだと主張する見解もある（唐津博「長期雇用慣行の変容と労働契約法理の可能性」学会誌87号115頁）。しかし，解雇回避措置の基準は解雇の必要性を明確にすることを目的とし，解雇回避措置の第一次的ルールは雇用確保措置にあり，それができない場合に第二次的ルールとして経済的補償措置を考えるべきである（土田・有・702頁）。裁判例の多くも，割増退職金の提案などは，他の解雇回避措置が困難な場合に初めて整理解雇の効力を肯定する事情となるとしている（前掲・PwC フィナンシャル・アドバイザリー・サービス事件・東京地判など）。

(4) 人選の合理性　　整理解雇においては，被解雇者が最初から決まっているわけではなく，被解雇者を選択する過程が存在する。使用者が，この対象者を選定するに当たり，合理的な人選基準を設定し，それを適切に運用したかは，整理解雇の効力を判断する際の3つめの基準となる。

　使用者は，原則として，人選基準を作成することが求められ，これがない場合には人選の合理性自体が否定される（**八潮工業事件**・松山地西条支判平14・1・25労判823号82頁など）。人選基準の内容は，基準設定と基準運用の両面で問題となる。人事考課を人選基準に利用することについては，人事考課は相対評価であるため，勤務実績を人選基準として用いるためには，人選基準として客観性があることが必要になると判断されている（**オクト事件**・大阪地決平13・7・27労経速1787号11頁）。「適格性の有無」といった抽象的な基準は合理性を欠き（**労働大学〔本訴〕事件**・東京地判平14・12・17労判846号49頁），具体的な基準を設定した場合でも，会社の経営改善に関係ない基準であれば，合理性を否定される（**高田製鋼所事件**・大阪高判昭57・9・30労判398号38頁〔「36歳以下で昭和43年以降入社した者」という基準の合理性を否定〕）。年齢基準は使用者の恣意が排除されるという理由で合理的だと解されることもあるが，業務遂行能力の低下と関係のない年齢基準は原則として合理性がない（**ヴァリグ日本支社事件**・東京地判平13・12・19労判817号5頁〔高齢になるほど能力の低下する業務でないという理由で53歳という年齢基準を合理的でないと判示している〕）。日本ではドイツのように，勤続年数，年齢，扶養家族の有無，障がいの有無などを人選において基準から排除することを求める法規定はないが，労働者の要保護性は人選基準の合理性を審査する際も考慮すべきである。したがって，勤続年数が長い労働者など要保護性の高い労働者を人選基準とするには，それを正当化するだけの理由が求められる。

　人選基準に関して問題となることがあるのが，臨時工など非正規労働者を正規労働者に優先して解雇することの妥当性である。判例は，有期雇用労働者は無期契約を締結した労働者と比べ企業との結びつきの度合いが低いとして，前者を整理基準の第1順位とすることは合理的であるとしている（**日立メディコ事件**・最判昭61・12・4労判486号6頁）。ただし，有期雇用労働者が整理解雇法理

第13章　労働関係の終了　307

を類推適用され，雇止めの必要性がないと判断される状況にあれば，雇止めは正当化されない（本章Ⅱ**4**）。

(5) 労働組合，労働者との協議　使用者は整理解雇に当たり，労働組合や当該労働者と十分協議しなければならない。これは，労働協約に解雇同意・協議条項があるか否かを問わず適用される基準である。主として，協議の内容や時期から使用者の説明が誠実であったか否かが問題とされる。協議義務違反のみを理由として整理解雇を無効とする例は少ないが（**グリン製菓事件**・大阪地決平10・7・7労判747号50頁など），ほかの基準とあわせて考慮される重要な判断基準となっている（前掲・**ヴァリグ日本支社事件**・東京地判）。

(6) 4要件説か4要素説か　整理解雇の効力を判断する際に問題となる4つの判断基準をどう位置づけるかについては，①権利濫用を総合判断するための考慮要素と位置づける見解（4要素説）と，②これを要件と位置づける見解（4要件説）が対立してきた。最近は4要素説が優勢であるが，その立場は4要件説にきわめて近い。なぜなら，4要素説に立つ場合でも，原則的要素として4つの基準の存否を判断し，特段の事情があることを使用者側が主張，立証したときに限り，ある要件が問題にならない，あるいは充足が不要であるなどとしているからである。

　4つの基準の立証責任は，①人員削減の必要性，②解雇回避努力義務，③人選の合理性まで使用者側が負い，④労働組合等との基準だけ労働者側が負うと解されている（**ゼネラル・セミコンダクター・ジャパン事件**・東京地判平15・8・27労判865号47頁など。山川隆一『労働紛争処理法』（弘文堂，2012年）215頁参照）。

(7) 倒産手続　企業倒産手続時に解雇権濫用法理（労契16条）の適用があるかは，清算型（破産手続型）の場合でもその適用は否定されていない。破産管財人（民631条。有期契約の場合でも民法627条に基づき解約でき〔つまり民628条・労契17条1項の適用否定〕，各当事者が解約に伴う損害賠償を請求できるとした規定）や更生管財人による解約行使権（更生会社の事業経営権等が更生管財人専属される〔会更72条1項〕）を解雇と捉えるからである。ただし，整理解雇法理の適用まで認められるかについては，清算型と再建型（会社更生・民事再生手続型）を分

けて考えることが必要になる。清算型については，判例上，整理解雇法理の適用を否定する例（**東北造船事件**・仙台地決昭63・7・1労判526号38頁など）と肯定する例（前掲・**グリン製菓事件**・大阪地決など）があるが，肯定説をとる場合でも整理解雇法理の内容が一定程度修正されることは避けられない。

　再建型倒産処理である民事再生手続下については，整理解雇法理の適用を認め，整理解雇を無効とする判断が示されている（**イセキ開発工機〔解雇〕事件**・東京地判平15・12・22労判870号28頁，前掲・**山田紡績事件**・名古屋高判）。これに対し，会社更生手続下の整理解雇については，整理解雇法理の適用を認めながら，認可された更生計画に記載された人員削減予定数などを重視して，解雇を有効とする判断が示されている（**日本航空〔パイロット等〕事件**・東京高判平26・6・5労経速2223号3頁，**日本航空〔客室乗務員解雇〕事件**・東京高判平26・6・3労経速2221号3頁。両事件とも上告不受理で確定した）。しかし，会社更生法には，使用人の過半数で組織する労働組合の意見聴取制度・意見陳述・通知制度（22条1項・6条3項3号・5条・15条・88条・99条5項）しか用意されておらず，更生計画が労働法令に適合しているとは限らない（したがって，更生管財人の更生計画遂行義務〔同209条1項〕の範囲は限定されることもある）。また，更生管財人は，善管注意義務（同80条1項）の一環として整理解雇法理等の（労働）法令遵守義務を負っているから，更生計画内容の中核部分でない限りは，会社の実際の経営状況に照らし，整理解雇の必要性（人員削減の必要性や解雇回避努力を尽くしてなお解雇の必要性が存するか）が存するかを審査すべきである。

4　有期契約の雇止め

　有期契約については，2012年に改正された労契法によって新しい規制が設けられたが，雇止め規制だけは従前の判例法理を法定化したものである。以下では，雇止めに関する従前の判例法理を(**1**)～(**4**)で論じたうえで，(**5**)で労契法の内容を紹介する（雇止め以外の2012年改正労契法の内容は，本書第15章Ⅱ参照）。

　(**1**)　**解雇法理を類推適用する基準**　　有期労働契約は，期間の満了によって終了するのが原則である（有期雇用全般については，本書第15章Ⅱ参照）。有期契

約の更新拒絶（雇止め）は，契約期間の満了であり，解雇ではない。しかし，判例は，更新手続が形骸化していた，あるいは契約が反復更新されていたなどの事情があれば，(a)「期間の定めのない契約と実質的に異ならない状態」にあるか（**東芝柳町工場事件**・最判昭49・7・22民集28巻5号927頁），あるいは(b)雇用継続の合理的な期待があると認め（前掲・**日立メディコ事件**・最判），解雇権濫用法理（労契16条。経営上の事情の場合は整理解雇法理）が類推適用されるとしてきた。これは，①業務内容の正社員との同一性・近似性，②契約上の地位の正社員との同一性・近似性，③採用時等の雇用継続を期待させる使用者の言動・認識の有無，④更新状況（有無，回数，勤続年数など）や更新手続の厳格さ，⑤雇止めの前例の有無，⑥その他（契約締結の経緯や勤続年数の上限等）の充足度から判断する（「有期労働契約の反復更新に関する調査研究会」平12・9・11（旧）労働省発表）。たとえば，前掲・**東芝柳町工場事件**・最判は，仕事の内容が本工と異ならないうえ，契約更新手続が形骸化していたのに対し，前掲・**日立メディコ事件**・最判においては，反復更新され，雇用継続の期待が認定されるものの，臨時員の業務内容は本工と異なる単純作業であり，更新意思を確認するなどある程度厳格な更新手続が行われていた。このように，判断基準のすべてを充足していないものの，②などを充足している場合は(b)と判断されるが，ほとんどの基準を充足している場合は(a)と判断されることが多い。なお，1度目の更新時の雇止めでも，雇用継続の合理的な期待が客観的に存在すると判断されれば，解雇権濫用法理が類推適用される（**龍神タクシー事件**・大阪高判平3・1・16労判581号36頁）。

(2) 類推適用される解雇規制の内容　　前掲・**日立メディコ事件**・最判は，整理解雇法理の類推適用を認めたが，臨時員は比較的簡易な手続で採用されたため，雇止めの効力を判断する基準は，終身雇用の期待の下に期間の定めのない労働契約を締結している本工を解雇する場合とは「合理的な差異がある」と判示した。具体的には，本工に対し希望退職募集を行わないまま，臨時員の更新拒否が行われてもやむを得ないと判断したのである。その後，有期契約の雇止めに関しては，先の(b)を理由に解雇権濫用法理を類推適用した場合を中心にして，「合理的な差異」に言及する裁判例が多くなっている（**国鉄大阪工事局事**

件・大阪地判平元・11・13労判551号12頁など）。

　しかし，裁判例は，「合理的な差異」に言及した場合でも，正社員に対する希望退職募集の必要がないこと以外に，具体的な判断基準を特に示したことはない。むしろ「合理的な差異」に言及した事案でも，整理解雇の4つの基準を充足していなければ，雇止めは正当化されない（**ヘルスケアセンター事件**・横浜地判平11・9・30労判779号61頁）。整理解雇法理が類推適用される限り，雇止めの必要性が乏しい場合や雇止め回避措置が十分尽くされていない場合，雇止めは許されないのである（**三洋電機事件**・大阪地判平3・10・22労判595号9頁，**カンタス航空事件**・東京高判平13・6・27労判810号21頁，**日欧産業協力センター事件**・東京高判平17・1・26労判890号18頁）。実質的に期間の定めのない労働契約と異ならないと認められること（労契20条の適用も問題となる〔解雇と比べたときの雇止めの均等取扱を要請〕），雇用継続の期待が高いこと（高度の期待を否定するだけの理由が求められる），または，使用する目的に照らし必要以上に短い契約期間を設定することも（労契17条2項），雇止めの濫用性を裏づける事情として評価すべきである。

　派遣労働者が派遣元から雇止めされた場合にも，上記の法理は適用の余地があるが，派遣労働者を同一の派遣先に長期間派遣することは法の予定するところではないとして（本書第**15**章Ⅳ参照），雇用継続への期待を否定する裁判例がある（**伊予銀行・いよぎんスタッフサービス事件**・高松高判18・5・18労判921号33頁，**同事件**・最決平21・3・27労判991号14頁〔ただし，雇止めの理由を判断すべきとの今井裁判官の反対意見あり〕）。しかし，派遣労働者は，派遣元との間では，有期雇用労働者と同様の要保護状態にあり，雇用継続の期待を認めるべきである。

　(3)　雇止め法理の効果　　雇止めが，解雇権濫用法理に照らし，権利濫用や信義則違反と判断された場合，判例は，無期契約に転化すると帰結するのではなく，従前の労働契約が更新されたのと同様の法律関係になるとしている（前掲・**日立メディコ事件**・最判。この意味について，菅野・328頁〔一種の「法定更新制度」〕，水町・329頁〔信義則に基づく契約の補充的・修正的解釈〕参照）。裁判例の中には，雇止めが無効になると判示するものもあるが，雇止めの意思は観念の通知であるため無効となるのではない。

(4)　不更新条項　　最初の有期契約締結時から更新限度が合意されていた場合，原則として雇用継続の合理的期待を認めることはできない（ただし，雇用継続への期待を与える言動等がないことが条件。前掲・**カンタス航空事件**・東京高判）。これに対し，有期契約の反復更新後に，契約を更新しないことを約した条項（不更新条項）が挿入された契約書を締結した場合，合理的期待は否定され，雇止め法理は適用されるのであろうか。この点について，裁判例の中には，使用者から説明があったうえで労働者が署名押印し，年休を期限までに消化しようとしていたとの事情が存在したことから，不更新条項の効力を認め，雇止め法理の適用を否定したものがある（**近畿コカ・コーラボトリング事件**・大阪地判平17・1・13労判893号150頁，**同事件**・大阪高判平17・11・24判例集未登載。**本田技研工業事件**・東京地判平24・2・17労経速2140号3頁〔説明を受けたうえで不更新合意し，雇止めまで労働者が異議を述べていないという事情を認定して，更新の期待を否定している〕）。しかし，労働者が不更新条項の挿入を拒否すれば，その時点で合意不成立を理由に雇止めされるため，使用者は，いずれにしろ雇止め法理の適用を免れることができる。したがって，不更新条項は，雇止め法理を否定する機能を果たすことになるから，公序違反を理由に無効と解するべきである（西谷・447頁）。また，裁判例の中には，本件不更新条項を付したことは，解雇権濫用法理の適用にあたって，評価障害事実として総合考慮の一内容となると判示するものもある（**明石書店〔製作部契約社員・仮処分〕事件**・東京地決平22・7・30労判1014号83頁）。雇止め法理（解雇権濫用法理の類推適用。2013年4月から労契19条）に強行性を認めることができれば，不更新条項が有効に成立していても，同法理の適用は否定されないといえるので，こうした判断は妥当である。

(5)　法定化された雇止め法理　　雇止めに関する判例法理を法定化したのが労契法19条である。この規定は，従来の法状態を変えるものではないため，2012年8月10日の公布と同時に施行された（2013年3月までは18条に定められ，同年4月からは19条として妥当する。労契法の他の改正内容が2013年4月から施行されるため，条文数が1つずれる）。

本条は，次の3つの要件を充足した場合に適用があると定められている。第

件・大阪地判平元・11・13労判551号12頁など）。

　しかし，裁判例は，「合理的な差異」に言及した場合でも，正社員に対する希望退職募集の必要がないこと以外に，具体的な判断基準を特に示したことはない。むしろ「合理的な差異」に言及した事案でも，整理解雇の４つの基準を充足していなければ，雇止めは正当化されない（**ヘルスケアセンター事件**・横浜地判平11・9・30労判779号61頁）。整理解雇法理が類推適用される限り，雇止めの必要性が乏しい場合や雇止め回避措置が十分尽くされていない場合，雇止めは許されないのである（**三洋電機事件**・大阪地判平3・10・22労判595号9頁，**カンタス航空事件**・東京高判平13・6・27労判810号21頁，**日欧産業協力センター事件**・東京高判平17・1・26労判890号18頁）。実質的に期間の定めのない労働契約と異ならないと認められること（労契20条の適用も問題となる〔解雇と比べたときの雇止めの均等取扱を要請〕），雇用継続の期待が高いこと（高度の期待を否定するだけの理由が求められる），または，使用する目的に照らし必要以上に短い契約期間を設定することも（労契17条2項），雇止めの濫用性を裏づける事情として評価すべきである。

　派遣労働者が派遣元から雇止めされた場合にも，上記の法理は適用の余地があるが，派遣労働者を同一の派遣先に長期間派遣することは法の予定するところではないとして（本書第**15**章**Ⅳ**参照），雇用継続への期待を否定する裁判例がある（**伊予銀行・いよぎんスタッフサービス事件**・高松高判平18・5・18労判921号33頁，**同事件**・最決平21・3・27労判991号14頁〔ただし，雇止めの理由を判断すべきとの今井裁判官の反対意見あり〕）。しかし，派遣労働者は，派遣元との間では，有期雇用労働者と同様の要保護状態にあり，雇用継続の期待を認めるべきである。

(3)　雇止め法理の効果　　雇止めが，解雇権濫用法理に照らし，権利濫用や信義則違反と判断された場合，判例は，無期契約に転化すると帰結するのではなく，従前の労働契約が更新されたのと同様の法律関係になるとしている（前掲・**日立メディコ事件**・最判。この意味について，菅野・328頁〔一種の「法定更新制度」〕，水町・329頁〔信義則に基づく契約の補充的・修正的解釈〕参照）。裁判例の中には，雇止めが無効になると判示するものもあるが，雇止めの意思は観念の通知であるため無効となるのではない。

第13章　労働関係の終了　　311

⑷　不更新条項　　最初の有期契約締結時から更新限度が合意されていた場合，原則として雇用継続の合理的期待を認めることはできない（ただし，雇用継続への期待を与える言動等がないことが条件。前掲・**カンタス航空事件**・東京高判）。これに対し，有期契約の反復更新後に，契約を更新しないことを約した条項（不更新条項）が挿入された契約書を締結した場合，合理的期待は否定され，雇止め法理は適用されるのであろうか。この点について，裁判例の中には，使用者から説明があったうえで労働者が署名押印し，年休を期限までに消化しようとしていたとの事情が存在したことから，不更新条項の効力を認め，雇止め法理の適用を否定したものがある（**近畿コカ・コーラボトリング事件**・大阪地判平17・1・13労判893号150頁，**同事件**・大阪高判平17・11・24判例集未登載。**本田技研工業事件**・東京地判平24・2・17労経速2140号3頁〔説明を受けたうえで不更新合意し，雇止めまで労働者が異議を述べていないという事情を認定して，更新の期待を否定している〕）。しかし，労働者が不更新条項の挿入を拒否すれば，その時点で合意不成立を理由に雇止めされるため，使用者は，いずれにしろ雇止め法理の適用を免れることができる。したがって，不更新条項は，雇止め法理を否定する機能を果たすことになるから，公序違反を理由に無効と解するべきである（西谷・447頁）。また，裁判例の中には，本件不更新条項を付したことは，解雇権濫用法理の適用にあたって，評価障害事実として総合考慮の一内容となると判示するものもある（**明石書店〔製作部契約社員・仮処分〕事件**・東京地決平22・7・30労判1014号83頁）。雇止め法理（解雇権濫用法理の類推適用。2013年4月から労契19条）に強行性を認めることができれば，不更新条項が有効に成立していても，同法理の適用は否定されないといえるので，こうした判断は妥当である。

⑸　法定化された雇止め法理　　雇止めに関する判例法理を法定化したのが労契法19条である。この規定は，従来の法状態を変えるものではないため，2012年8月10日の公布と同時に施行された（2013年3月までは18条に定められ，同年4月からは19条として妥当する。労契法の他の改正内容が2013年4月から施行されるため，条文数が1つずれる）。

本条は，次の3つの要件を充足した場合に適用があると定められている。第

1に，次のいずれかに該当することである。すなわち，(i)「有期労働契約が過去に反復して更新され」，契約期間の満了時に契約を更新しないことが，「解雇の意思表示をすることにより当該期間の定めのない労働契約を終了させることと社会通念上同視できると認められること」，または，(ii)「当該労働者において当該有期労働契約の契約期間の満了時に当該有期労働契約が更新されるものと期待することについて合理的な理由があるものであると認められること」である。(i)は前掲・**東芝柳町工場事件**・最判，(ii)は前掲・**日立メディコ事件**・最判を念頭に置いている。

第2に，契約期間満了日までの契約更新の申込み，または期間満了後遅滞なく締結の申込みを労働者がすることである。ただし，従来の判例はこうした点を要件として要請していなかった。したがって，労働者からの申込みを厳格に解するべきではない（厳格に解する場合には従来の判例よりも適用範囲が狭くなるため，労契法改正後も判例法理が適用される余地があると考えるべきである）。行政通達（「労働契約法の施行について」平24・8・10基発0810第2号）も，更新の申込みまたは締結の申込みは，労働者が雇止めに異議があること（訴訟の提起，紛争調整機関への申立て，団体交渉等によって使用者に伝えたこと）を主張立証すれば十分だとしている。

第3に，「使用者が当該申込みを拒絶することが，客観的に合理的な理由を欠き，社会通念上相当であると認められない」ことである。

本条は，以上のような要件を充足した場合に，「従前の有期労働契約の内容である労働条件と同一の労働条件で当該申込みを承諾したものとみなす」としている。これは，従来の判例と同様，有期契約が法定更新される効果が生じるものとしたと考えられる。

(6) 解雇予告規定の適用　労基法20条の解雇予告規定（本章Ⅱ**2(2)**）は，解雇に適用があり，労働契約の期間満了である有期契約の雇止めには適用がない（ただし，反対説もある。有泉・164頁など）。しかし，労基法14条2項に基づき制定された「有期労働契約の締結，更新及び雇止めに関する基準」（平15・10・22厚労告357号〔平24・10・26厚労告551号により改訂〕）は，雇入れ日から3回以上更

新した者または1年を超えて継続勤務した者を雇止めする場合には30日の予告を要するとしている。

(7) 黙示更新の効果　　有期契約が更新され，就労も継続されているにもかかわらず，「使用者がこれを知りながら異議を述べないときは，従前の雇用と同一の条件で更に雇用をしたものと推定」される（民629条前段）。この場合，労使ともに，「第627条の規定により解約の申入れ」をすることができるが（同条後段），解雇には解雇権濫用法理（労契16条）が適用される。

この「同一の条件」に契約期間が含まれるかについては議論があり，民法改正を検討する際に問題となったが（土田道夫編『債権法改正と労働法』〔商事法務，2012年〕111頁〔奥田香子・篠原信貴〕），文言は改正されなかった。1つは「同一の条件」に契約期間の定めは含まれないと解する見解がある（無期化説。我妻栄『債権各論中巻二』〔岩波書店，1962年〕589頁，荒木・484頁）。この説によれば，民法629条が適用されれば，期間の定めのない労働契約に転化する効果が認められる。これに対し，「同一の条件」には期間の定めは含まれるとする説も唱えられている（同一期間説。菅野・326頁，**タイカン事件**・東京地判平15・12・19労判873号73頁）。この説は，雇止めでも解雇権濫用法理に準じた規制が加えられ，無期契約に転化するのは実態にそぐわないという理由で，有期契約が更新されると解している。しかし，民法629条後段の規定は，無期契約を前提としていると考えられ，更新時に契約期間を明示することは容易であるにもかかわらず，それを怠ったことの不当性を考えると（明示義務違反〔本書第**4**章**I 3**〕にも類似する），無期化説が妥当である。

5　変更解約告知

(1) 議論の背景　　勤務地等の労働条件を特定している場合，使用者が勤務地等を変更するには，労働者の同意が必要となる。こうした場合，使用者は，労働者の同意を得るため，新契約の申込みとともに解雇の告知をすることがある。労働者がこの申込みを拒否すれば解雇されるが，申込みの諾否は本来自由であるため，直ちに解雇が正当化されるわけではない。しかし，経営状態が悪

化したもとでこれが行われれば，当該解雇は使用者の経営状態を理由に正当化される余地があり，使用者が労働条件の変更申込みをしたという事情をどう位置づけるかが問題となる。従来は，こうした解雇は整理解雇として処理されていたが，**スカンジナビア航空事件**・東京地決平7・4・13労判675号13頁が整理解雇と区別された変更解約告知という解雇類型を認め，独自の判断基準を判示して以来，多くの議論を呼んでいる。

(2) **独自の解雇類型として変更解約告知を認めるか** 変更解約告知を法制度化しているドイツでは，使用者の労働条件の変更申込みに対し，労働者は，承諾と拒否以外の第三の選択肢として，変更の妥当性を留保して承諾（留保付承諾）することが認められている。この場合，労働者は，雇用を継続しながら，変更解約告知の効力を争うことができる。これに対し日本では，留保付承諾を承諾として認めない規定があるうえ（民528条），法律上これを特に許容した規定もない。このため，新契約の申込みと解雇の告知が共に行われた後，労働者が条件付きで同意した場合，使用者は労働者を解雇することが多く，裁判においても解雇の効力をめぐる争いとなる。

こうした事情を考慮し，裁判例の中には，前掲・**スカンジナビア航空事件**・東京地決と異なり，変更解約告知を認めれば，使用者は新たな労働条件変更の手段を得る一方，労働者は新しい労働条件に応じない限り解雇を余儀なくされ，しかも，再雇用の申出を伴うということで解雇の要件がゆるやかに判断されれば，労働者は不利な立場に置かれるとして，変更解約告知という独自の類型を設けることを否定し，整理解雇の判断基準を適用すべきとするものがある（**大阪労働衛生センター第一病院事件**・大阪地判平10・8・31労判751号38頁，**同事件**・大阪高判平11・9・1労判862号94頁）。学説上は，整理解雇として処理すべきとする見解（村中孝史「労働条件の変更と紛争処理」下井隆史先生古稀記念『新時代の労働契約法理論』〔信山社，2003年〕342頁，野田進・百選(7)・174頁）と変更解約告知として扱うべきとする見解（土田・有・603頁，荒木・403頁。いずれも留保付承諾の許容を条件とする）とが対立している。

(3) **変更解約告知の定義** 独自の解雇類型として変更解約告知を認める立

場に立つ場合，変更解約告知をどう定義するかが問題となる。前掲・**スカンジ
ナビア航空事件**・東京地決は，「新契約締結の申込みをともなった」解雇を変
更解約告知と定義するが，変更申込みへの承諾が解雇の解除条件であるなど，
両者の間に合理的関係があれば，変更解約告知に該当する余地があるだろう。
具体的には，①労働条件の変更申込みとともに解雇を告知する，②無条件に解
雇を告知したうえで新契約を申し込む，③新契約の申込みをし，これが拒否さ
れた場合にそれを理由に有期契約を雇止めする，④新労働条件の募集と解雇と
を同時に行い，応募者を採用する場合である。ただし，④は，応募者が必ず採
用されない制度であれば，募集は申込みというより誘引を意味するため，変更
解約告知ではなく，整理解雇だと判断される（**関西金属工業事件**・大阪高判平19・
5・17労判943号5頁）。また，使用者は就業規則等を通じて労働条件を一方的に
変更できるにもかかわらず，解雇の告知をすれば，当該解雇の有効性はいずれ
にしろ否定されるが（後述(5)参照），当該解雇はそもそも変更解約告知でないと
解することもできる。

　(4)　留保付承諾　　独自の解雇類型として変更解約告知を承認するか否か
は，留保付承諾が許容されるか否かに左右されると考えられている。学説上
は，民法528条は新規の契約締結に関する規定であるとして，継続的契約関係
である労働契約の変更に際し同条の適用を否定する見解がある（荒木・404頁）。
ただし，同条の適用を否定しても，使用者は留保付承諾に応じる義務はないた
め，信義則上の応諾義務（土田・有・604頁），あるいは留保付承諾を解雇の解除
条件成就と見て，留保付承諾を理由とする解雇を濫用と認める（荒木・405頁）
といった法理論が主張されている。こうした見解によれば，労働者が留保付承
諾したにもかかわらず使用者が解雇した場合，解雇は無効となる。

　しかし，この問題を正面から扱った事案ではないが，有期契約の更新時の留
保付承諾を明確に否定する判断が示されている。**日本ヒルトン事件**・東京地判
平14・3・11労判825号13頁は，「労働条件の変更の効力について争う権利を留
保」しつつ同意したと評価し，異議留保付承諾を理由とする雇止めは許されな
いと判断したが，**同事件**・東京高判平14・11・26労判843号20頁はこれを否定

している。このため，実務上，留保付承諾をする労働者の権利は確立したとは言い難く，雇用を維持したまま労働条件変更を争う制度の創設は立法論として議論されてきたのが現状である（本書第 4 章Ⅳ参照）。しかし，労働者に解雇か変更申込みへの承諾の二者択一を強いるのは酷であり，妥当とはいえない。両当事者が留保付承諾という選択肢を知らないことのリスクを回避するため立法に明記することが望ましいが，現行法の下でも，上記の見解のように，民法528条の適用を否定し，信義則等を根拠に，留保付承諾を理由とする解雇の有効性を否定すべきである。ただし，労働者が留保付承諾をせず，申込みを拒否した場合でも，留保付承諾しないリスクを労働者に負わせるべきではない（後述するように，解雇の基準を緩和すべきではない）。

(5) 有効性の基準　　新労働条件の申込みを伴う解雇（見解によっては変更解約告知）の効力は，つぎのような基準で審査される。まず，変更解約告知という独自の解雇類型を認めない立場によれば，整理解雇の判断基準を適用することになる（労働条件変更申込みは解雇回避措置の妥当性の問題となる）。これに対し，前掲・スカンジナビア航空事件・東京地決は，①労働条件の変更が必要不可欠で，その必要性が労働者の受ける不利益を上回り，②新契約の申込みの必要性が解雇を正当化するに足りるやむを得ないもので，③解雇回避努力が十分に尽くされているかを判断する，としている。この基準の特徴は，整理解雇法理と比べ，解雇よりも労働条件変更の必要性に比重が移されていることにある。学説においては，留保付承諾が許容されることを条件に，こうした基準で変更解約告知の有効性を判断すべきとする見解がある（土田・有・601頁）。労働者が留保付承諾すれば，雇用の継続は保障されるからである。

　しかし，労働者はそもそも留保付承諾できない（たとえば，勤務地の変更に異議を留保して応じることさえできない）場合があることを看過してはならない。こうした場合，上記の見解では，整理解雇よりもゆるやかな基準でその有効性を審査することになるが，労働者は，本来，変更申込みに応じ，留保付承諾する義務はないのであるから，留保付承諾しなかったリスクを労働者に転嫁すべきではないだろう。こうした状況への対処法としては，労働者が留保付承諾した

場合と拒否した場合とで有効性の基準を分けるという方法と，留保付承諾した場合も含めて整理解雇と同様の基準を適用する考え方（西谷・426頁）があり得る。留保付承諾が許容されても，使用者が解雇の告知を手段として利用したことの妥当性は厳格に審査すべきであり，後者の見解が妥当といえる。

なお，使用者が労働条件変更権限を有しているにもかかわらず，ある労働条件の変更を目的として解雇を告知した場合，いずれの見解によっても，使用者は解雇回避義務を怠っていると評価されるため，当該解雇は無効となる（労契16条）。こうした場合，労働者が申込みに応じれば合意が成立するが，変更申込みと（無効な）解雇の告知とを一体的な法律行為と解し，合意の効力を否定すべきである。

6 解雇訴訟に関する論点

(1) 違法解雇の効果　解雇が無効と判断されれば，労働契約上の権利を有する地位の確認や賃金の支払い（後述**(2)**参照）が認められる（仮処分手続では地位保全と賃金仮払い）。地位確認の結果，実際に復職できるか否かは就労請求権（本書第 **5** 章Ⅲ**2**(4)）の有無による。また，被解雇者は，不法行為法上の要件（民709条）を充足すれば，地位確認ではなく，使用者に損害賠償を求めることもでき（会社429条〔旧商266条の3〕に基づき役員等の損害賠償責任が認められる場合もある。**JT 乳業事件**・名古屋高金沢支判平17・5・18労判905号52頁），この場合，退職の事案と同様（本章Ⅲ**4**），一定期間の賃金相当額が逸失利益として認められることもある（**わいわいランド事件**・大阪高判平13・3・6労判818号73頁，**O 法律事務所事件**・名古屋高判平17・2・23労判909号67頁）。

なお，裁判例は，地位確認請求と賃金支払いが認容された場合，慰謝料請求の認容には慎重である（**東京自転車健康保険組合事件**・東京地判平18・11・29労判935号35頁など）。

(2) 賃金の遡及払いと中間収入　解雇が無効と判断された場合，使用者は，民法536条2項（危険負担）に基づき，解雇期間中の賃金を遡って支払わなければならないが，労働者が解雇期間中にほかの使用者の下で得た賃金（中間

収入，中間利益）を控除できるかが問題となる。最高裁は，解雇期間中に得た利益を「自己の債務を免れたことによって」得た利益と解し（同項後段〔従前は但書〕），控除ができるとの立場を採用しているが，平均賃金の60％以上の休業手当を義務づけた労基法26条を考慮し，控除し得るのは4割を限度とするとしている（**駐留軍山田支部事件**・最判昭37・7・20民集16巻8号1656頁。この控除は全額払いの原則〔労基24条。本書第**8**章**Ⅲ**参照〕に反しないとしている）。ただし，中間収入が解雇期間中の平均賃金の4割を越える場合，平均賃金算定基礎に算入されない一時金からも控除し得るとする一方，中間収入と同一の時期の賃金でなければ控除できないとしている（**あけぼのタクシー事件**・最判昭62・4・2労判506号20頁，**いずみ福祉会事件**・最判平18・3・28労判933号12頁）。

　以上のような判例に対しては，中間収入を「自己の債務を免れたことによって」得た利益と解すること自体を批判する見解（西谷・257頁など）や，労働者の精神的苦痛や使用者の有責性等を考慮すれば，控除できる割合を4割よりも少なく考えなければならない場合もあるとする見解が主張されている（本久洋一「違法解雇の効果」21世紀講座4・196頁，土田・有・687頁など）。

　(3)　解雇の承認　　解雇の効力が争われる場合，使用者から，労働者が解雇を承認しているのでその効力につき争うことはできない，と主張されることがある。その理由は，合意解約の成立や争う権利の放棄などである。

　まず，異議を述べず退職金等を受領し，相当期間経過した場合（**八幡製鉄所事件**・最判昭36・4・27労経速397号18頁〔解雇後2年経過後に訴訟を提起した事案〕）や解雇予告手当の受領等があった場合に（**新大阪警備保証事件**・大阪地判平4・9・30労判620号70頁），解雇の承認が認められている。最近は，労働局の斡旋や労働審判において，当事者が地位確認ではなく金銭を請求した場合にもこれを認めたものがある（**ニュース証券事件**・東京地判平21・1・30労判980号18頁〔**同事件**・東京高判平21・9・15労判991号153頁で維持〕）。

　しかし，労働者が手当等の返還の意思を示したうえで，解雇の有効性を争っている限り，解雇の承認を認めるべきではない（**相互製版事件**・大阪地決平2・6・15労判565号58頁）。また，金銭解決をすることの多い紛争解決機関の実態から

見て（本書第 1 章Ⅴ参照），斡旋等において金銭請求することは解雇の承認の意思を含むと解せない。被解雇者が，解雇が違法であることを理由に損害賠償請求したとしても，解雇の承認は否定される（**光和商事事件**・大阪地判平3・10・29労判599号65頁）。日本では解雇の出訴期間は制限されていないのであるから，相当期間経過後に解雇の有効性を争うことも信義に反すると評価されるべきではない（**国鉄事件**・東京高判昭53・6・6労判301号32頁〔解雇8年後でも信義則違反を否定〕）。

Ⅲ 退 職

1 労働者の退職権と予告期間

(1) 期間の定めのない労働契約と「退職の自由」　労基法上の退職概念（22〜23条・89条1項）は，解雇，契約期間満了，定年をも含む意味で使用されているが，通常，労働者からの申出によって労働契約を終了させることを退職という。退職は，辞職（任意退職）と労使の合意に基づく解約（合意解約）とがある。

期間の定めのない労働契約を締結している労働者は，民法627条1項に基づいて，2週間の予告期間をおけば，いつでも，特段の理由なしに辞職する権利を有している（退職の自由）。労働者は，退職の申出について使用者の承諾を得ることができなくとも，自らの一方的意思表示に基づいて辞職できるのである。これに対し，労働者が予告期間中に（すなわち，期間の満了前に），やむを得ない事由（民628条）なしに辞職した場合，損害賠償責任を負うことがある（**ケイズインターナショナル事件**・東京地判平4・9・30労判616号10頁）。

就業規則等に2週間と異なる予告期間の定めがある場合，これが有効といえるか。解雇の予告期間（30日。労基20条）との比較から1ヶ月であれば許されるとの見解もあるが（下井・201頁），労働者を不当に長く拘束するのは妥当でなく，2週間を超える部分については公序に反し無効となると解すべきである。同様の理由から，退職に当たり使用者の承諾を要するとの定めも無効となる（**平和運送事件**・大阪地判昭58・11・22労経速1188号3頁）。ただし，労働者が2週

間を超える期間をおいて辞職の意思を告げることは許される。

また，一定期間をもって報酬を定めた場合（たとえば月給制），解約は次期以降に対するものとなり，労働者は辞職の申入れを期間の前半に行わなければならないうえ（民627条2項），6ヶ月を超える期間の報酬の規定があれば3ヶ月前の予告を必要とする（同条3項）と定められていたが，2017年の民法改正により，民法627条2項は，規定の対象を使用者による解約申入れ（解雇）に限定し，労働者による解約申入れ（退職）を除外している。この改正法が施行されれば（2020年4月1日施行予定），退職した場合，一律2週間の予告期間が適用されることになる。

(2)　契約期間途中の退職　　期間の定めのある労働契約を締結した労働者は，やむを得ない事由がなければ，原則として，契約期間途中に契約を解除することはできない（民628条）。ただし，同条は，やむを得ない事由よりも厳格な事由を別段合意した場合など，退職権をいっそう制約した場合に限り無効とする片面的強行規定であるため（ネスレコンフェクショナリー関西支店事件・大阪地判平17・3・30労判892号5頁），退職事由をゆるやかに設定する合意を交わせば，労働者は当該事由で退職することも許される。また，有期契約が期間満了後も黙示に更新された場合，労働者は，黙示更新期間中，期間の定めのない場合（民627条）と同様，いつでも辞職できる（同629条）。

2　労働者の撤回

(1)　撤回の可否　　退職の申出が辞職と解される場合，意思表示は使用者に到達した時点で効力が生じ，労働者はそれ以降撤回することができない（前掲・**株式会社大通事件**・大阪地判）。これに対し，労働者の申出が合意解約の申込みと解された場合，信義に反すると認められる特段の事情がない限り，労働者は，使用者の承諾の意思表示がある（合意解約成立）までは撤回できる。民法（521条以下）は，相手方の信頼保護のため，契約の申込みに拘束力を認めているが，労働者が退職の申込みを撤回しても，使用者に不測の損害を与えることは多くはない。このため，信義に反するような特段の事情のある場合を除き，民法の

規定を適用しないとしたのである（**昭和自動車事件**・福岡高判昭53・8・9判時919号101頁，**岡山電気軌道事件**・岡山地決昭63・12・12労判533号68頁）。

辞職と合意解約とでは撤回の可否について以上のような差が生じるため，裁判例は，労働者が確定的に労働契約を終了させる意思を明らかにしない限り，合意解約の申込みと解している（**全自交広島タクシー支部事件**・広島地判昭60・4・25労判487号84頁）。これに対し，辞職の意思表示も，予告期間の2週間以内であれば撤回できるとする見解がある（下井・159頁）が，この見解に立てば，辞職についても撤回可能となる。

（2）　合意解約の成立時　　合意解約が成立すれば，労働者は退職の申出を撤回できない。このため，つぎに問題となるのは，何をもって使用者の承諾と解するかである。この点について，判例（**大隈鐵工所事件**・最判昭62・9・18労判504号6頁）は，人事部長の退職届の受領をもって，承諾の意思表示と判断したことがあるが，これは個々の事案によって異なる。裁判例の中には，営業所長（前掲・**昭和自動車事件**・福岡高判），事務部長（**広島記念病院事件**・広島地判昭58・11・30労判425号46頁），常務取締役観光部長（前掲・**岡山電気軌道事件**・岡山地決）などの受理でも使用者の承諾と認めなかったことがある。

（3）　合意解約の成立基準　　労働者が，異議を述べずに合意解約に署名押印していたケースでも，合意解約は雇用の終了という重大な効果を発生させるため，合意の成立は慎重に判断すべきである。裁判例の中には，お茶を出しに来た際に説明もなく合意させたという事情から，合意解約の成立を否定したものがある（**三共〔寡婦嘱託雇止め〕事件**・静岡地浜松支判平17・12・12労判908号13頁）。合意解約についても，合意の有効性を審査する前に，合意の成立それ自体を慎重に判断しなければならない（本書第4章Ⅳ参照）。

3　意思表示の無効，取消し

辞職の意思表示や合意解約が，民法の規定（90〜96条）に照らし瑕疵があると判断されれば，退職の取消し，無効が認められる。その例としては，つぎのようなものがある。

第1に，心裡留保（民93条）が認められれば，退職は無効となる。すなわち，意思表示に真意が反映していなかったとしても，表示者はその無効を主張し得ないが，相手方がこれを知るか，あるいは知ることができた場合は，無効を主張できる（同条但書）。裁判例の中には，反省の色が最も強い文書がよいとして提出された退職願について，これを認めたことがある（**昭和女子大学事件**・東京地判平4・12・21労判623号36頁）。同条を適用した例は，これまで多くないが，当事者の真意の保護を目的とする同条の適用または類推適用は，より多くの事案で認められる余地がある。具体的には，労働者が同意しないため，使用者が退職勧奨を繰り返すなどしていた場合には，退職に応じない労働者の真意を使用者が「知ることができた」（同条但書）と認めるべきである。

第2に，労働者が錯誤に該当するような誤信をし，そのことに重過矢がなければ，退職は錯誤に基づき無効となる（民95条）。たとえば，労働者が，勤務成績不良や業務上の解雇事由が存在しないにもかかわらず退職願を提出しなければ解雇されると誤信し，それに重過失がなければ，退職は無効となる（**昭和電線電纜事件**・横浜地川崎支判平16・5・28労判878号40頁）。

第3に，使用者が労働者に畏怖を生じさせることにより退職させ，かつ，その目的や手段が社会的に相当でなければ，強迫に該当し，労働者は退職を取り消すことができる（民96条）。たとえば，使用者が，懲戒解雇の告知を威迫手段として使い退職に追い込み，かつ，解雇に正当な事由がなければ，原則として強迫と認められる（**ニシムラ事件**・大阪地決昭61・10・17労判486号83頁など）。ただし，使用者が懲戒解雇等を告知した場合でも，労働者が正常な判断能力を失っていないと認定されれば，強迫は認められない（**ネスレ日本〔合意退職〕事件**・東京高判平13・9・12労判817号46頁）。

以上のほか，詐欺（民96条）や公序良俗違反（同90条）が認められても，合意解約等は取消し，無効の対象となる。

使用者の説明が十分でなければ，労働者は誤信することが多くなる。それにもかかわらず，使用者が退職か転籍という選択肢しか示さず，配転等の有無を明確に説明しなかった場合でも錯誤や詐欺を否定した裁判例がある（**大塚製薬**

事件・東京地判平16・9・28労判885号49頁）。しかし，使用者が重要な情報に関する説明を怠っていた場合は，錯誤，（沈黙による）詐欺あるいは公序良俗違反を認めるべきである。裁判例の中にも，調査をすべて完了して，処分内容が確定した後でない限りは，使用者が労働者の退職の申込みを承認できなくなるという主張に対し，使用者は，労働者が錯誤に陥らないよう，処分内容は不確定で，懲戒解雇以外の処分が科される可能性もある旨説明し，労働者の自発的意思を確認すべきであるとしたものがある（**富士ゼロックス事件**・東京地判平23・3・30労判1028号5頁）。

4　損害賠償責任

　退職それ自体が有効であっても，使用者の退職勧奨行為等に違法性が認められれば，労働者は使用者に対し損害賠償を請求することができる（**下関商業高校事件**・最判昭55・7・10労判345号20頁）。また，セクシュアル・ハラスメントを契機として労働者が退職を余儀なくされた場合，使用者は職場環境保持（配慮）義務の履行を怠ったと評価され，損害賠償責任を負う（**福岡セクシュアル・ハラスメント事件**・福岡地判平4・4・16労判607号6頁，均等21条）。その職場環境保持（配慮）義務の内容として労働者が意に反して退職することのないよう職場環境を整える義務があると考えられているからである（**京都セクシュアル・ハラスメント事件**・京都地判平9・4・17労判716号49頁）。職場環境保持（配慮）義務は，不法行為法上の注意義務（前掲・**福岡セクシュアル・ハラスメント事件**・福岡地判など）や契約上の付随義務（**三重セクハラ〔厚生農協連合会〕事件**・津地判平9・11・5労判729号54頁など）と法律構成されるが，セクシュアル・ハラスメントが問題とならない事案でも認められている（**エフピコ事件**・水戸地下妻支判平11・6・15労判763号7頁。ただし，**同事件**・東京高判平12・5・24労判785号22頁はこの判断を否定）。

　労働者が損害賠償を求める場合，慰謝料以外に，逸失利益も請求できる。これは，職場環境保持（配慮）義務違反を理由とする場合に認められることが多い。裁判例の中には，180日分（前掲・**京都セクシュアル・ハラスメント事件**・京都地判）や1年分（**岡山セクシュアル・ハラスメント事件**・岡山地判平14・5・15労判

832号54頁）の賃金相当額，あるいは会社都合の退職金額（ダイヤモンド・ピー・アール・センター事件・東京地判平17・10・22労経速1918号25頁）を損害として認めた例がある。

5 早期退職優遇制度

　割増退職金を支給するなど退職条件を優遇し，労働者の早期退職等を奨励する制度を早期退職優遇制度という。この制度の適用を拒否された労働者が，早期退職金の支払いを求めることができるかが問題となることがある。この点について判例は，使用者が退職の申出を承諾しなければ，割増退職金債権の発生を伴う退職の効果は発生しないとしている（神奈川信用農業協同組合〔割増退職金請求〕事件・最判平19・1・18労判931号5頁）。これに対し，早期退職優遇制度の社内通知が申込みの誘引にすぎないとしても，申請者に制度の適用を認めないことが「信義に反する」場合には，使用者は承諾を拒否できないと判示する例もある（ソニー事件・東京地判平14・4・9労判829号56頁〔結論としては信義則違反を否定〕）。

Ⅳ 定　　　年

1 定年制の意義と課題

　定年制とは，「労働者が一定の年齢に達した場合に，使用者と労働者のいずれの意思の表示がなくとも，労働契約を終了させる制度」である（アール・エフ・ラジオ事件・東京地判平6・9・29労判658号13頁）。長期雇用慣行のある日本では，公務職場と民間企業の多くで定年制が導入されてきたが，かつては55歳定年制が普及し，年金支給年齢と必ずしもリンクしていなかった。しかし，年金財政の悪化や高齢化社会の到来とともに，労働者の年金支給までの引退過程の整備や高年齢者雇用の促進に関心が集まり，定年制もこうした課題との関係で問題とされるようになった。欧米では年齢差別禁止法が普及しているため，定年制も年齢差別禁止規制とのかかわりで議論されているが，日本では今のところ相応する法規制は存在しない。しかし，将来的には，年齢差別禁止の観点から定

年制が問題となる可能性もある（欧米の年齢差別禁止法については，柳澤武『雇用における年齢差別の法理』〔成文堂，2007年〕や櫻庭涼子『年齢差別禁止の法理』〔信山社，2008年〕を参照）。

2 定年制の適法性

　定年制は，労働者の意思や能力に関係なく労働契約を終了させるものであるから，その適法性がまずは問題となる。最高裁は，**秋北バス事件**（最大判昭43・12・25民集22巻13号3459頁）において，高齢労働者は「要求される労働の適格性が逓減するにかかわらず，給与が却つて逓増するところから，人事の刷新・経営の改善等，企業の組織および運営の適正化のために行なわれるもの」であるとして，定年制の適法性を認めた。これに対し，学説上は，労働能率等に関する労働者の個人差をまったく無視していること（横井芳弘「定年制と労働契約」労判119号10頁以下），抽象的・平均的な人間の労働力による解雇基準の設定や年齢による差別扱いであること（島田信義「定年制『合理化』論の法的批判」季労86号59頁以下）などを理由として，定年制を公序良俗に反し無効とする見解が示されてきた（木村五郎「民間企業における定年制固有の若干の法的問題」神戸法学雑誌19巻1・2号108頁）。たしかに，労働能力を有するにもかかわらず，定年年齢の到達のみを理由として退職させることは不合理な側面を持つ。しかし，特定の年齢を超えれば労働者の能力が低下する蓋然性が高いことは否めないため，年齢が一定以上に設定されていれば，定年制は合理性がないとはいえない。高年法が定年制を前提としていることからいっても，同法の基準に合致する限り，定年制は適法と解すべきだろう。

　定年制には定年解雇制と定年退職制があるが，前者は解雇に関する労基法19条，20条や労契法16条が適用される。労働契約が自動終了することが明らかで，従業員に徹底されている場合は後者と評価し，労基法の適用はないと解されているが（昭26・8・9基収3388号），後者も労働者の意思に基づく労働関係の終了ではなく，解雇規制の類推適用を認めるべきである。

3 高年齢者雇用安定法の規制

現在の高年法は，まず，定年の定めをする場合，その年齢が60歳を下回ることを禁じている（高年8条。ただし，坑内労働については，60歳未満の定年制も許されている。高年則4条の2）。また，年金支給開始年齢が段階的に引き上げられるため，65歳未満の定年を定めている事業主は，65歳までの安定した雇用を確保するため，つぎの措置をとらなければならない（高年9条1項）。それは，①定年年齢の引上げ，②継続雇用制度の導入，③定年の定めの廃止のいずれかである。

高年法8条や9条の違反に対しては，罰則や労基法13条のような私法的効果を定めた規定がなく，行政指導等を通じて法違反の是正を企図した規定のみが置かれている（高年10条）。しかし，60歳を下回る定年制は，同法8条に反するため，私法上も，公序に反し無効となると解されている（**牛根漁業協同組合事件**・鹿児島地判平16・10・21労判884号30頁）。無効となった場合，60歳定年制で補充されるという見解も有力に主張されており（岩村正彦「変貌する引退過程」『現代の法12 職業生活と法』〔岩波書店，1998年〕354頁や西谷・392頁など），この見解が違反の効果として妥当な解釈といえるが，判例，通説は定年の定めがない状態になると解している（前掲・**牛根漁業協同組合事件**・鹿児島地判，菅野・104頁）。

これに対し，近年問題となっているのが，事業主が65歳までの雇用確保措置を怠った（高年9条1項違反の）場合の私法的効果である。行政解釈や裁判例は，労基法13条のような私法的効果を定めた明文規定もないうえ，高年法9条は，8条と異なり3つの選択肢を予定するなど義務内容を特定できないため，私法的効果はないと解している（**NTT西日本事件**・大阪高判平21・11・27労判1004号112頁など）。しかし，65歳までの雇用確保措置に関する規定は，2004年まで努力義務であったものを義務化したのであるから，同法8条と同様，労基法13条のような規定がなくとも私法的効果を認めるべきである。こうした理由から，65歳までの雇用確保措置のない65歳未満定年制を無効とする見解も主張されている（西谷敏「労働法規の私法的効力——高年齢者雇用安定法の解釈をめぐって」法時80巻8号80頁，根本到「高年齢者雇用安定法9条の意義と同条違反の私法的効果」労旬1674号6頁など）。

4 継続雇用制度

(1) 2012年改正以前　　定年退職した労働者を新たな条件で再雇用する制度は従来から普及していたが，高年法が65歳（暫定年齢の定めがあり，2010年4月から2013年3月末までは64歳）までの労働者に対し実施することを義務づけた雇用確保措置の1つとして，継続雇用制度（9条1項2号）を挙げたため，その利用が増加し，さまざまな法的紛争を生じさせている（くわしくは，山下昇「継続雇用制度とその対象となる高年齢者に係る基準をめぐる法的問題」学会誌114号20頁）。特に大きな問題となってきたのが，希望する労働者が継続雇用から除外された場合の相当性と救済内容である。

事業主は，労使協定を締結すれば，継続雇用対象者を選定することが許される（高年9条2項）。行政通達は，この選別基準について，「具体性」や「客観性」を求めるだけであった（平16・11・4職高発1104001号）。しかし，裁判例は，継続雇用拒否を不当だと認めた場合，①継続雇用拒否に解雇権濫用法理を類推適用する（**東京大学出版会事件**・東京地判平22・8・26労判1013号15頁），②使用者の再雇用契約申込みを認定する（**津田電気計器事件**・大阪地判平22・9・30労判1019号49頁），③解雇権濫用法理を類推適用し，使用者の不承諾を権利濫用とする（**津田電気計器事件**・大阪高判平23・3・25労判1026号49頁）といったさまざまな論拠で，再雇用契約の成立を認める判断を下した。最高裁も，有期契約の雇止めに関する前掲・**東芝柳町工場事件**・最判と前掲・**日立メディコ事件**・最判を先例として掲げ，継続雇用基準を満たしたにもかかわらず，満たしていないとしてなされた継続雇用拒否は「他にこれをやむを得ないものとみるべき特段の事情もうかがわれない以上，客観的に合理的な理由を欠き，社会通念上相当であると認められない」と判断し，高年「法の趣旨等に鑑み」，継続雇用で再雇用されたのと同様の雇用関係が存続するという効果が成立するとしている（**津田電気計器事件**・最判平24・11・29労判1064号13頁）。これは，労使慣行が確立していた場合（**大栄交通事件**・最判昭51・3・8労判245号24頁）や再雇用拒否が解雇権の濫用と評価される場合（**クリスタル観光バス事件**・大阪高判平18・12・28労判936号5頁）に限り，使用者の再雇用拒否を否定した従前の状況（高年法が65歳までの雇用確

保措置を事業主に義務づける前）と異なり，希望者を継続雇用することが原則として求められた趣旨を考慮して，継続雇用拒否は解雇や有期契約の雇止めに準じたものと評価したことを意味する。したがって，継続雇用拒否の事由も，解雇権濫用法理（労契16条）や雇止め法理（同19条〔2013年4月から〕）に照らし正当であることが求められる（本章Ⅱ参照）。

(2)　2012年改正の内容　　高年法は2012年に改正され，2013年4月1日から継続雇用希望者に対する選別制度が原則として廃止される（同9条2項の改正）。老齢年金（報酬比例部分）の支給開始年齢が2013年から61歳になり，その後，段階的に引き上げられるため，雇用と年金生活が連続するようにしたのである。しかし，下記の例外規定が設けられている。

第1に，グループ企業（特殊関係事業主〔当該事業主の経営を実質的に支配することが可能となる関係にある事業主その他の当該事業主と特殊の関係のある事業主として厚生労働省令で定める事業主〕）における雇用も継続雇用に含まれることが明示された（同9条2項。高年則4条の3）。グループ企業への転籍も雇用確保措置になるということである。

第2に，2013年3月31日までに継続雇用制度の対象者の基準を労使協定で設けていた場合，経過措置（附則3項）があり，希望者全員雇用が義務づけられるのは老齢年金（報酬比例部分）の支給開始年齢とされた。したがって，2016 3月31日までは61歳以上の人に対して，その後は3年ごとにその年齢が1つずつ引き上げられた年齢から65歳までの間，事業主は労使協定に基づき継続雇用対象者を選別することが許される。ただし，前掲・**津田電気計器事件**・最判はこの点に関する重要な先例となるため，判例に照らした運用が求められる。

第3に，新しく定められた同法9条3項に基づき，「高年齢者雇用確保措置の実施及び運用に関する指針」（平24・11・9厚労告560号）が定められたことである。心身の故障のため業務に堪えられないと認められること，勤務状況が著しく不良で引き続き従業員としての職責を果たし得ないことなど，就業規則に定める解雇事由または退職事由を，継続雇用を拒否する事由として，就業規則に定めることができるとした。しかし，年金支給年齢の引上げに伴い希望者全

員雇用を求めた高年法改正の趣旨を没却しないことと，当該事由に客観的に合理的な理由があり，社会通念上相当であることが求められることに留意すべきだとしている。もともと希望者全員雇用を求めながら，就業規則に定めた事由で継続雇用拒否を認めるのは矛盾するから，解雇事由に相当するものしか該当しないと解するのが妥当なのである。

なお，2012年改正により，雇用確保措置を怠った事業主に対しては，従前の助言・指導・勧告に加え，勧告に従わない場合には，企業名公表もできると定められた（高年10条３項）。

V　労働関係終了後の労働者の保護

1　使用証明

使用者は，労働者の再就職のため，労働関係終了の際，労働者の請求があれば，使用期間，業務の種類，地位，賃金または退職の事由（解雇理由を含む）について，証明書を遅滞なく交付しなければならない（労基22条１項）。また，労働者が，解雇の予告がされた日から退職の日までの間に，当該解雇理由について証明書を請求した場合も同様である（同条２項）。使用者はこれらの証明書に，労働者の請求しない事項（同条３項）や第三者と謀り，労働者の就業を妨げることを目的として，労働者の国籍・信条・社会的身分または労働組合活動に関する通信をし，秘密の記号を記入してはならない（同条４項）。

2　金品の返還

使用者は，労働関係が終了した際，労働者からの請求により，７日以内に賃金を支払い，名称のいかんを問わず，労働者の権利に属する金品を返還しなければならない。ただし，これらの賃金または金品について争いがある場合は，異議のない部分を７日以内に支払い，返還すればよい（労基23条）。

第**14**章

企業組織の変動と労働関係

I　企業再編の背景と立法動向

1　背　　景

　いわゆるバブル経済の破綻後，多くの企業が，経営上の困難を乗り切るために，従業員の配転，出向，転籍などの人事異動のほか，リストラの名の下に，人員削減（希望退職，整理解雇）などを積極的に行った。これらは，いわば企業の内的な再編といってよい。その後，90年代後半以降になると，グローバル化の進展の下で，株主重視の経営原理への転換および会計処理制度の変更などが行われたことから，国際的な経済競争に勝ち抜くため，強い分野への効率的な資本の投入や大きな資本を形成して競争力を高めるため，合併，会社分割などが積極的に行われるようになった。このような企業組織の再編は，当然，そこで働いている労働者の労働条件および地位に影響を及ぼすだけでなく，労働組合と使用者との間の関係（集団的労働関係）にも影響を及ぼすことになる。

2　立　　法

　企業再編を容易にするため，90年代の終わり以降，以下のような法整備が行われた。まず，1997年の独占禁止法の改正により，純粋持株会社が解禁された。また，商法改正により，合併制度の簡素化が行われた。つぎに，1999年には，過剰な設備・債務を抱えた企業の再構築を支援する産業活力再生特別措置法の制定，商法改正による株式交換・株式移転制度の創設，さらに民事再生法の制定が行われた。2000年には，商法改正による会社分割制度の創設（旧商373条以

下），それと同時に労働契約承継法が制定された。2003年には，大規模な株式会社の再建のための会社更生法の改正，2005年には会社法が制定され，さまざまな組織再編がより柔軟に行えるようになった。

このように企業再編を促進する立法の整備が進み，それに支えられて実際に再編が進行した反面，労働者の雇用や労働条件の保護については，それに匹敵するだけの整備が行われたとは言い難い。この点，EUとの違いは明確である。EUでは，2001年の「企業，事業または企業若しくは事業の一部の譲渡の場合の被用者の権利の保護に関する加盟国法制の接近に関する閣僚理事会指令」（企業譲渡指令）において，企業が譲渡される場合，労働契約が譲受人に移転すること，譲渡が解雇の理由にならないこと（ただし，技術的，組織的，経済的理由があれば解雇できるので，整理解雇は認められる），被用者代表に対する情報提供および協議義務などを定めている。このような規制については，事業譲渡を抑制し，かえって企業倒産などを招いて雇用確保に反することになるとして慎重な意見もある（荒木・435頁）が，十分に参照すべき立法的な解決例である。

II　企業再編の方法

企業再編は，広義には，企業ないし事業の経営主体を変更するための取引のために採られるさまざまな方法，すなわち，株式譲渡，新株引受，株式交換・株式移転などの株式の取得による企業買収をはじめ，合併，事業譲渡，会社分割などを含み，一般に，M&A（Mergers and Acquisitions）と呼ばれている。近年，投資ファンドが登場し，株式買収による経営支配に乗り出す事例が増加している。一方，狭義には，合併，事業譲渡，会社分割の3つを指す。以下では，この3つを中心に，先に労働法上の問題を指摘し，別項で具体的な検討を加えることにする。

1　合　併
合併とは，2以上の会社が合体して1つの会社になることをいい，2種類あ

る。1つは，ある会社が別の会社に吸収される吸収合併（会社2条27号・749条以下）と，もう1つは，合体により新たな会社を設立する新設合併（同2条28号・753条以下）である。合併の法的性質は，財産，債権，債務の包括承継である（同750条1項〔吸収合併〕・754条1項〔新設合併〕）。包括承継とは，合併前の権利義務関係が，そのまま合併後の会社に承継されることをいう。労働契約関係も債権・債務関係であるから，労働条件の内容も含めて承継の対象となる。この場合，民法625条1項で労働契約上の権利の譲渡には労働者の同意が必要であるとしていることとの関係が問題となる。労働契約上の地位は継承されるので，雇用が確保される半面，元の会社は消滅するから，承継を拒否すれば結局解雇されることになる以上，労働者が承継を拒否することに実益はない。そこで，包括承継となる合併の場合，権利の譲渡に関するこの規定の適用は除外されるという見解が有力である（荒木尚志「合併・営業譲渡・会社分割と労働関係」ジュリ1182号17頁）。

合併の場合，労働者の契約上の地位に不利益は発生しないとしても，実際には，合併前の各会社の労働条件に違いがあるのが普通である。そこで，合併に当たり，それをどのように調整するか，平準化を図るかが問題となる。多くの場合，合併の前後に時間をかけて平準化が図られるが，場合によっては，人員削減や労働条件の引下げが行われることもある。これは合併と労働契約の承継という問題とは別の問題であり，それぞれ整理解雇法理や労働条件の不利益変更法理で解決されることになる。

2 事業譲渡

事業の全部または重要な一部を他に譲渡することを事業譲渡という。2005年の会社法制定の際，従来の「営業」という用語が「事業」に変更された（会社467条1項・468条・309条2項11号）。しかし，この変更によっても，内容上は基本的な違いはないとされる（荒木・433頁）。したがって，従来の「営業」概念の意味を参照しておくと，それは，「一定の営業目的のために組織化され，有機的一体として機能する財産」（**富士林産工業事件**・最大判昭40・9・22民集19巻6

号1600頁）とされ，有体財産，無体財産，人材などからなる有機的一体として機能する財産のことを意味する。事業譲渡は，その法的性質は取引行為と考えられていることから，何を譲渡の対象とするかは個別の合意（事業譲渡契約）によって決せられることになる（これを特定承継という）。そこで，事業譲渡契約で労働者の処遇が合意され，その中で労働者の承継が排除されているような場合，どのように雇用上の地位を確保するかが中心問題となる。

3 会社分割

会社分割とは，つぎのような会社の組織再編を意味する。たとえば鉄道会社の場合，鉄道部門やデパート部門，バス部門，不動産部門などさまざまな部門で事業を展開しているが，このうち，たとえばバス部門を切り離して新会社を設立したり（これを新設分割という），バス部門を既存の別の会社に承継させること（これを吸収分割という）を会社分割という。2000年の商法改正により会社分割制度が創設され，このような再編を行う場合の要件と手続が簡素化された。この制度は会社法に継承された（会社757条以下）。

労働法との関係で問題となるのは，分割される部門で労働していた労働者の労働契約上の地位やその労働者に適用されていた労働協約の帰趨である。この問題は，後述のように，労働契約承継法という法律を制定することで，立法的に解決された。なお，承継を希望しない労働者の労働契約上の地位確認請求棄却判例に，**日本アイ・ビー・エム（会社分割）事件**（最判平22・7・12民集64巻5号1333頁）がある。

Ⅲ　企業の倒産と解散

1 企業の倒産

企業間競争の激化の下で，経営に行き詰まり，倒産する企業が多数生まれている。倒産すると，未払い賃金や退職金の支払いが行われないだけでなく，働く場所そのものを失うことにもなり，労働者にとって深刻な問題である。倒産

と賃金債権確保の問題については，本書第8章Ⅵで扱われているので，ここでは，労働者の地位の帰趨，特に解雇問題を扱っておきたい（塚原英治「企業倒産と労働者の権利」21世紀講座4・295頁以下）。

企業が倒産した場合，それに続いて清算される場合と再建される場合がある。破産宣告があっても自動的に労働契約が終了するわけではなく，清算される場合，破産管財人が解雇するか労働者が退職して初めて労働契約は終了する。この場合，民法，労基法，労契法などの退職または解雇の規制が及ぶ。他方，会社更生法の改正や民事再生法の制定により再建に向かう例が増えている。再建される場合，労働契約関係は当然継続する。再建のためには労働者がいなければならないからである。しかし，従来どおりの雇用の維持が困難になる場合もある。この場合に行われる解雇は整理解雇であるから，その法理（整理解雇の4要件）に服することになる。なお，会社更生法に基づく更生計画で定められた人員削減計画について，整理解雇法理に照らした具体的検討を否定する裁判例（**日本航空〔パイロット等〕**事件・東京地判平24・3・29労判1055号58頁，**日本航空〔客室乗務員解雇〕**事件・東京地判平24・3・30労経速2143号3頁）は，倒産法理を労働法理に優先させる点で疑問である。

2 真実解散

憲法上，財産権や職業選択の自由，営業の自由が保障されていることから，起業したり，逆に企業を廃止することは原則として自由である。企業が廃止された結果，労働者が解雇されることになっても，やむを得ないということになる。この結論は，企業の解散が偽装ではなく，真実のものであり，実態として事業が廃止される場合でなければならない（菅野和夫「会社解散と雇用関係」山口浩一郎先生古稀記念論集『友愛と法』〔信山社，2007年〕129頁）。

しかし，真実解散であっても，解雇権濫用法理は適用されるというべきであるから，まったく自由に解散できるわけではない。このような判断を示した例に以下がある。すなわち，海外との製造コストの競争に太刀打ちできないという理由から，親会社が製造委託契約を解除したことに伴い，自動車部品メー

カーが工場閉鎖，全従業員の解雇を行ったことに対し，その効力を争った事件である。親会社が委託を打ち切った理由は，海外（中国）に生産拠点を移すことにあった。この経営判断は，親会社のフィリピンにある子会社の場合，国内の人件費コストと比較すると7倍にもなっているという事情を考慮したものである。本件で裁判所は，全事業を廃止して会社を解散する場合には，整理解雇の4要件（必要性，回避努力，選定基準，労使協議）による判断ではなく，事業廃止の必要性と解雇手続の妥当性を総合するという判断枠組に基づくべきとし，結論として，いずれも肯定し，本件は解雇権の濫用に当たらないとした（**三陸ハーネス事件**・仙台地決平17・12・15労判915号152頁）。結論の妥当性はともかく，真実解散の場合でも，再就職斡旋など解雇手続を適切に踏んでいない場合には無効になるとした点に意義がある（本久洋一「企業組織再編に伴う労働法の諸問題」季労権278号12頁）。

3 偽装解散

上述の真実解散とは異なり，会社の解散が形式にすぎず，実質的には事業が別の会社に引き継がれているような場合を偽装解散ないし偽装倒産という。最も典型的なケースは，会社内に労働組合が結成されたことを嫌悪して会社を解散し，解散を理由に全員を解雇した後，別の会社を設立して組合員以外を採用し，事業を継続する場合である。これは，従来から不当労働行為の一類型として議論されてきた問題である（NJⅠ・187頁参照）。したがって，ここでは不当労働行為性が争点ではない事例に限定すると，たとえば**日進工機事件**（奈良地決平11・1・11労判753号15頁）では，企業廃止に基づく全員解雇につき，廃業した企業と実質的一体性を有する会社に営業が継承されたと認められる場合，企業の廃止は仮装であるとして解雇を無効とし，営業を継承された会社へ労働関係も継承されるとした。また，**ジップベイツ事件**（名古屋高判平16・10・28労判886号38頁）では，会社が解散したことを解雇理由として主張したことについて，「単に従業員を解雇するためなどの目的から濫用的に会社の解散が行われ，これを理由として解雇がなされた場合には」，解雇権の濫用で無効になるとした。

Ⅳ　企業再編と労働契約の承継

1　事業譲渡

(1)　労働契約の承継問題　　前述のように，事業譲渡は特定承継なので，個々の権利義務関係の移転は個別の合意に基づくことになる。そのため，その合意で移転の対象にされなかった場合，労働者は雇用上の地位を失うことになる。もちろん，譲受会社への労働契約上の地位の移転が個別の合意に基づくということは，民法625条により労働者の同意が必要であることも意味するが，移転を望まない場合，退職の自由があるから，同意しなければよい。問題は，移転を望んでいるにもかかわらず，その対象から排除された場合である。この問題については，実定法を欠いているので，法解釈によって解決を図るしかないが，「取引の自由」という基本的な自由に関わるだけに，解決は容易でない。

　この問題へのアプローチの仕方として，労働者も事業概念に含まれるから，事業の継続に必要な労働者や代替性のない労働者の地位も譲受会社に移転するという考え方もあり得る。しかし，事業の人的要素は経営首脳およびその補助者とするのが商法学上の通説である（萬井隆令「企業組織の変動と労働契約関係」西谷敏・中島正雄・奥田香子編『転換期　労働法の課題』〔旬報社，2003年〕219頁）ので，事業譲渡に当たって自動的に譲受会社に労働契約関係が移転するとは言えない。

　そこで，今日では，事業譲渡契約によって事業が譲渡される場合の労働契約の帰趨については，個々的に検討する立場が一般的である。その場合，いったん，譲受会社に労働者が移転した後，そこで解雇される場合には，通常の解雇法理で対処すればよい。実際に問題となるケースは，多くの場合，事業譲渡に当たり，譲渡会社で労働者がいったん解雇され，一部の労働者を除いて譲受会社で再雇用されるという場合である。

　このような場合について，第1の考え方は，全事業を譲受会社に譲渡して清算・解散して消滅するような場合には，それを「事実上の合併」と見て，譲受

会社に労働契約関係が承継されるとする考え方である（中内哲「企業結合と労働契約関係」21世紀講座4・287頁）。

　第2の考え方は，法人格否認の法理を用いる場合である。法人法制は，法律上重要な制度であるから，法人格の否定を簡単に認めるわけにはいかない。判例では，法人格が形骸化しているか濫用の場合，否認されることを認めている（**山世志商会事件**・最判昭44・2・27民集23巻2号511頁）。事業譲渡と労働契約の承継問題との関係で，この法理を用い承継を承認した例として，**盛岡市農協事件**（盛岡地判昭60・7・26労判461号50頁）がある。本件では，子会社が親会社の一営業部門にすぎず，法人格は形骸化しているとして，労働契約の親会社への承継を承認した。他方，濫用について，**新関西通信システムズ事件**（大阪地決平6・8・5労判668号48頁）では，旧会社を解散して全員を解雇し，新会社に営業を譲渡して，新会社が労働組合員を採用しなかったという例であるが，決定では，旧会社，新会社は実質的に同一性が認められ，新会社との雇用関係を否定することは，実質的には解雇法理の適用を回避するための法人格の濫用に当たるとした。そして，不採用は実質において解雇に相当するとして整理解雇の法理を適用し，解雇を無効とした。

　親会社による子会社の解散と労働関係の承継が問題となった事案で，法人格否認の法理に関して包括的な判断をした例に，**第一交通産業**（佐野第一交通）**事件**（大阪高判平19・10・26労判975号50頁）がある。判決では，子会社が親会社の一部門にすぎないような場合は，法人格が形骸化しているといえ，子会社の解散は親会社の一営業部門の閉鎖にすぎないから，直接親会社に雇用契約上の権利を主張できる。また，法人格が形骸化しているとまではいえない場合であっても，「親会社が，子会社の法人格を意のままに道具として実質的・現実的に支配し（支配の要件），その支配力を利用することによって，子会社に存する労働組合を壊滅させる等の違法，不当な目的を達するため（目的の要件），その手段として子会社を解散したなど，法人格が違法に濫用されその濫用の程度が顕著かつ明白であると認められる場合には，子会社の従業員は，直接親会社に対して，雇用契約上の権利を主張することができるというべきである」。もっ

とも，真実解散の場合には，このような責任の追及はできないが，「偽装解散であると認められる場合，すなわち，子会社の解散決議後，親会社が自ら同一の事業を再開継続したり，親会社の支配する別の子会社によって同一の事業が継続されているような場合には，子会社の従業員は，親会社による法人格の濫用の程度が顕著かつ明白であるとして，親会社に対して，子会社解散後も継続的，包括的な雇用契約上の責任を追及することができる」とした。

　第3の考え方は，事業譲渡契約の解釈による場合である。まず労働契約の承継について，特段の合意がない場合，譲受会社に承継されると判断されている（エーシーニールセン・コーポレーション事件・東京高判平16・11・16労判909号77頁）。同じく，特段の合意がなかった場合である**タジマヤ事件**（大阪地判平11・12・8労判777号25頁）は，1人の労働者だけが譲渡会社で解雇され，残りは譲受会社に承継された事案であるが，譲渡会社での解雇を整理解雇基準に照らして無効とし，1人を除く全員を雇用していることから，譲渡の対象の営業に雇用契約を含む譲渡と推認し，譲受会社との雇用契約を認めた。

　これに対し，事業譲渡契約に明示の排除条項が含まれている場合，このような解釈は困難である。そこで，**勝英自動車（大船自動車興業）事件**（横浜地判平15・12・16労判871号108頁）では，事業譲渡に当たり労働契約の承継を「原則」としながら，労働条件の引下げに異議のある労働者を個別に排除すべく，譲渡会社の労働者全員に退職届を提出させ，提出した者を再雇用するという形式をとったものであって，退職届を提出しない者は会社解散を理由に解雇するという合意部分を公序良俗に違反して無効（民90条）とし，原則として承継するという部分を根拠に，排除された者も譲受会社に承継されるとした。

　しかし，譲渡会社で全員解雇し，譲受会社で新規採用するという手続を踏んだ事例である**東京日新学園事件**の1審（さいたま地判平16・12・22労判883号13頁）では，譲受会社での不採用を解雇と見て，それを無効とし，その結果，譲受会社との労働契約関係の存在を認めたのに対し，2審（東京高判平17・7・13労判899号19頁）では，承継しないとの合意があり，応募者全員を雇用するとの合意もなく，その合意を無効とする事由もないとして，承継を否定した。

第14章　企業組織の変動と労働関係　　339

他方，病院事業の経営譲渡に際して行われた職員の採用を譲受病院の専属事項とする合意は，労組法 7 条 1 号の適用を免れるための脱法手段であり，採用の実態に照らすと新規採用というより雇用関係の承継と見るべきであり，労働組合員だけを不採用としたことは組合活動を嫌悪して解雇したに等しいとして不当労働行為性を認めた例もある（**中労委〔青山会〕事件**・東京高判平14・2・27労判824号17頁）。

上記考え方のほかに，最近，労働契約承継法の類推適用を主張する見解が見られ，注目される（有田謙司「事業譲渡における労働契約の承継をめぐる法的問題」毛塚勝利編『事業再構築における労働法の役割』〔中央経済社，2013年〕96頁以下）。

このように，さまざまな考え方により労働契約の承継を根拠づける努力が行われてきた。それは，営業の自由は認められるべきだとしても，他方で，労働者の雇用に対する保護も法秩序全体の見地からは重視すべきだからである。そうだとすれば，立法的解決が必要である。上述のように，この間の企業再編の議論が行われてきた中でも，事業譲渡と労働契約の扱いについて，規制が見送られてきた。その理由の中心は，事業譲渡は形態が多様であり，規制を加えると事業譲渡の利用価値が低下するという点にあったと言ってよい。しかし，会社分割の場合も，後述のように，複雑な事象に規制を加えているのであるから，少なくとも基本的な事業譲渡の利用の仕方については規制を加えるべきである。この問題について，「労働契約承継の原則と労働者の承継拒否権を確認しておくこと，そして，労働組合等との協議を求めておくことは不可欠」とする見解がある（毛塚勝利「倒産をめぐる労働問題と倒産労働法の課題」労研511号10頁）。

(2) **労働条件の変更問題**　いったん解雇された形式がとられていても，労働契約が承継されていると判断される場合には，承継に伴う労働条件の変更については，労働条件の不利益変更問題として，その一般法理に従えばよいことになる。たとえば，事業譲渡で新人事考課制度の適用を受け 4 割もの賃金減額されたことに対し旧賃金体系での支払いを求め，認められた事例に，**広島第一交通事件**（広島地決平10・5・22労判751号79頁）がある。しかし，譲渡会社での労働契約の終了と，それとは別個の新しい労働契約が譲受会社と締結されたとい

340

うことになれば，労働条件の不利益変更問題とはいえず，当該契約の通常の効
力いかんの問題となる。

2 会社分割と労働契約承継法

(1) 労働契約の承継問題　会社分割を行う経営判断には，大きく分けて２
つある。１つは，不採算部門を切離して経営効率を高める場合であり，この場
合には，承継会社が倒産して労働者が解雇されたり，労働条件が引き下げられ
る場合もありうる。もう１つは，採算部門の重点化を図り，企業業績を向上さ
せようとする場合である。

　このように，分割された会社の将来に不安があるものの，それに伴う労働契
約の承継について，労働契約承継法では，労働者の意思に関係なく承継される
（３条）。この点については，批判も強い（中内・前掲「企業結合と労働契約関係」
292頁）。

(2) 承継手続と効果　新設分割の場合は「新設分割計画」，吸収分割の場
合は「吸収分割契約」（労契承２条）において，労働契約の承継について記載さ
れることになる。この記載に当たり，分割計画書などでは，どの労働者を承継
の対象とするかは自由であることから，それから排除される労働者を保護する
ため，労働契約承継法を制定して立法的な解決が図られた。この場合，分割さ
れる部門か否か，記載があるか否かに応じて，労働契約の承継が決められてい
る（なお，2005年会社法の制定に伴い，労働契約承継法でも「営業」の用語が「事業」
に修正された）。

　すなわち（**表14-1**参照），①承継されることになるのは，承継される事業に
「主として従事するもの」（労契承２条１項１号）であり，このものは同意なしに
承継され（同３条），承継されない場合，異議申出権が認められ，結局は承継さ
れることになる（同４条１項・４項）。つぎに，承継されないことになるのは，
承継される事業に「主として従事するもの」から除外されたもの（同２条１項
２号）（**表14-1**では，「その他」と呼ぶ）であり，そのうち，「承継する旨の定め」
がある場合には，異議申出をして残留が可能である（同５条３項）が，「承継す

第14章　企業組織の変動と労働関係　341

表14-1　会社分割と労働契約の承継

労働者の範囲	通知（2条）	異議申出権
「主として従事する」労働者で，分割契約等で承継する旨の定めがあるもの	通知有り	当然承継 異議申出権なし
「主として従事する」労働者で，分割契約等で承継する旨の定めがないもの	通知有り	異議申出権あり
「その他」の労働者で，分割契約等で承継する旨の定めがあるもの	通知有り	異議申出権あり 行使すれば会社に残留
「その他」の労働者で，分割契約等で承継する旨の定めがないもの	通知なし	異議申出権なし

る旨の定め」がないものについては，承継されない。以上以外の場合，通常の転籍として扱われることになる。

　「主として従事する」か否かの判断は，労働時間や役割などの勤務実態に基づいて行われる（詳細な基準は，「分割会社および承継会社等が講ずべき当該分割会社が締結している労働契約および労働協約の承継に関する措置の適切な実施を図るための指針」〔平12・12・27労告127号，最終改正平18・4・28厚労告343号〕参照。以下「指針」という）。

　このように，労働契約承継法では，「部分的包括承継」という方法を創設した。「部分的」というのは，分割計画書などに記載された労働者についてのみ労働契約上の地位が移転することになるからである。したがって，もし分割会社の承継させる事業に所属していたにもかかわらず，移籍から除外されれば，当然，新設会社における労働者の地位が認められる（グリーンエキスプレス事件・札幌地決平18・7・20労旬1647号66頁）。問題となるのは，分割会社への転籍拒否の効果である。立法過程では，「退職」扱いになるとされた（衆議院労働委員会議事録〔2000年5月12日〕2～3頁の労政局長答弁）。そして，これに沿う裁判例もある。しかし，分割会社が存在していて配転の可能性もある以上，なお個別の事情に基づき解決すべきである。

　労働契約承継法のねらいは，労働者の同意なしに労働契約を承継できる点にある。ただし，労働者の理解と協力および事前協議の努力義務が使用者に課さ

れている（労契承7条〔以下，「7条措置」という〕，労契承則4条）。また，分割計画書などについて，事前の労働者側との協議が義務づけられている（旧商法等改正法附則5条〔以下，「5条協議」という〕）。これを怠れば，会社分割自体が無効になる。この点が問題となった前掲・**日本アイ・ビー・エム（会社分割）事件**最高裁判決（最判平22・7・12）は，特定の労働者との関係において5条協議が全く行われなかったとき，また，その内容が不十分で5条協議の趣旨に反することが明らかな場合は，当該労働者は労働契約承継の効力を争うことができる一方，7条措置については，5条協議義務違反の有無を判断する一事情として7条措置いかんが問題になるにとどまると判示した。**エイオン・プロダクツ事件**（東京地判平29・3・28労判1164号71頁）は，5条協議違反を認めて，分割前に所属していた会社との労働契約に基づき，賃金および賞与請求を肯定した。

(3) **労働条件の変更問題**　前述「指針」第2-2(4)では，会社分割に伴う労働契約の承継が包括承継の性質であることから，その内容である労働条件もそのまま承継されること，そして，会社分割を理由とする労働条件の不利益変更は行ってはならず，もしそれを行う場合には，労使間の合意が必要であるとしている。

(4) **会社分割と労働協約の承継**　会社分割と労働協約の承継についても，労働契約承継法で立法上，解決が図られている。まず，労働協約の規範的部分については，労働組合の組合員が承継会社などに承継されたときは，「当該設立会社等と当該労働組合との間で当該労働協約……と同一の内容の労働協約が締結されたものとみなす」ことにしている（労契承6条3項）。つぎに，労働協約の債務的部分については，分割会社と労働組合間の権利義務を定めたものであるので，「分割契約等の定めに従い当該承継会社等に承継させる旨の合意があったときは，当該合意に係る部分は，……当該設立会社等に承継されるものとする」とした（同条2項）。もし，このような合意が成立しない場合，には，規範的部分の場合と同じく，当該設立会社等との間で同一の内容の労働協約が締結されたものとみなされる（労契承6条3項）。

第15章

多様な雇用・就労形態

I　多様化の意義・背景と労働問題

　従来，典型的な労働者像としてイメージされてきたのは，朝に出社し，同僚と共に職場で働いた後，夕方に帰宅する労働者であり，年功序列制の下で昇進・昇格し，終身雇用制の下で定年を迎えるまで1つの会社に勤め続ける正社員であった。しかし，このような労働者像とは異なる雇われ方，働き方をする労働者が現れ，急速にその数を増してきた。こうした状況を，一般に，「雇用・就労形態の多様化」と呼んでいる。そして，いまや，日本的雇用慣行とされてきた年功序列制，終身雇用制は崩壊しつつあり，また，労務管理のあり方が集団的・画一的管理から個別的管理へと移行する中で，正社員の雇用と就労のあり方そのものが大きく様変わりしてきている。「雇用・就労形態の多様化」は，正社員も含めて語られる段階を迎えているといえよう。

　「雇用・就労形態の多様化」は多義的であるが，終身雇用の正社員とは異なる「雇用形態の多様化」の具体例としては，有期雇用の労働者（パートタイム労働者のかなりの部分，アルバイト，嘱託，契約社員など）や特殊な労働関係にある派遣労働者を挙げることができる。さらに，近時，個人請負，傭車（車持ち）運転手，委託販売員，実習生・研修医，有償ボランティアなど，労働者であることが一見して明らかであるとはいえない者が増えつつある。これらの者は，請負契約や委任契約を締結し，契約の形式上は，いわば自営業者として労務を提供している。しかし，その大半は実質的には労働者であり，それにもかかわらず，労働法や社会保障制度の適用を逃れようとする使用者の脱法的意図によ

344

り，「非労働者」として扱われている場合が多い。こうした場合も「雇用形態の多様化」に含め，労働法による規制を及ぼしていくべきである。

「就労形態の多様化」は，勤務場所と労働時間とに区別して捉えることができる。勤務場所については，外交セールス等の事業場外労働や出張のほか，情報通信手段の発達とともに広がっている在宅勤務やサテライトオフィス勤務（いわゆるSOHO）などがある。労働時間については，深夜業を含む交替制勤務，変形労働時間制，フレックスタイム制，裁量労働制，パートタイム労働などがある。

雇用・就労形態の多様化が進展してきた背景として，労働者側と企業側の双方にニーズが存在することが，しばしば強調される。たしかに，労働者側のニーズ（「自分の都合のよい時間に働きたい」，「家事・育児と両立させたい」など）が多様化を促進した面はあったであろう。しかし，1980年代後半以降の事態の推移を振り返ると，むしろ，使用者責任の回避と人件費のいっそうの削減を企図する経済界の要望（日経連「新時代の『日本的経営』」〔1995年5月〕など）とそれに呼応する政府の労働政策により，労働法制の改編を通じて，「多様化」が強引に推し進められてきたということができる。

このような形で推進されてきた雇用・就労形態の多様化は，労働者の権利・利益を損なう面を多分に有している。たとえば，パートタイム労働者については，以前から，不況期における雇用調整の安全弁として活用される不安定な雇用形態であること，その劣悪な労働条件は正社員の労働条件を低下させる死錘（dead weight）の役割を果たすこと，正社員の代替労働力として活用されることにより，正社員をも巻き込んで雇用不安を発生させること，などの問題が指摘されてきた。1980年代後半以降の一連の労働法制の改編による労働者派遣の容認と派遣労働者の増加，有期雇用の拡大は，こうした問題をいっそう深刻にしており，労働者をモノのように使い捨てにする「派遣切り」や「期間工切り」が横行し，ワーキングプアに象徴される貧困が労働者の間に急速に広がっている。また，変形労働時間制や裁量労働制の導入・拡大は，変則勤務による健康被害を労働者にもたらし，あるいは法定労働時間制を骨抜きにする危険性をはらんでいる。

現実に進行している雇用・就労形態の多様化には，労働者に人間らしい生活を確保する労働者保護の観点から法律によって禁止・抑制すべきものと，適正な労働条件を確立するために積極的に法整備を行うべきものとがある。後者の法整備に当たっては，多様化によって労働条件の不合理な格差が生み出されないように注意する必要がある。不合理な格差を排除するためには，全労働者に共通する最低基準の確立が不可欠である。そのうえで，雇用・就労形態の特殊性に即した基準を上積みする方向で労働者保護法体系の再構築が図られるべきである（西谷敏「雇用・就業形態の多様化と労働者保護法体系」学会誌68号5頁以下参照）。

　以下，本章では，有期雇用，パートタイム労働および派遣労働をとりあげ，それぞれについて，現行法の内容を概説する。

II　有期雇用

1　有期雇用の特質と問題性

　雇用形態は，期間の定めのない労働契約を労使間で締結する無期雇用と期間の定めのある労働契約（有期労働契約）を締結する有期雇用とに大別することができる。無期雇用は正社員の雇用形態であり，有期雇用は契約社員やパート，嘱託，アルバイトなどのいわゆる非正規労働者に多く見られる雇用形態である。

　有期労働契約には，期間の定めのない労働契約と比べて，つぎのような特質がある。1つは，契約当事者である使用者および労働者は，いずれの側からも，原則として，期間の途中で契約を自由に解約できないことである。このことにより，有期労働契約は，その期間中，労働者に雇用を保障する反面，労働者の退職の自由を制約するという問題性を有することになる。もう1つの特質は，有期労働契約は，期間の満了により，当事者の解約申入れを要することなく，自動的に終了することである。この特質を持つがゆえに，期間の定めのない労働契約について，解雇規制が確立し解雇の自由が制約されるにつれて，有期労働契約は，解雇規制を回避する目的で使用者に利用される危険性を帯びるに至った。実際，近年，正社員が減少する一方，有期雇用の労働者が急増している

が，その背景には，このような有期労働契約の特質に着目し，雇用を継続すべき使用者責任を負うことなく容易に人員を削減できる手段として有期雇用を活用する企業側の戦略がある。

2　有期雇用に対する法規制

ヨーロッパ諸国では，有期労働契約の締結を法律によって一定の場合に限定する例が見られるが，日本の法律にはこうした制限は存在しない。日本では，契約期間に上限を設ける規制が労基法によって行われてきたが，近年の労働法制の改編により，この上限規制が緩和されるとともに，労基法に基づく「有期労働契約の締結，更新及び雇止めに関する基準」（平15厚労告357号，改正平24厚労告551号）が制定された。また，労契法の制定に際して，同法の中に，契約期間中の解雇制限と契約期間についての使用者の配慮を定めた規定（労契17条）が設けられ，さらに，2012年の同法の改正により，期間の定めのない労働契約への転換に関する規定（同18条），雇止めを制限する規定（同19条），不合理な労働条件を禁止する規定（同20条）が設けられるに至っている。

(1)　期間の上限規制　労基法は，1947年の制定以来，有期労働契約の上限を原則として１年に制限していたが，1998年と2003年の改正によって，規制が緩和された。その結果，現行の労基法は，「労働契約は，期間の定めのないものを除き，一定の事業の完了に必要な期間を定めるもののほかは，３年を超える期間について締結してはならない」（労基14条１項）と定め，契約期間の上限を原則として３年としている。また，①厚生労働大臣が定める基準（「労働基準法第14条第１項第１号の規定に基づき厚生労働大臣が定める基準」平15・10・22厚労告356号）に該当する高度の専門的な知識，技術または経験を有する労働者との間に締結される労働契約，および，②満60歳以上の労働者との間に締結される労働契約については，例外的に期間の上限を５年とすることを定めている。ただし，１年を超える契約期間を定めた場合（事業の完了に必要な期間を定めた場合を除く），１年を超えた日以後は，労働者はいつでも退職できると規定されている（有期労働契約について必要な措置を講ずるまでの間の時限措置となっている。労基137条）。

労基法が有期労働契約の期間に上限を設けた理由は，労働者の退職の自由を保障するためである。すなわち，労働者は，「やむを得ない事由」がなければ，契約期間中に有期労働契約を解除することができない（民628条）ので，期間に制限がなければ，長期間，特定の使用者に拘束（足止め）されて，適職選択の自由を奪われるおそれがある。そこで，労基法は短期の上限を設定することにより，労働者の退職の自由を保障しようとしているのである。

近時の規制緩和により，原則1年の契約期間の上限が3年に延長され，また，5年を上限とする例外が新設されたが，その背景には，有期雇用を活用しようとする財界の強い要請があった。すなわち，企業の労務管理において，解雇規制を免れるために，労働者を恒常的な業務に就かせるにもかかわらず，短期の労働契約を締結し，それを更新しつつ，雇用が負担になった時点で契約期間の満了を理由に更新を拒否する（雇止めにする）という手法が広がった。しかし，こうした手法は，解雇法理を類推適用する判例法理により制限されるようになってきた。判例法理が確立した下で，使用者としては，契約を更新すると雇用を継続すべき責任が課せられる可能性があるので，契約の更新は行いたくない。だが1年の契約期間では短すぎるので，専門職を中心に3年ないし5年間程度は労働者を拘束したい。こうした使用者の思惑を実現するために，財界は契約期間の上限延長を政府に求めたのであった。しかし，この点については反対もあり，上記のように，契約期間中1年を超えた日以後は，民法628条の適用をしないとする規定（労基137条）が創設されたのである。

有期労働契約の期間の上限が延長されたことは，労働者の雇用保障に資するものではなく，むしろ，有期雇用の活用に拍車をかけ，雇用不安を増幅するものである。また，労基法137条が削除されれば，契約期間の上限延長により，労働者の退職の自由はより大きな制約を被ることになる。

(2) 有期労働契約の締結，更新，雇止めに関する基準　2003年の労基法改正により，使用者が有期労働契約について講ずべき事項についての基準を，厚生労働大臣が定めることができる旨の規定（労基14条2項）ならびに行政官庁がこの基準に基づいて使用者に助言・指導を行うことができる旨の規定（同条

3項）が設けられた。そして，前者の規定に基づいて，前記「有期労働契約の締結，更新及び雇止めに関する基準」が定められている。

この基準は，有期労働契約の締結時および満了時に「労働者と使用者との間に紛争が生ずることを未然に防止するため」（労基14条2項）に設けられたものであり，有期労働契約の締結を制限するものではない。同基準は，使用者が，①有期労働契約の締結に際し，労働者に，契約期間満了後の更新の有無，更新するまたは更新しない場合の判断基準を明示しなければならないこと，②3回以上更新された有期契約，もしくは1年を超えて継続勤務している労働者（更新しない旨明示された者を除く）の有期労働契約を更新しない場合，契約期間満了の日の30日前までに予告しなければならないこと，③有期労働契約を更新しない場合，労働者が更新しない理由について証明書を請求したときは　遅滞なくこれを交付しなければならないこと，④1回以上更新し，かつ1年を超えて継続勤務している労働者の有期労働契約を更新しようとする場合，契約期間をできる限り長くするよう努めなければならないこと，などを定めている。基準は2012年に改定され，①が削除されている（それに代わり，①の内容が労基則5条1項2号に定められた。本書第**4**章**I 3**）。

（3）**契約期間中の解雇制限と契約期間についての配慮**　　労契法は，有期労働契約の契約期間中の解雇を制限しており，使用者は，「やむを得ない事由がある場合でなければ」，契約期間が満了するまでの間，労働者を解雇することができない（労契17条1項，民628条）。やむを得ない事由とは，通常の解雇の正当化事由である合理的理由（労契16条）では足りず，重大な非違行為など，期間満了まで雇用を継続することができないほどの重大な事由を意味する（**安川電機事件**・福岡高決平14・9・18労判840号52頁）。また，使用者は，労働者を使用する目的に照らして，必要以上に短い期間を定めることにより，反復更新することのないよう，配慮しなければならない（同17条2項）。

（4）**期間の定めのない労働契約への転換**　　2012年の労契法の改正により，有期労働契約が5年を超えて反復更新された場合に，労働者の申込みにより，期間の定めのない労働契約（以下「無期労働契約」という）に転換させる，下記

図15-1 無期転換の申込み

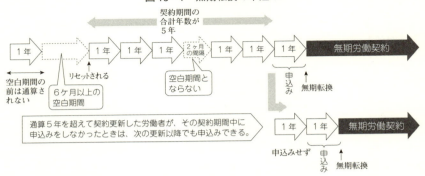

＊ 本図は、厚生労働省HP「労働契約法改正のポイント」をもとに作成した。

の仕組みが導入された（図15-1参照）。

　同一の使用者との間で締結された2以上の有期労働契約の契約期間を通算した期間（以下「通算契約期間」という）が5年を超える労働者が、使用者に対し、現に締結している有期労働契約の期間が満了する日までの間に、無期労働契約の締結の申込みをしたときは、使用者はその申込みを承諾したものとみなされ、現に締結している有期労働契約の期間満了日の翌日から労務が提供される無期労働契約が成立する。この場合、無期労働契約の契約期間以外の労働条件は、労働協約、就業規則または個々の労働契約における「別段の定め」がない限り、現に締結している労働契約の労働条件と同一となる（労契18条1項）。

　通算契約期間の計算については、クーリング制度が設けられており、1つの有期労働契約とその次の有期労働契約との間に空白期間が6ヶ月以上あるときは、その空白期間の前に満了した有期労働契約の契約期間は通算契約期間に算入されない。また、通算の対象となる有期労働契約の契約期間が1年未満の場合には、その2分の1の期間を基礎に厚生労働省令（「労働契約法第18条第1項の通算契約期間に関する基準を定める省令」平24・10・26厚労省令148号）で定める期間以上の空白期間があれば、それ以前に満了した有期労働契約の契約期間は通算契約期間に算入されない（労契18条2項）。

(5) 雇止めの制限　有期労働契約の反復更新等がある場合の雇止め（更新拒絶）に対しては，解雇法理を類推適用する判例法理が一定の規制を加えてきたが，2012年の労契法の改正の際に，同法の中に，判例法理の内容を条文化した規定（労契19条）が設けられた（くわしくは，本書第 **13** 章 **Ⅱ4**参照）。

(6) 不合理な労働条件の禁止　2012年改正で新設された労契法20条は，有期労働契約を締結している労働者の労働条件が，期間の定めのあることにより，同一の使用者と無期労働契約を締結している労働者の労働条件と相違する場合に，その相違が「不合理と認められるものであってはならない」と定め，期間の定めがあることを理由とする不合理な労働条件の相違を禁止している。労働条件が不合理と認められるかどうかは，①「労働者の業務の内容及び当該業務に伴う責任の程度」（これを「職務の内容」という），②「当該職務の内容及び配置の変更の範囲」（転勤，昇進といった人事異動や本人の役割の変化などの有無や範囲。これを「人材活用の仕組み」という），③「その他の事情」（合理的な労使の慣行など）を考慮して，判断される。

同条は，民事的効力があり，同条によって不合理とされた労働条件の定めは無効となり，有期労働契約を締結した労働者は不法行為に基づく損害賠償を請求しうる。また，無効となった労働条件については，基本的には，無期契約労働者と同じ内容の労働条件が当てはまることになると解される（「労働契約法の施行について」平24・8・10基発0810第 2 号）。

最近，労契法20条をめぐる裁判例が増加している。定年退職後に有期契約を締結した運転手が，職務内容が定年前と全く同一である一方，賃金が2割減額されたのには合理性がないと主張した**長澤運輸事件**では，第一審判決（東京地判平28・5・13労判1135号11頁）は，上記考慮要素①と②を重視して労契法20条違反と判断したが，控訴審判決（東京高判平28・11・2労判1144号16頁）は，③「その他の事情」を幅広く総合的に考慮し，定年後の継続雇用において賃金減となるのは「公知の事実」として不合理性を否定した。また，賞与の支給方式の相違が不合理な差別に該当するかが争われた**ヤマト運輸（賞与）事件**（仙台地判平29・3・30労判1158号18頁）では，人材活用の仕組みの有無や職務内容と配置の

変更の範囲に相違があるとして，不合理性を認めなかった。

　他方，各種の手当の一部は肯定される傾向がみられる。運転手としての業務内容では大きな相違はないとされた**ハマキョウレックス事件**（大阪高判平28・7・26労判1143号5頁）では，無事故手当，作業手当，給食手当，通勤手当が認められ，**日本郵便（時給制契約社員ら）事件**（東京地判平29・9・14労判1164号5頁）では，判決は，契約社員と正社員のうちの新一般職とを比較して，一定の相違を認めつつ共通点を肯定して，年末年始勤務手当，住居手当等の不合理性を肯定した。**メトロコマース事件**（東京地判平29・3・23労判1154号5頁）では，契約社員の比較の対象となるのは，同一の売店業務に専従している正社員か，それ以外の正社員一般かが問われたが，判決は，後者が相当であるとしたうえで，早出残業手当のみ不合理性を認定した。

　一連の判決において注目すべきは，相違のある個々の労働条件ごとに，当該労働条件が期間の定めを理由とする不合理なものであるかを判断すべきであるとされている点である。また，労契法20条は，同一労働同一賃金の考え方を採用したものではなく，同一の職務内容であっても賃金を低く設定することが不合理とされない場合があることを前提としており，有期契約労働者と無期契約労働者との間で一定の賃金制度上の違いがあることも許容すると解される傾向がある。他方，学説では，合理的理由がある場合にのみ差異が許容されると有力に主張されている（緒方桂子「改正労働契約法20条の意義と解釈上の課題」季労241号24頁）。さらに，上記の通り，比較対象となる正社員の選定に争いがある。

Ⅲ　パートタイム労働

1　パートタイム労働の意義と実態

　パートタイム労働とは，本来，フルタイム労働との比較における短時間労働を意味する。しかし，職場の実際においては，労働時間の短さを指標にするのではなく，「パート」として採用され，賃金等の労働条件や雇用管理の面で一般の正社員とは異なる処遇を受けている者を指して「パートタイム労働者」と

呼ぶのが通例である。したがって，そこには労働時間が正社員と異ならない者も多数含まれている。

パートタイム労働者（週の所定労働時間が正社員よりも短い労働者。短時間正社員は含まない）は，2016年10月時点で，雇用者の27.4％を占めるに至っており（厚生労働省「平成28年パートタイム労働者総合実態調査の概況」参照），いまや，労働市場において不可欠の労働力となっている。しかし，日本のパートタイム労働は重大な問題を抱えている。具体的には，①賃金等の労働条件において正社員との間に著しい格差があること，②事実上，無権利状態に置かれていること（年次有給休暇や産前・産後の休業などの権利を行使し得る者はわずかであり，社会保険制度に加入していない者も多い），③有期雇用の形態をとることが多く，雇用が不安定であること，といった問題点を指摘することができる。

こうした問題性は，短時間労働という就労形態そのものに起因するのではなく，パートタイム労働者に適正な処遇や労働条件が確保されていないことによるものである。文字どおりの短時間労働としてのパートタイム労働は，適正な処遇や労働条件の保障を前提にすれば，むしろ，労働者にとって有用な就労形態である。家庭生活と労働生活との調和，高齢者の労働権保障，ワークシェアリングによる雇用の創出といったさまざまな観点から，パートタイム労働の必要性・重要性は，今後，いっそう高まることが予想される。パートタイム労働者の地位と労働条件の改善は緊急の課題であるといえよう。

2 労働法規の適用

パートタイム労働者にも一般の労働者と同じく，労基法，最賃法，労安法，労災法等の法令が全面的に適用される。ただし，いくつかの特別の取扱いも存在する。たとえば，労基法では所定労働日数の少ないパートタイム労働者に関しては年次有給休暇の比例付与の制度が設けられている（労基39条3項）。

3 パートタイム労働法の内容

(1) 概 要 短時間労働が普及・拡大し，日本の経済社会において重要な

役割を果たすに至ったことから，短時間労働を良好な就業形態として確立することが課題とされ，1993年にパートタイム労働法（正式名称は「短時間労働者の雇用管理の改善等に関する法律」）が制定された。その後，同法は，正社員との待遇格差や非自発的パートの存在への批判の高まりを背景に，2007年および2014年に大幅に改正された。

　パートタイム労働法のおもな内容は次のとおりである（なお，同法の解釈基準は，指針〔平19・10・1厚労告326号〕および施行通達〔平26・7・24基発第0724第2号〕に詳細に示されている）。

　(2)　対象労働者と明示・説明義務　　法律の対象となるのは，1週間の所定労働時間が同一の事業所に雇用される通常の労働者と比べて短い「短時間労働者」（パートタイム労働者）である（パート2条）。

　雇入れ時の使用者の労働条件明示義務について，同法は，労基法が文書で労働者に明示することを義務づけている事項（労基15条，労基則5条。くわしくは，本書第4章Ⅰ3参照）に加えて，昇給の有無，退職手当の有無，賞与の有無，相談窓口を文書の交付等により，すみやかに，パートタイム労働者に明示するよう義務づけている（パート6条1項，パート則2条）。

　また，事業主は，パートタイム労働者を雇入れたときに，事業所において実施する雇用管理の改善措置の内容（賃金制度，教育訓練，福利厚生施設，正社員への転換推進措置など）を説明しなければならない（パート14条1項）。さらに，雇用するパートタイム労働者から求めがあったときは，その待遇を決定するに当たって考慮した事項を説明しなければならない（パート14条2項）。事業主は，パートタイム労働者が説明を求めたことを理由に不利益な取扱いをしてはならない（指針第3の3の(2)）。

　(3)　平等規制の内容　　パートタイム労働法は，「短時間労働者の待遇の原則」を定めている（パート8条）。すなわち，事業主が，雇用するパートタイム労働者の待遇を，通常の労働者の待遇と相違するものとする場合には，待遇の相違は，業務の内容および当該業務に伴う責任の程度（これらを合わせて「職務の内容」という），職務の内容と配置の変更の範囲（これは一般に「人材活用の仕組

表 15-1　パートタイム労働者の待遇格差の是正措置

短時間労働者の種類	賃　　金		教育訓練		福利厚生	
	職務関連賃金・基本給・賞与・役付手当等	左以外の賃金・退職金・家族手当・通勤手当等	職務遂行に必要な能力を付与するもの	左以外のもの（キャリアアップのための訓練など）	・給食施設・休憩室・更衣室	左以外のもの（慶弔休暇，社宅の貸与等）
A	◎	◎	◎	◎	◎	◎
B	△	—	●	△	○	—
C	△	—	△	△	○	—

＜短時間労働者の種類＞
　A：「通常の労働者と同視すべき短時間労働者」
　B：通常の労働者と職務内容は同じであるが，人材活用の仕組みが異なる短時間労働者
　C：通常の労働者と職務内容が異なる短時間労働者
＜是正措置の内容＞
　◎：短時間労働者であることによる差別的取扱いの禁止
　●：実施義務
　○：配慮義務
　△：職務の内容，成果，意欲，能力，経験等を勘案する努力義務
＊　本表は，厚生労働省HP「パートタイム労働法の概要」の表をもとに，筆者が作成した。

み」と呼ばれている）その他の事情を考慮して，不合理と認められるものであってはならない。事業主は，すべてのパートタイム労働者について，この原則に従って雇用管理を行うことが求められる。

　正社員との待遇格差の是正措置について，改正法は，当該事業所の「通常の労働者」との比較により，パートタイム労働者を次の3種類に分け，種類ごとに異なる是正措置を事業主に課している。

　A：「通常の労働者と同視すべき短時間労働者」――①職務の内容（業務の内容と責任の程度）が通常の労働者と同一でありかつ，②職務内容と配置の変更の範囲（人材活用の仕組み）が全雇用期間を通じて通常の労働者と同一であると見込まれる者

　B：通常の労働者と職務内容は同じであるが，人材活用の仕組みが異なる短時間労働者

　C：通常の労働者と職務内容が異なる短時間労働者

第15章　多様な雇用・就労形態　　355

これらのうち，Aについては，事業主に対し，賃金の決定，教育訓練の実施，福利厚生施設の利用その他の待遇についての差別的取扱いを禁止している（パート9条）。B，Cについては，教育訓練の一部をBに対して実施することを義務づける以外は，賃金（同10条），教育訓練（同11条），福利厚生施設の利用（同12条）のいずれについても，通常の労働者との均衡を考慮した努力義務または配慮義務を事業主に課すにとどめている（**表15-1参照**）。

　(4)　通常の労働者への転換　　パートタイム労働者の通常の労働者への転換を推進するため，パートタイム労働法は，事業主に対して，①通常の労働者を募集する場合，募集内容を雇用する短時間労働者に周知すること，②通常の労働者の配置を新たに行う場合，配置の希望を申出る機会を短時間労働者にも与えること，③一定の資格を有する短時間労働者を対象とした通常の労働者への転換のための試験制度を設けることその他の転換を推進するための措置を講ずること，のうち，いずれかを行うことを義務づけている（パート13条）。

　(5)　紛争解決制度　　紛争の解決を促進するための制度として，事業主による苦情の自主的解決（パート22条），都道府県労働局長の助言・指導・勧告（同24条1項）および調停（同25条，26条）の制度が定められている。

　(6)　問題点　　直近の2014年の改正は，パートタイム労働者の待遇の改善に資するものであるが，改正内容は限定されており，問題点・課題がいくつも残されている。たとえば，「短時間労働者の待遇の原則」が新設されたことの意義は大きいが，待遇の相違が不合理であることの立証責任は労働者側が負うので，立証には困難が伴う。差別的取扱いが禁止されるパートタイム労働者の対象範囲が有期雇用の労働者にも拡大したことは評価できるが，「人材活用の仕組み」の要件が存続していることから，わずかな「仕組み」の違い（期待度の相違等）が設けられることで，差別的取扱い禁止の対象から除外されるおそれがある。賃金決定にあたっての均衡考慮を事業主の努力義務とする規定（パート10条）は，改正が見送られたが，義務規定に改め，紛争解決援助の対象に含めるべきである。

⓫丸子警報器事件

X₁ら28名（原告）は，自動車用警報器等の製造販売を業とするY社（被告）の女性臨時社員であり，2ヶ月の有期労働契約を反復更新し，提訴時までに4年間ないし25年間，継続して勤務してきた。X₁らは，組立ラインで女性正社員と同じ作業に従事し，勤務時間も勤務日数も正社員と異なるところはなく，QCサークル活動にも正社員と同様に参加していた。Y社では，正社員には，年功序列の賃金が月給として支払われていたが，臨時社員には，勤続年数により3段階に分かれた日給額が月単位で支給されており，正社員と臨時社員との賃金格差は，勤続年数が長くなるほど大きくなっていた。

X₁らは，Y社が正社員との間に著しい賃金格差を設けたのは，①男女差別（労基4条），②社会的身分による差別（同3条），および，③同一（価値）労働同一賃金原則違反（公序良俗違反）に当たる違法な行為（不法行為）であるとして，正社員との賃金差額相当分および慰謝料等の損害賠償を求めて，提訴した。

第1審は，①および②のX₁らの主張は否定したが，③については，つぎのように判示して，X₁らの請求を一部認容

した。同一（価値）労働同一賃金の原則は，「これに反する賃金格差が直ちに違法となるという意味での公序とみなすことはできない」が，この原則の「基礎にある均等待遇の理念は，賃金格差の違法性判断において，ひとつの重要な判断要素として考慮されるべきものであって，その理念に反する賃金格差は，使用者に許された裁量の範囲を逸脱したものとして，公序良俗違反の違法を招来する場合がある」。本件において，Y社がX₁らを臨時社員として採用したまま固定化し，女性正社員との顕著な賃金格差を維持拡大しつつ長期間の雇用を継続したことは，均等待遇の理念に違反する格差であり，公序良俗違反として違法となる。もっとも，「均等待遇の理念も抽象的なものであって，均等に扱うための前提となる諸要素の判断に幅がある以上，その幅の範囲内における待遇の差に使用者側の裁量も認めざるを得ない」ことから，「X₁らの賃金が，同じ勤務年数の女性正社員の8割以下となるときは，許容される賃金格差の範囲を明らかに越え，その限度においてY社の裁量が公序良俗違反として違法となる」。

4 社会保障法規の適用

雇用保険法は，①1週間の所定労働時間が20時間未満である者（雇用6条2号），②同一の事業主の適用事業に継続して31日以上雇用されることが見込まれない者（同条3号），③季節的に雇用される者であって，4ヶ月以内の期間を定めて雇用されるもの，または，1週間の所定労働時間が20時間以上であって

厚生労働大臣の定める時間数未満であるもの（同条4号，雇用38条1項）につい
ては，法律の適用を除外している。

　健康保険法と厚生年金保険法においては，1日または1週の所定労働時間お
よび1ヶ月の所定労働日数が通常の就労者（正社員）の4分の3以上であり，
年収が一定額（130万円）以上あれば，被保険者とする取扱いがなされてきたが，
2012年に，短時間労働者への適用を拡大する法改正が行われた。その結果，
2017年4月からは，①週の所定労働時間が20時間以上であること，②雇用期間
が1年以上見込まれること，③賃金月額が8.8万円（年収106万円）以上である
こと，④学生でないことの4要件をすべて充足する短時間労働者は被保険者と
されている。ただし，従業員数が500人以下の事業所では，保険に加入するこ
とについて労使間で合意がなされている必要がある。

5　均等待遇に関する判例

　正社員との待遇格差の是正に関わる裁判例として，均等待遇の理念を根拠
に，臨時社員（フルタイム・パート）の賃金が同じ勤続年数の女性正社員の8割
以下である場合には，その限度において，賃金に格差を設ける会社の裁量は公
序良俗違反として違法となる，と判断した**丸子警報器事件・1審判決**（長野地
上田支判平8・3・15労判690号32頁）が注目に値する（この裁判例については，本書第
2章Ⅲ3(2)(c)も参照）。同判決は，違法となる賃金格差を数値で示したこともあ
り，実務に大きな影響を与え，パート労働法改正の一因ともなった。改正パー
ト労働法は，差別的取扱いを禁止する規定を設けているが，上述のとおり，対
象となるパートタイム労働者の範囲はごく限られているので，法改正後も，判
決が示した判断は意義を失っていない（同旨：西谷・459頁）。

　一方，期間臨時社員らが正社員との賃金差額相当額の損害金の支払いを求め
た**日本郵便逓送事件・1審判決**（大阪地判平14・5・22労判830号22頁）は，「期間
雇用の臨時従業員について，これを正社員と異なる賃金体系によって雇用する
ことは，正社員と同様の労働を求める場合であっても，契約の自由の範疇であ
り，何ら違法ではない」と判示し，請求を棄却しているが，形式論にすぎる判

断であると言わざるを得ない。

　ニヤクコーポレーション事件（大分地判平25・12・10労判1090号44頁）では，1
日7時間（正社員8時間）で勤務日数も少ない運転手（準社員）につき，賞与，
割増賃金及び退職金に関して不合理性が肯定された（旧8条1項〔現9条〕違反）。
また，京都市立浴場運営財団事件（京都地判平29・9・20労旬1906号57頁）でも，
判決は，嘱託社員の職務内容が正規職員と同一の短時間労働者であるとして，
合理的理由を認めず，退職金規程に基づき算定された損害賠償を認容した。

IV　派遣労働

1　労働者派遣法の制定および改定の経緯

　他人を働かせて利益を得ようとする者は，労働力を提供する者との間で自ら
が労働契約を締結することが原則である（直接雇用の原則）。派遣労働のように，
労働力を必要とする者が他人に雇用された労働者を使用する形態は，間接雇用
と呼ばれ，中間搾取の禁止（労基6条）に違反するとともに雇用不安をもたら
すことから，派遣法（現在の正式名称は「労働者派遣事業の適正な運営の確保及び派
遣労働者の保護等に関する法律」）が制定されるまでは，職安法44条において，そ
れを業として行うこと（労働者供給事業）が禁止されていた。

　ところが，1960年代の高度経済成長期を通じて，重化学工業を中心に社外工，
事業場内下請労働者の導入が進み，70年代の低成長期に入ると，ビルメンテナ
ンス，警備，情報処理サービス，事務処理サービスといった業種において，営
業活動として労働者の派遣を専門に扱う人材派遣業が急成長してきた。事業場
内下請や人材派遣は請負契約の形式をとるが，実質的には職安法が禁止する労
働者供給事業に該当する事例が多く見られた。

　このような状況下で，政府・労働省は，職安法違反を厳正に取り締まるので
はなく，むしろ，人材派遣業は労働力の需要と供給の双方のニーズに応えて，
労働力需給の迅速かつ的確な結合を図る役割を果たしているとして，これを承
認してゆく方向を打ち出した。こうして，派遣法は1985（昭60）年に制定され，

第15章　多様な雇用・就労形態　　359

表 15-2　労働者派遣法の制定と改定経緯

1985年	労働者派遣法の制定。
86年	労働者派遣法の施行。 施行後直ちに，適用対象業務を当初の13業務から16業務に拡大。
96年	無許可事業主からの派遣受入等を行った派遣先に対する勧告・公表制度の導入。 適用対象業務を16業務から26業務に拡大（政令）。
99年	適用対象業務を原則的に自由化。 新たに対象となった業務については派遣受入期間を1年に制限。 派遣労働者の直接雇用の努力義務の創設。
2003年	「物」の製造業務への労働者派遣の解禁。 26業務以外の業務について，派遣受入期間の上限を1年から3年に延長。 派遣労働者への契約申込義務の創設。
2012年	日雇派遣の原則禁止。／グループ企業内派遣の8割規制。 離職後1年以内の労働者派遣の禁止。／マージン率等の情報提供の義務化。 待遇に関する事項等の説明の義務化。／派遣料金の明示の義務化。 労働契約申込みみなし制度の創設（施行は2015年10月から）。 法律の名称に「派遣労働者の保護」を明記。
2015年	労働者派遣事業の許可制への統一。 雇用安定措置・キャリアアップ措置の実施。 派遣期間の規制の全面改定。

翌86（昭61）年7月1日から施行された。

　法制定後，派遣法は改正を重ねている。これまでの改正の流れを振り返ると，2012年の法改正までは，適用対象業務の拡大や派遣受入期間の上限延長など，基本的には，財界が求める規制緩和の方向で改正が進められてきたといってよい。特に，1999年の法改正による派遣労働の原則自由化は，派遣労働に対する法的評価を一変させ，派遣労働の活用に拍車をかけた。また，2003年の法改正による「物」の製造業務への労働者派遣の解禁は，法律の建前とは異なり，常用労働の代替労働力としての派遣労働の活用を加速させ，偽装請負や日雇い派遣の蔓延をもたらした。こうした事態が社会的に批判を浴びる中，2008年秋以降，世界同時不況の最中に，大量の「派遣切り」が強行された。これを機に，派遣労働者の保護と事業規制を強化する方向での法改正の機運が高まり，2012年に，日雇派遣を原則として禁止する等の改正が行われ，法律の名称にも「派遣労働者の保護」が明記された。しかし，2015年には，法改正の方向は再び派遣労働の活用の方向へと逆転し，派遣期間の規制を全面改定することにより，

派遣先企業による恒常的な派遣の活用に道を開くことになった（派遣法の改定経緯の概要については，表15-2参照）。

2 労働者派遣の概念

（1） 労働者派遣の意義　「労働者派遣」とは，「自己の雇用する労働者を，当該雇用関係の下に，かつ，他人の指揮命令を受けて，当該他人のために労働に従事させることをいい，当該他人に対し当該労働者を当該他人に雇用させることを約してするものを含まない」ものをいう（派遣2条1号）。すなわち，労働者派遣では，派遣労働者は派遣元との間で労働契約を締結するが，派遣先の指揮命令を受けて労働に従事するのであり，労働関係が「雇用関係」（派遣元と派遣労働者の関係）と「使用関係」（派遣先と派遣労働者との関係）とに分離することが労働者派遣の本質である（図15-2参照）。

（2） 紹介予定派遣　紹介予定派遣とは，労働者派遣のうち，派遣元が，派遣就業の開始前または開始後に，派遣労働者および派遣先について，職業紹介を行い，または職業紹介を行うことを予定してするものをいう。職業紹介により，派遣労働者が派遣先に雇用される旨が派遣就業の終了前に派遣労働者と派遣先との間で約されるものも含まれる（派遣2条6号）。

従来，日本の多くの企業では，労働者を採用後，試用期間を設けて，労働能力の判定を行ってきたが，紹介予定派遣を利用すれば，雇用責任を負うことなく派遣労働者の労働能力を判定することが可能となる。このように，使用者にとって好都合の制度であることから，紹介予定派遣は，労働能力の判定が困難な新規学卒者の採用方法として拡大することが予測され，これに伴って，雇用の不安定な労働者が増大することが懸念される。

（3） 類似の概念との関係　（a） 労働者供給との関係　労働者供給とは，「供給契約に基づいて労働者を他人の指揮命令を受けて労働に従事させることをいい」，「労働者派遣に該当するものを含まない」（職安4条6項。図15-3参照）。職安法44条は，労働者供給を業として行うことを禁止している。派遣法は，禁止されている労働者供給の中から，その一形態を労働者派遣という概念

第15章　多様な雇用・就労形態　361

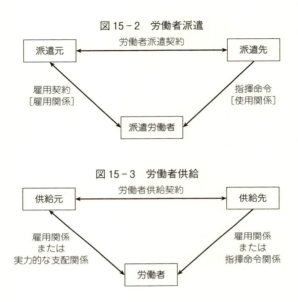

図 15-2 労働者派遣

図 15-3 労働者供給

で括って取り出し，それを業として行うことを合法化したのであり，職安法の定義規定では，上記のように労働者供給から労働者派遣が除外されている。

　労働者派遣と労働者供給の概念の異同に関連して，いわゆる違法派遣と労働者供給との関係が，重要な論点として提起されている。違法派遣（許可・届出なしの派遣，禁止業務への派遣など）は単に派遣法違反を構成するにすぎないのか，それとも，労働者供給に該当し，職安法44条にも違反するのかという問題である。派遣法は違法派遣を受け入れた派遣先を処罰する規定を設けていないのに対し，職安法では，供給先にも供給元と同じ罰則が適用されることから，いずれの立場をとるかによって，違法派遣を禁止する実効性には大きな差が生じることになる。労働行政は，法形式上，労働者派遣の枠組みをとって行われていれば，違法であっても労働者供給には該当しない，との解釈をとっているが（昭61・6・6基発333号），労働者派遣は原則的には禁止される労働者供給の一部を取り出した「例外的な禁止解除」であるから，違法派遣は，原則に立ち返って労働者供給として禁止されると解すべきであり，派遣法違反とともに職

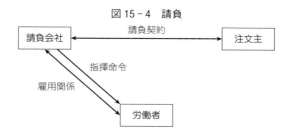

図15-4 請負

安法44条違反をも構成する，と解すべきである（萬井隆令『労働契約締結の法理』〔有斐閣，1997年〕331頁以下）。

(b) 請負との関係　請負（民632条）は，ある仕事の完成を発注企業との間で約束した請負業者が自己の雇用する労働者を自ら指揮命令して労働に従事させるものである（図15-4参照）。労働者派遣は，派遣先が他人（派遣元）の雇用する労働者を指揮命令するものであり，請負と労働者派遣の理論上の区分は明白である（「労働者派遣事業と請負により行われる事業との区分に関する基準」昭61・4・17労告37号参照）。

しかし，実際には，両者の判別に困難を伴う場合が多い。すなわち，発注企業と請負業者との間では業務処理を委託する請負契約が締結されているが，発注企業が請負業者の従業員を直接に指揮命令する事例（いわゆる偽装請負）が数多く存在する。その背景には，請負の形式をとることによって，労働法の規制を免れ，使用者責任を回避しようとする企業の脱法的意図がある。偽装請負は違法派遣の一類型であり，上述のように，派遣法違反であるのみならず，労働者供給に該当し，職安法44条違反を構成すると解される。

(c) 出向との関係　出向（在籍出向）は，出向元と出向先との間の出向契約に基づき，出向労働者が出向元との労働契約関係を維持したまま，出向先の指揮命令を受けて働くことをいう。出向は合法的な形態と考えられているが，出向元，出向先および出向労働者の三者間の関係は労働者派遣あるいは労働者供給と酷似しており，それらと出向との区分は理論的にも重要な問題である。

出向においては，労働者と出向元との間および労働者と出向先との間に二重の労働契約が成立するとの考え方をとれば，出向と労働者派遣との区別は明白である。一方，出向は出向元と労働者の間の特約に基づいて，労働者が出向先に対して労務を提供するものであるとする見解によれば，出向と派遣とは概念上，重なり合う。両者を当事者間の契約関係だけで区別することは困難であり，両者の区別は，目的や機能の違い，事業性などの指標を用いて，総合的に行うことになろう（鎌田耕一「派遣労働の法的性質」争点・272頁参照）。

　(4)　二重派遣の禁止　　労働者派遣の定義そのものから，二重派遣は禁止されることになる。二重派遣とは，派遣先が派遣元から労働者派遣を受けた労働者をさらに業として派遣することであるが，派遣先は派遣労働者を雇用していないので，二重派遣は労働者供給に該当し，それを業として行うことは職安法44条の規定により禁止されるのである。

3　派遣対象業務

　労働者派遣事業の対象業務については，法制定以降，それらを例外的に列挙する方式（ポジティブリスト方式）が採用されてきたが，99年改正により，原則と例外を逆転させ，対象業務を原則として自由化し，禁止業務を列挙する方式（ネガティブリスト方式）が採用されることとなった。その後，2003年改正では，「物の製造」の業務が，禁止を解除され，対象業務に加えられている。

　現在，労働者派遣事業を行うことが禁止されているのは，①港湾運送，②建設，③警備の3業務および④政令で定める業務である（派遣4条1項）。政令では，医師，薬剤師，看護師等の医療関連業務が禁止業務として列挙されている。ただし，福祉施設で行われる医療関連業務は禁止の対象から除外されている（派遣令2条，派遣則1条）。禁止業務について労働者派遣を行った派遣元には罰則が適用される（派遣59条）。派遣先も派遣労働者を禁止業務に従事させてはならず（同4条3項），これに違反した場合には，厚生労働大臣による指導・助言，是正勧告および企業名の公表が予定されている（同49条の2第1項・3項）。

4 労働者派遣事業の許可等

派遣法制定以来，労働者派遣事業を営むに当たっては，派遣事業のタイプに応じて，許可制と届出制がとられてきたが，2013年改正によって，許可制に統一された。労働者派遣事業を営もうとする者は，厚生労働大臣の許可を受けなければならない（派遣5条1項）。無許可で労働者派遣事業を行った者には罰則が適用される（同59条2号）。

派遣法は，許可・届出制の他にも，労働者派遣事業の適正な運営を確保する観点から，さまざまな規制を施している。たとえば，労働者や派遣先となる事業主が適切に派遣会社を選択できるように，マージン率や教育訓練の取り組み状況などについての情報の提供を，派遣会社に義務づけている（派遣23条5項，派遣則18条の2）。また，派遣会社が自社の属する企業グループへの労働者派遣をもっぱら行うことは，派遣会社が本来果たすべき労働力需給調整機能を果たしていないことになるので，グループ企業への労働者派遣の割合を全体の8割以下に制限している（派遣23条の2，派遣則18条の3）。

5 労働者派遣契約

(1) 契約の内容　　派遣元と派遣先は，労働者派遣契約の締結に際し，派遣労働者が従事する業務の内容，派遣就業の場所，指揮命令者，派遣期間と就業日，就業時間，安全衛生，苦情処理に関する事項，労働者派遣契約の解除に当たり講ずる派遣労働者の雇用の安定を図るための措置，紹介予定派遣に関する事項，および厚生労働省令で定める事項を定めなければならない（派遣26条1項）。

(2) 契約締結の際に明らかにすべき事項　　労働者派遣契約を締結するに当たり，派遣元は，一般労働者派遣事業の許可を受け，または特定労働者派遣事業の届出書を提出している旨を明示しなければならない（派遣26条4項）。派遣先は，派遣受入れ期間の制限に抵触することとなる最初の日を派遣元に通知しなければならない（同条5項）。この通知がないときは，派遣元は労働者派遣契約を締結してはならない（同条6項）。

第15章　多様な雇用・就労形態　　365

(3) 派遣先による派遣労働者の特定の禁止　派遣先は，労働者派遣契約の締結に際し，派遣労働者を特定することを目的とする行為（事前面接，派遣元からの履歴書の送付，若年者に限定することなど）をしないように努めなければならない（派遣26条7項）。派遣元が派遣労働者の雇用管理（採用や解雇など）に責任を負うことは，派遣法が人材派遣業を合法化するに当たっての大前提である。派遣労働者の選定は派遣元が自らの責任と判断に基づいて行うべきものであり，派遣先が介入することは許されない。ただし，紹介予定派遣については，例外的に派遣労働者の特定が認められている。

(4) 契約の解除と派遣労働者の差替え　派遣先は，派遣労働者の国籍，信条，性別，社会的身分，派遣労働者が労働組合の正当な行為をしたこと等を理由として，労働者派遣契約を解除してはならない（派遣27条）。派遣元は，派遣先が派遣法および所定の労働関係法規（労基法，労安法，じん肺法，作業環境測定法，均等法）に違反した場合，労働者派遣を停止し，あるいは労働者派遣契約を解除することができる（同28条）。派遣先は，派遣先の都合で契約を解除する場合には，派遣労働者の新たな就業機会の確保，休業手当等の支払いに要する費用の負担などの措置を講じなければならない（同29条の2）。

労働者派遣契約が中途解除された場合，派遣元と派遣労働者との間の雇用関係の存続が問題となる。この点，派遣労働者は，常用雇用型だけでなく登録型であっても，派遣先の決定を契機に派遣元との間で締結する労働契約に定める期間，派遣元に雇用されるのであり，労働者派遣契約が解除されても，当然に労働契約が終了するわけではなく，また，解雇が正当化されるわけでもない。一般の有期労働契約の場合と同様，「やむを得ない事由」（労契17条1項，民628条）のある場合に限り，派遣元は派遣労働者を解雇できるにすぎない（派遣労働者の雇止めについては，本書第 **13** 章 II **4**(**2**) 参照）。したがって，通常，派遣労働者は労働者派遣契約の解除を理由に解雇されることはなく，派遣元に対して賃金を請求し得る。この点，派遣元が派遣労働者の勤務状況について知ることは困難であるとして，民法上の帰責事由（民536条2項）を否定し，休業手当請求（平均賃金6割分。労基26条）のみを認めた裁判例（**三都企画建設事件**・大阪地判平18・1・

366

6 労判913号49頁）があるが，賃金請求権を失わないと解するのが妥当である（土田・有・828頁，西谷・483頁）。派遣元は，派遣先の責めに帰すべき事由により労働者派遣契約を中途解除した場合には，休業等により生じた損害の賠償を請求することができる（「派遣元事業主が講ずべき措置に関する指針」と「派遣先が講ずべき措置に関する指針」の改正〔平21・3・31〕。労旬1698号42頁参照）。

　派遣労働者の差替えについて，派遣法は特に規定を設けていないが，登録型の派遣労働者の場合，差替えにより派遣元から解雇されるおそれがあるため，差替えは，派遣労働契約の解約（解雇）に類似する問題を含んでいる。労働者派遣契約の解除を禁止する派遣法27条に例示された理由やその他不当な理由に基づく派遣労働者の差替えは，同条を類推適用して無効と解すべきであり，差替えを理由とする派遣元による解雇も無効になると解される。

6 派遣元と派遣先の義務

(1) 派遣元事業主の義務　　派遣法は，派遣労働者を保護するために，派遣元事業主と派遣先にさまざまな義務を課している。派遣元事業主が負う義務の主なものを列挙すると，次のとおりである。

　ア）特定有期雇用派遣労働者等の雇用の安定等　　派遣元は，雇用する有期雇用派遣労働者であって，派遣先における同一の組織単位の業務に1年以上従事する見込みがあるもの（以下，「特定有期雇用派遣労働者」）その他雇用の安定を図る必要性が高いと認められる者として厚生労働省令で定めるものに対して，派遣終了後の雇用を継続させる措置（以下，「雇用安定措置」）を講ずるように努めなければならない（努力義務）（派遣30条1項）。

　「組織単位」とは，「労働者の配置の区分であって，配置された労働者の業務の遂行を指揮命令する職務上の地位にある者が当該労働者の業務の配分に関して直接の権限を有するものとして厚生労働省令で定めるもの」（同26条1項）をいう。いわゆる「課」が想定されている。「雇用安定措置」とは，①派遣先への直接雇用の依頼，②新たな派遣先の提供（合理的なものに限る），③派遣労働者以外の労働者としての派遣元での無期雇用，および，④その他安定した雇用

第15章　多様な雇用・就労形態　　367

の継続を図るために必要な措置（教育訓練等，厚生労働省令で定めるもの）の4つの措置である。

派遣元は，同一の組織単位の業務に3年間従事する見込みがある特定有期雇用派遣労働者については，雇用安定措置を講じなければならない（実施義務）（同30条2項）。

イ）段階的かつ体系的な教育訓練等　派遣元は，派遣労働者が段階的かつ体系的に派遣就業に必要な技能及び知識を習得することができるように教育訓練を実施しなければならない（同30条の2第1項）また，派遣元は，派遣労働者の求めに応じ，派遣労働者の職業生活の設計に関し，相談の機会の確保その他の援助（キャリアコンサルティング）を行わなければならない（同条第2項）。

ウ）待遇に関する説明　派遣元は，派遣労働者として雇用しようとする労働者に対し，雇用した場合における賃金の見込み額その他の待遇に関する事項などを説明しなければならない（派遣31条の2第1項，派遣則25条の2）。また，派遣元は，派遣労働者から求めがあったときは，賃金の決定，教育訓練の実施，福利厚生の実施等について，派遣労働者と派遣先で同種の業務に従事する労働者の待遇の均衡を図るために考慮した内容を説明しなければならない（派遣31条の2第2項）。

エ）就業条件の明示等　派遣元は，労働者派遣をしようとするときは，あらかじめ，派遣労働者に就業条件を明示するとともに，派遣期間に制限のある業務に派遣をする場合には，派遣先が期間制限に抵触することとなる最初の日を明示しなければならない（派遣34条1項）。また，派遣元は，雇入れ時，派遣開始時，派遣料金額の変更時に，労働者に対して，当該労働者に係る労働者派遣の料金額を明示しなければならない（同34条の2，派遣則26条の2）。

オ）派遣先への通知　派遣元は，派遣労働者の氏名，派遣労働者に関する健康保険，厚生年金保険および雇用保険の被保険者資格届の提出の有無などを，派遣先に通知しなければならない（同35条）。

カ）派遣元管理者の選任等　派遣元は，派遣労働者への助言および指導，苦情の処理，個人情報の管理，派遣先との連絡調整などを行わせるために，派

遣元責任者を選任すること（同36条），派遣就業に関し，派遣元管理台帳を作成
し，台帳に派遣労働者ごとに必要事項を記載し，これを3年間保存すること
（同37条）が義務づけられている。

(2) 派遣先の義務　　派遣先は，労働者派遣契約の定めに反することのない
ように適切な措置を講じなければならない（派遣39条）。派遣労働者から苦情の
申出を受けたときは，適切かつ迅速にその処理を図らなければならない（同40
条1項）。

　派遣労働者と派遣先に雇用される労働者の待遇の均衡を図るため，以下の点
につき，派遣先に配慮義務が課されている。①派遣労働者と同種の業務に従事
する派遣先の労働者に対して，その業務の遂行に必要な能力を付与するために
行う教育訓練について，派遣元の求めに応じ，派遣労働者に対しても実施する
こと（同条2項），②派遣先に雇用される労働者に対して利用の機会を与える福
利厚生施設であって，業務の円滑な遂行に資するものについては，派遣労働者
に対しても，利用の機会を与えること（同条3項），③派遣元により派遣労働者
の賃金が適切に決定されるようにするため，派遣元の求めに応じ，派遣労働者
が従事する業務と同種の業務に従事する派遣先労働者の賃金水準に関する情報
を派遣元に提供すること（同条5項）。

　派遣先は，派遣労働者の指揮命令者等への所定事項の内容の周知，苦情の処
理，派遣元との連絡調整など，派遣就業に関する事項を行わせるために，派遣
先責任者を選任しなければならない（派遣41条）。また，派遣就業に関し，派遣
先管理台帳を作成し，台帳に派遣労働者ごとに必要事項を記載し，これを3年
間保存するとともに，記載事項を派遣元に通知しなければならない（同42条）。

(3) 労働基準法等に定める使用者責任の分担　　労基法等の労働者保護法規
に定める使用者責任は，通常の労働関係においては，労働契約の当事者である
事業主または使用者（「事業主又は事業の経営担当者その他その事業の労働者に関す
る事項について，事業主のために行為をするすべての者」労基10条）が負う。ところ
が，派遣中の労働者については，労働契約関係にない派遣先が，業務遂行上の
具体的な指揮命令を行い，また，派遣就業の場における設備，機械等の設置・

第15章　多様な雇用・就労形態　　**369**

管理を行っているため，派遣元に責任を負わせるだけでは，労働者の保護に欠けるおそれがある。そこで，派遣法は，派遣先における具体的な就業に伴う事項であって派遣元に責任を問うことが困難な事項，派遣労働者保護の観点から派遣先に責任を負わせることが適当な事項については，派遣先に責任を負わせることとし，労基法，労安法，じん肺法，作業環境測定法および均等法について，適用の特例等に関する規定を設けている（派遣44〜47条の2）。

　これによって，これらの法律に定める使用者責任は，①派遣元と派遣先の双方が負うもの，②基本的に派遣先のみが負うもの，および，③派遣元のみが負うものに分類される。たとえば，労基法に定める使用者責任は，均等待遇（労基3条），強制労働の禁止（同5条）は①に，労働時間に関する諸規定，妊産婦の就業制限などの規定は②に，賃金支払い義務などは③に属する。労安法については，派遣先が派遣労働者に具体的な指揮命令を行い，派遣就業に関わる設備・機械等を設置・管理していることから，安全管理体制の確立や労働者の危険・健康障害防止措置など，同法に定める使用者責任の多くが，派遣先の責任とされている。

7　日雇労働者および離職した労働者についての労働者派遣の禁止

　(1)　日雇労働者についての労働者派遣の禁止　　日雇労働者の労働者派遣（日雇派遣）については，派遣元と派遣先の双方がそれぞれの雇用管理責任を果たしておらず，労働災害も頻発していたことから，2012年改正において，契約期間が30日以内の労働者の派遣は原則として禁止されることになった。すなわち，派遣元事業主は，一定の例外に該当する場合を除き，その雇用する日雇労働者（日々または30日以内の期間を定めて雇用する労働者）について労働者派遣を行ってはならない（派遣35条の4）。

　例外が認められるのは，①専門的な知識，技術または経験を必要とする業務のうち，適正な雇用管理に支障がない業務として政令で定める業務について労働者派遣をする場合，または，②雇用機会の確保が特に困難な労働者の雇用の継続を図るために必要な場合その他の政令で定める場合である。①の「政令で

370

表 15 - 3　日雇派遣の禁止の例外として政令で定める業務

1	情報処理システム開発	10	デモンストレーション
2	機械設計	11	添乗
3	事務用機器操作	12	受付・案内
4	通訳，翻訳，速記	13	研究開発
5	秘書	14	事業の実施体制の企画・立案
6	ファイリング	15	書籍等の編集
7	調査	16	広告デザイン
8	財務処理	17	OA 機器のインストラクション
9	取引文書作成	18	セールスエンジニアの営業

＊　数字は派遣法施行令 4 条 1 項の号数

定める業務」については，派遣法施行令で18の業務が列挙されている（派遣令
4 条。表15 - 3 参照）。②の「政令で定める場合」は，ア）労働者派遣される日
雇労働者が60歳以上の者である場合，イ）学生または生徒である場合（定時制
課程に在学する者等を除く），ウ）当該日雇労働者あるいはその属する世帯の年
収が500万円以上である場合，のいずれかに該当する場合である（派遣令 4 条 2
項，派遣則28条の 2・28条の 3 ）。

(2)　離職した労働者についての労働者派遣の禁止　　直接雇用すべき労働者
を削減し，派遣労働者に代替させることを防ぐために，2012年改正の際に，1
年以内に離職した労働者を派遣労働者として受け入れることが禁止されること
となった。すなわち，派遣先は，当該派遣先を離職した者（60歳以上の定年退職
者を除く）を，離職の日から 1 年間は，派遣労働者として受け入れてはならな
い（派遣40条の 9 ，派遣則33条の10）。派遣元も，該当する労働者派遣を行っては
ならない（派遣35条の 5 ）。

8 労働者派遣の期間

2015年の改正により，派遣期間の制限の有無を業務の内容によって区別して
きた従来の規制は全面的に改められ，すべての業務を対象に，以下の 2 種類の
派遣期間の制限が設けられることになった。

第15章　多様な雇用・就労形態　　**371**

(1) 派遣先事業所単位の期間制限　　派遣先は，事業所ごとの業務について，派遣元から派遣可能期間を超える期間継続して労働者派遣を受け入れてはならない。ただし，当該労働者派遣が次のいずれかに該当するときは，この限りでない（派遣40条の2第1項）。

①無期雇用派遣労働者に係る労働者派遣，②雇用の機会の確保が特に困難である派遣労働者（60歳以上の派遣労働者など，厚生労働省令で定める者）に係る労働者派遣，③事業の開始等のための業務であって一定の期間内に完了することが予定されている業務等に係る労働者派遣，④産前・産後休業を取得する労働者の業務に係る労働者派遣。

派遣可能期間は，3年である（同条2項）。派遣先は，3年を超えて労働者派遣の役務の提供を受けようとするときは，期間制限の上限に達する1か月前までに，当該事業所の過半数労働組合等（過半数労働組合がない場合には過半数代表者）の意見を聴取することにより，3年を限度に派遣可能期間を延長することができる。延長期間が経過する場合に，さらに延長しようとするときも，同様である（同条3項，4項）。

派遣先は，意見を聴かれた過半数労働組合等が異議を述べたときは，当該過半数労働組合等に対し，派遣可能期間の延長の理由その他の厚生労働省令で定める事項について説明しなければならない（同条5項）。

(2) 派遣労働者個人単位の期間制限　　派遣元は，派遣先の事業所における組織単位（「課」を想定）ごとの業務について，3年を超える期間継続して同一の派遣労働者を派遣してはならない（派遣35条の3）。

派遣先は，派遣可能期間が延長された場合，当該派遣先の事業所における組織単位ごとの業務について，派遣元から3年を超える期間継続して同一の派遣労働者の派遣を受けてはならない（同40条の3）。

以上のように，派遣先は，過半数労働組合等の意見を聴取すれば，3年を超えて，派遣可能期間を繰り返し延長することが可能である。ただし，派遣労働者個人単位の期間制限があるので，同一の派遣労働者を事業所内の同一の組織単位に3年を超えて受け入れることはできない。同一の組織単位において，3

年を超えて派遣労働者を受け入れる場合には，別の派遣労働者を受け入れることになる。また，個人単位の期間制限は同一の組織単位への派遣期間の制限であるので，派遣先の事業所単位での派遣可能期間が延長されておれば，ある派遣労働者の派遣期間が3年を超える場合であっても，その者を同じ派遣先事業所の別の組織単位に派遣する（あるいは別の組織単位で受け入れる）ことは可能である。

9 派遣労働者に対する派遣先の雇用責任

（1）　特定有期雇用派遣労働者の優先的雇用の努力義務　　派遣先は，派遣先の事業所における組織単位ごとの同一の業務について，派遣元から継続して1年以上の期間，同一の特定有期雇用派遣労働者を受け入れていた場合，引き続き当該業務に労働者を従事させるため，労働者を雇い入れようとするときは，当該業務に従事した特定有期雇用派遣労働者を，遅滞なく，雇い入れるように努めなければならない（派遣40条の4）。

（2）　労働者の募集に係る事項の周知　　派遣先は，同一の事業所において，派遣元から1年以上の期間，継続して同一の派遣労働者（無期雇用であるか有期雇用であるかを問わない）を受け入れている場合，当該事業所において通常の労働者（正社員）の募集を行うときは，募集する労働者が従事すべき業務の内容等を当該派遣労働者に周知しなければならない（派遣40条の5第1項）。

派遣先は，同一の事業所において労働者（正社員に限らない）の募集を行うときは，当該事業所における同一の組織単位の業務について継続して3年間派遣労働に従事する見込みがある特定有期雇用派遣労働者に対し，当該募集する労働者が従事すべき業務の内容等を当該派遣労働者に周知しなければならない（同条2項）。

（3）　黙示の労働契約の成立　　派遣元が形式的存在にすぎず，派遣労働者の労務管理を行っていない反面，派遣先が実質的に派遣労働者に賃金を支払っていると考えられるような事情があれば，派遣労働者と派遣先の間に，黙示の労働契約の成立が認められる場合がある。特に，偽装請負のケースでは，派遣先

第15章　多様な雇用・就労形態　　373

⓬松下 PDP 事件

　原告 X は請負業者である訴外 A 社に雇用され，被告 Y 社の工場でプラズマディスプレイパネル（PDP）の封着工程（PDP に放電ガスを封じ込める工程）に従事していた。封着工程では，Y 社の従業員と A 社などの請負業者の従業員とが混在して作業しており，請負業者の従業員に対する指揮命令は，Y 社が行っていた。

　X は，こうした勤務実態が職安法44条と派遣法に違反する旨，大阪労働局に申告するとともに，Y に対し X を直接雇用するよう求めた。X および X が加入する労働組合と Y 社との間で協議が重ねられ，その結果，X は，契約期間と業務内容に異議をとどめたうえで，契約期間を 5 ヶ月とする労働契約を Y 社と締結した。

　労働契約締結後，Y 社が X に指示した作業は，それまでは廃棄されていた不良パネルのリペア作業であり，X は，ほかの労働者から隔離された作業場で，1 人で作業に従事することとなった。労働組合は，X と Y 社間の労働契約を期間の定めのないものとし，X を従前の封着工程に従事させることを求めて団体交渉を申し入れたが，Y 社はこれに応じることなく，契約期間満了日をもって，X を雇止めにした。そこで，X は，労働契約上の地位の確認等を求める訴えを提起した。

　X は，①X が封着工程に従事し始めた頃から，X と Y 社との間には黙示の労働契約が成立していたこと，仮にそれが認められないとしても，②派遣法に基づく労働契約申込義務の発生後，労務提供が継続されたことにより，X と Y 社との間で労働契約が成立したこと，あるいは，③X と Y 社間で締結された労働契約の期間の定めは，公序良俗に反し無効であることを主張したが，第 1 審はこれらをすべて否定した（大阪地判平19・4・26労判941号 5 頁）。第 2 審は，X と Y 社間には当初から期限付きの黙示の労働契約が成立しており，それが更新されてきたものと解し，Y 社の雇止めは解雇に該当し，解雇権の濫用として無効であると判示した（大阪高判平20・4・25労判960号 5 頁）。最高裁（平21・12・18労判993号 5 頁）は，A 社による X の採用に Y 社が関与していなかったこと，X が A 社から支給を受けていた給与等の額を Y 社が事実上決定していたとはいえないことなどを理由に，X と Y 社間での黙示の労働契約の成立を否定し，また，両者間で締結された労働契約の期間の定め，および期間満了による雇止めをいずれも有効と判断した。ただし，Y 社が X をリペア作業に従事させたこと，および X を雇止めにしたことは，大阪労働局への申告に対する報復を動機とする不利益取扱いであり，不法行為に該当するとして，X の Y 社に対する損害賠償請求を認容した。

　本件は，X が封着工程に従事していた段階で，両者の間に期間の定めのない労働契約の成立が認められるべきケースであったと考えられるが，そう解さないとしても，Y 社による X の雇止めを不法行為であると認定するのであれば，雇止めを無効とし，X の労働契約上の地位を認めるべきであったといえよう。

の脱法行為を放置せず，法的正義に則した解決を図るためにも，黙示の労働契約の成立が広く認定されてよい。**マイスタッフ（一橋出版）事件・東京高判**（平18・6・29労判921号5頁）および**伊予銀行・いよぎんスタッフサービス事件**・高松高判（平18・5・18労判921号33頁〔最決平21・3・27労判991号14頁は黙示の労働契約の成立を否定した本判決を維持〕）は，一般論として，特段の事情があるときには派遣労働者と派遣先との間に黙示の労働契約が成立したと認める余地があるとしたが，結論としては成立を否定した。**松下 PDP 事件・大阪高判**（平20・4・25労判960号5頁）は，偽装請負によって労働者に指揮命令をしていた会社と労働者との間に黙示の労働契約の成立を認めたが，最高裁（平21・12・18労判993号5頁）はこれを否定した（この判決の問題点については，萬井隆令「松下 PDP 事件・最高裁判決の批判的検討」労旬1714号6頁以下参照）。

（4）**労働契約申込みみなし制度**　違法派遣への迅速かつ的確な対処方法の1つとして，2012年の改正において，労働契約申込みみなし制度が創設された。これにより，派遣先が違法に労働者派遣を受け入れた場合（①派遣禁止業務に派遣労働者を従事させる，②派遣元事業主以外の者から受け入れる，③派遣先事業所単位の期間制限を超えて受け入れる，④派遣労働者個人単位の期間制限を超えて受け入れる，⑤派遣法や労基法の適用を免れる目的で請負等の名目で契約を締結し，労働者派遣契約に定めるべき事項を定めずに受け入れる，のいずれかに該当する行為を行った場合）には，その時点において，派遣先から派遣労働者に対し，その時点における派遣労働者の労働条件と同一の労働条件を内容とする労働契約の申込みがなされたものとみなされる。ただし，派遣先が違法行為に該当することを知らず，かつ，知らなかったことにつき過失がないときは，除外される（派遣40条の6第1項）。

10　2015年改正の問題点と今後の課題

2015年の派遣法改正の最大の問題点は，派遣期間についてのルール変更である。

事業所単位の期間制限と個人単位の期間制限の2種類の派遣期間の制限からなる新制度は，「期間制限」という言葉とは裏腹に，派遣先企業による恒久的

な派遣の活用を認めるものであり、派遣労働者にとっては、正社員への転換の道を閉ざし、「生涯派遣」を強いるものであると言っても過言ではない。

すなわち、新制度による期間制限は、有期雇用派遣労働者（いわゆる登録型）を対象としたものであり、無期雇用派遣労働者には、派遣期間に制限がない。派遣先は、無期雇用の派遣労働者であれば、すべての業務について、期間の制限なしに派遣を活用することができる。また、有期雇用の派遣労働者の場合でも、派遣先は、過半数労働組合等の意見を聴取さえすれば、3年ごとに労働者を入れ替えて、派遣を利用し続けることができる。個人単位の期間制限については、派遣先の同一の組織単位で3年の上限が付されているが、組織単位である「課」を変更すれば、同一の派遣労働者を引き続き受け入れることが可能である。つまり、派遣先は、優秀な派遣労働者を、正社員として雇用することなく、正社員と同じように、職場を変えて働かせることができるのである。

1999年の派遣法の改正により労働者派遣は自由化されたが、そのときにも、「派遣は常用雇用の代替として活用されてはならない」という考え方は維持され、臨時的・一時的な利用に止めるために、新自由化業務の派遣期間は1年に限定された。この「常用雇用の代替防止」という考え方は、職に就いている正社員の雇用を守るという狭い利益擁護の観点からではなく、より崇高な、社会的公正の実現と労働者の人権保障の見地から、求職者に正社員のポストを確保することを目的として説かれているものである。

今回の改正は、「常用雇用の代替防止」に反する結果をもたらす可能性が大きい。企業にとって、派遣労働者は使い捨てにしやすい労働力であり、派遣期間の制限が実質的に無くなることで、派遣労働の活用が急激に進むことが懸念される。

派遣労働者の雇用の安定のための有効で確実な措置・制度も改正法には見当たらない。

無期雇用派遣労働者には、法律の規定上も、業務を問わず、派遣期間の制限がないが、「無期雇用であり、身分が安定しているから、労働者保護の観点からしても問題はない」というのがその理由である。しかし、現実には、リーマ

⓭「働き方改革」における同一労働同一賃金

安倍内閣は,「働き方改革」の諸課題の１つに「同一労働同一賃金など非正規雇用の処遇改善」を掲げ,「同一労働同一賃金の実効性を確保する法制度とガイドラインの整備」を実行計画に定め,法改正に着手している。しかし,そこに示されている同一労働同一賃金は,人々が常識として共有している同一労働同一賃金とはかけ離れた内容である。

同一労働同一賃金に関する法案は,(1)不合理な待遇差を解消するための規定の整備,(2)労働者に対する待遇に関する説明義務の強化,(3)行政による履行確保措置および裁判外紛争解決手続の整備の３つの柱からなる。このうち同一労働同一賃金の内実を示しているのは(1)である。その具体的内容は,①短時間労働者と有期雇用労働者のそれぞれについて通常の労働者との不合理な待遇を禁止する現行の２つの条文（パート８条と労契20条）を１つに結合するとともに,条文に修正を加え,賃金,賞与など個々の待遇ごとに,当該待遇の性質・目的に照らして適切と認められる事情を考慮して,不合理性が判断されるべき旨を明確化する,②通常の労働者と同視すべき短時間労働者に対する差別的取扱いを禁止する現行法の規定（パート９条）の対象に有期雇用労働者を加える,③派遣労働者について,㋐派遣先の労働者との均等・均衡待遇または㋑一定の要件（同種業務の一般の労働者の平均的な賃金と同等以上の賃金であることなど）を満たす労使協定による待遇,のいずれかを確保することを派遣元事業主に義務づける,というもの

である。

このように,法案は,不合理な待遇を禁止する現行法の仕組みを維持したまま,それを拡充するものであるが,①待遇の相違が不合理であることの立証責任を労働者側が負うので立証が困難である,②「人材活用の仕組み」の違いを理由に差別的取扱いが容認されるおそれがある,という現行法の問題点を修正しておらず,格差を温存・固定化することにつながりかねない。また,そもそも,同一労働同一賃金は,労働が同一であれば賃金も同一であるという原則であるが,現行法と法案が採用する「不合理な待遇の禁止」は,同じ労働をしていても賃金に差を設けることを許容するものであり,同一労働同一賃金の原則とは別物である。

正規労働者と非正規労働者とでは賃金の決定方法が異なっており（前者は年功と能力・業績を基準とし,後者は地域相場の時間給を基準とするのが一般的である）,このことが賃金格差を生み出す要因となっている。同一労働同一賃金の原則を掲げて非正規労働者の処遇改善を目指すのであれば,労働に着目した賃金決定への転換を推進するために,決定方法について明確な基準を提示すべきである。この点については,数値化された客観的な職務評価（労働環境や負担,責任,知識,技能等の評価要素を設け,各要素の評価を点数化し,その合計点によって職務を評価する）に基づく職務給の導入が提唱されており（遠藤公嗣『これからの賃金』〔旬報社,2014年〕),注目される。

ンショック後の「派遣切り」に見られたように，派遣先から労働者派遣契約の解約を通告された派遣元は，無期雇用であっても，派遣先が無いことを理由に，派遣労働者をやすやすと解雇したのであった。こうした無期雇用派遣労働者の解雇を制限する規定は何ら設けられていない。

　改正法は，特定有期雇用派遣労働者等について，雇用安定措置を講じることを派遣元に義務づけている。しかし，それは努力義務にすぎず，また，所定の雇用安定措置によって，現実に，派遣労働者の雇用の安定がはかられるとは思われない。改正法は，「正社員への道を開く」ための措置として，派遣元に，計画的な教育訓練とキャリアコンサルティングを義務づけ，派遣先には，労働者募集に関する情報提供を義務づけている。しかし，これらによっても，派遣労働拡大の流れに歯止めがかかるとは，到底考えられないのである。

　派遣労働は，種々の弊害を伴う間接雇用の一形態である。直接雇用の原則の重要性を確認した上で，派遣労働を制限し，派遣労働者の保護を強化すること，均等待遇原則を法制化することが，喫緊の立法課題である。

判 例 索 引

【最高裁判所】

最判昭27・2・22民集6巻2号258頁（十勝女子商業事件）‥‥‥‥‥‥‥‥‥‥‥45

最判昭31・3・29刑集10巻3号415頁‥‥‥‥‥‥‥‥‥‥‥‥‥‥‥‥‥‥‥‥‥37

最判昭31・11・2民集10巻11号1413頁（関西精機事件）‥‥‥‥‥‥‥‥‥‥‥179

最判昭33・6・19刑集12巻10号2236頁‥‥‥‥‥‥‥‥‥‥‥‥‥‥‥‥‥‥‥38

最判昭35・3・11民集14巻3号403頁（細谷服装事件）‥‥‥‥‥‥‥‥‥15, 300

最判昭36・4・27労経速397号18頁（八幡製鉄所事件）‥‥‥‥‥‥‥‥‥‥‥319

最判昭36・5・25民集15巻5号1322頁（山崎証券事件）‥‥‥‥‥‥‥‥‥‥‥23

最大判昭36・5・31民集15巻5号1482頁（日本勧業経済会事件）‥‥‥‥‥‥‥179

最判昭37・4・26民集16巻4号975頁（山崎鉱業所百々浦炭坑事件）‥‥‥‥‥295

最判昭37・5・18民集16巻5号1108頁（大平製紙事件）‥‥‥‥‥‥‥‥‥‥‥23

最判昭37・7・20民集16巻8号1656頁（駐留軍山田支部事件）‥‥‥‥‥185, 319

最判昭38・6・4民集17巻5号716頁（小野運送事件）‥‥‥‥‥‥‥‥‥‥‥296

最判昭38・6・21民集17巻5号754頁（十和田観光電鉄事件）‥‥‥‥‥‥38, 126

最大判昭40・9・22民集19巻6号1600頁（富士林産工業事件）‥‥‥‥‥‥‥333

最判昭41・12・1民集20巻10号2017頁（伸栄製機事件）‥‥‥‥‥‥‥‥‥‥295

最判昭43・3・12民集22巻3号562頁（小倉電話局事件）‥‥‥‥‥‥‥‥‥‥177

最判昭43・5・28判時519号89頁（伊予相互金融事件）‥‥‥‥‥‥‥‥‥‥‥172

最判昭43・12・24民集22巻13号3050頁（電電公社千代田丸事件）‥‥‥‥‥‥108

最大判昭43・12・25民集22巻13号3459頁（秋北バス事件）‥‥‥‥84, 87-89, 94, 326

最判昭44・2・27民集23巻2号511頁（山世志商会事件）‥‥‥‥‥‥‥‥‥‥338

最判昭44・12・18民集23巻12号2495頁（福島県教組事件）‥‥‥‥‥‥‥‥‥180

最判昭45・7・28民集24巻7号1220頁（横浜ゴム事件）‥‥‥‥‥‥‥‥‥‥‥130

最判昭45・10・30民集24巻11号1693頁（群馬県教組事件）‥‥‥‥‥‥‥‥‥180

最判昭48・1・19民集27巻1号27頁（シンガー・ソーイング・メシーン事件）‥‥98, 180

最判昭48・3・2民集27巻2号191頁（白石営林署事件）‥‥‥‥‥‥‥‥241, 247

最判昭48・10・19労判189号53頁（日東タイヤ事件）‥‥‥‥‥‥‥‥‥‥‥149

最大判昭48・12・12民集27巻11号1536頁（三菱樹脂事件）‥‥‥‥44, 60-62, 69

最判昭49・2・28民集28巻1号66頁（国鉄中国支社事件）‥‥‥‥‥‥‥123, 126

最判昭49・3・15民集28巻2号265頁（日本鋼管川崎製鉄所事件）‥‥‥‥‥‥130

最判昭49・7・22民集28巻5号927頁（東芝柳町工場事件）‥‥‥‥310, 313, 328

最判昭49・9・2民集28巻6号1135頁（倉敷労基署長事件）‥‥‥‥‥‥‥‥‥277

最判昭50・2・25民集29巻2号143頁（陸上自衛隊八戸車両整備工場事件）‥‥118, 288

最判昭50・4・25民集29巻4号456頁（日本食塩製造事件）‥‥‥‥‥‥298, 304

最判昭50・7・17労判234号17頁（江東ダイハツ自動車事件）‥‥‥‥‥‥‥‥15

最判昭51・3・8労判245号24頁（大栄交通事件）‥‥‥‥‥‥‥‥‥‥‥‥‥328

最判昭51・7・8民集30巻7号689頁（茨城石炭事件）‥‥‥‥‥‥‥‥‥‥‥117

最判昭51・7・9判時819号91頁（新井工務店事件）‥‥‥‥‥‥‥‥‥‥‥‥15

379

最判昭52・1・31労判268号17頁（高知放送事件）………………………………………………… 298, 302

最大判昭52・2・23民集31巻1号93頁（第二鳩タクシー事件）……………………………… 185

最判昭52・8・9労経速958号25頁（三晃社事件）………………………………………………… 40

最判昭52・10・25民集31巻6号836頁（三共自動車事件）…………………………………… 296

最判昭52・12・13民集31巻7号974頁（目黒電報電話局事件）……………… 42, 45, 109, 126, 218

最判昭52・12・13民集31巻7号1037頁（富士重工業事件）………………… 116, 124, 127, 129

最判昭54・7・20民集33巻5号582頁（大日本印刷事件）…………………………………… 63-66

最判昭54・10・30民集33巻6号647頁（国鉄札幌運転区事件）……………………… 124-126

最判昭54・11・13判タ402号64頁（住友化学工業事件）……………………………………… 217

最判昭55・5・30民集34巻3号464頁（電電公社近畿電通局事件）……………………… 66

最判昭55・7・10労判345号20頁（下関商業高校事件）……………………………………… 324

最判昭55・12・18民集34巻7号888頁（大石塗装・鹿島建設事件）…………… 289, 291

最判昭56・2・16民集35巻1号56頁（航空自衛隊芦屋分遣隊事件）………………… 289

最判昭56・3・24労判360号23頁（日産自動車男女別定年制事件）………………… 49

最判昭56・5・11判時1009号124頁（前田製菓事件）………………………………………… 24

最判昭57・4・13民集36巻4号659頁（大成観光〔ホテルオークラ〕事件）…… 109

最判昭57・10・7労判399号11頁（大和銀行事件）…………………………………………… 170

最判昭58・4・19民集37巻3号321頁（東都観光バス事件）…………………………… 295

最判昭58・9・8労判415号29頁（関西電力事件）…………………………………………… 131

最判昭58・10・27労判427号63頁（あさひ保育園事件）…………………………… 304, 305

最判昭59・4・10民集38巻6号557頁（川義事件）………………… 118, 288, 290, 292

最判昭60・4・5民集39巻3号675頁（古河電気工業・原子燃料工業事件）…… 153

最判昭60・7・16民集39巻5号1023頁（エヌ・ビー・シー工業事件）…………… 264

最判昭60・11・28労判469号6頁（京都新聞社事件）……………………………………… 170

最判昭61・3・13労判470号6頁（電電公社帯広局事件）…………… 84, 86, 104, 272

最判昭61・7・14労判447号6頁（東亜ペイント事件）……………………… 141-143, 145

最判昭61・12・4労判486号6頁（日立メディコ事件）…… 307, 310, 311, 313, 328

最判昭62・4・2労判506号20頁（あけぼのタクシー事件）………………… 185, 319

最判昭62・7・10民集41巻5号1229頁（弘前電報電話局事件）……………………… 245

最判昭62・7・10民集41巻5号1202頁（青木鉛鉄事件）……………………………… 295

最判昭62・7・17労判499号6頁（ノースウエスト航空事件）……………… 183, 184

最判昭62・9・18労判504号6頁（大隈鐵工所事件）……………………………………… 322

最判昭63・2・16民集42巻2号60頁（大曲市農協事件）………………………… 94, 166

最判昭63・3・15民集42巻3号170頁（宝運輸事件）…………………………………… 164

最判昭63・7・14労判523号6頁（小里機材事件）…………………………………………… 228

最判平元・4・27民集43巻4号278頁（三共自動車〔代位取得〕事件）…………… 296

最判平元・12・7労判554号6頁（日産自動車事件）………………………… 141, 142, 144

最判平元・12・11労判552号10頁（済生会中央病院事件）…………………………… 178

最判平元・12・14民集43巻12号1895頁（日本シェーリング事件）……………… 256

最判平2・6・5民集44巻4号668頁（神戸弘陵学園事件）……………………………… 70

最判平2・11・26民集44巻8号1085頁（日新製鋼事件）……………………………… 180

最判平3・4・11労判590号14頁（三菱重工業神戸造船所事件）……………………… 291

最判平3・9・19労判615号16頁（炭研精工事件）……………………………………… 127

最判平 3・11・28労判594号 7 頁（日立製作所武蔵工場事件）……………………226, 227

最判平 4・6・23民集46巻 4 号306頁（時事通信社事件）…………………………………246

最判平 4・7・13労判630号 6 頁（第一小型ハイヤー事件）……………………………91, 93

最判平 5・3・25労判650号 6 頁（エッソ石油〔チェックオフ〕事件）……………………179

最判平 5・6・11労判632号10頁（国鉄鹿児島自動車営業所事件）………………………107

最判平 5・6・25民集47巻 6 号4585頁（沼津交通事件）…………………………………256, 257

最判平 6・2・22民集48巻 2 号441頁（日鉄鉱業〔長崎じん肺〕事件）……………………291

最判平 6・4・22労判654号 6 頁（東京エグゼクティブ・サーチ事件）………………………59

最判平 6・6・13労判653号12頁（高知県観光事件）………………………………………231

最判平 7・2・23労判670号10頁（ネスレ日本事件）………………………………………179

最判平 7・3・9 労判679号30頁（商大八戸ノ里ドライビングスクール事件）……………100

最判平 7・9・5 労判680号28頁（関西電力事件）…………………………………………56

最判平 8・1・23労判687号16頁（地公災基金東京都支部長〔町田高校〕事件）…………279

最判平 8・2・23労判690号12頁（JR東日本〔本荘保線区〕事件）………………………107

最判平 8・2・23民集50巻 2 号249頁（コック食品事件）…………………………………295

最判平 8・3・26労判691号16頁（朝日火災海上保険事件）………………………………172

最判平 8・9・26労判708号31頁（山口観光事件）…………………………………………128

最判平 8・11・28労判714号14頁（横浜南労基署長〔旭紙業〕事件）………………………22-24

最判平 9・1・28民集51巻 1 号78頁（改進社事件）………………………………………294

最判平 9・2・28民集51巻 2 号705頁（第四銀行事件）……………………………………93, 94

最判平 9・4・25判時1608号148頁（大館労基署長〔四戸電気工事店〕事件）……………279

最判平 9・6・10労判718号15頁（サンデン交通事件）……………………………………107

最判平 9・11・11民集51巻10号4055頁（ファミリー事件）………………………………27

最判平10・4・9 労判736号15頁（片山組事件）……………………………108, 158, 165

最判平10・9・10労判757号20頁（九州朝日放送事件）……………………………………145

最判平11・9・17労判768号16頁（帝国臓器製薬〔単身赴任〕事件）……………108, 146

最判平12・1・28労判774号 7 頁（ケンウッド事件）………………………………………146

最判平12・3・9 労判778号11頁（三菱重工業事件）………………………………………201

最判平12・3・24民集54巻 3 号1155頁（電通事件）……………………281, 290, 292-294

最判平12・3・31民集54巻 3 号1255頁（日本電信電話事件）……………………………246

最決平12・6・27労判795号13頁（東加古川幼児園事件）…………………………………294

最判平12・7・17判時785号 6 頁（横浜南労基署長〔東京海上横浜支店〕事件）……278, 279, 281

最判平12・9・7 民集54巻 7 号2075頁（みちのく銀行事件）………………………………93, 94

最決平12・12・22判時798号 5 頁（大阪南労基署長事件）…………………………………285

最判平13・6・22労判808号11頁（トーコロ事件）………………………………………80, 224

最判平14・2・28判時822号 5 頁（大星ビル管理事件）……………………………………202

最判平15・4・18判時847号14頁（新日本製鐵〔日鐵運輸第 2〕事件）……………105, 149, 150

最判平15・4・22民集57巻 4 号477頁（オリンパス光学工業事件）………………………192

最判平15・10・10労判861号 5 頁（フジ興産事件）…………………………85-87, 125, 128

最判平15・12・4 労判862号14頁（東朋学園事件）………………………………………256

最判平15・12・18労判866号14頁（北海道国際航空事件）……………………………99, 180

最判平15・12・22民集57巻11号2335頁（JR北海道・JR貨物事件）……………………61

最判平16・3・25労判870号 5 頁（日本郵政公社〔大曲郵便局〕事件）……………………29

最判平16・4・27民集58巻4号1032頁（筑豊じん肺事件）‥‥‥‥‥‥‥‥‥‥291
最判平16・9・7労判880号42頁（神戸東労基署長〔ゴールドリングジャパン〕事件）‥‥‥‥279
最大判平17・1・26民集59巻1号128頁（東京都事件）‥‥‥‥‥‥‥‥‥‥‥‥‥44
最判平17・6・3労判893号14頁（関西医科大学事件）‥‥‥‥‥‥‥‥‥‥‥22-24
最判平18・3・28労判933号12頁（いずみ福祉会事件）‥‥‥‥‥‥‥‥‥‥‥319
最判平18・10・6労判925号11頁（ネスレ日本事件）‥‥‥‥‥‥‥‥‥‥‥‥134
最判平19・1・18労判931号5頁（神奈川信用農業協同組合〔割増退職金請求〕事件）‥‥‥‥325
最判平19・2・27民集61巻1号291頁（東京都教委日野市立南平小学校事件）‥‥‥‥108
最判平19・6・28労判940号11頁（藤沢労基署長〔大工負傷〕事件）‥‥‥‥‥‥‥23
最判平19・10・19労判946号31頁（オークビルサービス事件）‥‥‥‥‥‥‥‥‥203
最判平20・3・27労判958号5頁（NTT東日本北海道支店事件）‥‥‥‥‥‥‥‥294
最決平21・3・27労判991号14頁（伊予銀行・いよぎんスタッフサービス事件）‥‥‥311, 375
最判平21・10・16労判992号5頁（米国ジョージア州〔解雇〕事件）‥‥‥‥‥‥‥28
最判平21・12・18判時2068号159頁（ことぶき事件）‥‥‥‥‥‥‥‥‥‥‥233
最判平21・12・18労判993号5頁（松下PDP事件）‥‥‥‥‥‥‥‥‥‥374, 375
最判平22・3・25民集64巻2号562頁（サクセスほか〔三佳テック〕事件）‥‥‥‥‥113
最判平22・7・12民集64巻5号1333頁（日本アイ・ビー・エム〔会社分割〕事件）‥‥334, 343
最判平24・1・16判時2147号127頁（東京都教委事件）‥‥‥‥‥‥‥‥‥‥‥108
最判平24・3・8労判1060号5頁（テックジャパン事件）‥‥‥‥‥‥‥‥‥‥‥231
最判平24・11・29労判1064号13頁（津田電気計器事件）‥‥‥‥‥‥‥‥328, 329
最判平26・1・24労判1088号5頁（阪急トラベルサポート〔旅行添乗員・第2〕事件）‥‥213
最判平26・3・24労判1094号22頁（東芝〔うつ病・解雇〕事件）‥‥‥‥‥‥‥298
最判平26・10・23民集68巻8号1270頁（広島中央保健生活協同組合事件）‥‥‥‥‥53
最判平27・6・8民集69巻4号1047頁（専修大学事件）‥‥‥‥‥‥‥‥‥‥‥299
最判平28・2・19民集70巻2号123頁（山梨県民信用組合事件）‥‥‥‥‥‥‥‥90
最判平29・2・28労判1152号5頁（国際自動車事件）‥‥‥‥‥‥‥‥‥‥‥‥231
最判平29・7・7労判1168号49頁（医療法人康心会事件）‥‥‥‥‥‥‥‥‥‥231

【高等裁判所】

東京高決昭33・8・2労民集9巻5号831頁（読売新聞社事件）‥‥‥‥‥‥‥‥119
大阪高判昭37・5・14労民集13巻3号618頁（神戸製鋼事件）‥‥‥‥‥‥‥‥129
福岡高判昭39・9・29労民集15巻5号1036頁（岩田屋百貨店事件）‥‥‥‥‥‥115
東京高判昭47・4・26高民集25巻3号203頁（日東タイヤ事件）‥‥‥‥‥‥‥148
東京高判昭49・8・27判時761号107頁（日本ルセル事件）‥‥‥‥‥‥‥‥‥170
東京高判昭50・12・22労民集26巻6号1116頁（慶應大学附属病院事件）‥‥‥‥‥61
東京高判昭51・9・30判時843号39頁（三田労基署長事件）‥‥‥‥‥‥‥‥‥279
東京高判昭52・3・31判タ355号337頁（東箱根開発事件）‥‥‥‥‥‥‥‥‥37
大阪高判昭53・1・31判時880号11頁（電電公社此花電報電話局事件）‥‥‥‥‥244
大阪高判昭53・3・30判時908号54頁（三共暖房事件）‥‥‥‥‥‥‥‥‥‥117
名古屋高判昭53・3・30労判299号17頁（住友化学工業事件）‥‥‥‥‥‥‥‥217
東京高判昭53・6・6労判301号32頁（国鉄事件）‥‥‥‥‥‥‥‥‥‥‥‥320
東京高判昭53・6・20労判309号50頁（寿建築研究所事件）‥‥‥‥‥‥‥‥‥300
札幌高判昭53・7・31労判304号36頁（釧路交通事件）‥‥‥‥‥‥‥‥‥‥240

福岡高判昭53・8・9判時919号101頁（昭和自動車事件）・・・・・・・・・・・・・・・・・・・・・・・・・・・・322

東京高判昭54・10・29労判330号71頁（東洋酸素事件）・・・・・・・・・・・・・・・・・・・・・・・・・・・304

東京高判昭55・2・18労民集31巻1号49頁（古河鉱業事件）・・・・・・・・・・・・・・・・・・・・・110

大阪高判昭55・3・28判時967号121頁（日本製麻事件）・・・・・・・・・・・・・・・・・・・・・・・・・152

東京高判昭56・11・25判377号30頁（日本鋼管鶴見造船所事件）・・・・・・・・・・・・・・・129

大阪高判昭57・9・30労判398号38頁（高田製鋼所事件）・・・・・・・・・・・・・・・・・・・・・・・307

名古屋高金沢支判昭58・9・21労民集34巻5・6号809頁（福井労基署長事件）・・・・・277

東京高判昭58・12・19労判421号33頁（八洲測量事件）・・・・・・・・・・・・・・・・・・・・・・・・・75

東京高判昭59・3・30労判437号41頁（フォード自動車事件）・・・・・・・・・・・・・・・・・・・303

広島高岡山支判昭61・12・25労民集37巻6号584頁（津山郵便局事件）・・・・・・・・・245

東京高判昭62・12・24労判512号66頁（日産自動車事件）・・・・・・・・・・・・・・・・・・・・・142

札幌高判平元・5・8労判541号27頁（札幌中央労基署長〔札幌市農業センター〕事件）・・・284

福岡高宮崎支判平元・9・18労民集40巻4・5号505頁（国鉄鹿児島自動車営業所事件）・・・107

東京高判平2・8・8労判569号51頁（品川労基署長事件）・・・・・・・・・・・・・・・・・・・・・279

名古屋高判平2・8・31労判569号37頁（中部日本広告社事件）・・・・・・・・・・・・・・114, 173

大阪高判平3・1・16労判581号36頁（龍神タクシー事件）・・・・・・・・・・・・・・・・・・・・・310

東京高判平3・2・20労判592号77頁（炭研精工事件）・・・・・・・・・・・・・・・・・・・・・127, 130

仙台高判平4・1・10労判605号98頁（岩手銀行事件）・・・・・・・・・・・・・・・・・・・・・・・・・47

仙台高秋田支判平4・12・25労判690号13頁（JR東日本〔本荘保線区〕事件）・・・・・・107

大阪高判平5・6・25労判679号32頁（商大八戸ノ里ドライビングスクール事件）・・・・・100

東京高判平6・3・16労判656号63頁（生協イーコープ・下馬生協事件）・・・・・・・・・154

福岡高判平6・3・24労民集45巻1・2号123頁（三菱重工長崎造船所事件）・・・・・・・247

広島高判平6・3・29労判669号74頁（サンデン交通事件）・・・・・・・・・・・・・・・・・・・・・107

名古屋高判平7・7・19労判700号95頁（名古屋学院事件）・・・・・・・・・・・・・・・・・・・・・175

東京高判平7・7・27労民集46巻4号1115頁（神奈川中央交通事件）・・・・・・・・・・・・110

東京高判平8・5・29労判694号29頁（帝国臓器製薬〔単身赴任〕事件）・・・・・・・・・108

福岡高判平8・7・30労判757号21頁（九州朝日放送事件）・・・・・・・・・・・・・・・・・・・・・145

東京高判平9・9・26労判724号13頁（電通事件）・・・・・・・・・・・・・・・・・・・・・・・293, 294

東京高判平9・11・17労判729号44頁（トーコロ事件）・・・・・・・・・・・・・・・・・・・・・・・・・79

名古屋高金沢支判平10・3・16労判738号32頁（西日本JRバス事件）・・・・・・・・・・・245

大阪高判平10・5・29労判745号42頁（日本コンベンションサービス〔退職金〕事件）・・・174

大阪高判平10・7・22労判748号98頁（駸々堂事件）・・・・・・・・・・・・・・・・・・・・・・・・・99

大阪高判平10・8・27労判744号17頁（東加古川幼児園事件）・・・・・・・・・・・・・・・・・294

東京高判平10・12・10労判761号118頁（直源会相模原南病院事件）・・・・・・・・・・・169

東京高判平11・4・27労判759号15頁（片山組事件）差戻審・・・・・・・・・・・・・・・・・158

大阪高判平11・9・1判時862号94頁（大阪労働衛生センター第一病院事件）・・・・・・・315

福岡高判平12・3・29労判787号47頁（西日本鉄道事件）・・・・・・・・・・・・・・・・・・・・・244

東京高判平12・4・19労判787号35頁（日新火災海上保険事件）・・・・・・・・・・・・・・・75

東京高判平12・5・24労判785号22頁（エフピコ事件）・・・・・・・・・・・・・・・・・・・・・・・324

大阪高判平12・6・28労判798号7頁（大阪南労基署長事件）・・・・・・・・・・・・・・・・・285

東京高判平12・12・22労判796号5頁（芝信用金庫事件）・・・・・・・・・・・・・・・・・48, 155

東京高判平12・12・27労判809号82頁（更生会社三井埠頭事件）・・・・・・・・・・・99, 165

大阪高判平13・3・6労判818号73頁（わいわいランド事件）・・・・・・・・・・・・・・・・・318

広島高判平13・5・23労判811号21頁（マナック事件）・・・・・・・・・・・・・・・・・・・・・・・・・・・・・・・・・・167
東京高判平13・6・27労判810号21頁（カンタス航空事件）・・・・・・・・・・・・・・・・・・・・・・・・・311, 312
大阪高判平13・8・30労判816号23頁（ハクスイテック事件）・・・・・・・・・・・・・・・・・・・・・・・・・166
東京高判平13・9・12労判817号46頁（ネスレ日本〔合意退職〕事件）・・・・・・・・・・・・・・・・323
東京高判平14・2・27労判824号17頁（中労委〔青山会〕事件）・・・・・・・・・・・・・・・・・・・・340
大阪高判平14・6・19労判839号47頁（カントラ事件）・・・・・・・・・・・・・・・・・・・・・・・・・・・・158
広島高判平14・6・25労判835号43頁（JR西日本〔広島支社〕事件）・・・・・・・・・・・・・・・206
東京高判平14・7・11労判832号13頁（新宿労基署長事件）・・・・・・・・・・・・・・・・・・・・・・・・23
東京高判平14・7・23労判852号73頁（三洋電機サービス事件）・・・・・・・・・・・・・・・・・・・294
福岡高決平14・9・18労判840号52頁（安川電機事件）・・・・・・・・・・・・・・・・・・・・・・・・・・・349
大阪高判平14・10・30労判847号69頁（京都信用金庫〔移籍出向〕事件）・・・・・・・・・・154
大阪高判平14・11・26労判849号157頁（創栄コンサルタント事件）・・・・・・・・・・・・・・232
東京高判平14・11・26労判843号20頁（日本ヒルトン事件）・・・・・・・・・・・・・・・・・・・・・316
東京高判平15・1・29労判856号67頁（平和学園高校〔本訴〕事件）・・・・・・・・・・・・・305
東京高判平15・3・25労判849号87頁（川崎市水道局〔いじめ自殺〕事件）・・・・・・・282
大阪高判平15・5・8労判881号72頁（堺市職員〔退職金〕事件）・・・・・・・・・・・・・・・・29
東京高判平15・8・27労判868号75頁（NHK西東京営業センター事件）・・・・・・・・・・23
東京高判平15・12・11労判867号5頁（小田急電鉄〔退職金請求〕事件）・・・・・・・・173
大阪高判平16・7・15労判879号22頁（関西医科大学事件）・・・・・・・・・・・・・・・・・・・・291
広島高判平16・9・2労判881号29頁（下関セクハラ〔食品会社営業所〕事件）・・・・55
名古屋高判平16・10・28労判886号38頁（ジップベイツ事件）・・・・・・・・・・・・・・・・・・・336
広島高岡山支判平16・10・28労判884号13頁（内山工業事件）・・・・・・・・・・・・・・・・・・・47
東京高判平16・11・16労判909号77頁（エーシーニールセン・コーポレーション事件）・・・・・166, 339
東京高判平16・11・24労判891号78頁（オークビルサービス事件）・・・・・・・・・・・・・203
大阪高判平17・1・25労判890号27頁（日本レストランシステム事件）・・・・・・・145, 146, 165
東京高判平17・1・26労判890号18頁（日欧産業協力センター事件）・・・・・・・・・・・・・311
広島高判平17・2・16労判913号59頁（広島県三原市事件）・・・・・・・・・・・・・・・・・・・・244
名古屋高判平17・2・23労判909号67頁（O法律事務所事件）・・・・・・・・・・・・・・・・・・・318
名古屋高金沢支判平17・5・18労判905号52頁（JT乳業事件）・・・・・・・・・・・・・・・・・・318
東京高判平17・7・13労判899号19頁（東京日新学園事件）・・・・・・・・・・・・・・・・・・・・339
大阪高判平17・11・24判例集未登載（近畿コカ・コーラボトリング事件）・・・・・・・・312
名古屋高判平18・1・17労判909号5頁（山田紡績事件）・・・・・・・・・・・・・・・・305, 309
大阪高判平18・4・14労判915号60頁（ネスレ日本事件）・・・・・・・・・・・・・・・・・・146, 147
大阪高判平18・4・28労判917号5頁（京都上労基署長〔大日本京都物流システム〕事件）・・・・・279
札幌高判平18・5・11労判938号68頁（サン石油事件）・・・・・・・・・・・・・・・・・・・・・・・・301
高松高判平18・5・18労判921号33頁（伊予銀行・いよぎんスタッフサービス事件）・・・・・311, 375
東京高判平18・6・22労判920号5頁（ノイズ研究所事件）・・・・・・・・・・・・・・・・・・・・・91
東京高判平18・6・29労判921号5頁（マイスタッフ〔一橋出版〕事件）・・・・・・・・・375
東京高判平18・7・19労判922号87頁（キョーイクソフト〔退職金〕事件）・・・・・・・172
大阪高決平18・10・5労判927号23頁（A特許事務所事件）・・・・・・・・・・・・・・・・・・・112
大阪高判平18・11・28労判930号26頁（松下電器産業グループ事件）・・・・・・・・・・・175
大阪高判平18・11・28労判930号13頁（松下電器産業事件）・・・・・・・・・・・・・・・・・・・175
大阪高判平18・12・28労判936号5頁（クリスタル観光バス事件）・・・・・・・・・・・・・328

大阪高判平19・1・18判時1980号74頁（おかざき事件）……………………………292

大阪高判平19・4・18労判937号14頁（国・羽曳野労基署長〔通勤災害〕事件）………284

東京高判平19・5・16判時944号52頁（新国立劇場運営財団事件）……………………23

大阪高判平19・5・17労判943号5頁（関西金属工業事件）………………………………316

広島高判平19・9・4労判952号33頁（杉本商事事件）……………………………………16

福岡高判平19・10・25労判955号59頁（山田製作所〔うつ病自殺〕事件）……………290

大阪高判平19・10・26労判975号50頁（第一交通産業〔佐野第一交通〕事件）………338

東京高判平19・10・30労判963号54頁（協和出版販売事件）……………………………91

東京高判平19・10・30労判964号72頁（中部カラー事件）…………………………87, 175

名古屋高判平19・10・31労判954号31頁（名古屋南労基署長〔中部電力〕事件）……282

東京高判平19・11・29労判951号31頁（朝日新聞社〔国際編集部記者〕事件）………23

東京高判平20・3・25労判959号61頁（東武スポーツ事件）…………………………76, 99

東京高判平20・4・9労判959号6頁（日本システム開発研究所事件）………………75, 168

大阪高判平20・4・25労判960号5頁（松下PDP事件）…………………………………374, 375

東京高判平20・6・25労判964号16頁（国・中央労基署長〔通勤災害〕事件）…………283

東京高判平20・6・26労判978号93頁（インフォーマテック事件）……………………96

東京高判平20・7・9労判964号5頁（NTTグループ企業〔年金規約変更不承認処分〕事件）……175

東京高判平20・10・22経速2023号7頁（立正佼成会事件）……………………………287

札幌高判平21・1・30労判976号5頁（NTT東日本北海道支店事件）差戻審…………294

東京高判平21・3・25労判981号13頁（国・中労委〔新国立劇場運営財団〕事件）……24

福岡高判平21・5・19労判989号39頁（河合塾事件）……………………………………23

東京高判平21・7・28労判990号50頁（アテスト〔ニコン熊谷製作所〕事件）……292, 294

東京高判平21・9・15労判991号153頁（ニュース証券事件）…………………………70, 319

大阪高判平21・11・27労判1004号112頁（NTT西日本事件）…………………………327

大阪高判平22・2・12判判1062号71頁（報徳学園事件）………………………………70

東京高判平23・2・23労判1022号5頁（東芝〔うつ病・解雇〕事件）…………………298

福岡高判平23・3・10労判1020号82頁（コーセーアールイー〔第2〕事件）…………67

大阪高判平23・3・25労判1026号49頁（津田電気計器事件）…………………………328

東京高判平24・3・7労判1048号6頁（阪急トラベルサポート〔旅行添乗員・第2〕事件）……213

東京高判平25・4・24労判1074号75頁（ブルームバーグ・エル・ピー事件）………303

東京高判平26・6・3労経速2221号3頁（日本航空〔客室乗務員解雇事件〕）………309

東京高判平26・6・5労経速2223号3頁（日本航空〔パイロット等〕事件）…………309

東京高判平27・7・16労判1132号82頁（国際自動車事件）……………………………231

東京高判平27・10・7労判1168号49頁（医療法人康心会事件）………………………231

大阪高判平28・7・26労判1143号5頁（ハマキョウレックス事件）…………………352

東京高判平28・9・12労判1147号50頁（専修大学事件）差戻控訴審…………………299

東京高判平28・11・2労判1144号16頁（長澤運輸事件）………………………………351

東京高判平28・11・24労判1153号5頁（山梨県民信用組合事件）差戻審…………………90

【地方裁判所】

神戸地判昭31・7・30労民集7巻4号647頁（川崎製鉄事件）…………………………129

大阪地判昭33・4・10労民集9巻2号207頁（東亜紡織事件）…………………………245

金沢地判昭36・7・14判時274号30頁（第三慈久丸事件）……………………………186

東京地判昭41・3・31労民集17巻2号368頁（日立電子事件）‥‥‥‥‥‥‥148
東京地判昭41・12・20労民集17巻6号1407頁（住友セメント事件）‥‥‥‥‥52, 53
横浜地判昭43・6・12労民集19巻3号796頁（エビス文字盤製作所事件）‥‥‥‥16
東京地判昭43・7・16判タ226号127頁（三朝電機事件）‥‥‥‥‥‥‥‥‥‥110
東京地判昭43・8・31労民集19巻4号1111頁（日本電気事件）‥‥‥‥‥‥‥150
大阪地判昭44・12・26労民集20巻6号1806頁（日中旅行社事件）‥‥‥‥‥‥46
名古屋地判昭45・9・7労判110号42頁（レストラン・スイス事件）‥‥‥‥‥119
奈良地判昭45・10・23判時624号78頁（フォセコ・ジャパン・リミテッド事件）‥111-113
東京地判昭46・7・19労判132号23頁（麹町学園事件）‥‥‥‥‥‥‥‥‥‥110
鹿児島地判昭48・8・8判時721号96頁（日本瓦斯事件）‥‥‥‥‥‥‥‥‥‥23
横浜地判昭49・6・19判時744号29頁（日立製作所事件）‥‥‥‥‥‥‥‥‥‥44
福岡地小倉支判昭50・2・25労民集26巻1号1頁（九州電力委託検針員事件）‥‥23
秋田地判昭50・4・10労民集26巻2号388頁（秋田相互銀行事件）‥‥‥‥47, 49
札幌地判昭50・11・26判時801号3頁（夕張南高校事件）‥‥‥‥‥‥‥‥‥245
名古屋地判昭50・12・5労判242号25頁（住友化学工業事件）‥‥‥‥‥‥‥217
長崎地大村支判昭50・12・24労判242号14頁（大村野上事件）‥‥‥‥‥‥‥304
大阪地決昭51・2・7労判245号44頁（武田薬品工業事件）‥‥‥‥‥‥‥‥144
東京地判昭52・3・30判時866号177頁（大島園事件）‥‥‥‥‥‥‥‥‥‥170
東京地判昭53・2・23労判293号52頁（ジャード賞与請求事件）‥‥‥‥‥‥176
大阪地判昭53・8・9労判302号13頁（全日本検数協会事件）‥‥‥‥‥‥‥93
名古屋地判昭55・3・26労民集31巻2号372頁（興和事件）‥‥‥‥‥‥‥‥149
横浜地判昭55・3・28労判339号20頁（三菱重工横浜造船所事件）‥‥‥‥‥220
東京地判昭55・12・15労判354号46頁（イースタン・エアポート・モータース事件）‥‥110
千葉地判昭56・5・25労判372号49頁（日立精機事件）‥‥‥‥‥‥‥‥‥154
東京地決昭57・11・19労判397号30頁（小川建設事件）‥‥‥‥‥‥‥‥‥114
東京地判昭58・2・24労判405号41頁（ソニー・ソニーマグネプロダクツ事件）‥‥92
大阪地判昭58・11・22労経速1188号3頁（平和運送事件）‥‥‥‥‥‥‥‥320
広島地判昭58・11・30労判425号46頁（広島記念病院事件）‥‥‥‥‥‥‥322
名古屋地判昭59・3・23労判439号64頁（ブラザー工業事件）‥‥‥‥‥‥‥70
神戸地判昭59・7・20労判440号75頁（三菱重工業事件）‥‥‥‥‥‥‥‥274
東京地判昭60・1・30労民集36巻1号15頁（大森精工機事件）‥‥‥‥‥‥130
広島地判昭60・4・25労判487号84頁（全自交広島タクシー支部事件）‥‥‥322
盛岡地判昭60・7・26労判461号50頁（盛岡市農協事件）‥‥‥‥‥‥‥‥339
仙台地判昭60・9・19労民集36巻4・5号573頁（マルヤタクシー事件）‥‥‥130
浦和地判昭61・5・30労民集37巻2・3号298頁（サロン・ド・リリー事件）‥‥39
名古屋地判昭61・9・29労時1224号66頁（美濃窯業事件）‥‥‥‥‥‥‥111
大阪地決昭61・10・17労判486号83頁（ニシムラ事件）‥‥‥‥‥‥‥‥323
東京地判昭61・12・4労判486号28頁（日本鉄鋼連盟事件）‥‥‥‥‥‥‥47
名古屋地判昭62・7・27労民集38巻3・4号395頁（大隈鐵工所事件）‥‥‥117
東京地判昭63・2・24労民集39巻1号21頁（国鉄池袋・蒲田電車区事件）‥‥100
鹿児島地判昭63・6・27労民集39巻2・3号216頁（国鉄鹿児島自動車営業所事件）‥107
仙台地決昭63・7・1労判526号38頁（東北造船事件）‥‥‥‥‥‥‥‥‥309
岡山地決昭63・12・12労判533号68頁（岡山電気軌道事件）‥‥‥‥‥‥‥322

東京地判平元・1・26労判533号45頁（日産自動車事件）・・・・・・・・・・・・・・・・・・・・・・・・47

東京地判平元・3・27労判536号7頁（リーダーズダイジェスト事件）・・・・・・・・・・・・・・・・・28

大阪地決平元・6・27労判545号15頁（大阪造船所事件）・・・・・・・・・・・・・・・・・・・・・・・・305

大阪地判平元・6・29労判544号44頁（大阪フィルハーモニー交響楽団事件）・・・・・・・・・301

大阪地判平元・11・13労判551号12頁（国鉄大阪工事局事件）・・・・・・・・・・・・・・・・・・・・310

東京地判平2・3・27労判563号90頁（日鉄鉱業松尾採石所事件）・・・・・・・・・・・・・・・・289

東京地判平2・4・17労判581号70頁（東京学習協力会事件）・・・・・・・・・・・・・・・・・・・113

大阪地決平2・6・15労判565号58頁（相互製版事件）・・・・・・・・・・・・・・・・・・・・・・・・319

大阪地判平2・11・28労経速1413号3頁（高島屋工作所事件）・・・・・・・・・・・・・・・・・・289

神戸地判平2・12・27労判596号69頁（内外ゴム事件）・・・・・・・・・・・・・・・・・・・・・・・・274

東京地判平3・2・25労判588号74頁（ラクソン事件）・・・・・・・・・・・・・・・・・・・・・・・・113

大阪地判平3・10・15労判596号21頁（新大阪貿易事件）・・・・・・・・・・・・・・・・・・・・・・113

大阪地判平3・10・22労判595号9頁（三洋電機事件）・・・・・・・・・・・・・・・・・・・・・・・・310

大阪地判平3・10・29労判599号65頁（光和商事事件）・・・・・・・・・・・・・・・・・・・・・・・・320

東京地判平4・3・23労判618号42頁（ワールド証券事件）・・・・・・・・・・・・・・・・・・・・117

福岡地判平4・4・16労判607号6頁（福岡セクシュアル・ハラスメント事件）・・・・・54, 55, 324

東京地決平4・6・23労判613号31頁（朝日火災海上〔木更津営業所〕事件）・・・・・・・146

大阪地判平4・9・30労判620号70頁（新大阪警備保証事件）・・・・・・・・・・・・・・・・・・319

東京地判平4・9・30労判616号10頁（ケイズインターナショナル事件）・・・・・・・・・・320

東京地判平4・12・21労判623号36頁（昭和女子大学事件）・・・・・・・・・・・・・・・・・・・323

新潟地判平4・12・22労判629号117頁（新発田労基署長事件）・・・・・・・・・・・・・・・・・23

東京地判平4・12・25労判650号87頁（勧業不動産販売・勧業不動産事件）・・・・・・・153

東京地判平5・1・28労判651号161頁（チェスコム秘書センター事件）・・・・・・・・・152

浦和地判平5・5・28労判650号76頁（三広梱包事件）・・・・・・・・・・・・・・・・・・・・・・・291

前橋地判平5・8・24労判635号22頁（東京電力〔群馬〕事件）・・・・・・・・・・・・・・・・・47

京都地決平5・11・15労判647号69頁（観智院事件）・・・・・・・・・・・・・・・・・・・・・・・・23

甲府地判平5・12・22労判651号33頁（東京電力〔山梨〕事件）・・・・・・・・・・・・・・・・・45

東京地判平6・2・25労判656号84頁（丸善住研事件）・・・・・・・・・・・・・・・・・・・・・・・300

長野地判平6・3・31労判660号73頁（東京電力〔長野〕事件）・・・・・・・・・・・・・・・・・47

旭川地決平6・5・10労判675号72頁（損害保険リサーチ事件）・・・・・・・・・・・・・・・・146

千葉地判平6・5・23労判661号22頁（東京電力〔千葉〕事件）・・・・・・・・・・・・・・・・・47

名古屋地判平6・6・3労判680号92頁（中部ロワイヤル事件）・・・・・・・・・・・・・・・・・172

大阪地決平6・8・5労判668号48頁（新関西通信システムズ事件）・・・・・・・・・・・・・338

東京地判平6・9・7判時1541号104頁（丸山宝飾事件）・・・・・・・・・・・・・・・・・・・・・117

東京地判平6・9・14労判656号17頁（チェース・マンハッタン銀行事件）・・・・・・・165

横浜地判平6・9・27労民集45巻5・6号353頁（神奈川中央交通事件）・・・・・・・110

東京地判平6・9・29労判658号13頁（アール・エフ・ラジオ事件）・・・・・・・・・・・・325

東京地決平7・4・13労判675号13頁（スカンジナビア航空事件）・・・・・・・・315-317

東京地判平7・6・19労判678号18頁（学校法人高宮学園事件）・・・・・・・・・・・・・・・242

東京地決平7・10・16労判690号75頁（東京リーガルマインド事件）・・・・・・・・・・・113

東京地決平7・10・20労判697号89頁（ジャレコ事件）・・・・・・・・・・・・・・・・・・・・・305

東京地判平7・12・4労判685号17頁（バンク・オブ・アメリカ・イリノイ事件）・・・・・・・156

東京地判平7・12・25労判689号31頁（三和機材事件）・・・・・・・・・・・・・・・・・・・・154

判例索引　　387

長野地上田支判平8・3・15労判690号32頁（丸子警報器事件）……………………46, 357, 358

浦和地判平8・3・22労判696号56頁（藤島建設事件）……………………………………291

東京地判平8・3・28労判692号13頁（電通事件）……………………………………281, 293

金沢地判平8・4・18判タ925号198頁（西日本JRバス事件）……………………………245

神戸地判平8・4・26労判695号31頁（加古川労基署長〔神戸製鋼所〕事件）……………281

大阪地判平8・5・20労判697号42頁（駸々堂事件）…………………………………………99

東京地判平8・6・28労判696号17頁（ベネッセコーポレーション事件）…………………171

大阪地判平8・10・2労判706号45頁（共立メンテナンス事件）……………………………235

東京地判平8・10・22労経速1626号24頁（富士電機冷機事件）……………………………68

東京地判平8・10・29労判714号87頁（カツデン事件）……………………………………170

東京地決平8・12・11労判711号57頁（アーク証券事件）…………………………………156

東京地決平9・1・24判時1592号137頁（デイエフアイ西友〔ウェルセーブ〕事件）…………156

大阪地判平9・1・31労経速1639号22頁（オリエントサービス事件）………………………68

仙台地判平9・2・25労判714号35頁（大河原労基署長〔JR東日本白石電力区〕事件）…………283

大阪地判平9・3・21労判730号84頁（第一自動車工業事件）…………………………………98

大阪地判平9・3・24労判715号42頁（新日本通信事件）……………………………………145

東京地判平9・3・25労判718号44頁（有限会社野本商店事件）……………………………83

京都地判平9・4・17労判716号49頁（京都セクシュアル・ハラスメント事件）……………324

東京地判平9・5・26労判717号14頁（長谷工コーポレーション事件）……………………39

札幌地決平9・7・23労判723号62頁（北海道コカ・コーラボトリング事件）………………146

東京地決平9・10・31労判726号37頁（インフォミックス事件）………………………65, 68

津地判平9・11・5労判729号54頁（三重セクハラ〔厚生農協連合会〕事件）…………54, 324

東京地判平9・12・1労判729号26頁（国際協力事業団事件）………………………………239

大阪地判平9・12・12労判730号33頁（日宣事件）…………………………………………100

福岡地小倉支決平9・12・25労判732号53頁（東谷山家事件）………………………………42

東京地判平10・3・17労判734号15頁（富士重工業事件）…………………………………39

広島地決平10・5・22労判751号79頁（広島第一交通事件）………………………………340

大阪地決平10・7・7労判747号50頁（グリン製菓事件）…………………………308, 309

札幌地判平10・7・16労判744号29頁（協成建設工業ほか事件）…………………………152

大阪地判平10・7・17労判750号79頁（株式会社大通事件）…………………………302, 321

大阪地判平10・8・31労判751号38頁（大阪労働衛生センター第一病院事件）……………315

大阪地判平10・10・30労判750号29頁（丸一商店事件）……………………………………75

奈良地決平11・1・11労判753号15頁（日進工機事件）……………………………………336

東京地判平11・1・19労判764号87頁（エイパック事件）…………………………………98

東京地判平11・2・15労判760号46頁（全日本空輸事件）…………………………………158

水戸地下妻支判平11・6・15労判763号7頁（エフピコ事件）……………………………324

横浜地判平11・9・30労判779号61頁（ヘルスケアセンター事件）………………………311

大阪地判平11・10・4労判771号25頁（JR東海事件）……………………………………158

東京地決平11・10・15労判770号34頁（セガ・エンタープライゼス事件）………56, 107, 302, 303

大阪地判平11・12・8労判777号25頁（タジマヤ事件）……………………………………339

東京地判平11・12・17労判778号28頁（日本交通事業社事件）……………………………153

名古屋地判平11・12・27労判780号45頁（日本貨物鉄道事件）……………………………91

東京地決平12・1・21労判782号23頁（ナショナル・ウエストミンスター銀行〔3次仮処分〕事件）

··· 304, 306

東京地判平12・1・6労判795号88頁（協和ビルサービス事件）········· 99

東京地判平12・2・8労判787号58頁（シーエーアイ事件）··········· 168

東京地判平12・2・23労判784号58頁（最上建設事件）··········· 231

大阪地判平12・2・28労判781号43頁（ハクスイテック事件）··········· 166

東京地決平12・2・29労判784号50頁（廣川書店事件）··········· 306

大阪地判平12・4・17労判790号44頁（三和銀行事件）··········· 116

大阪地判平12・5・8労判787号18頁（マルマン事件）··········· 306

広島地判平12・5・18労判783号15頁（オタフクソース事件）··········· 294

千葉地判平12・6・12労判785号10頁（T工業〔HIV解雇〕事件）··········· 56

大阪地判平12・6・19労判791号8頁（キヨウシステム事件）··········· 112

大阪地判平12・6・23労判786号16頁（シンガポール・デベロップメント銀行〔本訴〕事件）······ 306

大阪地判平12・8・28労判793号13頁（フジシール事件）··········· 146

横浜地川崎支決平12・9・21労判801号64頁（揖斐川工業運輸事件）··········· 305

秋田地判平12・11・10労判800号49頁（能代労基署長事件）··········· 284

東京地判平12・12・18労判807号32頁（東京貨物社〔退職金〕事件）··········· 113

大阪地判平12・12・20労判801号21頁（幸福銀行〔年金打切り〕事件）··········· 176

東京地判平13・3・15労判818号55頁（東京国際学園事件）··········· 44

大阪地判平13・3・28労判807号10頁（住友化学工業事件）··········· 47

大阪地決平13・7・27労経速1787号11頁（オクト事件）··········· 307

札幌地判平13・8・23労判815号46頁（日本ニューホランド事件）··········· 98

京都地判平13・9・20労判813号87頁（京ガス事件）··········· 48

大阪地決平13・10・31労判816号85頁（島之内土地建物事件）··········· 306

東京地判平13・12・3労判826号76頁（E-mail閲覧訴訟）··········· 56

東京地判平13・12・19労判817号5頁（ヴァリグ日本支社事件）··········· 307, 308

東京地判平13・12・25労経速1789号22頁（ブレーンベース事件）··········· 69

松山地西条支判平14・1・25労判823号82頁（八潮工業事件）··········· 307

東京地判平14・3・11労判825号13頁（日本ヒルトン事件）··········· 316

東京地判平14・4・9労判829号56頁（ソニー事件）··········· 325

東京地判平14・4・24労判828号22頁（岡田運送事件）··········· 303

岡山地判平14・5・15労判832号54頁（岡山セクシュアル・ハラスメント事件）··········· 324

大阪地判平14・5・17労判828号14頁（創栄コンサルタント事件）··········· 168, 232

大阪地判平14・5・22労判830号22頁（日本郵便逓送事件）··········· 46, 358

名古屋地判平14・5・29労判835号67頁（山昌〔トラック運転手〕事件）··········· 186

大阪地判平14・7・19労判833号22頁（光和商事事件）··········· 212

東京地判平14・8・9労判836号94頁（オープンタイドジャパン事件）··········· 69

東京地判平14・8・30労判838号32頁（ダイオーズサービシーズ事件）··········· 111

東京地判平14・10・22労判838号15頁（ヒロセ電機事件）··········· 303

神戸地判平14・10・25労判843号39頁（明石運輸事件）··········· 73

大阪地判平14・10・25労判844号79頁（システムワークス事件）··········· 232

仙台地決平14・11・14労判842号56頁（日本ガイダント仙台営業所事件）··········· 156

東京地判平14・12・17労判846号49頁（労働大学〔本訴〕事件）··········· 307

東京地判平14・12・25労判845号33頁（日本大学〔定年・本訴〕事件）··········· 100

判例索引 　389

東京地決平14・12・27労判861号69頁（明治図書出版事件）‥‥‥‥‥‥‥‥‥‥‥146, 147
名古屋地決平15・2・5労判848号43頁（日本オリーブ事件）‥‥‥‥‥‥‥‥‥303
神戸地判平15・2・12労判853号80頁（コープこうべ事件）‥‥‥‥‥‥‥‥‥‥171
東京地判平15・3・31労判849号75頁（日本ポラロイド〔サイニングボーナス等〕事件）‥‥‥‥37
東京地判平15・5・6労判857号64頁（東京貨物社〔解雇・退職金〕事件）‥‥‥‥173
横浜地判平15・5・13労判850号12頁（綾瀬市シルバー人材センター事件）‥‥‥291
大阪地堺支判平15・6・18労判855号22頁（大阪いずみ市民生協事件）‥‥‥‥‥115
東京地判平15・6・30労経速1842号13頁（プロトコーポレーション事件）‥‥‥‥‥64
東京地判平15・8・27労判865号47頁（ゼネラル・セミコンダクター・ジャパン事件）‥‥‥‥308
東京地判平15・9・25労判863号19頁（PwC フィナンシャル・アドバイザリー・サービス事件）
‥‥‥‥‥‥‥‥‥‥‥‥‥‥‥‥‥‥‥‥‥‥‥‥‥‥‥‥‥‥‥‥305, 306
大阪地判平15・10・29労判866号58頁（大阪中央労基署長〔おかざき〕事件）‥‥‥‥24
東京地判平15・12・12労判869号35頁（イセキ開発工機〔賃金減額〕事件）‥‥‥‥89
横浜地判平15・12・16労判871号108頁（勝英自動車〔大船自動車興業〕事件）‥‥‥339
東京地判平15・12・19労判873号73頁（タイカン事件）‥‥‥‥‥‥‥‥‥‥‥‥‥314
東京地判平15・12・22労判870号28頁（イセキ開発工機〔解雇〕事件）‥‥‥‥‥‥309
広島地判平16・3・9労判875号50頁（A鉄道〔B工業C工場〕事件）‥‥‥‥‥‥‥152
横浜地川崎支判平16・5・28労判878号40頁（昭和電線電纜事件）‥‥‥‥‥‥‥323
東京地判平16・6・23労判877号13頁（オプトエレクトロニクス事件）‥‥‥‥‥‥‥64
東京地判平16・7・12労判878号5頁（江戸川区事件）‥‥‥‥‥‥‥‥‥‥‥‥293
東京地決平16・9・22労判882号19頁（トーレラザールコミュニケーションズ事件）‥‥‥113
長崎地判平16・9・27判時1888号147頁（乙山新聞社事件）‥‥‥‥‥‥‥‥‥‥294
東京地判平16・9・28労判885号49頁（大塚製薬事件）‥‥‥‥‥‥‥‥‥‥‥‥323
鹿児島地判平16・10・21労判884号30頁（牛根漁業協同組合事件）‥‥‥‥‥‥‥327
さいたま地判平16・12・22労判888号13頁（東京日新学園事件）‥‥‥‥‥‥‥‥339
大阪地判平17・1・13労判893号150頁（近畿コカ・コーラボトリング事件）‥‥‥‥312
東京地判平17・1・28労判890号5頁（宣伝会議事件）‥‥‥‥‥‥‥‥‥‥‥‥67
東京地判平17・2・18労判892号80頁（K社事件）‥‥‥‥‥‥‥‥‥‥‥‥‥303
東京地判平17・2・23労判902号106頁（アートネイチャー事件）‥‥‥‥‥‥‥‥112
名古屋地判平17・2・23労判892号42頁（山田紡績事件）‥‥‥‥‥‥‥‥‥‥305
東京地八王子支判平17・3・16労判893号65頁（ジャムコ立川工場事件）‥‥‥‥‥298
東京地判平17・3・29労判897号81頁（ジャパンタイムズ事件）‥‥‥‥‥‥‥‥‥44
大阪地判平17・3・30労判892号5頁（ネスレコンフェクショナリー関西支店事件）‥‥‥‥321
東京地判平17・3・31労判894号21頁（アテスト〔ニコン熊谷製作所〕事件）‥‥‥‥292
京都地判平17・7・27労判900号13頁（洛陽総合学院事件）‥‥‥‥‥‥‥‥‥174
大阪地判平17・8・26労判903号83頁（クラブ「イシカワ」〔入店契約〕事件）‥‥‥‥23
東京地判平17・9・30労判907号25頁（印南製作所事件）‥‥‥‥‥‥‥‥‥‥305
東京地判平17・10・19労判905号5頁（モルガンスタンレー証券事件）‥‥‥‥‥‥231
東京地判平17・10・22労経速1918号25頁（ダイヤモンド・ビー・アール・センター事件）‥‥‥‥325
静岡地浜松支判平17・12・12労判908号13頁（三共〔寡婦嘱託雇止め〕事件）‥‥‥322
仙台地決平17・12・15労判915号152頁（三陸ハーネス事件）‥‥‥‥‥‥‥‥‥336
大阪地判平18・1・6労判913号49頁（三都企画建設事件）‥‥‥‥‥‥‥‥‥‥366
東京地判平18・1・25労判912号63頁（日音〔退職金〕事件）‥‥‥‥‥‥‥‥‥173

京都地判平18・5・29労判920号57頁（ドワンゴ事件）･･････････････････････････80, 214

札幌地決平18・7・20労旬1647号66頁（グリーンエキスプレス事件）･･････････････342

大阪地判平18・8・31労判925号66頁（ブレックス・ブレッディ事件）･･･････････････23

東京地判平18・9・4労判924号32頁（加古川労基署長事件）･････････････････････282

大阪地判平18・9・15労判924号169頁（アイホーム事件）･･･････････････････････107

大阪地判平18・10・12労判928号24頁（アサヒ急配事件）･･･････････････････････23

東京地判平18・11・29労判935号35頁（東京自転車健康保険組合事件）･･･････････318

名古屋地判平19・1・24労判939号61頁（ボーダフォン〔ジェイフォン〕事件）･･････290

福岡地判平19・2・28労判938号27頁（社会福祉法人仁風会事件）･･･････････････305

東京地判平19・3・9労判938号14頁（日産センチュリー証券事件）･･････････････111

広島地判平19・3・13労判943号52頁（広島セクハラ〔生命保険会社〕事件）･･･････54

東京地判平19・3・14労判941号57頁（新宿労基署長事件）･････････････････････287

東京地判平19・3・26労判943号41頁（中山書店事件）･････････････････････････168

東京地判平19・3・26労判941号33頁（東京海上日動火災保険事件）･･･････････････145

東京地判平19・4・24労判942号39頁（ヤマダ電機事件）･･･････････････････････113

大阪地判平19・4・26労判941号5頁（松下PDP事件）･････････････････････････374

東京地判平19・8・27労経速1985号3頁（ヤマト運輸事件）････････････････････34

東京地判平19・10・15労判950号5頁（国・静岡労基署長〔日研化学〕事件）･･･････282

東京地判平19・11・29労判957号41頁（インフォーマテック事件）･･･････････････96

東京地判平20・1・28労判953号10頁（日本マクドナルド事件）･･･････････････････234

東京地判平20・5・20労判966号37頁（バイエル・ランクセス〔退職年金〕事件）･･････175, 176

千葉地判平20・5・21労判967号19頁（学校法人実務学園ほか事件）･･･････････････166

東京地判平20・6・4労判973号67頁（コンドル馬込交通事件）･･･････････････････40

神戸地尼崎支判平20・10・14労判974号25頁（報徳学園事件）･･･････････････････71

東京地判平21・1・30労判980号18頁（ニュース証券事件）･････････････････････319

鳥取地米子支判平21・10・21労経速2053号3頁（富国生命保険事件）････････････292

大阪地決平21・10・23労判1000号50頁（モリクロ事件）･･･････････････････････112

東京地判平22・3・24労判1008号35頁（J学園事件）･･････････････････････････303

東京地判平22・4・28労判1010号25頁（ソクハイ事件）･････････････････････････20

大阪地判平22・6・23労判1019号75頁（京都下労基署長〔富士通〕事件）･･････････282

東京地判平22・7・2労判1011号5頁（阪急トラベルサポート〔旅行添乗員・第2〕事件）･･････213

東京地決平22・7・30労判1014号83頁（明石書店〔製作部契約社員・仮処分〕事件）･･････312

東京地判平22・8・26労判1013号15頁（東京大学出版会事件）･･･････････････････328

大阪地判平22・9・30労判1019号49頁（津田電気計器事件）････････････････････328

東京地判平23・3・30労判1028号5頁（富士ゼロックス事件）･･･････････････････324

東京地判平23・5・19労判1034号62頁（船橋労基署長〔マルカキカイ〕事件）･･････24

東京地判平24・2・17労経速2140号3頁（本田技研工業事件）･･････････････････312

東京地判平24・3・13労経速2144号23頁（関東工業事件）･･･････････････････････111

東京地判平24・3・29労判1055号58頁（日本航空〔パイロット等〕事件）･･････････335

東京地判平24・3・30労経速2143号3頁（日本航空〔客室乗務員解雇〕事件）･･･････335

大分地判平25・12・10労判1090号44頁（ニヤクコーポレーション事件）･････････359

東京地判平28・5・13労判1135号11頁（長澤運輸事件）･･･････････････････････351

東京地判平29・3・23労判1154号5頁（メトロコマース事件）･･････････････････352

東京地判平29・3・28労判1164号71頁（エイオン・プロダクツ事件）……………………343
仙台地判平29・3・30労判1158号18頁（ヤマト運輸〔賞与〕事件）……………………351
東京地判平29・9・14労判1164号5頁（日本郵便〔時給制契約社員ら〕事件）………………352
京都地判平29・9・20労旬1906号57頁（京都市立浴場運営財団事件）……………………359

事 項 索 引

あ 行

ILO（国際労働機関）…9, 37, 187, 194, 195, 238
アスベスト（石綿）………………………278
あっせん……………………………………35
安全委員会…………………………………271
安全衛生委員会……………………………271
安全衛生管理体制…………………………271
安全配慮義務………104, 118, 152, 287
──違反…………………………274, 282
育児・介護休業……………………………247
育児介護配慮義務…………………………121
育児介護休業法……………………………147
育児時間……………………………………263
意見聴取義務………………………………82
医師選択の自由……………………………272
いじめ………………………………………55
遺族給付……………………………………286
一時金→賞与
一部スト………………………………181, 184
一斉休暇闘争………………………………247
違法解雇の効果……………………………318
Ｅ Ｕ………………………43, 51, 195, 332
請 負………………………………………363
打切補償……………………………………286
衛生委員会…………………………………271
HIV 抗体検査………………………………56

か 行

解 雇……………………………………184, 297
──回避努力義務………………………305
──禁止…………………………………298
──権濫用法理…………………………298
──制限…………………………………298
──の承認………………………………319
──予告……………………65, 299, 313
──予告手当……………………………300
介 護………………………………………253
──休暇…………………………………254

──休業…………………………………253
──補償給付……………………………287
外国人の研修・技能実習制度……………31
解散［会社の］……………………………335
会社更生法…………………………………335
会社分割……………………………334, 341
──と労働協約…………………………343
家事使用人…………………………………29
過重労働対策………………………………272
合 併………………………………………332
過半数組合・過半数代表者
…………………14, 78, 79, 82, 178, 206
仮眠時間……………………………………202
過労死……………………198, 269, 279, 292
──の認定基準…………………………280
過労自殺……………………………………292
──の認定基準…………………………281
環境型………………………………………54
看護休暇……………………………248, 253
監視断続労働………………………………234
間接雇用……………………………………359
間接差別……………………………………60
間接差別の禁止……………………………51
管理監督者…………………79, 224, 233
管理職………………………………30, 168
企画業務型裁量労働制→裁量労働制
期間の上限規制……………………………347
企業外非行…………………………………130
企業再編……………………………………331
企業秩序……………41, 109, 124, 125
帰郷旅費……………………………63, 260
危険・有害業務……………………………259
危険負担……………………………………182
危険有害業務の就業制限…………………262
寄宿舎………………………………………258
規制緩和（政策）…………………13, 196
偽装請負……………………………………363
偽装解散……………………………………336
起訴休職……………………………………158

希望退職募集……………………305, 311
機密事務取扱者……………………233
キャリア権……………………119
休暇・休業取得等を理由とする不利益取扱い
　の禁止……………………255
休業手当……………………181, 319
休業補償（給付）……………275, 285
休　憩……………………216
　一斉——の原則……………………217
　——適用除外……………………233
休　日……………………218
　——適用除外……………………233
　——の振替……………………220
　——労働義務……………………228
休　職……………………157
求人票……………………75
競業避止義務……………………111
強行規定（強行法規→私法的強行性）……77, 97
強制貯金の禁止……………………41
強制労働の禁止……………………36
業　務
　——起因性……………………276
　——上・外の認定……………………276
　——上の災害……………………274
　——上の疾病……………………277
　——遂行性……………………276
　——命令権……………105, 107, 135
規律効……………………85
均　衡……………………18, 86
均等待遇……………………18, 44, 358
勤務地限定の合意……………………145
クーリング制度……………………350
苦役からの自由……………………8
経営権……………………127
計画年休……………………246
傾向企業……………………45
経済的従属性……………………21
継続雇用制度……………………328
契約期間……………………310
　——中の解雇制限……………………349
　——の上限……………………347
契約社員・契約労働者……………25, 346
契約説……………………84

経歴詐称……………………129
減　給……………………131, 178
兼業避止義務……………………114
健康診断……………104, 183, 271
健康配慮義務→安全配慮義務
譴　責……………………131
権利濫用法理……………………19
コアタイム……………………208
合意解約……………319, 320, 322
合意原則……………6, 18, 89, 98
公益通報者保護法……………………115
降　格……………………155, 165
降　給……………………165
坑口計算性……………………211
工場法……………2, 12, 81, 193, 259
更新拒絶……………………351
拘束時間……………………200
坑内労働……………211, 260, 327
　——の禁止……………………262
高年齢者雇用安定法……………………327
公民権行使の保障……………………38
公務員……………………28
合理性の判断要素……………………94
合理性の要件……………………86
合理的な理由……………………302
合理的配慮……………………266
国際裁判管轄……………………28
国際労働事件……………………26
国籍による差別……………………44
個人情報保護義務……………………119
個人情報保護法……………………56
コース別雇用管理……………………51
固定残業代……………………231
個別的労働関係法……………………11
個別（労働）紛争……………………33
　——処理制度……………………35
雇用確保措置……………………328
雇用義務制度……………………267
雇用継続型契約変更制度……………………101
雇用契約……………………22
雇用保障法……………………12

さ 行

最低賃金法‥‥‥‥‥‥‥‥‥‥161, 186
債務の本旨‥‥‥‥‥‥‥‥‥108, 164
採用内定→内定
採用の自由‥‥‥‥‥‥‥‥‥‥‥60
裁量労働制‥‥‥‥‥‥‥‥‥‥‥213
　企画業務型――‥‥‥‥‥80, 214
　専門業務型――‥‥‥‥‥‥‥214
　――と時間外・休日・深夜労働‥215
三六協定‥‥‥‥‥‥‥‥‥223, 226
残　業‥‥‥‥‥‥‥‥‥‥‥‥221
　サービス――‥‥‥‥‥198, 221
産業医‥‥‥‥‥‥‥‥‥‥‥‥272
産前産後
　――解雇制限‥‥‥‥‥‥‥‥298
　――（の）休業‥‥‥‥‥262, 264
時間外・休日労働‥‥‥209, 221, 261
　――義務‥‥‥‥‥‥‥‥‥‥226
時間外労働‥‥‥‥‥‥‥‥‥‥168
　――義務‥‥‥‥‥‥‥‥‥‥226
　――の限度基準‥‥‥‥‥‥‥225
　――の免除‥‥‥‥‥‥‥‥‥252
時季指定権→年休
時季変更権→年休
指揮命令下説‥‥‥‥‥‥‥‥‥201
指揮命令権‥‥‥‥‥‥‥‥‥‥106
支給日在籍要件問題［賞与の］‥‥169
事　業‥‥‥‥‥‥‥‥‥‥‥‥26
事業場‥‥‥‥‥‥‥‥‥‥‥‥26
　――外労働‥‥‥‥‥‥‥‥‥212
事業譲渡‥‥‥‥‥‥‥‥‥333, 337
事業主‥‥‥‥‥‥‥‥‥‥‥‥30
時　効‥‥‥‥‥‥‥‥‥‥‥‥16
自己決定権‥‥‥‥‥‥‥‥‥‥6
仕事（労働）と（私）生活の調和（→ワーク・
　ライフ・バランス）‥‥18, 98, 105, 208
事実たる慣習‥‥‥‥‥‥‥‥84, 100
事前面接‥‥‥‥‥‥‥‥‥‥‥366
思想, 信条の自由‥‥‥‥‥‥‥‥61
時　短‥‥‥‥‥‥‥‥‥‥‥‥195
実労働時間‥‥‥‥‥‥‥‥‥‥200
児童労働の禁止‥‥‥‥‥‥‥‥8

私法的強行性・効力・効果（→強行規定）
　‥‥‥‥‥7, 14, 63, 75, 77, 246, 327
始末書‥‥‥‥‥‥‥‥‥‥‥‥131
市民法の原則‥‥‥‥‥‥‥‥‥5
社会的身分による差別‥‥‥‥‥8, 46
社会復帰促進等事業‥‥‥‥‥‥287
社会法‥‥‥‥‥‥‥‥‥‥‥‥4
社内預金‥‥‥‥‥‥‥‥‥‥‥191
週休2日制‥‥‥‥‥‥‥‥‥‥219
就業規則‥‥‥‥‥‥‥‥26, 80, 104
　――の強行的直律的効力‥‥‥83
　――の合理性‥‥‥‥‥‥‥‥85
　――の合理性判断‥‥‥‥‥‥93
　――の作成‥‥‥‥‥‥‥‥‥81
　――の周知‥‥‥‥‥‥‥‥‥85
　――の変更効‥‥‥‥‥‥‥‥88
　――の法的性質‥‥‥‥‥‥‥83
従属労働‥‥‥‥‥‥‥‥‥‥‥1
周知義務‥‥‥‥‥‥‥‥‥‥‥82
周知要件‥‥‥‥‥‥‥‥‥‥86, 94
就労請求権‥‥‥‥‥‥‥‥‥‥119
出勤停止‥‥‥‥‥‥‥‥‥‥‥132
出　向‥‥‥‥‥‥147, 148, 305, 363
　移籍――‥‥‥‥‥‥‥‥‥‥148
　在籍――‥‥‥‥‥‥‥‥‥‥148
　――復帰‥‥‥‥‥‥‥‥147, 153
　――命令‥‥‥‥‥‥‥‥‥‥151
　――命令権‥‥‥‥‥‥‥‥‥105
　――労働関係‥‥‥‥‥‥‥‥151
出　張‥‥‥‥‥‥‥‥‥‥‥‥137
受動喫煙‥‥‥‥‥‥‥‥‥‥‥293
　――防止‥‥‥‥‥‥‥‥‥‥273
準労働者‥‥‥‥‥‥‥‥‥‥‥25
試　用‥‥‥‥‥‥‥‥‥‥‥‥69
　――期間‥‥‥‥‥‥‥‥‥59, 69
障害者権利条約‥‥‥‥‥‥‥‥265
障がい者雇用‥‥‥‥‥‥‥‥‥264
障害者雇用促進法‥‥‥‥‥‥61, 265
障害者雇用率（法定雇用率）‥‥‥267
障がい者に対する差別の禁止‥‥‥266
障害補償一時金‥‥‥‥‥‥‥‥286
障害補償年金‥‥‥‥‥‥‥‥‥286
紹介予定派遣‥‥‥‥‥‥‥‥‥361

事項索引　395

昇　給……………………165	成果賃金主義……………………167
使用者概念……………………30	性差別……………………47
使用者の付随義務……………………118	清算期間……………………208
使用従属関係……………………21	生存権……………………5
使用従属性……………………21	性別による差別……………………8
小集団活動……………………201	整理解雇……………304, 315, 316
使用証明……………………330	生理休暇……………………263
昇進・昇格……………………154	石綿→アスベスト
傷病休職……………………158	セクシュアル・ハラスメント……53, 282, 324
傷病補償年金……………………286	船　員……………………29
賞　与……………………169	全額払いの原則→賃金
職業紹介……………………59, 361	前借金相殺の禁止……………………40
職業性疾病……………………277	早期退職優遇制度……………171, 325
職業選択の自由……………………8, 113	相殺禁止の原則……………………179
職業リハビリテーション……………………266	相殺契約……………………179
職種・勤務地の特定……………………144	相殺の合意……………………180
職能資格（人事）制度……………48, 154, 160	葬祭料……………………286
職場環境保持（配慮）義務……55, 104, 118, 324	即時解雇……………………300
職場規律……………………109, 123	
職務専念義務……………………109	**た　行**
職務発明……………………192	対価型（代償型）［セクハラの］……54
『女工哀史』……………………3	代　休……………………220
女子差別撤廃条約……………………10	第三者行為災害……………………296
女性労働者の保護……………………261	退職勧奨……………………305
『職工事情』……………………3	退職金・退職手当……40, 114, 171, 190, 191
所定外労働時間……………………221	退職年金（企業年金）……………………174
所定外労働の免除……………………251	退職の自由……………8, 39, 320
所定休日……………………221	代替休暇……………………243
所定労働時間……………………200	―――制度……………79, 178, 231
人格権・人格的利益……………6, 53, 56	短時間勤務制度……………………252
―――保障……………………36	男女雇用機会均等法……………………49
信義誠実の原則……………………18	単身赴任（者）……………136, 139, 282
人事異動……………………135	弾力的な労働時間規制……………………204
人事権……………………106, 135	地域別最低賃金……………………188
人事考課……………47, 155, 166	チェックオフ……………………178
信条による差別……………………8, 45	中間搾取の禁止……………………37
人的従属性……………………21	中間収入……………………318
じん肺……………………291	―――の控除……………………184
深夜業・深夜労働……193, 194, 232, 261	中途採用……………………68
―――の免除……………………252	懲戒解雇……………132, 152, 172
信用保持義務……………………114	懲戒権……………………122
心理的負荷……………………281	―――の濫用……………………133
成果主義賃金……………160, 165	懲戒事由……………………127

懲戒処分‥‥‥‥‥‥‥‥‥‥122, 165
懲戒の手段・種類‥‥‥‥‥‥‥‥131
懲戒の手続‥‥‥‥‥‥‥‥‥‥132
長期休暇‥‥‥‥‥‥‥‥‥‥‥246
長期雇用慣行（終身雇用制）‥‥58, 135, 138
調査協力義務‥‥‥‥‥‥‥‥‥116
調停制度‥‥‥‥‥‥‥‥‥‥‥35
直接雇用（の）原則‥‥‥‥37, 38, 151
直接差別の禁止‥‥‥‥‥‥‥‥50
賃　金‥‥‥‥‥‥‥‥‥‥‥‥159
　──後払いの原則‥‥‥‥‥‥164
　──全額払いの原則‥‥161, 172, 178
　──直接払いの原則‥‥‥‥‥177
　──通貨払いの原則‥‥‥‥‥176
　──定期払いの原則‥‥167, 169, 181
　──の遡及払い‥‥‥‥‥‥‥318
　──非常時払い‥‥‥‥‥‥‥181
賃金債権‥‥‥‥‥‥‥‥‥‥‥179
　──の相殺‥‥‥‥‥‥‥‥‥179
　──の放棄‥‥‥‥‥‥‥‥‥180
賃金支払い義務‥‥‥‥‥‥‥‥118
賃金請求権‥‥‥164, 165, 167, 182
通勤途上の災害‥‥‥‥‥‥‥‥282
通勤費‥‥‥‥‥‥‥‥‥‥‥‥163
ディーセント・ワーキングタイム‥‥195
ディーセント・ワーク‥‥‥‥9, 195
定型契約説［就業規則の］‥‥‥84
定　年‥‥‥‥‥‥‥‥‥‥‥‥325
適職選択権‥‥‥‥‥‥‥‥‥‥7
出来高払い制［賃金の］‥‥164, 186
適用除外‥‥‥‥‥‥‥‥‥‥‥233
　──制度‥‥‥‥‥‥‥‥‥‥14
手待時間‥‥‥‥‥‥‥‥‥200, 216
転勤→配転
電子メール‥‥‥‥‥‥‥‥‥‥56
転　籍‥‥‥‥‥‥‥‥‥‥147, 153
同一労働同一賃金‥‥‥‥‥‥‥377
同居の親族‥‥‥‥‥‥‥‥‥‥29
倒　産‥‥‥‥‥‥‥‥161, 189, 334
　──手続‥‥‥‥‥‥‥‥‥‥308
特定最低賃金‥‥‥‥‥‥‥‥‥188
特定承継‥‥‥‥‥‥‥‥‥‥‥334
特別加入制度‥‥‥‥‥‥‥‥‥276

特別支給金‥‥‥‥‥‥‥‥287, 295
特　例‥‥‥‥‥‥‥‥‥‥‥‥235
特許法‥‥‥‥‥‥‥‥‥‥‥‥192
届出義務‥‥‥‥‥‥‥‥‥‥‥82
トライアル雇用‥‥‥‥‥‥‥‥71
トラック・システム‥‥‥‥‥‥176
努力義務‥‥‥‥‥‥‥‥‥50, 76

な　行

［採用］内定‥‥‥‥‥‥‥‥‥63
　──辞退‥‥‥‥‥‥‥‥‥‥68
　──中の労働関係‥‥‥‥‥‥66
　──取消‥‥‥‥‥‥‥‥‥‥64
［採用］内々定‥‥‥‥‥‥‥58, 67
内部告発‥‥‥‥‥‥‥‥‥‥‥116
名ばかり管理職‥‥‥‥‥‥‥‥234
二次健康診断等給付‥‥‥‥‥‥287
二重派遣の禁止‥‥‥‥‥‥‥‥364
任意規定‥‥‥‥‥‥‥‥‥‥‥77
人間の尊厳‥‥‥‥‥‥‥‥‥‥6
妊娠，出産等に対する不利益取扱いの禁止
‥‥‥‥‥‥‥‥‥‥‥‥‥‥264
ネガティブリスト方式‥‥‥‥‥364
年　休‥‥‥‥‥‥‥‥‥‥‥‥238
　繰越し──‥‥‥‥‥‥‥‥‥241
　時間取得──‥‥‥‥‥‥‥‥242
　──の買い上げ‥‥‥‥‥‥‥241
　──の時季指定権‥‥‥‥‥‥243
　──の時季変更権‥‥‥‥241, 244
　──の自由利用の原則‥‥218, 247
　──の比例付与‥‥‥‥‥‥‥353
年休権‥‥‥‥‥‥‥‥‥‥‥‥239
年休取得を理由とする不利益取扱いの禁止
‥‥‥‥‥‥‥‥‥‥‥‥‥‥257
年功賃金‥‥‥‥‥‥‥‥‥159, 165
年次有給休暇→年休
年少労働者の保護‥‥‥‥‥‥‥259
年俸制‥‥‥‥‥‥‥75, 167, 181, 232
ノーマライゼーション‥‥‥‥‥264
ノーワーク・ノーペイの原則‥‥‥164

は　行

パートタイム労働‥‥‥‥‥‥‥352

事項索引　　397

パートタイム労働法……………………353	1週間単位の非定型的————……207
パート労働者（パートタイマー）…82, 160, 172	1年単位の————……………………206
賠償予定の禁止…………………………39	変更解約告知（制度）…………101, 314
配転（配置転換）…………51, 137, 306	変更手続…………………………………81
派遣切り………………………………360	包括承継………………………………333
派遣先の義務…………………………369	包括的合意説…………………………138
派遣先の雇用責任……………………373	法規範説…………………………………84
派遣対象業務…………………………364	法人格否認の法理……………………338
派遣の概念……………………………361	法定更新………………………………313
派遣の期間……………………………371	法定労働時間…………………………199
派遣元事業主の義務…………………367	法内残業（法内超勤）…………221, 227
派遣労働………………………………359	ポジティブリスト方式………………364
派遣労働者……………………………311	募　集…………………………………59
——の差替え…………………………366	保障給…………………………………186
——の特定の禁止……………………366	母性保護………………………………262
破　産…………………………………190	ボランティア……………………21, 25
罰　則…………………………………17	ホワイトカラー・エグゼンプション………229
パフォーマンス・インプルーブメント・	本採用拒否………………………………69
プラン………………………………303	
パワー・ハラスメント……………55, 282	**ま　行**
非違行為………………………………303	みなし労働時間制………………168, 212
非正規労働者……………………………4	身元保証………………………………117
秘密保持義務…………………………110	民事再生（法）……………190, 309, 335
日雇派遣の禁止………………………371	メリット制……………………………275
平等権……………………………………8	メンタルヘルス…………………193, 273
比例付与………………………………241	黙示更新………………………………314
付加金（制度）…………………15, 300	黙示の労働契約………………………373
服務規律………………………………128	元方事業者……………………………270
不更新条項……………………………312	
不合理な労働条件の禁止……………351	**や　行**
不正競争防止法………………………111	雇止め……………………………309, 351
部分スト…………………………181, 184	有期契約…………………………………70
不法就労者……………………………294	有期雇用………………………………346
プライバシー保護………………………55	有期労働契約…………………………346
フレキシブルタイム…………………208	——の締結, 更新, 雇止めに関する基準…348
フレックスタイム制………204, 208, 252	有利原則…………………………………73
紛争処理制度……………………………32	諭旨解雇…………………………132, 152
紛争調整委員会……………………35, 54	ユニオン・ショップ協定……………304
平均賃金………………163, 183, 185, 319	4要件説［整理解雇の］………………308
ヘッドハンティング……………………68	4要素説［整理解雇の］………………308
変形休日制……………………………219	
変形労働時間制………………………205	**ら　行**
1ヶ月単位の————………………205	留学・研修費用返還条項………………39

398

留保付承諾‥‥‥‥‥‥‥‥‥‥‥ 102, 316
両罰規定‥‥‥‥‥‥‥‥‥‥‥‥ 31, 270
療養補償給付‥‥‥‥‥‥‥‥‥‥‥ 285
臨時員‥‥‥‥‥‥‥‥‥‥‥‥‥‥ 310
労契法における周知‥‥‥‥‥‥‥‥ 87
労災保険法‥‥‥‥‥‥‥‥‥‥‥ 274
労災補償‥‥‥‥‥‥‥‥‥‥‥‥ 274
　——と損害賠償との調整‥‥‥‥ 295
労災民事訴訟‥‥‥‥‥‥‥‥‥‥ 287
労使委員会‥‥‥‥‥‥‥‥‥‥ 78, 214
労使慣行‥‥‥‥‥‥‥‥‥‥‥ 92, 100
労使協定‥‥‥‥‥‥‥‥‥‥ 26, 78, 79
労使対等決定原則‥‥‥‥‥‥‥‥ 6, 14
労働安全衛生‥‥‥‥‥‥‥‥‥‥ 269
労働関係‥‥‥‥‥‥‥‥‥‥‥‥ 103
　——の終了‥‥‥‥‥‥‥‥‥‥ 297
労働基準監督制度‥‥‥‥‥‥‥‥‥ 14
労働基準法‥‥‥‥‥‥‥‥‥‥‥‥ 13
労働義務‥‥‥‥‥‥‥‥‥‥‥‥ 108
労働契約
　——上の義務‥‥‥‥‥‥‥‥‥ 103
　——の意義‥‥‥‥‥‥‥‥‥‥‥ 97
　——の原則‥‥‥‥‥‥‥‥‥‥‥ 17
　——の承継‥‥‥‥‥‥‥‥‥‥ 337
労働契約承継法‥‥‥‥‥‥ 332, 334, 341
労働契約説‥‥‥‥‥‥‥‥‥‥‥ 138
労働契約法‥‥‥‥‥‥‥‥‥‥‥‥ 16
労働契約申込みみなし制度‥‥‥‥‥ 375

労働権‥‥‥‥‥‥‥‥‥‥‥‥‥‥ 7
労働時間‥‥‥‥‥‥‥‥‥‥‥‥ 193
　——の通算‥‥‥‥‥‥‥‥‥‥ 211
　——適用除外‥‥‥‥‥‥‥‥‥ 233
　——の特例‥‥‥‥‥‥‥‥‥‥ 235
労働者概念の意義‥‥‥‥‥‥‥‥‥ 20
労働者供給（事業）‥‥‥‥ 37, 362, 364
労働者の損害賠償責任‥‥‥‥‥‥ 116
労働者派遣‥‥‥‥‥‥‥‥‥‥‥ 147
　——契約‥‥‥‥‥‥‥‥‥‥‥ 365
労働者派遣法‥‥‥‥‥‥‥‥‥‥ 151
労働者保護法‥‥‥‥‥‥‥‥‥‥‥ 7
労働受領義務‥‥‥‥‥‥‥‥‥‥ 119
労働条件‥‥‥‥‥‥‥‥‥‥‥‥‥ 72
　——の不利益変更‥‥‥‥‥‥‥‥ 91
　——の明示‥‥‥‥‥‥‥‥‥ 62, 74
　——変更法理‥‥‥‥‥‥‥‥‥ 100
労働審判制度‥‥‥‥‥‥‥‥‥‥‥ 33
労働の従属性‥‥‥‥‥‥‥‥‥‥‥ 98
労働日‥‥‥‥‥‥‥‥‥‥‥‥‥ 239
労務指揮権‥‥‥‥‥‥‥‥‥‥‥ 106

わ　行

ワーキングプア‥‥‥‥‥‥‥‥‥ 188
ワーク・シェアリング‥‥‥‥‥‥ 194
ワーク・ライフ・バランス‥‥ 137, 197, 236
割増賃金‥‥‥‥‥‥‥‥‥‥‥‥ 228

事項索引　399

■執筆者紹介（＊は編者）

＊吉田美喜夫（よしだみきお）　立命館大学法総長
＊名古道功（なこみちたか）　金沢大学名誉教授
＊根本到（ねもといたる）　大阪市立大学大学院法学研究科教授
　佐藤敬二（さとうけいじ）　立命館大学法学部教授
　中島正雄（なかじままさお）　京都府立大学公共政策学部教授
　矢野昌浩（やのまさひろ）　名古屋大学法学研究科教授
　緒方桂子（おがたけいこ）　南山大学法学部教授

NJ叢書

労 働 法 Ⅱ〔第3版〕
――個別的労働関係法

2010年6月10日　初　版第1刷発行
2013年4月10日　第2版第1刷発行
2018年5月20日　第3版第1刷発行

編　者　吉田美喜夫・名古道功
　　　　根　本　　到
発行者　田　靡　純　子
発行所　株式会社　法律文化社

〒603-8053
京都市北区上賀茂岩ヶ垣内町71
電話 075(791)7131　FAX (75(721)8400
http://www.hou-bun.com/

＊乱丁など不良本がありましたら，ご連絡ください。
　送料小社負担にてお取り替えいたします。

印刷：中村印刷㈱／製本：㈱藤沢製本
装幀：前田俊平
ISBN 978-4-589-03936-1

Ⓒ2018 M. Yoshida, M. Nako, I. Nemoto
Printed in Japan

JCOPY　〈(社)出版者著作権管理機構　委託出版物〉

本書の無断複写は著作権法上での例外を除き禁じられています。複写される
場合は，そのつど事前に，(社)出版者著作権管理機構（電話 03-3513-6969,
FAX 03-3513-6979, e-mail: info@jcopy.or.jp）の許諾を得てください。

● 新鮮な問題意識とフレキシブルな法的思考力を養う

㊑NJ叢書

A5判／上製カバー巻／280〜490頁

Neue Juristische Lehrbücher

NJ叢書とは Neue Juristische Lehrbücher（新しい法学叢書）の略称です。
従来の枠組みでは捉えきれない問題が次々と発生する現代社会にあって，法学教育は広い視野と深い洞察力をもったリーガルマインドの修得が求められています。本叢書は社会への新鮮な問題意識とフレキシブルな法的思考力を養い，「新しい法学」の創造をめざすシリーズです。

和田仁孝編
法社会学
3200円

現代法社会学の錯綜した方法論と学問領域の多様性を，「法と社会の構造理解」「実践的問題関心」「方法論的アプローチ」という3つの次元から的確に整理した教科書。

北野弘久編
現代税法講義〔五訂版〕
3500円

租税関係法令のほかに，租税関係にも重要な影響を与えた近年の商法改正や会社法制定などを取り入れた本格的教科書。

田井義信・岡本詔治・松岡久和・磯野英徳著
新 物権・担保物権法〔第2版〕
3800円

理論と実務の有機的関連を意識した本格的教科書。法改正，新判例など近時の動向をふまえてアップトゥデート。

利谷信義編
現代家族法学
3200円

民法を中心としながらも，憲法，労働法，社会保障法，医事法，税法など多様な法領域に拡がる家族の法システムのトータルな把握・解明を試みた意欲的テキスト。

根岸 哲・杉浦市郎編
経済法〔第5版〕
3100円

独禁法改正，景品表示法改正，公取委ガイドライン改定など近時のダイナミックな展開に対応した概説書。

井上治典・中島弘雅編
新民事救済手続法
3500円

「過程」を重視して民事救済手続法を捉え直し，好評を博したテキストを近時の動向をふまえてアップトゥデート。

名古道功・吉田美喜夫・根本 到編
労働法Ⅰ 集団的労働関係法・雇用保障法
2900円

集団的労働関係法および雇用保障法を詳細に概説した体系的教科書。初学者以外に，勤労者向けにも丁寧に叙述。

吉田美喜夫・名古道功・根本 到編
労働法Ⅱ〔第3版〕個別的労働関係法
3700円

個別的労働関係法および労働紛争の解決手続に関する体系的教科書。基本事項はすべて網羅し，重要な判例・法理論は批判的な吟味も含め踏み込んで解説。労働者派遣法等，旧版刊行（2013年）以降の新たな法改正や「働き方改革」に伴う立法動向をふまえ大幅に改訂。

西村幸次郎編
現代中国法講義〔第3版〕
2900円

近年の中国法の重要な立法・法改正（物権法・商法など）をふまえて改訂。中国法制の全般的動向を理解するうえでの最適の書。

――――― 法律文化社 ―――――
表示価格は本体（税別）価格です